Nas raias de um gênero

FUNDAÇÃO EDITORA DA UNESP

Presidente do Conselho Curador
Mário Sérgio Vasconcelos

Diretor-Presidente
José Castilho Marques Neto

Editor-Executivo
Jézio Hernani Bomfim Gutierre

Assessor Editorial
João Luís Ceccantini

Conselho Editorial Acadêmico
Alberto Tsuyoshi Ikeda
Áureo Busetto
Célia Aparecida Ferreira Tolentino
Eda Maria Góes
Elisabete Maniglia
Elisabeth Criscuolo Urbinati
Ildeberto Muniz de Almeida
Maria de Lourdes Ortiz Gandini Baldan
Nilson Ghirardello
Vicente Pleitez

Editores-Assistentes
Anderson Nobara
Jorge Pereira Filho
Leandro Rodrigues

LOIDE NASCIMENTO DE SOUZA

Nas raias de um gênero
A fábula e o efeito fábula na obra infantil de Monteiro Lobato

© 2013 Editora UNESP

Direitos de publicação reservados à:
Fundação Editora da UNESP (FEU)

Praça da Sé, 108
01001-900 – São Paulo – SP
Tel.: (0xx11) 3242-7171
Fax: (0xx11) 3242-7172
www.editoraunesp.com.br
www.livraria.unesp.com.br
feu@editora.unesp.br

CIP – BRASIL. Catalogação na publicação
Sindicato Nacional dos Editores de Livros, RJ

S716n

Souza, Loide Nascimento de
    Nas raias de um gênero: a fábula e o efeito fábula na obra infantil de Monteiro Lobato / Loide Nascimento de Souza. São Paulo: Editora Unesp, 2013.

    Recurso digital; il.

    Formato: ePDF

    Requisitos do sistema: Adobe Acrobat Reader

    Modo de acesso: World Wide Web

    ISBN 978-85-393-0483-7 (recurso eletrônico)

    1. Lobato, Monteiro, 1882-1948 – Crítica e interpretação. 2. Literatura infantojuvenil brasileira – História e crítica. 3. Livros eletrônicos. I. Título.

13-04838
                                                                   CDD: 809
                                                                   CDU: 82.09

Este livro é publicado pelo projeto *Edição de Textos de Docentes e Pós-Graduados da UNESP* – Pró-Reitoria de Pós-Graduação da UNESP (PROPG) / Fundação Editora da UNESP (FEU)

Editora afiliada:

À minha família
Em especial à minha mãe, Maria Emilia,
minha fiel escudeira

AGRADECIMENTOS

À Faculdade de Ciências e Letras da Universidade Estadual Paulista — Unesp, *campus* de Assis.

Ao professor Benedito Antunes, pela disponibilidade em me orientar e pela sugestão de pesquisa; e ainda pela paciência, compreensão e atenção constantes.

À professora May Holmes Zanardi, com quem iniciei a pesquisa da fábula e de Monteiro Lobato.

Aos professores Alice Áurea Penteado Martha, João Luís Ceccantini, Maria Celeste Consolin Dezotti e Vera Teixeira de Aguiar, que avaliaram o trabalho e ofereceram valiosas contribuições.

Ao Luís Camargo, pelo auxílio na pesquisa e pelo envio de texto.

À professora Marisa Lajolo, pela leitura cuidadosa do projeto e pelas sugestões oferecidas.

Ao Rogério Cogorni, que me ajudou gentilmente na procura de obras pelas livrarias de Madri.

Ao reverendo Gregory I. Carlson, por atender meu pedido com presteza, enviando-me importante texto de apoio.

À minha irmã Damaris, por me auxiliar na tradução de textos.

A todos os amigos e colegas que me incentivaram a continuar e me ajudaram com um simples gesto ou uma palavra de apoio.

SUMÁRIO

Prefácio   11
Introdução   15

1 A fábula   25
2 O efeito fábula: o gênero e suas propriedades
   na obra infantil de Monteiro Lobato   137
3 *Asinus in fabula*   247

Conclusão   361
Referências bibliográficas   367

PREFÁCIO

Monteiro Lobato já é um escritor reconhecido. Sua obra, especialmente a dirigida ao público infantil, é considerada clássica e vem merecendo cada vez mais estudos, que buscam compreendê-la e ao mesmo tempo situá-la na tradição literária brasileira. Sua grandeza, porém, como sucede aos clássicos, está sempre atraindo novos leitores e propondo, em consequência, outros desafios à crítica especializada. O livro de Loide Nascimento de Souza é uma resposta viva a alguns desses desafios.

Ao abordar a fábula, a Autora não pretende apenas aprofundar o estudo desse gênero na obra de Lobato. Faz isso também, evidentemente, mas, enquanto pesquisadora há anos dedicada à leitura da obra do escritor, almeja examinar a questão de uma perspectiva original para demonstrar que a fábula é mais do que um gênero retomado da tradição clássica, atingindo a condição de princípio compositivo. Chega, assim, ao "efeito fábula", conceito formulado por Alceu Dias Lima que funciona em seu trabalho como princípio constitutivo de um estilo.

O "efeito fábula", conforme explica a Autora, tem na "condensação do discurso figurativo [...] uma das formas mais recorrentes de manifestação". Baseia-se na sólida estrutura do gênero, que lhe permite ser reconhecido em diferentes contextos. Tornou-se, por isso, o recurso privilegiado de Monteiro Lobato, preocupado que sempre esteve em criar uma obra literária adequada à criança brasileira. Escrevendo num país cuja literatura é derivada, isto é, formada pela imitação de um modelo externo, no processo de conquista colonial, Lobato foi levado a tensionar a forma europeia para expressar o dado local. E fez isso para atender inicialmente a uma necessidade doméstica: produzir para seus filhos histórias que falassem a língua corrente no Brasil e correspondessem à experiência de vida local. Assim nasceram suas adaptações ou recriações das fábulas de Esopo, Fedro, La Fontaine e, acima de tudo, um modo de escrever, em que a simplicidade, a oralidade e a interação entre autor e leitor constituem a marca mais visível.

Para explicar como isso ocorre, Loide organizou o livro em três abrangentes ensaios que, apesar do valor intrínseco de cada um, completam-se para oferecer ao leitor, em linguagem clara e elegante que faz jus ao objeto de estudo, o complexo percurso da fábula, da tradição universal ao Sítio do Picapau Amarelo. O primeiro ensaio consiste num estudo amplo e atualizado da crítica da fábula, que parte de Aristóteles, em que se observa sua utilização retórica, e chega às contribuições brasileiras, passando pelos mais diferentes e respeitados estudiosos do gênero, como Lessing, Grimm, Hausrath, Adrados, Perry, Nøjgaard e Camurati. O ensaio seguinte trata da evolução da fábula na obra de Monteiro Lobato, com ênfase no momento inicial da concepção de um projeto, nas diferentes motivações da fábula em seu estilo e no diálogo com as propostas modernistas, que enseja uma aproximação do processo de adaptação do gênero aos princípios da Antropofagia oswaldiana. Finalmente, para abordar a onipresença da fábula nos seus livros infantis, a Autora concentra-se naquilo que pode ser considerado o ponto culminante do efeito fábula: a inserção do burro, enquanto personagem legítima da fábula clássica, no espaço ficcional do Sítio do Picapau Amarelo e sua transformação numa espécie de "metáfora da própria fábula" ou "fábula ambulante", que é o Burro Falante. Para isso, o estudo acompanha o burro como personagem fabular na literatura ocidental, desde as primeiras referências no livro de *Gênesis* até sua chegada ao Sítio, onde passa a funcionar como elemento permanente da fábula nas histórias e aventuras ali vividas. Entre outros aspectos, observa-se nessa adaptação a mudança de perfil: de animal simples e marginalizado a figura sóbria e respeitável, sintetizada na sua condição de Conselheiro.

O resultado desse trabalho é, assim, mais do que a soma de três ensaios. O conjunto dos estudos logra alcançar a síntese de um processo de criação literária dos mais originais da literatura brasileira. As qualidades estilísticas e temáticas da produção de Lobato, tantas vezes louvadas, recebem aqui uma explicação consistente e bem fundamentada, que toca a essência de um estilo em que a tensão entre modelo universal e adaptação local encontra uma solução peculiar, fruto do esforço de compreensão de um país em formação que teve sua expressão mais eficaz numa forma literária acessível a várias gerações de crianças.

Dos vários méritos deste livro, destaca-se, portanto, a iluminação de um processo criativo que interage com a criança porque respeita seu ponto de vista. Com efeito, ao tomar como base um gênero de grande popularidade, cuja essência, caracterizada pela oralidade e pelo diálogo, requer permanente atualização nos contextos em que se manifesta, Monteiro Lobato elabora uma forma capaz de intervir numa das questões centrais da literatura brasileira, que é sua relação com a tradição universal. Nesse sentido, *Nas raias de um gênero:* a fábula e o efeito-fábula na obra infantil de Monteiro Lobato é pleno de sugestões teóricas e críticas que o leitor certamente acompanhará com grande interesse em cada passo das análises nele empreendidas.

Benedito Antunes

Introdução

Estudar a fábula na obra infantil de Monteiro Lobato é reiterar a sobrevivência e a universalidade do gênero. Quando analisamos a longa história da fábula, vemos que, em seus primórdios, ela existia apenas para um contexto específico. Fazia parte especialmente da épica e da comédia e, às vezes, era confundida com o provérbio. Com o passar dos anos, impulsionada principalmente pelo fenômeno da prosa de Esopo (VI a.C.) na Grécia, a fábula ganha vida própria e conquista a estatura de gênero literário. Por essa razão, ela se universaliza, podendo integrar-se às mais diversas situações discursivas e aos mais diversos contextos. É, portanto, a partir dessa premissa que desenvolvemos aqui o nosso estudo com o objetivo principal de analisar a presença da fábula e do *efeito fábula* na obra infantil de Monteiro Lobato.

Quando relacionamos Esopo e fábula, necessariamente já restringimos e especificamos a acepção do termo. Assim, em sua forma predominante nas principais coleções e textos transmitidos pela tradição, ela caracteriza-se por ser uma narrativa breve produzida com uma finalidade ética, cuja ação é desenvolvida por personagens tipificadas. Ressaltamos, entretanto, que essa rápida definição não descarta os textos que fogem relativamente a essa regra, mas funciona como uma delimitação do campo de nossa pesquisa. São os elementos mais característicos dessa modalidade específica que nos servirão de norte no estudo da obra do inventor do Sítio do Picapau Amarelo.

Se, há alguns anos, tanto a fábula como as obras de Monteiro Lobato eram pouco estudadas, a partir da década de 1990 diversos trabalhos começam a ser desenvolvidos sobre o assunto e, diante disso, constata-se que o campo é bastante profícuo. Um dos primeiros trabalhos a que podemos fazer referência é o de Marilei Resmini Grantham (1996) que procurou examinar a ordem do repetível e a paráfrase no estudo das fábulas. A partir do enfoque da análise do discurso, a pesquisadora utilizou o conceito de paráfrase e polissemia apresentado por Orlandi (apud Grantham, 1996) na análise dos textos. No decorrer da pesquisa, Grantham realizou o confronto entre os textos de Esopo, Fedro, La Fontaine, Monteiro Lobato e Millôr Fernandes e constatou que a repetição poderia ser relativa, uma vez que há "um jogo entre o dizer instituído (o mesmo) e o dizer que quer se instituir (o diferente)" (Grantham, 1996, p.2). Ainda na década de 1990, temos também o trabalho de Miriam Giberti Páttaro Pallota (1996) que, tendo como base a estética da recepção, estuda as modificações atualizadoras dos textos fabulares por meio do estudo das fábulas de Esopo, Fedro, La Fontaine e Monteiro Lobato. Nessa trajetória, segundo a autora, Monteiro Lobato ganha destaque porque reformula a estrutura da fábula, provocando certo impacto no contexto literário e social da época.

Na primeira década dos anos 2000, houve um aumento considerável dos trabalhos sobre fábula e Monteiro Lobato. Ainda que não haja, em alguns trabalhos, uma exclusividade para o autor, o percurso das pesquisas chega inevitavelmente às fábulas lobatianas. Ismael dos Santos (2003) estuda a fábula na literatura brasileira, começando por Anastácio do Bomsucesso e chegando a Lobato e Millôr. Para analisar a transposição da forma literária à cultura nacional, o autor pesquisou o cânone clássico europeu, tendo como seleção as fábulas de Esopo, Fedro e La Fontaine. No ano seguinte, Cristina Aquati Perrone (2002) analisou de que forma Monteiro Lobato demonstrou na literatura a importância da educação como instrumento de solução dos diversos problemas do país. Em seus estudos, a autora baseou-se nas adaptações de textos da literatura grega, como *O minotauro* e *Os doze trabalhos de Hércules* e, ainda, em *Fábulas* e *Reinações de Narizinho*. O trabalho de Leandra Antonelli (2003), por sua vez, dedica um olhar pormenorizado à obra *Fábulas* de Monteiro Lobato, verificando a estruturação tanto do livro como das fábulas que o compõem. Ainda em seu trabalho, a pesquisadora discute questões relacionadas à literatura infantil no início do século XX e à natureza da fábula, fazendo também algumas análises comparativas entre as fábulas de Lobato e de La Fontaine.

Em 2004, também apresentamos trabalho de dissertação sob o título *O processo estético de reescritura das fábulas por Monteiro Lobato*. Naquele momento, a pesquisa já era resultante da continuação de outro trabalho, realizado em nível de especialização, no qual, tendo como suporte a teoria da literatura comparada, realizamos uma análise comparativa entre as fábulas de La Fontaine e as de Monteiro Lobato. Em nossa dissertação, no entanto, não só aprofundamos a visão sobre a fábula como gênero específico, mas também sobre a forma peculiar forjada por Lobato, no sentido de adequá--la ao gosto de seu público. No primeiro capítulo, fizemos uma abordagem da história da fábula, discutindo razões também históricas para sua disseminação no mundo ocidental. No que se refere à presença da fábula no Brasil dos anos iniciais do século XX, vimos, com críticos como Agrippino Grieco e José Oiticica, que as fábulas eram pouco apreciadas e eram todas "arranjadas no vestiário dos moralistas europeus" (*Noções...*, 1929, p.463). Ainda no mesmo capítulo, englobando questões relacionadas à pertinência literária do gênero, discutimos a estrutura e a especificidade da fábula, finalizando com a abordagem de sua inserção na literatura infantil. Vimos que as afinidades entre fábula e criança são observadas desde a Antiguidade e que Lobato reforça definitivamente essa proximidade.

No segundo capítulo, dedicamos uma atenção específica para La Fontaine que, entre todos os fabulistas, é a referência mais constante em Lobato. Depois de analisar o contexto de produção do fabulista francês, vimos que ele não só revoluciona a forma do texto fabular, promovendo ainda um forte aumento do público apreciador, como também se sobressai como um dos pioneiros na preocupação com a adequabilidade da fábula em relação ao público. Comparando realidade e fábula, La Fontaine também reconhece a preferência da criança em relação aos textos fabulares.

Por fim, no último capítulo da dissertação, partimos para o estudo da obra *Fábulas* de Monteiro Lobato, considerando que o gênero faz parte do projeto inicial do autor para a literatura infantil brasileira. Mesmo antes de escrever sua primeira obra infantil, suas preocupações de pai levam--no a investigar a existência de textos adequados para os seus filhos e, assim como Grieco e Oiticica, constata a precariedade das fábulas existentes no acervo brasileiro. Mas não só isso: também era precária a qualidade de toda a literatura para crianças que circulava nos ambientes mais desenvolvidos do início do século XX. A gênese do projeto para a literatura infantil ocorre, então, em 1916, quando, ao observar a rotina em seu ambiente doméstico, o autor percebe o interesse dos pequenos pelas fábulas, o que o leva a escrever uma carta memorável a Rangel[1] na qual expõe seus planos para o futuro. Consciente ou inconscientemente, ao escrever a carta, o autor acaba por esboçar um projeto literário que pode se aplicar não só à fábula, mas a toda a literatura infantil, uma vez que põe em destaque a necessidade de renovação da linguagem e a valorização do nacional. Em outras palavras, o que o autor projeta para as fábulas em 1916 torna-se a marca registrada de toda a sua obra infantil. Além da incorporação da linguagem oral e de animais da fauna nacional, vimos em nosso estudo que, talvez inspirado na cena doméstica, o autor recria a situação primitiva de narração da fábula ao forjar a presença de narrador (Dona Benta) e de uma "roda" de ouvintes, formada exclusivamente pela turma do Sítio. Esses mesmos ouvintes também terão espaço reservado para os seus comentários e questionamentos e cada um fará a sua participação de acordo com o seu perfil ficcional específico. Ainda no mesmo capítulo, analisamos a presença constante e ficcionalizada de La Fontaine na obra de Lobato, o que confirma ser ele sua principal referência, e também analisamos minuciosamente algumas fábulas de sua coletânea específica.

Nos anos seguintes surgem, ainda, outros dois importantes trabalhos. Grasielly Lopes (2006) faz um estudo sistemático da obra *Fábulas*, destacando centros de pesquisa e trabalhos críticos sobre o tema. Considerando também a importância da fábula na gênese do projeto literário de Lobato para o público infantil, a pesquisadora realiza o cotejo de diferentes edições da obra e constata a grande diferença entre as edições iniciais e as edições finais. Por meio desse trabalho, portanto, Lopes comprova o constante trabalho de revisão da obra *Fábulas* realizado por Lobato. Por fim, temos também o trabalho de Adriana Paula dos Santos Silva (2008) que analisa a recepção de *Fábulas* por crianças da primeira etapa do ensino fundamental. Depois de abordar alguns princípios teóricos sobre a fábula, tendo como base a estética da recepção, a pesquisadora analisa textos produzidos por alunos em sala de aula como resultado da leitura das fábulas de Lobato.

---

1 Godofredo Rangel (1884-1951), assim como Lobato, era escritor e tradutor. Os dois tornaram-se amigos e confidentes na época da faculdade e mantiveram contato por quase toda a vida por meio de cartas. Parte dessa correspondência pode ser encontrada em *A Barca de Gleyre*, publicada por Lobato em 1944.

Assim como os estudos comentados nos parágrafos anteriores, a presente pesquisa também focaliza a fábula. Não obstante o trabalho anterior de dissertação, vimos que ainda era possível aprofundar as discussões sobre o gênero, considerando-se o seu alcance crítico e o enfoque nos estudos tradicionais. A partir dessa perspectiva, fizemos, então, uma ampla abordagem diacrônica da crítica da fábula, destacando estudos europeus, americanos e brasileiros. Alguns deles, especificamente os da crítica francesa, eram praticamente desconhecidos em solo brasileiro. A abordagem dos estudos críticos, por sua vez, forneceu-nos subsídios para estudar a fábula, não somente em uma obra específica, mas possibilitou-nos analisar a disseminação e o aproveitamento do gênero no conjunto de toda a obra infantil de Monteiro Lobato.

Voltando ainda à questão da crítica, é importante destacar que, além da existência de coleções modernas ou antigas, como a *Augustana* e a *Vindobonense*, por exemplo, outro elemento que ajuda a legitimar a fábula é, exatamente, a existência de uma crítica sólida e também tradicional sobre o gênero. Assim, antes de iniciar os estudos sobre a fábula e suas manifestações na obra lobatiana, dedicamos o primeiro capítulo ao estudo da crítica da fábula.

Após algumas discussões sobre questões relacionadas às origens da fábula e tendo como base a divisão sugerida especialmente por Morten Nøjgaard (1964) em sua obra *La fable antique*, iniciamos o nosso enfoque a partir de Aristóteles (IV a.C.), que apresentou os primeiros estudos críticos sobre o gênero. Para o filósofo grego, a fábula tinha uma utilidade retórica. Servia especialmente como recurso de persuasão nos discursos, funcionando como *exemplum*. Mais tarde, em 300 a.C., Demétrio de Falero, seu discípulo, organiza a primeira coleção de fábulas que, embora perdida, serviu de base para a organização de outras coleções existentes ainda hoje. Também os retores, herdeiros de Aristóteles, entre os quais se destacam Aelius Theon (I d.C.) e Aftonio (V d.C.), organizaram coleções e exercícios de retórica com a utilização da fábula, além de elaborarem as primeiras definições sobre o gênero.

Depois do importante momento da crítica retórica, a crítica da fábula só voltará a ser cultivada com ênfase e qualidade no século XVIII. Além do momento propício marcado por transformações políticas, sociais e econômicas, a produção original de La Fontaine foi uma das molas propulsoras do surgimento de obras críticas que estabeleciam a fábula como foco. Em 1759, o crítico alemão Gotthold Ephraïm Lessing, que reprova ferinamente a fábula lafontainiana, publica os seus tratados sobre a fábula que até hoje são considerados um dos mais importantes estudos sobre o gênero. Desenvolve-se, também nesse momento, a crítica francesa que, em defesa de La Fontaine, procura estabelecer novos paradigmas para o gênero.

No século XIX, Jacob Grimm destaca-se como o líder da crítica romântica que partirá em defesa e busca da fábula original perdida. Para esse grupo, as coleções, os manuscritos e os papiros preservados não tinham valor estético e não representavam a verdadeira fábula, porque eram todos produtos deformados da escola retórica. Apesar disso, a intensa busca por vestígios da fábula primitiva fez que os românticos contribuíssem paradoxalmente para o enriquecimento da crítica da fábula. Um deles, Hausrath, é, segundo Nøjgaard, o autor da melhor edição de fábulas esópicas em razão dos estudos filológicos que realiza.

Chegando ao século XX, a crítica da fábula amadurece e se emancipa, uma vez que os estudos, embora baseados claramente na análise minuciosa das coleções e dos manuscritos existentes, consideram a versatilidade da fábula esópica. Surgem, assim, nomes exponenciais como os de Chambry, Perry, Adrados e Nøjgaard. Os dois primeiros, por exemplo, elaboraram as mais importantes coleções de fábulas da atualidade. Adrados e Nøjgaard analisam profunda e minuciosamente os textos das coleções e estabelecem os fundamentos da fábula greco-latina.

Na América Latina, além dos estudos brasileiros de Portella, Lima, Dezotti e Góes, destacamos o estudo da pesquisadora mexicana Mireya Camurati que, entre outras discussões, realiza uma compilação diversificada e abrangente da fábula na hispano-américa.

Quanto aos estudos brasileiros sobre a fábula, cumpre ressaltar que todos eles, especialmente os de Dezotti, tiveram grande importância no desenvolvimento de nossas análises e abordagens. Os conceitos de *efeito fábula* e discurso metalinguístico de Lima (1984 e 2003), entretanto, funcionam como um dos pilares de nosso trabalho. O discurso metalinguístico, por exemplo, a partir de um ponto de vista que considera o enunciador como elemento-chave, promove a interligação entre fábula e moralidade, que era ignorada por Nøjgaard. Já o *efeito fábula* resulta do princípio estrutural sólido do gênero, o que permite o seu reconhecimento em qualquer contexto. Em outras palavras, a forma da fábula tem os seus alicerces firmados de tal maneira, que pode ser reconhecida mesmo por suas partes e fragmentos. Analisando a popularidade do gênero e sua presença nos mais diferentes discursos, Lima conclui que o fenômeno é resultante, não de uma cultura da fábula, mas tem as suas bases fundamentadas na própria peculiaridade da *forma da fábula*. Vejamos a conclusão do autor:

> Trata-se, ao invés, de determinar, para além de cada um desses expedientes, aos quais foi aqui proposto chamar cultura da fábula, algo bem mais estruturante e fundamental, a fim de que possa funcionar como uma forma, *a forma da fábula*. Com esta, tem-se, assentado em bases consistentes, um princípio sólido sobre o qual apoiar o sentido textual, esteja em jogo a fábula propriamente dita, ou – a distinção é definitiva – o *efeito fábula*. Entenda-se por *efeito fábula* toda sequência que, independentemente do texto em que se encontra, evoca, por sua própria forma, a de uma fábula. A condição é aí, como se vê, a de que não haja dúvida quanto ao conceito eminentemente estrutural de fábula com o qual se trabalha. Nessa concepção, a uma subunidade discursiva figurativa mínima vem estruturar-se, por meio de outra subunidade discursiva metalinguística mínima, uma terceira subunidade discursiva temática mínima. A unidade daí resultante é a fábula esopiana, reconhecível já por qualquer das três subunidades constitutivas, seja qual for o contexto ou discurso em que se encontre, pela simples força do pensamento estrutural. (Lima, 2003, p.14)

A compreensão do *efeito fábula*, portanto, possibilita-nos trabalhar não somente com o texto integral da fábula, mas com as subunidades que determinam a sua forma. Partindo desse princípio, podemos dizer, então, em outras palavras, que a fábula pode ser reconhecida por suas personagens tipificadas que produzem a alegoria mecânica (concepção de Nøjgaard), pela síntese e condensação do texto fictício, pela metalinguagem que, em sua forma mais simples, manifesta-se em expressões como "Moral da história", "Lição" e "A fábula mostra que". Ainda, entre várias outras formas, pode ser reconhecida também pelo isolamento do discurso temático da moral ou por uma sequência frásica que lembre o título de qualquer fábula. É, portanto, nessa fragmentação de elementos da fábula que se estabelece o *efeito fábula*, cuja presença será analisada, como já dissemos, no conjunto da obra infantil de Monteiro Lobato.

Em Monteiro Lobato, especialmente em sua obra infantil, a fábula é um dos gêneros de maior presença. Conforme verificamos no estudo de 2004, sua importância chega a transcender os limites da ficção, uma vez que ela faz parte do projeto inicial do autor para a literatura infantil. Portanto, podemos afirmar que a revolução de Lobato na literatura para crianças começa com a fábula. Em 1919, ele já investigava a preferência e o gosto das crianças nas escolas a partir da leitura de textos fabulares que produzira. Essas experiências certamente serviram de base para a elaboração e publicação de sua primeira obra infantil que, embora não seja a de textos fabulares, é feita "com arte e talento" e "tudo em prosa", como preconizara para as fábulas.

A literatura infantil anterior a Lobato tinha, de fato, uma existência exígua e de pouca abrangência. Além disso, era essencialmente pedagógica e autoritária, contendo ainda as marcas do parnasianismo reinante dos fins do século XIX. A linguagem, portanto, era tradicional e acadêmica e o conteúdo das narrativas distanciava-se da natureza imaginativa das crianças. Analisando a produção da época, Monteiro Lobato faz severas críticas, como veremos, ao pedagogismo, à "patriotice" e ao autoritarismo dos textos. É por isso que, ao traçar o seu plano inicial de escrever fábulas, o autor apressa-se em esclarecer que o seu interesse imediato não era a moralidade: "a moralidade nos fica no subconsciente para ir se revelando mais tarde, à medida que progredimos em compreensão" (Lobato, 1948, t.2, p.104, carta escrita a Rangel em 8/9/1916). Assim, o objetivo maior da literatura que produzia era promover a diversão, utilizando uma linguagem fluida e atualizada e respeitando, sobretudo, o ponto de vista da criança. Sobre isso, vejamos a síntese de Filipouski (1983, p.102):

> Lobato começa a criar uma literatura infantil com características bem diversas daquela que se produziu até então, sobretudo no que dizia respeito à participação da criança na narrativa: a história é contada do ponto de vista da criança e, desse modo, antes de ensinar, procura interessar e divertir o leitor. Tal preocupação com o recebedor do texto infantil marca o ideal reformador da obra de Lobato [...].

No caso da fábula, Lobato lança mão de uma estratégia ainda mais ousada quando questiona e relativiza a moral e elege a criança como avaliadora do texto fabular, com liberdade para aprovar ou rejeitar a fábula.

Considerada a importância da fábula na trajetória de Lobato e alguns aspectos de sua literatura infantil, destacamos que, em nosso trabalho, já no primeiro capítulo, após a abordagem de estudos críticos sobre a fábula, abordamos a presença de uma metalinguagem do gênero nos comentários de *Fábulas* de Monteiro Lobato. Vimos que o autor confirma a ideia do conhecimento intuitivo do gênero, como defendia Lessing, uma vez que considera a possibilidade de que as crianças sejam capazes de dominar as suas peculiaridades básicas.

No segundo capítulo, aprofundamos o estudo da fábula em Lobato, apontando tanto o texto em sua integralidade como suas partes e fragmentos. Vimos que o *efeito fábula* pode ser identificado, por exemplo, no destaque e aproveitamento das personagens típicas do gênero, na reprodução da fábula ou forma da fábula em diferentes contextos e situações discursivas, na ampliação do texto fabular, entre outras manifestações. Sabendo que Monteiro Lobato, mesmo que isoladamente, defendia a proposta modernista para a literatura, analisamos o tratamento antropofágico que se proporciona à fábula nos comentários de *Fábulas*. Em seguida, tendo em vista que as personagens animais têm presença predominante e preferencial nos textos fabulares, analisamos também a tradição animalística em *Histórias de Tia Nastácia* e seus pontos de contato com as ideias modernistas. Por fim, estudamos a obra *A reforma da natureza* considerando-a como resultado de uma ampliação da fábula "O reformador do mundo".

O terceiro e último capítulo aborda, nos dois primeiros tópicos, o burro como personagem na literatura ocidental e o seu perfil e caráter como personagem da fábula clássica. Essa abordagem inicial, entretanto, além de traçar um retrato relativamente completo da personagem, tem por finalidade fundamentar o estudo do Burro Falante na obra infantil de Lobato. Resgatado de uma das fábulas clássicas de La Fontaine, veremos que ele será transferido definitivamente para o Sítio do Picapau Amarelo e, a partir disso, transforma-se em elemento permanente da fábula nas histórias e aventuras vividas pela turma de Dona Benta. Entre vários aspectos, veremos que, se na fábula clássica o burro figurava, na maioria das vezes, como símbolo de exploração e marginalização, no Sítio ele será transformado na figura importante e admirável do Conselheiro que, por fim, configura-se como metáfora da própria fábula.

Ao final do trabalho teremos, então, uma visão completa da presença e importância da fábula, bem como do *efeito fábula*, na obra infantil de Monteiro Lobato. Nas entrelinhas do estudo, será possível confirmar também a proximidade entre fábula e criança existente já desde os tempos antigos. Se em alguns momentos, como na Idade Média, houve um esforço de afastamento do público infantil em relação ao gênero, veremos que Lobato estreita os laços e é bem-sucedido na empreitada.

1
A FÁBULA

Os caminhos da crítica

As origens da fábula e a crítica retórica

Os caminhos da crítica da fábula são tão sinuosos quanto os caminhos da própria fábula. No princípio era quase unânime a afirmação de que a Índia seria o seu berço e que a Grécia, a partir do século VIII a.C., ao criar uma forma própria e original, teria sido responsável pela popularização do gênero no mundo ocidental. Embora não houvesse comprovações textuais, alguns escritores chegaram mesmo a descartar a presença da "moral" nos primeiros tempos da fábula. Essas conclusões não deixam, em parte, de ser verdadeiras. Entretanto, recentes trabalhos de pesquisa e investigação trouxeram novas informações a respeito do gênero, sua origem e sua forma.[1]

Por um lado, considerando-se que a fábula é um gênero de raízes orais e primitivas, os estudiosos entendem que ela esteve presente nos estágios iniciais das mais diferentes civilizações. Por outro, tratando-se das fontes específicas do que se transformaria depois em linhagem grega do gênero, o deciframento da escrita cuneiforme, como destaca o pesquisador dinamarquês Morten Nøjgaard (1964), permitiu a leitura de textos inéditos e desconhecidos, os quais apontaram que a origem da fábula era ainda mais

---

[1] As considerações a respeito da origem da fábula e sobre as tradições sumeriana e babilônica são baseadas nas obras *La fable antique*, de Morten Nøjgaard (1964), e *Historia de la fabula greco-latina*, de Francisco Rodríguez Adrados (1979).

antiga e estaria situada entre os povos sumérios que residiram na região da Mesopotâmia, atual Iraque, há mais de 4000 anos a.C. Dessa forma, mesmo tendo características próprias, tanto a tradição indiana como a tradição grega não seriam responsáveis pela origem da fábula em sua tradição ocidental, mas seriam uma continuação das tradições sumeriana e babilônica, e todas elas acabariam por ser confluentes nos tempos da Idade Média.

Embora a tradição da fábula grega seja antiquíssima, seu laço de parentesco com as fábulas sumerianas e babilônicas só foi comprovado por estudos que puderam ser realizados no século XX. Em 1927, Erich Ebeling realiza um competente estudo no qual aponta a importância da fábula babilônica e suas semelhanças com a fábula grega. Nessa mesma época, Ebeling decifrou e editou textos babilônicos datados do século VIII a.C. e que, portanto, eram contemporâneos das primeiras fábulas gregas. Esses textos trazem a presença de animais, como lobo e raposa, e consistem especialmente em diálogos estruturados em forma de debate. Entretanto, não existe neles a defesa de um tema específico e a conclusão fica sob a responsabilidade do leitor.

Mas é o sumerólogo americano Edmund I. Gordon quem vai trazer respostas ainda mais claras sobre as origens da fábula esópica, quando, entre os anos de 1958 e 1961, realizou estudos sistemáticos sobre provérbios animais sumerianos e os organizou em cinco coleções. A quinta coleção traz 125 textos que foram produzidos por volta do século XVIII a.C., segundo Nøjgaard (1964), trazem um desenvolvimento textual muito semelhante ao da fábula grega e todas as personagens são animais. Essa evidência motivou uma indagação inevitável: o provérbio teria dado origem à fábula? Respostas definitivas para essa questão ainda não existem. O fato é que na Grécia os gêneros acabaram por ganhar configurações distintas. É muito provável que os povos sumerianos ainda não tivessem noção de uma distinção clara de gênero, uma vez que, nas coleções decifradas e organizadas por Gordon, textos de formas variadas como símiles, anedotas, provérbios, fábulas de animais e parábolas aparecem sob o signo de fábulas. É por isso que Adrados (1979), ao refletir sobre o assunto, faz um alerta: qualquer estudo, que tenha por objetivo a comparação de fábulas gregas e indianas com as fábulas mesopotâmicas, deve considerar que estas últimas não são um gênero independente. Mesmo na Grécia, o fenômeno de mescla de gêneros não era totalmente estranho, pois a organização das coleções não era absolutamente coerente e permitia certa diversificação na tipologia dos textos.

Tratando-se de provérbios que guardam alguma similaridade com a fábula, é interessante lembrar que as Escrituras Sagradas também reservam um livro exclusivo para esse gênero. Alguns fragmentos possuem um sequenciamento de uma extensão maior que a esperada para um provérbio e usam a imagem de animais para explicar ou corrigir o comportamento humano. Vejamos, por exemplo, o seguinte trecho das palavras de Agur que se encontra em *Provérbios* 30. 24 a 33, livro de Salomão:

> Há quatro animais pequenos que ensinam sabedoria ao homem mais inteligente:
> - as formigas, tão pequenas, que sabem guardar comida para o inverno;
> - os coelhos, tão fracos, que fazem sua toca no meio das pedras para se protegerem;
> - os gafanhotos, que não têm líder mas voam juntos, em grandes bandos; e
> - as lagartixas, que podemos matar com as mãos e, no entanto, vivem até nos palácios dos reis.
>
> Existem quatro criaturas que andam com passo firme e confiante:
> - o leão, rei dos animais, que nunca deixa de conseguir o que quer;
> - o pavão, que vive exibindo sua beleza;
> - o cabrito, que tem o passo firme e nunca tropeça; e
> - o rei que venceu todos os seus inimigos.
>
> Se você caiu na bobagem de ser orgulhoso, se planejou fazer o mal a alguém, tenha vergonha de si mesmo e arrependa-se.
>
> Porque isso tem consequências graves: quando você bate o leite, produz manteiga; um soco no nariz provoca sangue; e quando você vai ajuntando raiva contra outra pessoa acabará tendo uma briga violenta com ela. (*A Bíblia*, 1988, p.611)

O livro bíblico de *Provérbios*, conforme atesta Champlin (2004), foi escrito ou compilado por volta do século X a.C. e, tanto Salomão como Agur, respectivamente autor e coautor, eram expoentes da sabedoria hebraica. O primeiro foi um dos reis de Israel, país que recebeu fortes influências dos povos que viveram na região da Mesopotâmia, dadas as questões relacionadas à origem histórica e à proximidade geográfica. Portanto, embora o livro de Salomão seja marcadamente religioso e judaico, é muito provável que uma de suas fontes tenha sido os provérbios sumerianos. Esse dado também confirma a forte circulação de máximas proverbiais em toda a região e a grande possibilidade de que esses textos tenham passado a marcar presença em outras paragens.

Na Grécia, Esopo (VI a.C.) é, sem dúvida, o grande responsável por promover a divulgação do gênero fábula. Sua importância é de tal monta que ultrapassa as fronteiras do país e seu nome passa a designar um estilo de fábula, a fábula esópica, uma expressão que passou a ser sinônimo de fábula grega. Entretanto, dada a escassez de documentos oficiais e registros escritos, é muito frequente que se discuta a real existência do fabulista. Algumas biografias, que incluem acontecimentos lendários e ficcionais, como a de Máximo Planude, certamente contribuíram para a polêmica. Há quem diga que fábula esópica seria o mesmo que fábula contada pelo povo. De fato, as fábulas contadas por Esopo são classificadas como anônimas, seja porque não se tem certeza sobre sua autoria, seja porque muitas delas teriam sido recolhidas sem registro escrito e seriam apenas recontadas ou adaptadas por Esopo. As dúvidas, no entanto, não são firmadas em constatações científicas, porque há mais elementos que indicam a existência de Esopo do que o contrário. Os antigos, por exemplo, nunca tiveram dúvidas a esse respeito. Heródoto, historiador do século V a.C., traz sobre ele a informação mais antiga. Também Platão e seu discípulo Heráclides do Ponto se referiram a ele como se fosse uma pessoa histórica.

Conforme sabemos, Esopo não era grego, mas não há uma informação exata sobre sua terra natal. Ele teria nascido na Trácia, Lídia ou Frígia, províncias situadas na região da Ásia Menor. Por convenção, costuma-se dizer que Esopo era frígio e que somente depois de adulto é que ele vai para a Grécia e divulga as suas fábulas. Nesse caso, é possível supor que as fábulas contadas por Esopo tenham sido produzidas ou recolhidas no Oriente e, portanto, fora da Grécia. Diante disso, poderíamos imaginar a seguinte hipótese sobre Esopo e suas fontes: se a fábula tem uma origem sumeriana e se ele vem de uma região que geograficamente possui alguma proximidade com os territórios mesopotâmicos, haveria aí um ponto de convergência que confirmaria a origem não ariana da fábula grega e que, ao mesmo tempo, seria um argumento a mais para a defesa da ideia da existência real de Esopo.

Sobre a intensa propagação de textos sumerianos e mesopotâmicos, Adrados (1979, p.308, tradução nossa) afirma:

NAS RAIAS DE UM GÊNERO   29

São literaturas, como se sabe, que formam um todo contínuo e que foram conservadas pela biblioteca de Assurbanipal e por escritos neobabilônicos, e sem dúvida também está na literatura ou tradição oral de persas, frígios, cários, lídios, etc. O contato com os gregos no século VII e VI era muito estreito e de fácil influxo.[2]

Todavia, é preciso considerar que o contato dos gregos com a fábula é anterior a Esopo. Já no século VIII a.C., o poeta Hesíodo compõe a obra *Os trabalhos e os dias*, na qual relata a primeira fábula grega de que se tem notícia, "O falcão e o rouxinol". Há também fábulas de Heródoto, Arquíloco, Estesícoro, Simônides, Aristófanes, entre outros.

Estando a fábula já estabelecida como gênero, surgem, então, os primeiros textos críticos. É Aristóteles (IV a.C.), em sua *Retórica*, quem tece sobre ela as primeiras considerações, classificando-a como um recurso de persuasão na arte da retórica. A inclusão da fábula nesse circuito aproxima-a de toda a significação latente na palavra "discurso", o que remete ao vocábulo latino de origem (*făbŭla, ae*), cuja significação é "conversação, conversa". A palavra "fábula" também provém do verbo latino "*fari, fatus*, com o sentido de falar, dizer, exprimir" (Portella, 1979, p.4).

Para Aristóteles, o orador só seria bem-sucedido se agradasse e convencesse a plateia. A condição para que esse objetivo fosse alcançado seria a habilidade do orador no uso de provas técnicas que ele divide em dois tipos: o exemplo e o entimema. Enquanto o entimema é mais incisivo porque produz a prova, com toda a sua clareza, por meio de máximas e silogismos, o exemplo é mais suave porque se utiliza da indução e pode ser real ou fictício. "O *exemplum* pode ter qualquer dimensão: será uma palavra, um fato, um conjunto de fatos ou a própria narração deles." (Barthes, 1975, p.186) Os exemplos fictícios subdividem-se em parábola e fábula. A parábola é concebida como uma comparação breve baseada em fatos virtuais; já a fábula, como um conjunto de ações apresentadas como reais.

As fábulas são apropriadas às arengas públicas e têm esta vantagem: é que sendo difícil encontrar fatos históricos semelhantes entre si, ao invés, encontrar

---

2 "*Son literaturas, como es bien sabido, que forman un todo continuo que llega hasta los textos conservados en la biblioteca de Assurbanipal y en tablillas neobabilonias, sin duda también hasta la literatura o tradición oral de persas, frigios, carios, lidios, etc. El contacto con los griegos en los siglos VII y VI era muy estrecho, el influjo fácil.*"

fábulas é fácil. Tal como as parábolas, para as imaginar, só é preciso que alguém seja capaz de ver as semelhanças [...]. Assim, é fácil prover-se de argumentos mediante fábulas. (Aristóteles, 2005, II, 20, 1394a, p.207-208)

Entendendo que a fábula era um recurso persuasivo e discursivo de extrema utilidade para o orador, Aristóteles ainda a divide em duas partes: a primeira seria a narrativa ficcional e a segunda, a aplicação dessa narrativa à situação apresentada no discurso em questão. Nessa perspectiva, a fábula seria um discurso dentro de outro discurso.

Embora a concepção de Aristóteles seja um tanto restritiva porque considera apenas o caráter utilitário e didático da fábula, é possível estabelecer, a partir dela, um ponto de contato com modernas teorias literárias que colocam em destaque o sentido discursivo dos gêneros. Para Todorov, por exemplo, um gênero é um ato de fala institucionalizado:

> Numa sociedade, institucionaliza-se a recorrência de certas propriedades discursivas, e os textos individuais são produzidos e percebidos em relação à norma que esta codificação constitui. Um gênero, literário ou não, nada mais é do que essa codificação de propriedades discursivas. (Todorov, 1980, p.48)

No caso da fábula, a frequência do uso e as coerções advindas de seu aspecto pragmático e ficcional certamente foram decisivas em sua institucionalização, ou seja, no reconhecimento definitivo de seu *status* como gênero literário.

Mesmo tendo alcançado uma grande projeção na época de Esopo, a fábula só terá a sua primeira coleção escrita por volta dos anos 300 a.C., quando Aristóteles, ao constatar o gosto dos gregos por textos fabulares, identificou-os como um recurso de retórica. É justamente um discípulo de Aristóteles, Demétrio de Falero, quem organiza a *Coleção de discursos esópicos* que, embora não tenha subsistido à passagem do tempo, serviu de base para a elaboração de inúmeras coleções de fábulas gregas e latinas, como é o caso da *Augustana*, considerada a mais antiga das coleções existentes.

Desde que a retórica se transformou em objeto de ensino (por volta do século V a.C.), os retores passaram a ter situação privilegiada na sociedade grega, já que dominavam os segredos da palavra. Depois de Aristóteles, eles dedicaram grande atenção aos estudos da fábula e alguns chegaram mesmo a produzir textos fabulares que poderiam ser utilizados em exercícios de argumentação. Para Morten Nøjgaard (1964, p.28, tradução nossa), embora considerassem a fábula como uma pequena parte do imenso sistema retórico-estilístico, são eles a iniciar a verdadeira crítica do gênero:

> [...] são esses professores da arte de bem dizer que criaram a verdadeira crítica da fábula, uma vez que, em virtude do caráter sistemático do trabalho que desenvolviam, não poderiam falar da fábula concreta sem antes determinar teoricamente o objeto de sua abordagem.[3]

E é assim que os retores, em seus *Progymnasmata*, os "Exercícios de retórica", tendo, principalmente, como base os estudos de Aristóteles, desenvolvem toda uma teoria da fábula como gênero literário e destacam sua utilidade no ensino.

Dada a valorização crescente da retórica nos primeiros séculos da era cristã, ocorre um aumento de escolas e de pessoas que se dedicam aos estudos sobre o discurso. Entre os muitos retores da época podem ser citados, por exemplo, Hermógenes, Nikolaus de Myra, Libânio, Temístio, Juliano, Doxopater. O mais importante deles, no entanto, é Aelius Théon (I d. C.) e, segundo Nøjgaard, é dele a primeira definição de fábula que se conhece: "Fábula é um discurso mentiroso que retrata uma verdade" (apud Dezotti, 1988, p.12). Portanto, para Théon, a fábula era formada por dois discursos: um mentiroso e outro verdadeiro, e o primeiro era a imagem do segundo. Outro retor a ganhar destaque nos estudos da fábula é Aftônio (V d.C.). Para ele, a fábula "está organizada em vista de uma exortação" (apud Dezotti, 1988, p.12). Nessa perspectiva, a moral é o fundamento principal da fábula e é, sobretudo, a razão de sua existência. Além de estudá-la, Aftônio também se dedicou à produção de textos fabulares e acabou por imprimir neles as marcas do didatismo retórico.

As fábulas de Aftônio têm clara intenção didática. Nelas se generalizou a prática de se acrescentar simultaneamente promítio e epimítio ao texto fabular.

---

3 *"[...] ce sont ces professeurs de l'art de bien dire qui ont créé la véritable critique de la fable, car en vertu de leur esprit systématique ils ne veulent pas parler de la fable concrète avant d'avoir déterminé théoriquement l'objet de leur examen."*

O primeiro é sempre elaborado da seguinte forma: "Fábula de... que exorta a...". Já o epimítio é uma *gnome* [ou sentença, provérbio] muito breve, também de tipo didático. (Adrados, 1979, p.143)[4]

Embora com formulações diferentes, como mostra Adrados, em Aftônio tanto o promítio quanto o epimítio revelam a finalidade da fábula. O primeiro aparece geralmente no início do texto e o segundo, no final. Também como consequência da intenção didática, as fábulas de Aftônio são breves e simples. Mas essa não era uma característica defendida apenas por um único retor, e sim, era uma tendência presente em todos os manuais de retórica. Em virtude disso, como veremos mais adiante, alguns escritores e críticos do gênero chegaram a considerar que a presença de uma "moral" na fábula seria uma deformação imposta pelos tratados retóricos. Entretanto, como destacam Adrados, Nøjgaard, entre outros, a fábula sempre teve um perfil que oscilava entre o exortativo, o temático ou a demonstração de uma crítica aberta ou velada. E isso ocorreu desde Hesíodo ou, mais ainda, desde a Suméria, chegando até os dias de hoje. Os retores, nesse caso, teriam apenas dado mais objetividade (ou, talvez, mais relevância) a essa característica inerente do gênero.

Outra contribuição da crítica retórica é o reconhecimento de que, dado o seu caráter de exemplo, a fábula não precisaria ter apenas personagens animais. Os homens também poderiam figurar como personagens. Valorizando o sentido prático da fábula, os antigos retores ainda a consideravam de grande utilidade nos exercícios de redação e de estilo. É por isso que recomendavam aos seus discípulos a tarefa de reduzir e ampliar fábulas, inventar e escrever fábulas em vários estilos, prosificando-as e elaborando paráfrases.

Conforme vimos, a crítica retórica deu grande importância à fábula e sistematizou o seu uso e a sua produção. No entanto, os séculos seguintes foram estéreis no que se refere à continuação do desenvolvimento de uma metalinguagem que focalizasse a fábula. Segundo Morten Nøjgaard (1964), durante a Idade Média houve uma enorme atividade criativa de tex-

---

4 *"Las fábulas de Aftonio tienen clara intención didáctica. En ellas se ha generalizado el sistema de añadirles simúltaneamente promitio y epimitio. El primero dice siempre 'Fábula del...que exhorta a...' El epimitio es una gnome muy breve, de tipo didáctico también."*

tos fabulares. Surgem nesse momento novos personagens aproveitados dos folclores regionais e intensifica-se a presença de textos indianos na Europa. Mas é justamente por causa dessa profusão criativa que provavelmente a crítica teórica será esquecida. Somente mais tarde, com o sucesso de La Fontaine, quando a fábula atinge um dos pontos mais altos de sua longa trajetória, é que a crítica voltará a ser cultivada.

Para destacar-se como escritor de fábulas e, ao mesmo tempo, diferenciar-se dos antecessores, La Fontaine (1621-1695) recorre ao seu talento de poeta e investe fortemente no aspecto estético da fábula. Com ele, os textos deixarão de ser muito concisos, o drama será incrementado e o verso terá uma métrica e um ritmo diversificados. Ainda que brevemente, La Fontaine também expõe sua visão teórica do gênero. Para ele, não há diferença entre fábula e apólogo. Tanto animais como plantas, homens, deuses, seres lendários podem configurar o quadro alegórico. A fábula seria dividida em duas partes interdependentes: o corpo e a alma. O corpo é a narração e a alma, a moralidade. Esta última até poderia ser omitida em algumas fábulas, desde que pudesse ser suprida facilmente pelo leitor.

O renascimento da crítica no século XVIII

O impacto do trabalho de La Fontaine foi determinante para a retomada dos estudos críticos da fábula, bem como para o surgimento de uma nova geração de fabulistas. Seja para exaltar, seja para subestimar a produção lafontainiana, o fato é que os críticos não conseguiram ficar indiferentes aos seus efeitos. No século seguinte ao da morte de La Fontaine, inúmeros tratados de literatura passaram a reservar uma posição de destaque à fábula. Nøjgaard (1964, p.29) ressalta, inclusive, que "o século XVIII constitui o verdadeiro renascimento da crítica".[5]

Uma prática que se tornou muito comum no século XVIII foi a inclusão de um longo estudo teórico sobre o gênero nos livros ou coletâneas de fábulas. Esse estudo geralmente antecipava os textos fabulares e visava informar o leitor sobre as peculiaridades do gênero ou, até mesmo, preveni-lo sobre algumas "distorções teóricas" que se julgava estar em circulação.

---

5 *"Le XVIIIe siècle constitue la vraie renaissance de la critique."*

Um dos exemplos da prática de teorização da fábula em coletâneas está em *Recueil de fables nouvelles, précedées d'un discours sur ce genre de poesie*,[6] publicado por D'Ardene, em Paris, no ano de 1747. De nacionalidade francesa e integrante da Academia de Belas Letras de Marselha, D'Ardene é obviamente admirador de La Fontaine e sua crítica terá esse parâmetro como baliza. Uma de suas primeiras recomendações é a de que a excelência da fábula deve ser garantida pelo prazer que sua leitura proporciona. Para tanto, a fábula deve ser criada a partir do que a natureza oferece, explorando-se, sobretudo, as imagens campestres.

Outro elemento que deve contribuir para uma leitura prazerosa da fábula, segundo D'Ardene, é a ação. A fábula deve privilegiar a ação e não os argumentos. O autor insiste que de nada vale uma fábula que ensina uma lição, mas tem uma ação pobre e incompleta. Assim, é preferível que se invista mais na ação do que em uma moral muito objetiva. Isso não quer dizer, entretanto, que o autor desconsidere a importância da moral, mas ressalta que ela deve nascer naturalmente do corpo da fábula, deve ser curta e estar localizada no final. Para explicar a harmonia necessária entre fábula e moralidade, o autor afirma: "A fábula é feita para a moralidade, não a moralidade para a fábula, cujo objetivo único é nos instruir e nos corrigir. [...] A fábula é o vaso e a moralidade é o licor"[7] (D'Ardene, 1747, p.64).

Quanto ao estilo da fábula, D'Ardene recomenda que deve ser simples, sem afetação ou extravagâncias. Os versos não precisam ser muito longos, mas devem ser variáveis e sem uniformidade. O diálogo, ágil e dinâmico, deve manter as características próprias de cada personagem, para que não haja confusão e não seja necessária a interferência constante do narrador. Em síntese, a fábula deve unir simplicidade e sofisticação. "É, sobretudo, nessa simplicidade elegante que se pode encontrar a alma e o tesouro da fábula"[8] (ibidem, p.39).

Mas o ponto alto da crítica da fábula no século XVIII só será mesmo alcançado por Gotthold Ephraïm Lessing que, em 1759, na Alemanha, es-

---

6 Coleção de fábulas novas, precedidas de um discurso sobre esse gênero de poesia. A bibliografia completa desta e das demais obras citadas e referidas estará nas "Referências" constantes no final deste trabalho.

7 *"La Fable est faite pour la moralité, & non la moralité pour la Fable, dont le but unique est de nous instruire & de nous corriger. [...] La Fable est le vase, & la moralité le liqueur."*

8 *"C'est sur-tout dans cette naïveté élégante qu'on peut appeller l'ame & le trésor de la Fable."*

creveu cinco tratados (ou dissertações) sobre o gênero. No entanto, a importância de Lessing não se restringe aos estudos da fábula. Segundo Todorov (1980, p.29-30), em sua obra crítica Lessing "defenderá com brilhantismo uma nova concepção, que é, ao mesmo tempo, sua contribuição principal à estética e que é a da *endogênese* das obras. A presença ou a ausência de um elemento no texto é determinada pelas leis da arte que se pratica".[9] Entretanto, reconhecer a importância da forma, para Lessing, não significava criar novas regras, mas analisá-las de uma maneira diferente. Daí a razão para que ele seja considerado o verdadeiro fundador da estética moderna.

É importante ressaltar, no entanto, que embora existam regras específicas para cada gênero, tanto o trabalho do criador como as inferências contextuais não podem ser desconsideradas. Assim, ao construir o arcabouço artístico da obra, o escritor não precisa se sentir aprisionado pelas leis internas do gênero, mas pode exercer a sua liberdade e até a sua arbitrariedade. Como explica Todorov (idem, p.35-7),

> As verdadeiras regras não são uma ocupação de legislador, mas decorrem da essência do gênero; é por isso que elas não se constituem numa simples lista, mas formam um sistema no qual tudo se mantém. [...] Os aspectos essenciais não são intrinsecamente diferentes dos aspectos acidentais, tendo apenas a vantagem de serem escolhidos em primeiro lugar: a diferença entre ambos é de posição no interior de uma estratégia. Não há substâncias más, e sim, más relações: qualquer que seja o ponto de partida pode-se permanecer coerente consigo mesmo; e é nisso que consiste o gênero: é a lógica das relações mútuas entre os elementos constitutivos da obra.

Cientes das contribuições que Lessing trouxe para a estética, é importante agora que conheçamos um pouco mais de sua visão específica sobre a fábula. Na edição de sua obra traduzida para o francês, *Fables et dissertations sur la nature de la fable*,[10] há um total de noventa fábulas do autor,

---

9 No capítulo "Poética e poiética segundo Lessing", constante no livro *Gêneros do discurso*, Todorov desenvolve uma interessante abordagem sobre as contribuições do autor para os estudos literários. Aproveitamos algumas dessas ideias na exposição sobre Lessing.

10 "Fábulas e dissertações sobre a natureza da fábula". A versão original da obra de Lessing, *Abhandlungen über die Fabel*, foi publicada em alemão no ano de 1759. Em nossa pesquisa, utilizamos a tradução francesa de seus tratados ou dissertações, que é de 1764.

divididas em três livros, que precedem o texto crítico. Esse dado pode funcionar como sugestão de que Lessing construiu sua teoria da fábula, tendo como suporte a experiência de criação ou recriação de textos fabulares.

Diferente de D'Ardene, Lessing era defensor do estilo conciso de Esopo. Já no prefácio de sua obra crítica, ele lamenta que os fabulistas modernos tenham abandonado a simplicidade e a brevidade da fábula como faziam os antigos. Mais adiante, na quarta das dissertações que sucedem às suas fábulas, o autor questiona sobre qual deve ser o modelo ideal de fábula: o de Esopo, o de Fedro ou o de La Fontaine? Depois de analisar os estilos de cada fabulista, Lessing condena La Fontaine, faz ressalvas a Fedro e elege o modelo de Esopo como o melhor, por prezar a simplicidade e a ausência de ornamentos. Segundo ele, a clareza, a brevidade e a simplicidade são determinantes para a singularidade e a beleza da fábula. É preferível, ainda, que seja escrita em prosa e não em verso. A prova disso é que Aristóteles tratou desse gênero não em sua *Poética*, mas em sua *Retórica*.

Na primeira dissertação, Lessing discute a natureza da fábula. Dividida em simples e composta, ela será simples quando o enredo retratar uma história qualquer, de modo que se possa deduzir, sem dificuldade, uma verdade geral. Para exemplificar essa classificação, Lessing (1764, p.110) cita a seguinte fábula: "Alguém censurou a Leoa, dizendo que ela deu à luz não mais que um pequeno filhote. 'Sim, um só, disse ela. Mas é um Leão.' [...] Que o belo não está na quantidade, mas na qualidade das coisas".[11] Segundo o autor, esse é um modelo lapidar de fábula, uma vez que a moral é tão evidente que, mesmo sendo omitida, seria facilmente deduzida por qualquer pessoa. Já a fábula composta é construída a partir da mesma máxima de uma fábula simples. Assim, toda fábula simples pode vir a ser uma fábula composta, porém os fatos relatados terão de ser reais ou, pelo menos, possíveis de acontecer. Vejamos o exemplo: "Um mau versejador, cheio de vaidade, disse a um dramaturgo: 'Eu faço sete tragédias em um ano. Mas você? Uma em sete anos!...'. 'Sim, uma só', disse o dramaturgo, 'mas é uma *Athalia*'" (ibidem, p.111).[12] Vemos que a moral dessa segunda fábula é semelhante à da primeira e, portanto, seria possível a fusão dos dois textos.

---

11 *"On reprochoit à la Lionne qu'elle ne mettoit qu'un petit au monde: Oui, un seul, dit-elle; mais c'est un Lion. [...] Que le beau n'est pas le nombre des choses, mais dans leur bonté."*

12 *"'Je fais sept tragédies dans un an, disoit à un poëte un rimeur enflé de vanité; mais vous? Une en sept ans!....' 'Oui, une seule, répondit le poëte; mais une Athalie.'"*

Nesse caso, conforme explica Lessing, teríamos uma fábula simples e composta ao mesmo tempo.

Além de trazer uma definição para os tipos de fábula, na primeira dissertação Lessing ainda discute a concepção de vários críticos contemporâneos seus: M. de La Motte, Richer, Breitinger e M. Batteux. Em praticamente todos eles, Lessing contestará principalmente a ideia de que a fábula transmite uma lição por meio de uma imagem alegórica. Para De La Motte, por exemplo, a fábula é "uma instrução disfarçada sob a alegoria de uma ação" (apud Lessing, 1764, p.115).[13] Lessing, ao contrário, defende que a moral nunca deve ser disfarçada ou camuflada, a não ser que a fábula seja composta. Segundo ele, é justamente a evidência da moral que permite o reconhecimento intuitivo do gênero. Acrescenta ainda que a fábula não é uma alegoria, mas seria a narração de uma ação alegórica ou algo parecido.

Quanto a M. Batteux, Lessing contesta não a sua definição de fábula, mas o conceito de ação. Para Batteux, a fábula é, de fato, uma narração que poderá envolver uma ação alegórica, entretanto essa ação terá de ser desenvolvida de acordo com uma intenção particular de uma personagem, como é o caso do lobo, na fábula "O lobo e o cordeiro". Em sua concepção, a ação é "uma empreitada desenvolvida com desígnio e escolha" (apud Lessing, 1764, p.153).[14] Segundo Lessing, se essa definição for exata, de cada cem fábulas teremos de descartar noventa, porque dificilmente será possível encontrar fábulas cuja ação seja desenvolvida, tendo-se como pressuposto as escolhas da personagem. Esse modelo de ação seria mais adequado à tragédia ou à epopeia. Vejamos:

> Em geral, M. Batteux confundiu a ação da fábula com a da epopeia e a da tragédia. A ação destas duas últimas deve ter, além da intenção que o autor lhes propõe, uma intenção intrínseca que lhes é própria. A ação da fábula não necessita dessa intenção intrínseca e estará plenamente realizada, a partir do momento em que o autor alcançar o seu objetivo. Na epopeia e na tragédia, a arte de excitar as paixões é o primeiro e principal objetivo do autor. [...] O fabulista, pelo contrário, não tem nenhum interesse em satisfazer as nossas paixões, mas quer atingir nossa consciência e nosso entendimento. Ele tem por objetivo con-

---

13 "[La Fable] est une instruction déguisée sous l'allégorie d'une action."
14 " [L'action] est une entreprise faite avec dessein & choix..."

vencer-nos vivamente de uma verdade moral particular. [...] Assim que atinge esse objetivo, pouco lhe importa se a ação permite uma continuidade ou não: ele deixa suas personagens no meio do caminho e não se dá ao trabalho de satisfazer a nossa curiosidade. (Lessing, 1764, p.165-7)[15]

Se compararmos o ponto de vista de D'Ardene em relação à importância da ação na fábula, veremos que é diametralmente oposto ao de Lessing. Entendendo que a ação, na fábula, tem um desenvolvimento diferente do que ocorre em outros gêneros, Lessing prefere evitar o uso dessa expressão na elaboração de seu conceito de fábula. Em vez de dizer que a instrução moral é expressa por meio da ação, ele dirá que a moral está relacionada a um acontecimento particular. Esse acontecimento, embora seja ficcional, deve ser retratado como real e consiste em um conjunto de situações que servem de fundamento para a fábula e, consequentemente, para a proposição moral, de modo que ela seja reconhecida intuitivamente.

Para melhor fazer entender a natureza da fábula segundo as regras que ele mesmo propõe, Lessing, recorrendo a Aristóteles, ainda explica a diferença básica entre fábula e parábola. Enquanto esta última se mantém no plano das possibilidades, a fábula se distingue pela aparência de realidade. Por isso, na parábola, as narrações se iniciam sempre com a expressão "É como se".[16] Já na fábula, essa expressão nunca ocorre e o fato é tratado como algo ocorrido.

---

15 *"En général, M. Batteux a trop confondu l'action de l'apologue avec celle de l'épopée & du drame. L'action de deux derniers doit avoir, outre la fin que le poëte s'y propose, une fin intrinsèque & qui lui appartienne en propre. L'action de la Fable n'a pas besoin de cette fin intrinsèque; elle est assez parfaite, lorsque, par son moyen, le poëte arrive à son but. Dans l'épopée et dans le drame, l'art d'exciter les passions est le premier & le principal objet du poëte. [...] Le fabuliste, au contraire, n'a point affaire à nos passions, mais seulement à notre entendiment. Il a pour but de nos convaincre vivement de quelque vérité morale particuliere. [...] Dès qu'il y en est venu à bout, peu lui importe que l'action qu'il a inventée soit parvenue ou non, à sa fin intrisèque: il laisse souvent ses personnages à moitié chemin, & ne se met nullement en peine de satisfaire notre curiosité sur leur compte."*

16 Cumpre salientar, entretanto, que esse modelo de parábola é diferente do que se popularizou no mundo ocidental e que está fortemente relacionado à tipologia das parábolas bíblicas presentes nos Evangelhos. Vejamos o que afirma o próprio Aristóteles (2005, II, 20, 1393b, p.206): "São parábolas os ditos socráticos, e consistem, por exemplo, em uma pessoa dizer que os magistrados não devem ser tirados à sorte, por que isso é como se alguém escolhesse atletas por sorteio, não os que são capazes de competir, mas os que a sorte designasse; ou ainda, como se, entre os marinheiros, fosse sorteado aquele que deve pilotar o navio, como se, em vez daquele que sabe, se devesse tomar o marinheiro que a sorte designou".

Depois de ampla abordagem sobre a crítica da fábula em seu tempo, Lessing finalmente sintetiza sua concepção: "A fábula é uma história que estabelece uma relação entre um acontecimento particular representado como real e uma proposição geral e moral, de modo que essa mesma proposição possa ser reconhecida intuitivamente" (ibidem, p.191).[17] O conhecimento intuitivo é claro por si mesmo e dispensa o raciocínio profundo ou o domínio de uma determinada teoria. A fábula, portanto, segundo Lessing, deve ter esse aspecto como prerrogativa.

Na segunda dissertação, Lessing analisa a presença de animais na fábula e discute por que razão haveria uma preferência por esse tipo de personagem. Para Breitinger, crítico da época, essa presença teria a função de revestir a narração de um perfil maravilhoso, a fim de provocar surpresa e estranhamento por parte dos leitores. Mas isso, segundo Lessing, só se dá num primeiro momento, quando ainda é novidade. Depois, ao longo dos anos, o fenômeno passa a ser visto com naturalidade. É o que certamente aconteceu com as literaturas produzidas na Antiguidade, em especial, a fábula. Nenhum ser humano, desde o mais racional ao mais ingênuo, se surpreenderia, hoje, com o fato de animais falarem nas histórias.

Mas, em sua abordagem sobre a essência do maravilhoso, Lessing defende que não seria esse o motivo da introdução de personagens animais na fábula. Para ele, a verdadeira razão para tal preferência consiste "[...] na invariabilidade geralmente conhecida de seus caracteres" (ibidem, p.203).[18] Raramente outros seres, sejam eles plantas, homens, objetos ou seres imaginários, têm uma caracterização tão definida e universalmente reconhecida como os animais. Entre os títulos "O lobo e o cordeiro", "O anão e o gigante" e "Nero e os britânicos", não há dúvidas de que o primeiro é o que possui maior presença no inconsciente coletivo, dada a popularidade dos caracteres das personagens, que é decorrente da popularidade do próprio gênero fábula. Ainda que o leitor tenha conhecimento do que ocorre entre os britânicos e Nero, a narração terá a característica de uma fábula composta. Nesse sentido, o uso de personagens animais também permite a

---

17 "[...] je dis que *lorsque l'on ramene une proposition morale générale à un événement particulier, que l'on donne la realité à cet événement,* ☐ *que l'on fait une histoire dans laquelle on reconnoit intuitivement la proposição générale, cette ficcion s'appelle une Fable.*"

18 "[...] *dans l'invariabilité gén;eralement connue des caracteres.*"

comparação entre fábula simples e fábula composta, entre o fato ficcional e as várias possibilidades de aplicação ao fato real.

A presença de animais na fábula também está a serviço da imagem intuitiva do gênero e do reconhecimento intuitivo da proposição moral. Nos termos de Lessing, trata-se de uma propriedade acidental da fábula, que se tornou indispensável por meio do uso frequente e que facilita a compreensão do maior número de indivíduos ou leitores. Já a propriedade essencial é justamente a constância dos caracteres que, embora possa ser encontrada em outros seres, na maioria dos casos é proporcionada pela imagem do animal, dispensando a necessidade de qualquer explicação ou descrição.

A terceira dissertação de Lessing trata das divisões e classificações da fábula. Conforme vimos, já na primeira dissertação, ele propõe uma divisão, afirmando que existem fábulas simples e fábulas compostas. Mas essa retomada do assunto, que oferece outras sugestões de classificação, está muito mais relacionada às diferenças de personagens e também seria uma forma de contestar a divisão proposta por outros críticos.

Antes de propor uma divisão mais detalhada para a fábula, Lessing aborda a classificação mais antiga do gênero elaborada por Aftônio. Para o retor grego, há três espécies de fábula: a racional, em que as personagens são homens; a moral, que tem seres irracionais como personagens; e a mista, que tem os dois tipos de personagens. Lessing também destaca a classificação de Wolf, que praticamente mantém os termos de Aftônio, mas traz como enfoque a conveniência dos atributos das personagens.

Há alguns parágrafos, vimos que Lessing entende a fábula como a narração de um acontecimento particular e ficcional que deve ser representado como real. Entretanto, esse real representado pode ser mais ou menos verossímil. Emprestando também os termos de Aftônio, Lessing dirá, então, que "as fábulas racionais são aquelas cujo acontecimento particular é absolutamente possível. Já as fábulas morais são aquelas cujo acontecimento particular não passa de uma suposição" (ibidem, p.228).[19] As fábulas morais podem ser divididas em míticas ou hiperfísicas. As míticas "são aquelas em que se dá ao tema a realidade que ele não tem. E as hiperfísicas, aquelas

---

19 "[...] je appellerai Fables rationelles celles dont l'événement individuel est absolument possible, & Fables morales celles où il ne l'est que d'après certaines suppositions."

em que se atribui aos seres qualidades mais elevadas do que as que eles possuem" (ibidem, p.229).[20] Quanto às fábulas mistas, Lessing afirma que elas podem ser identificadas como aquelas em que o acontecimento particular é possível apenas em parte.

Se analisarmos atentamente as divisões que Lessing propõe para a fábula, veremos que, na essência, elas não se diferenciam das de Aftônio ou de Wolf, uma vez que o elemento básico para a diferenciação entre um tipo e outro consiste na observação do tratamento dado às personagens. Fábulas como "Os dois galos", "O cego e o filhote de lobo" e "O cão e o jardineiro" são classificadas como racionais, porque nenhum dos atributos das personagens está distante do que pode ocorrer no mundo real. Por outro lado, fábulas que atribuem características humanas a animais, como "O lobo e o cordeiro" e "A serpente e a cegonha"; a plantas e objetos, como "O bambu e a oliveira" e "As árvores e a oliveira" e "A panela de barro e a panela de ferro"; ou que trazem como personagens seres lendários, deuses e acontecimentos sobrenaturais, como "Apolo e Júpiter", "O velho e a morte", "Hércules e o carroceiro" e "A fênix e o avestruz", todas elas são classificadas como morais. Assim, embora quisesse propor uma divisão nova para as fábulas, Lessing acaba, quase sempre, por relacionar o caráter de "possibilidade" ou "realidade" ao que a personagem é capaz ou não de realizar. Por esse motivo, Nøjgaard (1964, p.69) considera que essas classificações são desnecessárias e as denomina de "subdivisões especulativas".

A quarta dissertação, já referida anteriormente, trata do estilo das fábulas. Para definir o modelo ideal, Lessing elege três ícones nominais e históricos na produção de fábulas: Esopo, Fedro e La Fontaine. Como já dissemos, o modelo que, segundo ele, mais favorece o reconhecimento intuitivo do gênero é o de Esopo e, por isso, é o melhor. Fedro, embora mantenha a concisão, às vezes deturpa o texto em função da medida do verso. La Fontaine é avaliado como o pior modelo, porque teria transformado a fábula em um verdadeiro "pompom poético" (Lessing, 1764, p.259). A situação seria ainda mais grave, dada a legião de seus imitadores. Vejamos o que diz o autor:

---

20 *"Je voudrais appeller Fables mythiques celles où l'on donne au sujet la réalité qu'il n'a pas, & Fables hyperphysiques, s'il m'est permis de hazarder ce mot, celles où l'on suppose à des sujets réels des propriétés plus parfaites & plus élevées que celles qu'ils ont."*

Mas La Fontaine! Esse gênio singular! La Fontaine? Eu não tenho nada a dizer contra ele. Mas o que não poderia eu dizer contra os seus imitadores, contra os seus adoradores cegos? La Fontaine conhecia muito bem os antigos para ignorar os modelos que eles nos deixaram e também sabia qual é a natureza de uma boa fábula. (ibidem, p.252)[21]

E Lessing segue nesse tom, ocupando boa parte de sua quarta dissertação para contestar os argumentos de La Fontaine e para criticar o ponto de vista de escritores e críticos franceses. Em alguns trechos, chega a extrapolar os limites da polêmica e da provocação, deixando transparecer um verdadeiro clima de rivalidade. Para Nøjgaard, os motivos da querela se resumem à disputa de excelências. Enquanto os alemães elaboraram o mais importante estudo sobre a fábula, os franceses elevaram o gênero ao seu mais alto nível.

Entretanto, não foi a pátria de La Fontaine que teve a honra de elevar a crítica ao seu ponto mais alto. Os alemães nunca aceitaram a ideia de que um francês tivesse conquistado o espaço dominante na literatura animal que, até então, era ocupado por Reinhart Fuchs. Como não podiam apagar os textos de La Fontaine, eles procuraram mostrar, pelo menos, com a ajuda de algumas especulações estéticas, que suas fábulas tinham alguns lances novos e geniais, mas, ao mesmo tempo, eram uma degeneração da boa, da verdadeira, da antiga fábula. (Nøjgaard, 1964, p.30)[22]

Nas quatro primeiras dissertações, Lessing trata das propriedades da fábula e de seu funcionamento interno. Na quinta e última dissertação, ele aborda o possível alcance externo do gênero, sugerindo que as crianças po-

---

21 *"Mais la Fontaine! Ce génie singulier! La Fontaine? Je n'ai rien à dire contre lui; mais que ne pourrois-je dire contre ses imitateurs, contre ses adorateurs aveugles? La Fontaine connossoit trop les anciens, pour ignorer ce qu'exigeoient les modèles qu'ils nous ont laissés, & ce qu'exigeoit la nature pour une bonne fable."*

22 *"Cependant ce ne fut pas à la patrie de La Fontaine que revint l'honneur de porter la critique à son plus haut point. Les Allemands ne se firent jamais à l'idée qu'un Français leur avait conquis la place dominante dans la littérature animale qu'ils possédaient depuis le Reinhart Fuchs. Mais comme ils ne pouvaient pas anéantir le texte de La Fontaine, ils cherchèrent du moins à montrer, à l'aide de spéculations esthétiques, que ses fables étaient des rejetons géniaux, certes, mais dégénérés de la bonne, de la vraie, de l'antique fable."*

dem ser as grandes beneficiárias desse contato. Conforme já destacamos anteriormente, além de receptora dos conteúdos da fábula, para Lessing a criança pode atuar em exercícios de adaptação de fábulas. Para isso, segundo Lessing, ela não precisa ir a campo para elaborar as suas próprias fábulas, mas basta que consulte o acervo existente. Vejamos a explicação de Lessing (1764, p.283-4):

> Um hábil professor se pouparia do trabalho de atravessar os campos e sair à caça com seu aluno; bastaria uma espécie de caça às fábulas antigas. E, então, ora encurtando a fábula, ora prolongando a história ou, às vezes, até mudando alguns detalhes do enredo, ele forjaria uma nova moral.[23]

Portanto, escolhida a fábula, o professor deve focalizar a cena mais significativa do enredo e transformá-la em base para a criação de uma nova fábula. As sugestões didáticas, Lessing as colhe de sua própria coleção de textos fabulares. Por exemplo, no caso da fábula "A criança e a serpente",[24] o homem que abriga uma serpente em casa e depois é vítima de seu veneno poderia ter agido, não por piedade, mas por cobiça. Nesse caso, ele não teria razão alguma para se lamentar. Assim, a partir de várias exemplificações, Lessing ensina que uma fábula pode servir de ponto de partida para a produção de outras histórias. Nas palavras de Todorov (1980, p.40), ele "descobre a *literatura potencial*: a partir de uma única obra, variando os elementos no quadro fixado pelas regras do gênero, pode-se obter milhares, milhões de outras obras...".

Jacob Grimm e a crítica no século XIX

Depois do trabalho pioneiro e inovador de Lessing realizado no século XVIII, Grimm[25] inaugura, no século XIX, um novo período na crítica da

---

23 *"Un habile instituteur pourroit s'épargner la peine d'aller traverser les fôrets & courir à la chasse avec son éleve; il trouveroit une espece de chasse même dans anciennes Fables, tantôt en en racourcissantl'histoire, tantôt en la conduisant plus loin, & d'autres fois en en changeant certaines circonstances de maniere qu'il en sortit une nouvelle morale."*

24 *"L'Enfant e le Serpent"* (2º livro, 3ª fábula).

25 A abordagem sobre Grimm foi realizada, principalmente, a partir da obra *La fable antique*, de Morten Nøjgaard.

fábula. Ao contrário de Lessing, que era objetivo e racional e, por isso mesmo, considerava a fábula um gênero dirigido ao intelecto, Grimm era romântico convicto e seus estudos apontam em direção oposta à da pesquisa realizada no século anterior. Para ele, a fábula era a expressão dos sentimentos mais profundos da alma do povo e, nesse caso, não se coadunava com qualquer iniciativa de doutrinação ou ensinamento. Portanto, em contraposição à ideia de fábula moral, Grimm propõe a fábula original, que pode ser concebida como uma espécie de poesia popular lírico-épica. Entretanto, por seu caráter estritamente oral e primitivo, essa poesia não foi preservada. Ao longo dos séculos, ela teria sofrido transformações tão profundas a ponto de não poder ser mais identificada. Na sua concepção, as fábulas de Esopo conservam apenas um frágil reflexo da fábula épica original. Logo, todas as coleções gregas existentes seriam uma distorção ou uma criação "artificial" da escola retórica e, por isso, não poderiam ser consideradas como objeto de referência para os críticos.

> O que nós conhecemos pelo nome de fábula de Esopo passou por tantas mãos e ficou tão diferente que não foi possível reconhecer nitidamente nelas a redação original: são restos preciosos de uma abundância de fábulas de animais que, porém, na maioria das vezes, mostram a figura de meros excertos e raramente se elevam à amplitude épica que apraz. (Grimm, 1834, p.15 apud Nøjgaard, 1964, p.33, traduzido por Maria Celeste Consolin Dezotti)[26]

As teorias de Grimm praticamente dominam a crítica da fábula no século XIX. Mesmo não professando os princípios de Lessing, semelhante a ele, também ignora o fenômeno de produção e recepção que foram as fábulas de La Fontaine. Bentley, um de seus seguidores, por exemplo, considerava que das fábulas de Esopo e, consequentemente, de toda a tradição esópica, só nos restara o que é de último e pior. A partir dessa concepção, os românticos elaboram então uma base clara de julgamento estético: a essência da fábula só pode ser encontrada na fábula original. Portanto, qualquer fábula, ao ser analisada, deve passar pelo crivo do *original = bom*.

---

26 A citação original de Nøjgaard foi reproduzida em alemão, por essa razão utilizamos a tradução de Dezotti constante em seu trabalho de 1988.

Em virtude do rigor estabelecido no critério de valoração do texto, a busca da suposta originalidade da fábula praticamente torna-se o principal centro de interesse da crítica grimminiana. Críticos como Keller e Hertzberg, por exemplo, desenvolvem um vasto trabalho de rastreamento das marcas originais em textos remanescentes. Diante disso, Nøjgaard (1964) observa que essa é a grande deficiência da crítica romântica, uma vez que eles baseiam seus princípios em textos que simplesmente não existem. Todas as suposições partem do referente ou do plano exterior porque não podem fundamentar-se na "fábula real" e, por isso mesmo, perdem o seu valor científico. Ainda segundo Nøjgaard, o mais grave é a tentativa de identificar em textos datados e históricos o que eles supõem ser vestígios do conteúdo da obra original, o que torna a concepção romântica altamente especulativa.

A intensa busca pela fábula perdida, no entanto, levou alguns críticos românticos a dogmatizarem as suas especulações. Para Hertzberg, os elementos moralizadores da fábula eram todos tardios. Assim, a fábula original jamais poderia ser moral, pois a sua verdadeira finalidade era a sátira geral. Já para Thiele, a fábula original não era nem lírica, como queria Grimm, nem satírica, como defendia Hertzberg, mas possuía uma essência puramente cômica. Entretanto, embora propusessem marcas estéticas diferentes para a fábula em sua origem, em um ponto os principais críticos do século XIX concordam: assim como Jacob Grimm, todos eles acreditam que a moral é um acessório acrescentado tardiamente ao texto e, portanto, não pode ser considerada uma propriedade essencial da fábula.

Tão forte era a influência da crítica grimminiana que ela acabou por direcionar o trabalho das escolas filológicas na pesquisa, recuperação e crítica dos textos. Embora considerassem que as fábulas transmitidas eram produções de valor insignificante, os filólogos da época intentaram organizar os textos da tradição, agrupando-os em escolas interdependentes, ao mesmo tempo que os situavam em longas cadeias que se estendiam até a obscuridade pré-literária. Paralelamente a isso, procuravam investigar os modelos e os arquétipos das formas literárias, de modo a localizar a sua origem.

Considerado por Nøjgaard o filólogo mais importante desse período, Hausrath coloca em prática o método histórico de comparação de textos e, dessa forma, consegue criar a melhor edição do *corpus* esópico. Entretanto, entendendo que a tradição manuscrita não era verdadeira e baseando-se, principalmente, em estudos folclóricos sobre o caráter da literatura popular, Hausrath queria provar a existência de uma coleção popular jônica. Essa coleção perdida seria formada por fábulas populares, cujo enredo tinha por finalidade apenas entreter o ouvinte ou improvável leitor. Tomado por essa certeza, ele acreditava firmemente que as coleções manuscritas eram fruto do trabalho dos retores e produto de simples exercícios escolares. Eram, portanto, segundo ele, textos sem valor estético e de qualidade inferior à da fábula ideal.

Entretanto, conforme registra Adrados (1979), quando, na tentativa de provar suas teses, Hausrath examina duas coleções de fábulas esópicas, a *Augustana* e a *Vindobonense*, acaba por classificá-las de forma diferenciada. Para ele, só a primeira teria um caráter retórico, uma vez que era precedida por uma breve biografia atribuída a Aftônio. Já a segunda, teria um caráter "popular" porque era precedida da *Vida de Esopo*. Essa distinção, no entanto, é insustentável, pois o mais antigo manuscrito da *Augustana* também possui uma versão da biografia de Esopo. Sobre isso, vejamos, então, os esclarecimentos de Adrados (1979, p.76-7):

> Hausrath comete um equívoco. De um lado, defende que na Antiguidade existia um *corpus* de fábulas de tipo retórico e outro de tipo popular que seria encabeçado pela *Vida de Esopo*. Supõe ainda que esse último tipo teria, em um estilo mais florido e vivaz, jogos de palavras, esboços de novelas, narrações sobre homens e animais de tipo folclorístico, sendo, portanto, diferente do caráter didático das fábulas da coleção retórica. Tudo isso é pura imaginação. Entretanto, o mais grave é identificar o *corpus* retórico com a *Augustana* e o popular com a *Vindobonense*. Sabe-se hoje que a *Vindobonense* deriva precisamente da *Augustana*: com poucas diferenças, uma e outra derivam de fontes comuns. [...] Se uma delas apresenta um grego mais vulgar e popular, isso se deriva de sua redação na primeira época bizantina e não de herança antiga.[27]

---

27 "*Hausrath juega con un equívoco. De un lado, pretende que en la Antigüedad existía un corpus de fábulas de tipo retórico y otro de tipo popular, que iría encabezado por la Vida de Esopo y contendría, en un estilo más florido y vivaz, juegos de palabras, esbozos de novelas, narraciones sobre hombres y animales de tipo folklorístico, a diferencia del carácter didáctico de las fábulas de la colección retórica. Todo esto es pura imaginación. Pero es más grave identificar el corpus retórico con la Augustana y el popular con la Vindobonense. Porque hoy se está de acuerdo en que la Vindobonense deriva precisamente de la Augustana: en la pequeña medida en que ello puede no ser así, una y otra derivan de fuentes comunes. [...] Y el que la Vindobonense presente um*

NAS RAIAS DE UM GÊNERO **47**

Assim, conforme podemos notar, embora tenham dominado a maior parte dos estudos críticos do século XIX, os seguidores de Grimm têm os seus objetivos malogrados, já que não conseguem, de fato, recuperar a essência da suposta fábula original.

Vimos, há algumas páginas, que durante a Idade Média houve certo silenciamento no que se refere à produção de estudos críticos sobre a fábula. De fato, a crítica só renasce com mérito e força no século XVIII. Mas, de qualquer forma, faltava um olhar analítico para os textos fabulares produzidos no período medieval. Publicado em 1854, *Poésies inédites du Moyen Age précédées d'une histoire de la fable ésopique*,[28] de Édélestand du Méril, é uma das primeiras obras a lançar um olhar panorâmico para a fábula produzida nessa época. Como está expresso já no próprio título, antes da antologia de fábulas e poesias medievais, Du Méril faz uma síntese da história da fábula esópica, iniciando pelas origens, passando pelos principais fabulistas gregos e romanos e chegando à abordagem da multiface da fábula na Idade Média.

Talvez porque tenha sofrido o impacto da crítica romântica ou porque fosse tributário dela, Du Méril também acreditava que as fábulas apreciadas pelo público de sua época eram muito diferentes da fábula primitiva. A principal modificação teria sido a explicitação da moral. Nos primeiros tempos, segundo ele, a interpretação das mensagens subliminares ficava ao encargo do ouvinte e do que sua percepção permitia alcançar. Vejamos:

> Quando o enredo mantinha uma estreita correspondência com as circunstâncias locais e cotidianas, a fábula era muito mais interessante e não era necessário que as consequências fossem expressas de maneira formal: a inteligência do público completava as lacunas deixadas pelo narrador e a moral era muito mais lógica, porque era deduzida segundo a compreensão de cada um. Mas, quando o apólogo deixou de responder ao imediatismo das situações e dos sentimentos, foi necessário simplificar os objetivos e generalizar os ensinamentos para que o texto se tornasse inteligível. A partir disso, a fábula passou a ter um alcance mais abstrato e o charme da ficção foi suplantado pela utilidade da lição. (Du Méril, 1854, p.38-9)[29]

---

griego *más vulgar y popular deriva de su redacción en la primera época bizantina, no herencia antigua [...]*"

28 "Poesias inéditas da Idade Média precedidas de uma história da fábula esópica".

29 "*Quand le rapport de la fable aux circonstances qui l'inspiraient sur place était assez étroit pour*

Para Du Méril, a Índia era o berço da fábula. Além de apresentar textos antigos, as peculiaridades da cultura seriam favoráveis a esse tipo de manifestação artística. Os hindus, talvez mais do que outros povos, acreditam na unidade da matéria e na possibilidade de transfiguração dos seres. Homens, animais e plantas fariam parte da mesma ordem universal. Nessa perspectiva, mais do que uma elaboração ficcional, expressar sabedoria por meio de animais e plantas em textos fabulares seria fruto de uma visão de mundo e até de uma convicção religiosa, sendo, por isso, perfeitamente natural.

Na concepção de Du Méril, a fábula primitiva seria, portanto, um texto rudimentar surgido nos confins do território indiano. Sua base estrutural seria formada por uma alegoria que, por meio de uma pequena ação, exprimia uma ideia prática proveniente de uma sabedoria estreita e vulgar. Entretanto, como vimos, essa concepção não era apresentada ao ouvinte de forma abrupta. Segundo o autor, era o exercício da descoberta que garantia a permanência e o caráter efetivo das lições implícitas.

Entretanto, como avalia o próprio Du Méril, as mensagens restritas e implícitas da fábula primitiva também tinham circulação restrita em um ambiente de pequena extensão geográfica. Evidentemente, esse quadro inicial se modifica rapidamente e a população que integra as civilizações radicadas nas proximidades do rio Ganges começa a aumentar consideravelmente. Em consequência disso, e até de influências religiosas, a forma de conceber a fábula também teria se modificado:

> Sob a influência de uma civilização tão especial como a do Hindustão, a fábula se desenvolve e conquista uma importância jamais alcançada em nenhuma outra população. Mas ainda que ela conservasse na aparência a sua forma primitiva, seus caracteres essenciais foram profundamente modificados. [...] [Sob o domínio de uma determinada lei religiosa,] as pessoas perderam insensivelmente o hábito de recorrer às suas próprias reflexões diante das dificuldades da

---

qu'elles se prêtassent un mutuel secours, le petit drame paraissant plus intéressant, et il n'était plus nécessaire que la conséquence en fût formellement exprimée: l'intelligence du public suppléait à la parole du conteur, et il regardait comme bien plus logique la morale qu'il avait trouvée lui-même. Mais quand l'apologue ne répondit plus ni à la disposition des esprits ni aux faits dont ils étaient préoccupés, il lui fallut pour rester intelligible simplifier encore son but, généraliser ses enseignements, leur donner une portée plus abstraite et sacrifier le charme de la fiction à l'utilité de la leçon."

vida. [...] [Assim] foi necessário referir-se às lições de inteligência e se inspirar na sabedoria do passado. (ibidem, p.7)[30]

Embora acredite na descaracterização da fábula primitiva, Du Méril não faz uma cruzada em busca de possíveis vestígios. Diferentemente dos românticos, prefere reconhecer a legitimidade dos manuscritos. Esse posicionamento do autor talvez possa ser explicado pelo fato de que suas asserções eram baseadas apenas em hipóteses que não podiam ser comprovadas cientificamente. De qualquer forma, estava reafirmada a ideia de que a fábula era um gênero de origens muito antigas e, como diria Du Méril (idem, p.7), perdidas "nos limbos da história". Da Índia, a fábula, já modificada, teria imigrado para a Grécia, onde os aspectos didáticos do gênero seriam ainda mais valorizados e reforçados.

Conforme já assinalamos, Esopo ocupa um papel central na história da fábula grega e ocidental. Mas, enquanto a maioria dos críticos admite a sua existência real ou, no máximo, apresentam dúvidas pautadas na falta de comprovações históricas mais contundentes, Du Méril é categórico ao afirmar que Esopo nunca existiu. Para ele, o que os escritores gregos faziam, era apenas forjar uma existência literária para uma figura mítica, já que o nome de Esopo era comum e constituía-se em uma generalidade necessária para nomear uma tradição. As biografias de Esopo seriam formadas pelo resumo das histórias de vida de vários fabulistas conservadas pela memória coletiva. Quanto à autoridade dos textos, esta seria uma preocupação dos eruditos e estudiosos, mas teria pouca importância para a imaginação popular. Nesse sentido, a ausência de um autor real seria mais uma justificativa natural para as possíveis transformações da fábula. Por outro lado, a manutenção do nome de Esopo, além de significar o registro de uma tradição, proporcionaria um senso de unidade aos textos.

Os nomes próprios não são afetados por essas alterações e renovações. Por mais fictícios que eles tenham se tornado, rapidamente reconquistam a fun-

---

30 *"Sous l'influence de la civilization si spéciale de l'Hindoustan, la fable prit des développements et acquit une importance qu'aucun autre peuple ne lui aurait donnés; mais quoiqu'elle conservât en apparence sa forme primitive, ses caractères essentiels en furent profondément modifiés. [...] On s'était insensiblement déshabitué de recourir dans les difficultés de la vie à ses propres réflexions. [...] il fallait s'en référer aux leçons de l'expérience et s'inspirer de la sagesse du passé."*

ção de representar pessoas reais [no imaginário dos leitores]. Dessa forma, sob um nome qualquer e elevados à posição de mito, esses personagens legendários acabam por usufruir de uma verdadeira existência histórica. (ibidem, p.33-4)[31]

De fato, se considerarmos a herança literária e fabular, os questionamentos sobre a vida e a existência de Esopo deixam de ser relevantes. Conforme atesta Du Méril, as fábulas esópicas têm forte presença no contexto da Idade Média. Tamanha era a popularidade de Esopo no continente europeu, que até mesmo as fábulas escritas por outros fabulistas, como Marie de France, eram atribuídas a ele. Além disso, as coletâneas mais conhecidas continham o seu nome e era comum que os próprios escritores intitulassem suas obras utilizando o nome de Esopo. Alexander Neckam, por exemplo, escreveu *Novus Aesopus*, Baldo escreve *Alter Aesopus* e a já referida Marie de France escreve *Ysopets*.

Havia, também, em toda a Idade Média, segundo Du Méril, a predominância de um estilo esópico de escrever fábulas. Essa predominância teria sido uma consequência do trabalho iniciado por tradutores e fabulistas romanos. As fábulas de Fedro, por exemplo, mesmo em verso, trazem marcas da forma grega e referências diretas a Esopo. Certamente por isso, e por sua declarada admiração pelo fabulista grego, Fedro chegou a ser considerado o Esopo latino e Sêneca afirmava que seu modo de produzir fábulas era estranho aos hábitos romanos. Embora, além de Fedro, também Bábrio tivesse escrito fábulas em verso, na Roma dos primeiros séculos da era cristã, quando se tratava de escola e ensino, a preferência era por fábulas em prosa à moda de Esopo. "Todas as traduções de fábulas gregas destinadas ao ensino não recebiam uma forma métrica. Em geral, os tradutores procuravam apropriá-las ao conhecimento e à inteligência dos alunos" (ibidem, p.88).[32]

Somada à intensa presença das fábulas gregas e romanas, Du Méril destaca a penetração das fábulas indianas no repertório medieval. No mesmo encalço, viriam também as fábulas árabes e rabínicas e entram em cena

---

31 *"Les noms propres ne sont point à l'abri de ces altérations et de ces renouvellements; mais si fictifs qu'ils soient devenus ils appartenaient d'abord à des êtres réels, et les personnages passés à l'état de mythe avaient joui comme tous les autres, sous un nom quelconque, d'une véritable existence historique."*

32 *"Toutes les traductions de fables grecques destinées à l'enseignement ne recevaient pas une forme métrique; on les appropriait aux connaissances et à l'inteligence des élèves."*

as alegorias religiosas do Cristianismo, por meio da utilização da imagem simbólica do animal. As representações da fábula passam, inclusive, a fazer parte da pintura das igrejas. Surgem também os "romances da raposa" e os *fabliaux*. Entretanto, por mais rica e diversificada que tenha sido a produção de fábulas na Idade Média, o público era reduzido e praticamente não houve o exercício sistemático da crítica. Como já dissemos, somente a partir de La Fontaine e as circunstâncias históricas de seu contexto de produção, a fábula terá o seu público ampliado e os estudos críticos serão retomados.

Focalizando justamente a escola do fabulista francês, *La Fontaine et les fabulistes*, de Saint-Marc Girardin, publicado em 1867, é mais um trabalho significativo da crítica no século XIX. Para Girardin, La Fontaine era responsável pela renovação da fábula no Ocidente. Embora houvesse desde Esopo uma popularização do gênero fábula, é certo que com ele e a partir dele essa popularidade ganha proporções muito maiores.

Não há dúvidas de que o advento da invenção da imprensa, o domínio crescente do absolutismo francês e, paralelamente, o surgimento dos primeiros indícios de mudança na estrutura social europeia integram um contexto que favoreceu e impulsionou o sucesso das fábulas de La Fontaine. Entretanto, o verdadeiro mérito de suas fábulas estaria no equilíbrio. Entre o purismo de Lessing e o romantismo de Grimm, La Fontaine é o meio-termo. Suas fábulas trazem o enriquecimento da ação e da estética, apresentam reflexos da produção medieval, mas não abandonam a moral, que está presente, mesmo quando não está expressa. São mantidas também a brevidade relativa e a simbologia animal. Portanto, o gênero é renovado sem que suas propriedades mais essenciais fossem desconsideradas. Conforme assinala Girardin, o fato de a fábula ser considerada um gênero menor (porque didático e popular) não impediu que La Fontaine a revestisse de uma engenhosidade poética notável e singular. Diante disso, o radicalismo corrente dos críticos mais ortodoxos avaliou que o século XVII teve "um grande poeta em um pequeno gênero"[33] (Girardin, 1867, t. 2, p.189).

Outro aspecto que, segundo Girardin, marca a singularidade das fábulas de La Fontaine é a forma de conceber a moral. Conhecido por seu epicurismo, La Fontaine não tinha intenções de doutrinar ou criar obstáculos para a felicidade humana. Seu objetivo principal era cultuar a arte. Portan-

---

33 "[...] *un grand poëte dans un petit genre.*"

to, ao escrever fábulas, investe na forma e expõe uma moral que, em muitos casos, soa mais como ironia do que como ensinamento.

> La Fontaine é um grande moralista, porque ele sabe traduzir e representar a alma humana de forma admirável. Mas não lhe peça para doutrinar ou ensinar. Se ele nunca aceitou regras para si mesmo, como regraria a vida dos outros? Na verdade, La Fontaine é um moralista dramático, mas não um moralista dogmático. Sua moral não é nem rigorosa, nem elevada: é a moral da experiência, que se aprende com a vida [...]. (ibidem, t. 1, p.18)[34]

A análise de Girardin, como vimos, reforça, de alguma forma, as teorias de Lessing, para o qual a presença de determinados elementos numa obra é imposta pelas leis do gênero. Quando classifica como dramática a moral de La Fontaine, está dizendo que ela é fruto das coerções impostas pela própria fábula, uma vez que não há fábula esópica sem a intenção de expressar uma sabedoria. Sua existência é fundamental para o reconhecimento intuitivo do gênero.

Tratando-se de Lessing, sabemos, entretanto, que ele é um dos críticos mais agudos da produção lafontainiana. O principal problema, segundo ele, era o fato de La Fontaine ter abandonado a simplicidade e a brevidade da fábula, optando por transformá-la em uma "narração verborrágica" (Lessing apud Girardin, 1867, t. 2, p.383) disfarçada de poesia requintada. Girardin, no entanto, não fica indiferente perante as investidas do crítico alemão. Ao analisar várias de suas fábulas, encontra, em boa parte delas, o desenvolvimento de uma ação que não se restringe aos limites da moral. Em outras, encontra a graça e a vivacidade que ele repudia nos outros. Assim, querendo ou não, Lessing teria sido afetado pelo estilo de La Fontaine. Vejamos:

> [...] eu não encontro [...] na maior parte das fábulas de Lessing, a simplicidade da fábula antiga. A elaboração é mais refinada, mais complexa e, em uma palavra, mais moderna. [...] querendo inventar os seus próprios temas, como é a

---

34 *"La Fontaine est un grand moraliste, parce qu'il sait admirablement peindre et représenter le coeur humain; mais ne lui demandez pas de le régler et de le diriger. Il n'a jamais réglé son coeur: comment reglerait-il celui des autres? C'est un moraliste dramatique, mais non pas un moraliste dogmatique. Sa morale n'est rigoureuse ni élevée: c'est celle de l'expérience, celle qu'apprend la vie [...]."*

pretensão de todos os fabulistas depois de La Fontaine, ele se distancia natural-mente da simplicidade antiga. [...] Criar conforme os modernos e se exprimir como os antigos é uma empreitada difícil que os alemães tentaram muito, mas nunca conseguiram realizar. (Girardin, 1867, t. 2, p.397)[35]

De fato, a primeira das fábulas de Lessing, "A aparição", semelha revelar sutilmente uma confissão. La Fontaine parece mesmo ter causado incômodo ao crítico, que faz referência direta a ele já no primeiro texto. Embora reprove o modelo do fabulista francês, a verdade é que acaba por deixar transparecer a possível instauração de um novo modo de produzir fábulas, que ele mesmo tentara imitar. Vejamos então a fábula:

A aparição

No lugar mais solitário desta floresta, eu ouço constantemente e com atenção a linguagem dos animais. Eu estava deitado perto de um riacho e tentava embelezar uma de minhas fábulas com os ornamentos da poesia. Esse era um privilégio a que La Fontaine havia acostumado a fábula e sem o qual ela quase não era mais reconhecida. E eu pensava, escolhia e, no final, não gostava. Já estava com a cabeça quente. Tudo inútil. Não conseguia escrever nada. Então me levantei bruscamente, cheio de tristeza e enfado, quando, de repente, a Musa da Fábula apareceu diante de mim:

– Jovem – disse-me ela sorrindo –, porque esse sofrimento inútil? A verdade precisa dos ornamentos da fábula. Mas por que a fábula precisaria dos charmes da harmonia? Tu queres temperar o tempero? A criatividade pertence ao poeta, a expressão simples e sem arte diz respeito ao historiador e a fábula é tarefa do filósofo. Isso é o suficiente.

Eu queria responder, mas a Musa desapareceu.

– Ela desapareceu! – dirão meus leitores. Seria preciso, senhor, nos enganar com mais coerência e não colocar na boca de sua Musa um falso argumento que, na verdade, é fruto da fragilidade do seu talento.

---

35 *"je ne retrouve [...], dans la plupart des fables de Lessing, la simplicité des sujets de la fable antique. L'invention est plus raffinée, plus compliquée, plus moderne en un mot. [...] voulant inventer ses sujets, comme c'est la prétention de tous les fabulistes après La Fontaine, il s'éloigne naturellement de la simplicité antique [...]. Inventer selon les modernes et s'exprimer selon les anciens, entreprise difficile que les Allemands ont souvent tentée sans y réussir."*

Maravilha, meus leitores! Bem, não me apareceu Musa alguma. Eu contei uma simples fábula, da qual vocês mesmos deduziram a moral. Não sou o primeiro e nem o último que, para dar um tom de oráculo às suas próprias ideias, utiliza o recurso da aparição de uma divindade. (Lessing, 1764, p.1-3)[36]

Outro estudioso a quem Girardin contra-argumenta é Jean-Jacques Rousseau. Filósofo de grande projeção no contexto europeu do século XVIII, Rousseau considerava que a fábula, mesmo a de La Fontaine, era prejudicial à criança. Os principais problemas seriam a "mentira" da ficção relacionada ao maravilhoso e à adequabilidade da moral.

A fábula, desde os tempos de Platão e sua *República*, sempre foi indicada para crianças e era aproveitada em atividades relacionadas ao ensino. Por volta dos séculos XVII e XVIII, essa proximidade com o público infantil aumenta ainda mais, em consequência de fatos históricos importantes, como o surgimento da burguesia, a invenção da imprensa e o aumento do número de escolas. Dada a sua brevidade, a fábula se tornou, então, um dos textos prediletos para leitura, alfabetização e exercícios de memória. Além de tudo isso, ainda existia a moral que, de qualquer forma, passava alguma instrução condizente com os valores daquela sociedade. É esse, portanto, o cenário que leva Rousseau a reagir.

Analisando cuidadosamente o pensamento de Rousseau sobre o gênero fábula, Girardin argumenta que o maravilhoso é mais nocivo ao adulto do

---

36 "L'apparition / *Dans le lieu le plus solitaire de cette forèt, où j'ai souvent prêté une oreille curieuse & attentive au langage des bêtes, j'étois couché près d'un ruisseau, & je tâchois d'embellir une de mes fables avec les agrémens de la poësie; parure legere, à laquelle La Fontaine a accoutumé la Fable, & sans laquelle elle n'ose presque plus se montrer. Je rêvois, je choisissois, je rejettois; mon cerveau s'échauffoit; mais inutilement; mes tablettes restoient vuides.* Je me leve brusquement, plein de chagrin & de dépit; & tout-à-coup la Muse de la Fable se présente devant moi. / Jeune homme, me dit-elle en souriant, pourquoi prendre une peine inutile ? La vérité a besoin des ornemens de la fable; mais pourquoi la fable auroit-elle besoin des charmes de l'harmonie? Tu veux assaisonner l'assaisonnement. Que l'invention soit du poète, que l'expression simple & sans art soit de l'historien, que la morale soit du philosophe, cela suffit. / Je voulois répondre; mais la Muse avoit disparu./" Elle avoit disparu, diront mes lecteurs! Il faudroit, Monsieur, nous tromper avec plus de vraisemblance, & ne pas mettre dans la bouche de votre Muse un mauvais raisonnement que la foiblesse de vos talens vous a suggéré. / A merveille, mes lecteurs. Eh bien ! il ne m'est point apparu de Muse; je raconte une pure fable, dont vous avez tiré vous-mêmes la morale. Je ne suis point le premier, & je ne serai pas le dernier qui, pour donner un ton d'oracle à ses propres idées, aura eu recours à l'apparition d'une Divinité."*

que à criança, uma vez que esta não tem por costume aplicar de forma sistemática os conhecimentos que lhe são passados. O mais interessante, todavia, é que Girardin (1867, t. 2, p.96) acaba por resgatar o sentido literário e ficcional da fábula: "[Fábula é ficção.] A ficção é um jogo da imaginação e é à imaginação, também, que ela se dirige".[37] Portanto, o trânsito ocorre de imaginação para imaginação e, nesse caso, somente por esse elo o leitor poderá compreender totalmente a fábula. Se a fábula é ficção, ela não é diferente das demais literaturas. Assim como as grandes obras, ela representa tanto os aspectos negativos como os aspectos positivos da vida humana.

> Que dizer sobre isso? Não há um meio-termo entre a astúcia da raposa e a tolice do corvo, entre o trapaceiro e o simplório? Não hesitemos em lhe dizer: quase todos os gêneros de literatura têm, sobre esse ponto, o mesmo perigo que as fábulas de La Fontaine. [...] Toda literatura pode ser má. Suprimiremos a literatura ou, melhor dizendo, suprimiremos o espírito humano? Porque a literatura tem os defeitos humanos. Ela não é mais do que a própria representação de tudo aquilo que diz respeito ao espírito humano. (ibidem, t. 2, p.108-10)[38]

Como podemos ver, respondendo a Rousseau, Girardin deixa claro que a fábula, assim como os demais gêneros de literatura, é produto da inteligência, da habilidade e da vivência humana. Portanto, os vícios retratados fazem parte da trajetória existencial da humanidade.

A obra de Girardin pode ser considerada também um dos estudos mais completos do século XIX. Além de focalizar toda a renovação do gênero fábula por La Fontaine, faz uma abordagem completa da produção fabular em todos os períodos, da Antiguidade à Idade Moderna, discute estudos críticos relevantes como os de Lessing e De La Motte, analisa princípios filosóficos da obra de La Fontaine e ainda destaca os principais fabulistas europeus dos séculos XVII, XVIII e XIX, apontando aspectos significativos da produção de cada um.

---

37 *"La fiction est un jeu de l'imagination, et c'est à l'imagination aussi qu'elle s'adresse."*

38 *"Qu'est-ce à dire? n'y a-t-il donc pas de milieu entre l'astuce du renard et la sottise du corbeau, entre le fripon et la dupe? N'hesitons pas d'ailleurs à le dire: presque tous les genres de littérature ont sur ce point le même danger que les fables de La Fontaine. [...] Toute littérature peut être mauvaise. Supprimerez-vous la littérature, c'est à dire supprimerez-vous l'esprit humain? car la littérature a les defauts de l'esprit humain; mais elle n'en est pas plus que l'esprit humain."*

De maneira geral, como vimos, a crítica do século XIX mostra uma tendência clara de rejeição à hegemonia da moral na fábula. Quando não nega totalmente a sua pertinência, como fez Grimm, opta por valorizar o investimento na ação e nos aspectos estéticos do gênero.

Século XX: Perry, Nøjgaard, Adrados e outros estudos

Praticamente em toda a extensão do século XX houve um grande enriquecimento da crítica da fábula. A coleta e o exame minucioso de textos, as descobertas arqueológicas e o deciframento da escrita cuneiforme possibilitaram o acesso a informações até então desconhecidas. O resultado mais evidente é que as conclusões passaram a ter um caráter mais profundo e científico, pois tinham como base o estudo dos textos transmitidos de geração em geração e o respaldo da historiografia.

Conforme destacamos no subtítulo, as pesquisas de Perry, Nøjgaard e Adrados estão entre as que maiores contribuições trouxeram para os estudos da fábula. Entretanto, antes de pontuá-las, faremos uma rápida abordagem a respeito de outros dois críticos que, de alguma forma, serviram--lhes de referência.

Trazendo ainda algumas suposições não confirmadas cientificamente, o veterano da Escola Normal Superior de Paris Léon Levrault (1865-[1940?]) estuda a história da fábula considerando que La Fontaine seria o seu ponto culminante. Tanto os textos anteriores como os textos posteriores à produção lafontainiana seriam expressões imperfeitas do gênero. Assim, a partir desse entendimento, em *La fable: evolution du genre*, publicada em 1905, o autor analisa as origens, o apogeu e o declínio da fábula.

Para Levrault, as origens da fábula são obscuras. Ela teria nascido sob a tenda dos povos nômades da Ásia ou em alguma cabana onde ferreiros se reuniam, durante o inverno, para se aquecer e conversar. Entretanto, não obstante a incerteza das origens, o autor afirma que a fábula original era longa como uma epopeia. Somente com o tempo, a fábula teria tomado consciência de sua própria forma.

> Ela devia ser, e foi, longa e prolixa. Da mesma forma que se fazia a epopeia dos homens, fazia-se também a epopeia dos animais. Depois, alguns episódios começaram a ganhar destaque. Então, eles acabaram sendo isolados do restante,

ao mesmo tempo em que se extraia deles alguma conclusão que fosse útil para toda a humanidade. Enfim, a fábula tomou consciência absoluta de si mesma. Ela tornou-se, e ainda é, uma história de extensões modestas, independente de todo o vasto conjunto, cujas tendências, algumas vezes satíricas, são quase sempre morais. Aliás, seja breve ou longa, europeia ou oriental, mostrando preocupações imediatas ou distantes, a fábula revela o homem e o mundo. Mais do que preceitos de virtude, ela dá lições de experiência [...]. (Levrault, 1905, p.7-8)[39]

Definida a independência da fábula, Levrault defende que, para ser reconhecida como tal, ela deve ser geral, natural e literária. O primeiro atributo será atendido se os temas enfocados fizerem parte da herança cultural e da antiga sabedoria das nações. Em segundo lugar, a manutenção da fisionomia particular de cada animal, mas sem exageros científicos, garante a naturalidade da fábula. Por último, é preciso que se invista no atributo mais importante da fábula segundo Levrault: o caráter literário. O objetivo final deve ser a beleza da forma. Para tanto, é necessário que a fábula seja desenvolvida com simplicidade, precisão e poesia, conjugando-se harmoniosamente à história e à moral.

Como já dissemos, para Levrault, de todos os fabulistas, La Fontaine teria sido o único, até então, a preencher os requisitos da fábula. Somente ele teria sido capaz de transformar a fábula em verdadeira obra de arte. Seu grande mérito, conforme atesta o crítico francês, foi conciliar as tradições oriental e greco-latina com a tradição popular europeia e as peculiaridades da cultura francesa. Seus textos expressam tanto a simplicidade de estilo dos escritores antigos como o requinte dos escritores mais refinados. Por tudo isso, Levrault o denomina de "o rei do gênero".

Depois de chegar ao apogeu com La Fontaine, a fábula teria entrado em pleno declínio. Embora houvesse uma verdadeira legião de discípulos do fabulista francês, eram raros os que podiam ser igualados a ele. Muitos

---

39 *"Il devait être et il fut long et prolixe. De même que l'on faisait l'épopée des hommes, on débuta par celle des animaux. Puis, certains épisodes plurent davantage; ils furent isolés du reste, et l'on en tira des conclusions qui s'adressaient à l'humanité tout entière. Enfin, la Fable prit absolument conscience d'elle-même. Elle devint et elle reste encore un récit de modeste étendue, indépendant de tout vaste ensemble, et dont les tendances, quelquefois satiriques, sont le plus souvent morales. D'ailleurs, brève ou longue, européenne ou orientale, affichant des préoccupations immédiates ou lointaines, la Fable peint l'homme et le monde; la Fable donne des leçons d'expérience plus que des préceptes de vertu [...]."*

deles partiam para a busca de temas originais e alguns ambicionavam ser maior que o próprio mestre. No entanto, quando Levrault escolhe um modelo de fábula como o melhor que todos os demais, opta por uma perspectiva que o impede de visualizar as contribuições da tradição fabular e as implicações do contexto histórico e social. Sabemos que La Fontaine viveu em um momento de intensa valorização da arte na França e que coincide com a ascensão de Luís XIV ao poder. Por outro lado, o enriquecimento do repertório na Idade Média forneceu-lhe suporte e matéria-prima para uma produção singular. Estabelecida uma nova forma de escrever fábula, era natural que novos escritores vislumbrassem no gênero uma nova opção para o exercício de criação literária. Desse modo, o que Levrault considera como declínio do gênero, pode ser avaliado como um momento de grande difusão da fábula, o que resultou na conquista de novos territórios e na diversificação do público apreciador e leitor.

Vimos, no tópico anterior, que Hausrath foi considerado o autor da melhor edição das fábulas esópicas. Entretanto, foi o francês Émile Chambry (1864-1938) quem publicou a primeira edição verdadeiramente científica e crítica das fábulas de Esopo. Segundo Nøjgaard (1964), ela traz o texto integral de todas as fábulas anônimas e as suas variantes, permitindo que se analisem as diferenças estruturais e estilísticas. Além disso, o aparato crítico é de fácil compreensão.

Para Chambry,[40] a fábula é derivada do conto. Como Du Méril, ele acredita que a moralidade surgiu depois, a partir das necessidades da realidade objetiva: "A fábula se separou do conto somente no dia em que o contista, preocupado em ser útil, extraiu de sua narração uma lição de moral" (Chambry, 1967, p.21 apud Dezotti, 1988, p.16). Elaborada a partir de uma narrativa curta, a lição de moral é denominada de conclusão e, para Chambry, ela é um elemento essencial da fábula.

Uma das justificativas utilizadas pelos românticos para a rejeição da moralidade na fábula é o fato de que algumas delas estariam em desacordo com o texto narrativo. Chambry, pelo contrário, admite que as fábulas antigas já tinham moral e a explicação para as possíveis irregularidades se-

---

40 Parte das informações sobre Chambry está baseada na dissertação de Maria Celeste Consolin Dezotti, intitulada *A fábula esópica anônima: uma contribuição ao estudo dos "atos de fábula"*.

ria, justamente, a importância que se dava a essa moral. Responsáveis por multiplicar os textos, os copistas ou escribas escreviam grande quantidade de páginas diariamente. Para destacar a moral, era comum que utilizassem a cor vermelha. Dessa forma, Chambry supõe que, para evitar a mudança de tinta a todo instante, eles deixavam o espaço da moral em branco para ser preenchido depois. E então, quando voltavam para completar o texto com a moral, certamente ocorriam os lapsos e algumas palavras eram omitidas. A incoerência texto-moral também pode ter explicação nessa prática. É muito provável que os copistas cometessem erros no sequenciamento e colocassem, em um manuscrito, a moral da fábula precedente ou da fábula sucessora. Entretanto, esses problemas de escrita e de organização, conforme acredita Chambry, não são motivos para que se negue a autenticidade e a antiguidade da moral na fábula primitiva, uma vez que "é a moralidade que distingue a fábula do conto" (Chambry, 1967, p.38 apud Dezotti, 1988, p.17).

Depois de Chambry, as pesquisas sobre a fábula receberiam um grande reforço. Como veremos em seguida, além da localização de textos esópicos inéditos, surgem novas explicações para a função da moral na fábula. A análise do texto e do contexto também permite a identificação das características particulares das primeiras coleções de fábulas esópicas.

Perry

Um dos maiores dilemas da crítica da fábula, desde o seu início, foi a definição do perfil exclusivo do gênero. Alguns defendiam a brevidade e a simplicidade, enquanto outros questionavam a pertinência da moral. Os mais radicais chegaram a desconsiderar totalmente a legitimidade dos manuscritos, por entender que a fábula original teria sido contaminada com interferências espúrias e artificiais ao longo dos anos. Até mesmo na Antiguidade clássica, já existiam divergências sobre o tema. Em sua *República*, Platão reprova os mitos narrados por Hesíodo e Homero e solicita um narrador que se preocupasse com a formação dos ouvintes:

– [...] Nós, porém, precisaríamos de um poeta e de um narrador de mitos mais austero e menos agradável, mas útil, que imite a fala do homem de bem, cujas palavras sejam conforme os modelos que, de início, fixamos como norma, quando tratávamos da educação dos guerreiros. (Platão, 2006, III, 398b, p.104-5)

É muito provável, como vimos, que quando Platão faz alusões a um "narrador de mitos mais austero e menos agradável, mas útil, que imite a fala do homem de bem" esteja se referindo ao modelo esópico. Em *Fédon*, por exemplo, quando relata o episódio da prisão de Sócrates, o autor revela que ele havia metrificado as fábulas de Esopo. Em síntese, o contexto da passagem é o seguinte: enquanto aguardava a aplicação da pena de morte, Sócrates é indagado por um dos presentes sobre qual fora a razão que o levara a metrificar fábulas, algo que ele nunca antes havia realizado. Sócrates responde que o fizera para cumprir um dever religioso. Ele havia recebido em sonhos a mensagem: "Sócrates, compõe música, trabalha!". Num primeiro momento ele interpretou o sonho como reforço ao que ele já vinha praticando, a filosofia, que ele considerava "a música mais elevada". Mas à beira da morte, reinterpretou o sonho como recomendação de que devia compor "música popular" e, então, como não sabia inventar, decidiu metrificar as fábulas de Esopo. Vejamos o que ele mesmo afirma: "[...] refleti em que o poeta, para ser poeta, deve compor fábulas em vez de dissertações e eu não era um fabulista; por essa razão, as fábulas a meu dispor (e tinha aprendido as de Esopo), fui-as metrificando à medida que me ocorriam" (Platão, 1962, p.140). De alguma forma, como podemos notar, Platão estabelece, nessa passagem, certa conexão entre fábula e filosofia, algo que seria reforçado mais tarde por escritores e estudiosos do gênero.

Ainda sobre as preferências de Platão em relação às fábulas de Esopo, podemos destacar a declaração de La Fontaine no Prefácio de sua obra. Ao analisar a sua própria produção fabular, o fabulista francês afirma:

> Mas não é pela forma que eu dei a este trabalho, que se lhe deve apreciar o valor, mas sim por sua utilidade e por sua matéria: pois que há de recomendável nas produções do espírito que não o encontremos no apólogo? [...]
>
> Foi por tais razões que Platão, tendo banido Homero de sua República, deu a Esopo um lugar bem eminente. Deseja ele que as crianças suguem estas fábulas com o leite; recomenda às amas ensiná-las: porque é conveniente acostumar-se desde o início à sabedoria e à virtude. (La Fontaine, 1957, t.1, p.19)

A partir dos diálogos da própria *República*, como já referimos, é possível concluir que, para Platão, existe um critério de qualidade moral para os textos, que varia entre o bom e o ruim, entre o negativo e o positivo. A considerar pela afirmação de La Fontaine, podemos deduzir que as fábulas também estão incluídas nesse julgamento.

Iniciadas, talvez, pelo memorável filósofo grego, as discussões sobre a qualidade da fábula perdurarão por séculos e milênios. Somente no século XX é que os estudos críticos começam a levar em conta a versatilidade das produções, observando que as variantes não comprometiam a estrutura essencial do gênero.

Considerado um dos pesquisadores mais eminentes da fábula e autor das *Aesopica* (as monumentais *Aesopica*, no dizer de Nøjgaard), avaliadas como a edição definitiva da *Augustana*, o crítico Ben Edwin Perry (1892-1968) reage contra a polêmica milenar e, a partir de uma perspectiva histórica, prefere reconhecer a relatividade do conceito de fábula.

No artigo *Fable*, publicado em 1959 e classificado por Carlson (1993) como "o trabalho de base para a definição da fábula em estudos recentes",[41] Perry defende que, ao estudar a fábula, é preciso que não se perca de vista a questão central da "forma". Esse princípio, além de disciplinar o encaminhamento dos estudos, permite a compreensão de que, mais do que qualquer lance de substância, conteúdo ou origem, o que importa é a estrutura mecânica da fábula como narrativa, "a única que permanece constante em todos os elementos e é inconfundível" (Perry, 1959, p.65).[42] Entretanto, essa mesma forma, embora encerre sob seu signo uma grande quantidade de textos, não garante a uniformidade das histórias, justamente porque cada uma delas é fruto da criação de uma mente individual.

> "Forma", "gênero" ou "espécie", quando aplicadas a um grupo de composições qualitativamente consideradas, ou com referência a seu conteúdo, é apenas um nome usado por conveniência ao se referir coletivamente a um número de outras formas particulares não identificadas, que podem ser semelhantes umas às outras. Elas são semelhantes, não porque imitam em particular um ou outro antecedente universal, mas porque são projetadas de forma independente por mentes semelhantes, em ambientes idênticos, ou até para as mesmas finalidades, embora cada uma, na realidade, seja algo único e individual. [...] A fábula é uma história. Uma história, escrita ou oral, é a criação de uma mente indivi-

---

41 *"The foundational work for fable definition in recent scholarship."*
42 *"which alone remains constant throughout all the particulars and is unmistakeable."*

dual. Individualidade não se repete, a não ser, possivelmente, por um acidente milagroso, comparável à descoberta de dois homens com impressões digitais idênticas. Por esse motivo, o postulado lógico e necessário é que o único limite para a divisibilidade nas formas de narrativa é a simples história, que devemos assumir para representar um valor único, mesmo quando somos incapazes de definir ou perceber a sua singularidade. (ibidem, p.65-6)[43]

Dada a individualidade dos textos, na visão de Perry não seria lógico considerar uma relação de parentesco ou ancestralidade entre eles. Uma forma de arte não causa o aparecimento de outra, mas apenas fornece uma parcela dos recursos usados pelo artista no momento da criação. O material criado seria, então, totalmente independente dos demais. Ainda que, às vezes, coincida cronologicamente com outras criações, ele existe por si mesmo, trazendo as marcas de sua identidade única. Assim, a "relação de um produto para outro no imenso campo de fenômenos artísticos, com a qual os catalogadores têm de lidar, é totalmente paratática, não hipotática, não genealógica e nem causal" (ibidem, p.66).[44] Nessa perspectiva, é impossível, portanto, classificar a fábula e estabelecer uma relação rigorosa de hierarquia. Tendo como foco a defesa da singularidade dos textos, na tentativa, talvez, de resolver a antiga situação-problema, Perry afirma categoricamente:

> É enganoso falar de "fábula real", em contraposição aos seus descendentes moribundos. Há apenas fábulas e fábulas que variam em natureza de acordo

---

43 *"'Form' or 'genre' or 'species' when applied to a group of compositions qualitatively considered, or with reference to their content, is only a name used for convenience in referring collectively to a number of otherwise unnamed particular forms, which happen to be similar one to another. They are similar, not because they imitate a universal, or other antecedent particulars, but because they are projected independently by similar minds in similar environments, or for similar purposes, although each in reality is something unique and individual. [...] A fable is a story. A story, whether written or oral, is the creation of an individual mind. Individuality does not repeat it-self; unless, conceivably, by a miraculous accident, comparable to finding two men with identical fingerprints. For that reason it is a necessary logical postulate that the only limit to divisibility in the forms of narrative is the single story, which we must assume to represent a unique value, even when we are unable to define or to perceive its singularity."*

44 *"The relation of one product to another in the immense field of artistic phenomena, with which we cataloguers of literary material and of folktales have to do, is paratactic throughout; not hypotactic, not genealogical, nor causal."*

com a ocasião em que são proferidas e com a mente do narrador. Algumas fábulas são, sem dúvida, melhores e mais eficazes do que outras em vários sentidos, mas todas são reais e vivem em seu próprio tempo e ambiente, independentemente do meio de circulação, seja ele o mercado local ou somente a escola. A fábula é resultante das próprias circunstâncias de sua produção. (ibidem, p.66)[45]

O posicionamento de Perry foi fundamental para estancar o fluxo das discussões improdutivas, que não contribuíam para um maior conhecimento do gênero. De fato, quando se delimitava uma forma excessivamente restrita para a fábula, todas as outras, por mais parecidas que fossem, eram rotuladas de pseudofábulas. Como denuncia Adrados (1979, p.39), "a tendência é sempre a mesma: estabelecer um tipo simples e bem definido, fechando os olhos para as fábulas que não se ajustam ou mesmo declarando-as não fábulas".[46] Entretanto, a partir de Perry, desenvolve-se a ideia da possibilidade de comparação das formas análogas produzidas em diferentes períodos. Para ele, não havia variação de conteúdo, e sim, de forma, daí o número infindável de variantes. Sabemos, hoje, que mesmo os conteúdos passam por mudanças no contexto fabular. De qualquer maneira, estava aberto o caminho para a visualização de todas as faces da fábula esópica. Por esse prisma, seria também enganoso ignorar a presença das propriedades particulares da fábula em outras formas de literatura ou arte. Ainda que, como afirma Perry, haja uma relação paratática entre as artes, a força estrutural da fábula permite que seus elementos sejam identificados em outros discursos, como veremos bem mais adiante no *efeito fábula* de Alceu Dias Lima.

Conforme vimos em tópico anterior, Jacob Grimm considera que a fábula esópica é uma corrupção da história animal ingênua e original. Segundo Perry, no entanto, esse posicionamento é fruto do não reconhecimento da independência entre as formas. Em geral, confunde-se história de ani-

---

45 *"It is misleading to speak of 'the real fable', as opposed to its moribund descendants. There are only fables and fables which vary in nature according to the occasion on which they are told, and the mind of the teller. Some fables are no doubt better and more effective than others in various ways, but all are real and living in their own time and environment, whatever their function may be, whether they live in the market-place or only in the school. Fable is as fable does."*

46 *"[...] la tendencia es la misma: establecer un tipo simple y bien definido, cerrando los ojos ante las fábulas que no se ajustan o bien declarándolas no-fábulas."*

mais com a fábula esópica, que, por sua vez, não tem relação de hereditariedade com os textos anteriores. Tal confusão, como destaca o autor, tem sido responsável por muitos equívocos entre os estudiosos:

> Grimm em si mesmo pode não ter sido culpado por confundir as duas formas muito diferentes de arte e que são produtos de diferentes culturas; mas o que ele disse sobre a fábula clássica em oposição a Lessing, e só por motivos estéticos, foi tão desfavorável e tão negativo que os amigos da fábula clássica, desde então, têm se ocupado no esforço de mostrar que a "real" fábula grega deve ter tido as virtudes que Grimm não conseguiu encontrar. Essas virtudes teriam sido muito bem exemplificadas em seu adorado épico animal e em histórias sobre animais em seu ambiente nativo oral. (Perry, 1959, p.71)[47]

Trazendo a discussão para os meandros da delimitação temporal, Perry afirma que, a rigor, não há fábula esópica grega anterior à idade de Alexandria. O que existia eram textos voltados para uma situação particular, cuja sentença gnômica servia apenas a um contexto específico.

> Não há fábula, na literatura grega precoce, que tenha sido produzida para seu próprio fim, ou em qualquer extensão considerável. Fragmentos de fábulas animais são preservados a partir dos epodos de Arquíloco e de Semônides, mas não podemos saber de que época eles foram, nem podemos ter certeza sobre sua orientação. [...] nenhuma forma existia em seu próprio direito nesse período inicial. (ibidem, p.72)[48]

Somente quando passa a ser considerada um dispositivo retórico, servindo à comunicação comum entre os homens, é que a fábula ganha autono-

---

47 "Grimm himself may not have been guilty of confusing those two very different froms of art, which are the products of different cultures; but what he said about the classical fable in opposition to Lessing, and on aesthetic grounds only, was so unfavorable and so negative that the friends of classical fable have ever since been busy in the effort to show that the 'real' Greek fable must have had the virtues which Grimm failed to find in it, and which were beautifully exemplified in his beloved animal epic and in animal stories in their native oral environment."

48 "No fable is extant in early Greek literature which can be said to have been told for its own sake, or at any considerable length. Fragments of beast fables are preserved from the epodes of Archilochus, and Semonides; but we cannot know how long they were, nor can we be sure about their orientation. [...] for no such form existed in its own right in this early period."

mia. A fábula esópica grega, como Perry também defende, nasce, portanto, no terreno discursivo da retórica e, à medida que passa a ser amplamente utilizada, afasta-se de uma situação exclusiva e se generaliza como um texto significativo por sua própria natureza.

O pensamento de Lessing sobre a fábula como uma invenção literária é definido nos termos da teoria e da prática dos escritores gregos e romanos. Isso é o que nós também devemos fazer, se queremos formar qualquer concepção clara do que a fábula foi no palco da história. (ibidem, p.72)[49]

Não obstante a diversidade da fábula, Perry procura encontrar um possível conceito que alcance suficientemente todas as formas do gênero. Para ele, a definição mais completa foi proposta, ainda na Antiguidade, pelo mais célebre dos retores gregos, Aelius Théon. Vejamos:

O propósito da fábula esópica, como defendiam os retóricos do primeiro século, é simplesmente ilustrar uma verdade de algum tipo por meio de uma história. Eles a definem em poucas palavras como (...) "uma história fictícia que retrata uma verdade". Esta é a melhor definição que se pode atribuir à fábula esópica, desde que entendamos as suas implicações. (ibidem, p.74)[50]

A definição de fábula apontada por Perry tem dois termos-chave destacados pelo próprio autor: narrativa e verdade. Para preencher os padrões do gênero, a narrativa precisa ser desenvolvida em tempo passado, podendo ser longa ou curta. Para ser retrato de uma verdade, o texto precisa funcionar como uma metáfora, "um modo indireto e não explícito de dizer algo. Esse algo é a [...], a verdade" (Perry apud Dezotti, 1988, p.18),[51] que pode ser ou não ser explícita, pode ser genérica ou particular.

---

49 *"Lessing thought of fable as a literary invention and defined it in terms of the theory and practice of Greek and Roman writers. That is what we too must do, if we wish to form any clear conception of what fable has been on the stage of history."*

50 *"The purpose of the Aesopic fable, as the rhetoricians of the first century and later see it, is simply to illustrate a truth of some kind by means of a story. They define it in four words as [...] 'a fictitious story picturing a truth'. This is best definition of Aesopic fable that can be given, provided we understand its implications."*

51 Como é possível verificar, na abordagem do pensamento de Perry sobre a fábula, utilizamos também o exposto no trabalho de Nøjgaard (1964) e na dissertação de Dezotti (1988).

66 LOIDE NASCIMENTO DE SOUZA

Mas, segundo Perry, a verdade nem sempre significa uma exortação moral. Muitas vezes, ela é concebida como uma proposição geral sobre a natureza dos seres, os tipos de caráter e certos traços do comportamento humano ou animal. A mesma flexibilidade proposta para a moral é atribuída também ao conceito de fábula esópica. Quanto a isso, o autor destaca que o conjunto de narrativas que se encerra sob esse conceito é amplo e variado. Como narrativa do passado, há inclusive aquelas que escapam ao padrão do gênero, como as etiologias e os debates entre rivais. Assim:

> Do ponto de vista do conteúdo narrativo, a fábula pode ser um conto de fadas, um mito de natureza etiológica, uma história de animal exibindo sua estupidez ou sua esperteza, uma série de ações engraçadas, um conto curto, um mito sobre deuses, um debate entre dois rivais, ou ainda uma exposição das circunstâncias em que uma observação sentenciosa ou arguta foi feita. Quando se fortalecem o propósito peculiar e a orientação metafórica que governa e modela esse material, ele se torna fábula. "Tal é a teoria da fábula e a sanção para sua inclusão, com todas as suas variedades, [...] nas coleções de fábulas gregas e latinas." (Perry, 1975, p.22 apud Dezotti, 1988, p.18)

Quando busca uma definição para a fábula, vimos que Perry recorre à retórica antiga. Essa escolha revela o seu ponto de vista em relação ao gênero. Para ele, especialmente as fábulas escritas em prosa não são literatura, mas são textos metafóricos com finalidade específica.

> A fábula em sua origem é apenas um recurso retórico, uma mera ferramenta. Sua função é indistinguível da de um provérbio, uma metáfora, ou uma símile... [...] não é um gênero autônomo, criado, como o romance ou o drama, por um novo tipo de sociedade com uma nova perspectiva cultural, mas apenas um dispositivo retórico... (Perry apud Nøjgaard, 1964, p.43-4)[52]

Estando fora de um contexto ou fazendo parte de uma determinada coleção, as fábulas em prosa "não seriam 'literatura' propriamente dita: [as]

---

52 *"The fable in origin is only a rhetorical device, a mere tool. Its function is indistinguishable from that of a proverb, a metaphor, or a simil [...] is not an independant literary form, created, like the novel or the drama, by a new kind of society with a new cultural outlook, but only a rhetorical device..."*

coleções constituiriam [assim] um 'dicionário de metáforas', material bruto para ser usado na produção de textos escritos ou orais" (Dezotti, 1988, p.19).

Na concepção de Perry, para ser literatura uma fábula precisa ser escrita em versos com o propósito de entretenimento: "Contada em verso, uma fábula tem o nível literário e o reconhecimento da poesia, em virtude apenas da forma em que ela foi escrita, sem se considerar o conteúdo [...]" (Perry, 1975, p.12 apud Dezotti, 1988, p.19). Além disso, quando a fábula tem a finalidade de entreter, a representação de uma verdade fica em segundo plano. No processo de composição, o foco principal será a forma e os seus efeitos. Assim, em autores como Fedro, Bábrio e, por que não dizer, La Fontaine, que escreviam fábulas em verso, esta seria a preocupação primeira:

> Um escritor como Fedro ou Bábrio parece sentir que sua primeira obrigação é ser interessante, e que qualquer narrativa pode receber algum tipo de moral, se necessário, uma vez que a narrativa tenha terminado e o entretenimento tenha sido proporcionado. Qualquer responsabilidade que ele possa sentir para com o sentido metafórico de sua narrativa é, nessas circunstâncias, vaga e secundária. [Independentes de um contexto específico, essas fábulas] tendem a ser contadas por seu próprio interesse enquanto narrativas, sejam elas espirituosas, divertidas, engraçadas, dramáticas, satíricas, sensacionais, sentimentais ou sábias. A narrativa em si se torna a coisa principal, em vez da ideia que supõe-se, ela veicula implicitamente. (Perry, 1975, p.25 apud Dezotti, 1988, p.19)

A afirmação de Perry, entretanto, não pode ser considerada em termos absolutos. Conforme sabemos, a escritura de fábulas literárias em prosa é possível, haja vista a produção original de Monteiro Lobato que, em sua forma incomum, chega a embutir a metalinguagem da fábula no processo de adaptação do gênero. Restringir a literatura a formas versificadas seria, por exemplo, destituir o romance de seu posto de arte, já que nele predomina a prosa. Em Lobato, a exortação moral, embora existente, também fica em segundo plano. Em primeiro lugar, estão a preocupação com a adequação da linguagem, a esteticidade, o confronto de textos, o questionamento da moral, a perspectiva metafabulística e a avaliação deliberada da própria fábula. De fato, as fábulas modernas, em especial as fábulas lobatianas, tendem a uma ruptura da norma estética, o que, consequentemente, acentua o seu valor literário.

68 LOIDE NASCIMENTO DE SOUZA

A tese de Perry sobre a literariedade da fábula também contraria a visão ampla e geral da onipresença da arte. Críticos como Antonio Candido, por exemplo, defendem que todo ser humano precisa suprir suas necessidades vitais de fantasia e uma das formas de supri-las é justamente a literatura. Mesmo o homem primitivo criou suas formas de manifestação do imaginário e, com isso, deu origem às primeiras narrativas orais. Dada a antiguidade da fábula, ela certamente fazia parte desse grupo primitivo, não importa a forma utilizada: prosa, verso, música etc. Se literatura é ficção, a fábula, em qualquer circunstância, mesmo nos tempos de domínio da retórica, conserva, pelo menos, o seu *status* de manifestação literária. Vejamos a conhecida explicação de Antonio Candido que, embora não faça referência direta à fábula, destaca formas literárias de origem comum:

> Chamarei de literatura, da maneira mais ampla possível, todas as criações de toque poético, ficcional ou dramático em todos os níveis de uma sociedade, em todos os tipos de cultura, desde o que chamamos folclore, lenda, chiste, até as formas mais complexas e difíceis da produção escrita das grandes civilizações. (Candido, 1989, p.112)

Até esse ponto, vimos que Perry enfatiza a diversidade da fábula e procura combater as polêmicas em torno do modelo ideal do gênero. Se observarmos, entretanto, as discussões constantes no *"General Preface"* de sua obra *Aesopica*, veremos que ele encontra razões históricas para a generalização. Um dos motivos seria a presença de textos pouco afeitos à forma da fábula nas coleções. Essa justificativa não impede, porém, que aponte restrições e condições para a fábula esópica ou que dirija sutilmente algumas críticas aos antigos compiladores.

A fim de estabelecer certa delimitação para os textos que incluiria na *Aesopica*, Perry expõe, no Prefácio, alguns critérios de seleção. Segundo ele, para ser qualificada como esópica, uma fábula deve combinar três características:

> (1) [...] deve ser óbvia e deliberadamente fictícia, sem exceção; (2) [...] deve ser uma ação em particular, uma série de ações ou um discurso realizado em tempo passado a partir de caracteres especiais [ou personagens tipificadas]; e (3) deve ser elaborada, pelo menos aparentemente, não para o seu próprio fim como uma história (como as muitas histórias de animais de Cláudio Eliano, incluindo a va-

NAS RAIAS DE UM GÊNERO **69**

riedade etiológica com um ponto de vista puramente científico), mas para demonstração de um ponto que é moral, parenético ou pessoal. (Perry, 2007, p.IX)[53]

Embora ateste a variedade das fábulas nas coleções, no artigo *Fable* (1959), aqui já destacado, o autor também explicita a estratégia utilizada para o reconhecimento dos textos nas coleções. Em meio às diferenças, de acordo com Perry, é possível identificar um tipo predominante que permite a construção de uma definição.

Contudo, podemos descrever os principais tipos de narrativa que encontramos nas coleções e decidir qual o tipo predominante, que, no caso, são as fábulas. Na teoria, bem como na prática, é dessa forma que devem ser definidos. Essa classe de histórias constitui um núcleo grande e central, marcadas todas pelas limitações subjetivas que não podem ser exatas e estarão sempre sujeitas à dúvida ou disputa na sua aplicação a casos particulares. A esta classe podemos aplicar, mais apropriadamente do que qualquer outra coisa, o nome "fábula" ou "fábula esópica" em um sentido técnico, mas devemos ter em mente o fato de que esse tipo central é cercado por outros tipos de narrativa que, muitas vezes, acomodam-se sob o nome de fábula, porque a conotação dessa palavra pode ser geral e vaga. (Perry, 1959, p.69-70)[54]

Segundo o autor, a maior parte das fábulas preservadas nas antigas coleções ou atribuídas a Esopo tem as três características que ele destaca no Prefácio e se diferencia de outros tipos prolíficos. Porém, a *Aesopica*, torna-se bastante ampla pois inclui textos com pouca ou nenhuma reivindicação

---

53 *"(1) [...] it must be obviously and deliberately fictitious, whether possible or not; (2) [...] it must purport to be a particular action, series of actions, or an utterance that took place once in past time through the agency of particular characters; and (3) it must be told, at least ostensibly, not for its own sake as a history (like many animal stories in Aelian, including the etiological variety with a purely scientific point), but for the sake of a point that is moral, paraenetic or personal."*

54 *"We can only describe the principal types of narrative which we find in the corpus of our fables and decide which type among them is predominate, in theory as well as in practice, and how its should be defined. This class of stories will constitute a large central core, marked off from the whole by subjective limitations which cannot be exact and will always be subject to doubt or dispute in their application to particular cases. To this class we may apply, more appropriately than to anything else, the name 'fable' or 'Aesopic fable' in a technical sense, but we must keep in mind the fact that this central type is surrounded by other types of narrative which often pass under the name fable, because the connotation of this word has been so general and so vague."*

70 LOIDE NASCIMENTO DE SOUZA

para serem classificados como esópicos. E isso porque se trata de textos que fazem parte de edições muito conhecidas ou representam algum tema do folclore ou, ainda, porque teriam sido admitidos nas coleções antigas por mero capricho do compilador. De qualquer forma, para manter-se dentro de limites quantitativos razoáveis, foi necessário que omitisse algumas histórias, principalmente as produzidas no período medieval a partir de Rômulo Augusto, que, além de serem excessivamente longas, divergiam totalmente da norma esópica. A ausência de clareza (ou de preocupação) quanto ao conceito de fábula esópica, segundo Perry, fez que desde a Antiguidade, e principalmente na Idade Média, houvesse a inclusão de textos que fugiam ao padrão da fábula em coleções. Alguns chegaram a ser incluídos simplesmente porque eram novos e diferentes. Vejamos seus comentários:

> Mas os fabulistas antigos e os antigos compiladores anônimos das "fábulas de Esopo" – para não mencionar os seus continuadores na Idade Média, às vezes, muito menos exigentes – não estão vinculados a qualquer conceito muito preciso do que constitui uma "fábula"; daí eles incluírem, aqui e ali, uma série de itens que não estão em conformidade com o tipo predominante, apesar de que alguns deles tornaram-se bastante famosos (por exemplo, f. 530[55] ["Tempo" de Fedro]). (Perry, 2007, p.IX)[56]

Vejamos também a fábula a que Perry faz referência na tradução de Nicolau Firmino (1943, p.81):

VIII – O tempo
O tempo voa e não volta
Um calvo com fronte cabeluda e a nuca nua, com veloz carreira, equilibrando-se sobre uma navalha (o qual deterás, se o apanhares; uma vez escapado,

---

55 *"530 / (Ph. V 8)/ TEMPVS / Cursu volucri, pendens in novacula, / calvus, comosa fronte, nudo corpore, / quem si occuparis, teneas, elapsum semel / non ipse possit Iuppiter reprehendere, / occasionem rerum significat brevem. / Effectus impediret ne segnis mora, / finxere antiqui talem effigiem Temporis."* (Perry, 2007, p.591-2)

56 *"But the ancient fabulists, and the ancient, anonymous compilers of "Aesop's fables", not to mention their continuators in the Middle Ages who are sometimes much less discriminating, are not bound by any very precise concept of what constitutes a "fable"; hence they include here and there a number of items that do not conform to the prevailing type, though some of these have become quite famous (e.g., f. 530)."*

nem o próprio Júpiter o pode fazer recuar) significa a breve ocasião das coisas. Os antigos fingiram uma tal imagem do Tempo, para que a negligente demora não impedisse a execução do nosso trabalho.

Vemos que, de fato, o texto "O tempo" não é fábula e nem narração de um caso sucedido. Trata-se apenas de uma personificação descritiva do tempo ou, na expressão de Nøjgaard, como veremos, uma imagem alegórica. Entretanto, como observa Perry, recebe o rótulo de fábula esópica por fazer parte da coleção de Fedro.

Uma das marcas distintivas da fábula é a moral ou, em outras palavras, a representação de uma verdade. Perry acredita mesmo que, a princípio, a fábula era só moral, uma espécie de provérbio. Para ele, o provérbio é a forma mais simples da fábula, já que tem por finalidade a ilustração de uma verdade. "Isto sinaliza que a fábula se originou de certa maneira proverbial de falar e que é, portanto, mais antiga do que a literatura" (Perry, 1959, p.28 apud Nøjgaard, 1964, p.45).[57] Ao longo dos anos, quando passou a fazer parte de coleções, a fábula teria mantido a sua natureza moral, expressa agora por meio de uma sentença que ora se localiza no início da fábula, ora no final ou em ambos os lugares simultaneamente.

Em seu artigo *The origin of the epimythium*, publicado em 1940, portanto, anterior a *Fable*, Perry faz um estudo do percurso histórico da presença da moralidade expressa na fábula. Baseando-se na análise atenta e minuciosa dos textos e considerando o seu contexto de circulação, o autor traz novas explicações e suposições para a existência dos tipos de moralidade e para as diferenças de localização dessa propriedade dentro do texto fabular.

Para melhor compreender o percurso da moralidade, Perry destaca a história literária da fábula antiga, verificando que, em cada período, a sentença moral recebeu um tratamento diferenciado. "A história literária da fábula antiga era marcada por três períodos sucessivos de desenvolvimento, cada um deles condicionado por uma perspectiva diferente por parte dos autores interessados" (Perry, 1940, p.392).[58] O primeiro período vai desde os tempos mais longínquos até aproximadamente o século IV a.C., quando

---

57 *"This implies that fable originated in a certain proverbial way of speaking and that it is, therefore, older than literature."*

58 *"The literary history of the fable in ancient times is marked by three successive periods of development, each of them conditioned by a different outlook on the part of the authors concerned."*

Demétrio de Falero compila a sua primeira coleção. O segundo tem como limite os tempos alexandrinos, em que a fábula esópica é dominada por escritores e oradores. Já o terceiro, compreende os tempos romanos de Augusto, dominados por Fedro e Bábrio.

Já vimos, neste capítulo, que um dos traços da fábula, desde o início, sempre foi a demonstração de alguma experiência ou sabedoria, por meio de uma rápida ficcionalização. Nesses primeiros tempos, entretanto, de acordo com a análise de Perry, a fábula era narrada com o objetivo de ser aplicada a uma situação muito particular e específica. Não havia generalidades. Em geral, o narrador contava a fábula e, no final, ele mesmo ou a última personagem a falar relacionavam o conto narrado ao contexto dos ouvintes, utilizando, para isso, expressões como: *"'Assim você também...'* ou *'Da mesma forma eu... / Igualmente eu...'"* (ibidem, p.394).[59] Para exemplificar essa prática, Perry destaca a fábula do cavalo e do veado presente na *Retórica* de Aristóteles, que traz tanto o que se pode chamar de fato histórico como a fábula aplicada a ele por Estesícoro. A fábula relata o caso dos moradores de Himera que escolheram Faláris como seu general e intentavam dar-lhe também o posto de guarda-costas. Diante disso, Estesícoro interferiu e os associou à fábula do cavalo que, para se diferenciar do veado, seu rival, permitiu que um homem lhe pusesse cabresto e foi escravizado por ele. Para finalizar, o próprio Estesícoro diz:

> Igualmente vocês também fiquem alertas [...] para que, em seu desejo de levar vingança aos seus inimigos, não sofram como o cavalo sofreu; pois vocês já aceitaram o mordedor e o cabresto, ao designar um ditador para o posto, e se vocês lhe permitirem montar em vocês, vocês se tornarão escravos de Faláris. (Aristóteles apud Perry, 1940, p.394)[60]

Perry denomina essa aplicação de réplica gnômica que, para ele, tem efeito puramente dramático e não está separado do enredo "natural" da fábula. Essa gnome não é ainda a moral como se conhece hoje, que surgiria algum tempo depois. Conforme podemos conferir na citação, o final é dra-

---

59 *"'Thus you too...' or 'Likewise I...'"*
60 *"Likewise you too watch out [...] lest, in your desire to take vengeance on your enemies, you suffer just what the horse did; for you have already accepted the bit and bridle by appointing a dictator, and if you allow him to get on your back you will forthwith become slaves to Phalaris."*

mático porque sintetiza as duas situações presentes no enredo, a real (dos habitantes de Himera) e a ilusória (do cavalo), ao mesmo tempo que exorta os ouvintes. Também é muito evidente, na fábula em questão, que essa fala final do orador ou personagem serve, apenas, ao contexto específico, não podendo ser estendida a outras situações diversas.

> [O final dramático representava] uma forma tradicional de estrutura de fábula usada extensamente antes dos epimítios entrarem em uso – uma forma que já tinha se tornado altamente convencional em relação a numerosos padrões de expressão que ocorriam periodicamente, projetados para dar um tom de finalidade e significação *gnômica* às palavras do orador. (Perry, 1940, p.404)[61]

Uma vez que as fábulas começaram a se distanciar do contexto imediato para ilustrar situações mais genéricas, Perry levanta a hipótese de que os autores teriam passado a considerar a possibilidade de acréscimo de uma finalização mais aberta, a moralidade do autor, especificamente denominada de epimítio. A suposição de que o epimítio surgiu depois da réplica gnômica seria confirmada pelo fato de que algumas fábulas começaram a apresentar a presença das duas finalizações. Em muitos casos, o epimítio iniciava-se com expressões muito parecidas com as da sentença gnômica, causando um efeito cumulativo e de aparente incompatibilidade dentro de uma mesma fábula. Retomando e adaptando rapidamente os termos de Girardin (1867), poderíamos dizer que a sentença gnômica dramática é equivalente à moral dramática, enquanto o epimítio pode ser comparado a um tipo de moral dogmática que seria determinada em situação externa ao enredo da fábula.

Diante da redundância réplica gnômica-epimítio, Perry indaga os motivos dessa prática e ele mesmo responde. A explicação seria a obsessão ética dos escritores e o princípio da uniformidade. Vejamos em suas próprias palavras:

> Mas, alguém perguntaria "por que os autores de coletâneas de fábula sentem necessidade de acrescentar suas próprias moralidades quando, na maioria

---

61 "[...] *it represents a traditional form of fable-structure which was widely current in the days before epimythia came into use--a form which had already become highly conventionalized in respect to numerous recurring patterns of expression designed to give a tone of finality and gnomic significance to the speaker's words [...]."*

dos casos, a fábula já traz esse elemento dentro de si?". *"Eles não conseguiram ver que o que eles estavam acrescentando era supérfluo?"* A resposta deve ser que, em muitos casos, um *epimítio* não seria supérfluo, do ponto de vista daqueles que tinham erroneamente procurado um significado ético ou filosófico em toda fábula, sem considerar o fato de que um número significativo delas teve pouca ou nenhuma tendência a isso. Escritores possuídos desse novo e estreito conceito do que cada fábula deveria ser, sob a analogia do que a maioria virtualmente era, não ficariam contentes em deixar certas fábulas permanecerem como em tempos remotos, simplesmente com os seus méritos, como histórias inteligentes ou divertidas (axiológicas ou algo assim) ou como meros gracejos ou lampejos de inteligência. Tais fábulas, conforme seu modo de pensar, realmente requeriam uma explicação; e uma vez que os *epimítios* eram acrescentados a essas fábulas não morais, era natural estender a prática a outras fábulas em que a moral, embora implícita ou insinuada no epigramático ou fim dramático, não foi explícita o bastante, ou não foi genericamente explícita, para satisfazer a obsessão ética do escritor. (ibidem, p.404-5)[62]

Assim, além do significado filosófico a que os oradores procuravam relacionar cada fábula, aos poucos a ideia de que toda fábula deveria ter epimítio foi se formando no inconsciente dos que praticavam o ofício de escrever textos fabulares. Daí o princípio da uniformidade, destacado por Perry, que relegava a segundo plano as questões estéticas do interior da fábula. Enquanto o final dramático mantinha total harmonia com as peculiaridades do gênero, o epimítio, por vezes, produzia um efeito anticlimático e artificial. Excepcionalmente no período romano, os escritores voltaram

---

62 *"But why, one may ask, did the authors of fable-collections feel it necessary to add morals of their own when, in most cases, the fable already had one within itself? Could they not see that what they were adding was superfluous? The answer must be that in many cases an epimythium would not be superfluous from the point of view of those who had mistakenly come to look for an ethical or philosophical meaning in every fable, regardless of the fact that a fair number of them had little or no such tendency. Writers possessed with this new and narrower conception of what every fable should be, on the analogy of what the majority virtually were, would not be content to let certain fables stand, as they had stood in earlier days, simply on their merits as clever or amusing stories (aetiological or otherwise) or as mere jests or sallies of wit. Such fables, to their way of thinking, actually required an explanation; and once epimythia were added to these non-moral fables, it was natural to extend the practice to other fables where the moral, though implied in the epigrammatic or dramatic ending, was not stated explicitly enough or generically enough to satisfy the writer's ethical obsession."*

a demonstrar preocupação com o efeito estético do epimítio, optando, às vezes, por manter apenas o desfecho gnômico.

Mas até aqui, diante do que já fora abordado nesse primeiro capítulo, as descobertas ou suposições de Perry não se diferenciam muito das de alguns críticos anteriores como Du Méril, por exemplo, que já assinalava o caráter relativamente recente da moral. Para ele, como vimos, a inclusão da moralidade teria sido, entre outros motivos, consequência da expansão territorial e demográfica das nações. Entretanto, ao analisar a dinâmica de produção e escrita de fábula nos períodos alexandrinos e romanos, Perry aponta o que considera ser a origem real do epimítio. Ele teria nascido sob a influência do promítio, que é definido como uma "declaração breve, relativa à aplicação de uma fábula, feita pelo autor antes de ele começar a narrativa" (ibidem, p.408).[63] Os promítios mais antigos, existentes ainda hoje, são os do papiro de Rylands, escrito na primeira metade do século I d.C. e datado pelo editor C. H. Roberts. O papiro contém o fragmento de catorze fábulas, das quais somente cinco, segundo Perry, são totalmente legíveis. Nøjgaard alerta que o estado de conservação do papiro de Rylands é tão ruim que, para chegar a uma análise efetiva, o pesquisador precisa desenvolver o trabalho com extrema concentração. De qualquer forma, por ser uma cópia, ele acaba por indicar uma existência anterior para o promítio.

A publicação da primeira coleção de discursos esópicos, no século IV a.C., por Demétrio de Falero, sinalizou o início de um tempo na Grécia em que a fábula despertaria fortemente o interesse de oradores e escritores de vários segmentos. Desde então, desenvolveu-se a ideia de que o passado cultural (equivalente hoje ao que se chama de Antiguidade clássica) teria de ser compilado e preservado. A partir disso, surge gradativamente um grande número de coletâneas de todos os tipos e gêneros. Havia coletâneas de decretos oficiais, de inscrições, de provérbios e epigramas, de mitos, de objetos de homens famosos, de fábulas esópicas, entre muitas outras.

Em geral, além do desejo de preservação, nos tempos de Alexandre o propósito de organizar uma coletânea tinha finalidade prática e utilitária. Os objetos de homens famosos, por exemplo, eram fartamente usados na elaboração de biografias. Já as fábulas serviam aos oradores, estadistas, fi-

---

63 "[...] a brief statement concerning the application of a fable made by the author before he begins the narrative [...]."

lósofos e aos que cultivavam a arte da retórica. Conforme registrou Aristóteles, a fábula era utilizada como exemplo nos discursos. Nesse caso, para ser suficientemente eloquente, era necessário ao orador conhecer um grande número de fábulas para não se tornar repetitivo ou, o que era pior, relatar uma fábula que outro orador já havia relatado antes. A preferência era que tanto a fábula como a sua aplicação fossem originais. Assim, numa época em que dominava a prática da retórica, a existência de coletâneas, especialmente as de fábulas, significava a oferta de um recurso material altamente necessário ao orador, uma vez que, dessa maneira, ele era poupado do difícil trabalho de garimpar textos para ilustrar o seu discurso. Bastava que realizasse uma rápida busca para que encontrasse, nas coleções, os exemplos necessários ao tema defendido ou abordado.

Considerada a utilidade prática das coletâneas de fábulas, Perry investiga com que finalidade o promítio teria sido incluído nessas coletâneas. O fato de que ele resume o significado da fábula e, como o epimítio, também é artificial porque é acrescentado arbitrariamente pelo fabulista ou escriba, fez que as duas propriedades, promítio e epimítio, tivessem as suas funções confundidas. Aftônio e Fedro, por exemplo, entendiam que os dois eram praticamente idênticos. A diferença seria apenas de posição. Entretanto, em suas buscas e investigações, Perry levanta três hipóteses para o surgimento do promítio. Logo depois, descarta duas delas para confirmar e defender apenas uma, que revelaria a função exclusiva desse acessório da fábula. Vejamos as hipóteses: "(1) um título para classificar a fábula, (2) uma explicação com a intenção de clarear o seu significado [...], ou (3) a exortação ou expressão vocal didática de um autor-moralizador" (ibidem, p.408).[64]

Segundo Perry, das três hipóteses que ele aponta para o surgimento do promítio, a primeira é a mais provável e coerente com o contexto de produção da fábula antiga. A segunda é totalmente improvável, porque ninguém explicaria a fábula antes de narrá-la. Além disso, se o promítio fosse uma explicação, ele se tornaria redundante no caso das fábulas que finalizam com uma oração gnômica, como ocorre no papiro de Rylands. Essa impossibilidade também anula a terceira hipótese, uma vez que, conforme

---

64 *"(1) a heading to classify the fable, (2) an explanation intended to clarify its meaning [...], or (3) the hortatory or didactic utterance of a moralizing author."*

acredita Perry, o autor de fábulas não era um colecionador de teses morais desconectadas, seguidas de uma ilustração. Usando uma imagem de Lucrécio, ele afirma que, por mais dogmático que fosse um autor alexandrino, ele não cobriria "as extremidades da xícara com absinto em vez de mel" (ibidem, p.409).[65] Portanto, o promítio seria mesmo uma classificação para a fábula.

Tanto no papiro de Rylands como em outras coleções, segundo constatação de Perry, é muito comum que o promítio finalize o enunciado da seguinte forma: "a fábula se refere..." ou "a fábula é oportuna...". Diante disso, Perry faz as seguintes indagações: a afirmação do promítio, construída dessa forma, estaria destinada a explicar algo? Serviria para exortar o leitor? O próprio Perry (ibidem, p.410) responde:

> Obviamente não. É dirigido ao escritor ou a um orador que está procurando uma ilustração adequada, e do qual não se espera que leia o texto completo de cada fábula, para descobrir se é (ou não) algo que ele poderá usar. O autor do [promítio] [...] está na verdade dizendo ao seu leitor: "Se você deseja ilustrar uma ideia em sua fala ou composição, aqui está uma fábula apropriada para isto".[66]

Em suas origens, conforme acentua Perry, o promítio nunca trazia a menção da palavra "fábula" no início do enunciado, mas trazia o seu significado para depois finalizar com a expressão característica "a fábula se refere". Havia, ainda, os promítios que sequer mencionavam a palavra "fábula", mas traziam apenas um resumo muito sintético com o significado do texto e sua possível aplicação. Dessa maneira, Perry (ibidem, p.411) entende que essa "é a ordem lógica do ponto de vista de um autor que pretende que o leitor leia o resumo moral antes de qualquer outra coisa".[67]

Refazendo o conceito numa perspectiva retórica, Perry (ibidem, p.392) afirma, então, que o promítio "não era nada além de um título-índice em

---

65 *"[...] smear the edges of the cup with absinth instead of with honey."*

66 *"Obviously not. It is addressed to a writer or a speaker who is looking for a suitable illustration, and who is not expected to read the complete text of each fable in order to find out whether or not it is something that he can use. The author of the [...] is saying to his reader in effect: 'If you wish to illustrate such and such an idea in your speech or composition, here is an appropriate fable.'"*

67 *"That is the logical order from the standpoint of an author who intends that the reader shall read the moral summary before anything else."*

um manual de referências".[68] Portanto, sua função real seria a de indexar a aplicação da fábula, a fim de orientar a busca de uma ilustração. Posteriormente, algumas coleções, especialmente as de autores do terceiro período da história da fábula antiga, começaram a apresentar promítios de natureza explicativa ou exortativa, mantendo a ordem linguística de construção. Em Fedro, por exemplo, os primeiros livros chegaram a trazer o promítio de acordo com a sua função original. Entretanto, usufruindo de sua liberdade de adaptação, ele passa a se afastar relativamente da forma de construção dos originais gregos e é, justamente, nesse exercício, que ele demonstra uma noção confusa a respeito da função daquele dispositivo inicial. Já em seu primeiro livro de fábulas, ele traz epimítios que, mesmo em outra posição, recebem a mesma construção do promítio. Nos livros seguintes, aumenta-se a proporção de epimítios que, rapidamente, passam a ter um caráter mais exortativo e mais adequado à própria função do epimítio, que é de expressar a moralidade do ponto de vista do autor.

É muito provável que, mesmo antes de Fedro e Bábrio, já houvesse alguma interpretação equivocada sobre a função do promítio. Todavia, Perry assinala que, no período romano, intensifica-se a evolução do uso de promítios para epimítios. Algumas coleções, inclusive, invertem a posição da expressão "a fábula se refere": do final do enunciado passa a ser incluída no início, conforme a construção correta do epimítio. A fábula "O lobo e o cordeiro" de Fedro, por exemplo, traz o seguinte epimítio: "Esta fábula foi escrita tendo em vista aquelas / pessoas que, sob falsos pretextos, oprimem os inocentes" (Dezotti, 2003, p.83).

Mas, de modo geral, os escritores romanos não teriam, segundo Perry, a ideia exata da distinção entre promítio, sentença gnômica e epimítio. Alguns promítios até teriam favorecido a confusão, uma vez que eram construídos de tal forma que não era possível perceber uma diferença clara entre eles e uma frase construída em tom moral.

O fato de que muitos *promítios* serviriam igualmente como *epimítios* sem nenhuma mudança, e de que outros também poderiam ser facilmente interpretados como exegéticos, embora requerendo pequenas alterações se colocados no final da fábula, e de que o hábito de considerar ambos, *os promítios e epimítios*, como servindo ao mesmo propósito exortativo ou exegético já tivesse se desen-

---

68 *"[...] nothing more than an index-heading in a handbook of reference."*

volvido em Fedro – é que nos ajuda a entender como o *epimítio* veio a nascer do *promítio*. Assim é que começou a prevalecer a ideia errônea de que o *promítio* era, ou deveria ser, uma explicação, e, portanto, foi posto naturalmente no final. (Perry, 1940, p.418)[69]

O período romano seria, assim, um período de transição "no qual o *epimítio* está evoluindo do promítio tradicional e a convenção nova ainda não se tornara padronizada" (ibidem, p.418).[70] Segundo Perry, as três propriedades da fábula – promítio, sentença gnômica e epimítio –, que, em algum momento, foram coexistentes, acabaram por fortalecer a ideia de que toda fábula deveria ter moral, já que o gênero, desde sua origem, sempre expressou essa tendência metafórica e, às vezes, sutil, no sentido de expressar uma experiência ou sabedoria. De acessório prático para a indexação de fábulas, o promítio teria se transformado em combustível para a "obsessão ética dos escritores". A partir de então, vai diminuindo o número de fábulas cujo significado filosófico era quase imperceptível ou mesmo inexistente, como aquelas que, segundo Perry, não passavam de gracejos divertidos.

É importante destacar que a padronização da forma do epimítio foi lenta e gradual. Mesmo em momentos posteriores ao da fase fedriana, houve escritores que continuaram a fazer uso do promítio, enquanto outros utilizavam as duas instâncias simultaneamente. Portanto, é somente a passagem dos anos, por meio da qual se estabelece uma tradição do gênero, que permite a definição e o predomínio do epimítio, expresso a partir de frases como: "A fábula mostra que..." ou "Moral" entre outras.

Vimos assim que, para Ben Edwin Perry, a fábula é um gênero versátil que não se enquadra facilmente em um só perfil ou em um só conceito. Entretanto, a tradição esópica estabeleceu para ela algumas características gerais, entre as quais figura o epimítio.

---

69 *"The fact that many promythia would serve equally well as epimythia without any change at all, that others also could easily be interpreted as exegetical, though requiring some slight alteration if placed at the end of the fable, and that the habit of regarding both promythia and epimythia as serving the same hortatory or exegetical purpose has already developed in Phaedrus-all this helps one to understand how the epimythium came to be born of the promythium. As soon as the erroneous idea began to prevail that the promythium was, or should be, an explanation, it was naturally put at the end."*

70 *"[...] a period of transition and confusion in which the epimythium is being evolved out of the traditional promythium and the new convention has not yet become completely standardized."*

Nøjgaard

Morten Nøjgaard (1934) foi, até agora, uma das referências mais constantes neste trabalho. Em sua obra *La fable antique*, publicada em 1964, analisa a fábula grega antes de Fedro e, para isso, elege como *corpus* principal de seus estudos os textos da coleção *Augustana*, considerada a mais antiga e, talvez, a mais importante das coleções de fábulas gregas. Paralelamente ao minucioso trabalho de análise da *Augustana*, Nøjgaard faz uma abordagem completa da crítica e da história literária da fábula e, em meio a essa abordagem, expõe, em "doses homeopáticas", o seu conceito e a sua visão particular da fábula.

Quando avalia a situação dos estudos referentes ao gênero, Nøjgaard conclui que, no conjunto, a crítica da fábula assemelhava-se a um colosso com pés de barro. Segundo ele, embora houvesse excelentes trabalhos, os princípios fundamentais eram frágeis porque não eram baseados no exame fechado e detalhado dos textos. Bem ao gosto dos estruturalistas, Nøjgaard opta então pelo método da análise estrutural imanente, com a pretensão de chegar a resultados definitivos que pudessem ser comprovados cientificamente.

Para uma boa parte dos críticos, a *Augustana* foi escrita entre os séculos I e III d. C. Entretanto, considerando que há muitas divergências sobre essa informação específica, Nøjgaard entende que qualquer datação só pode ser tomada relativamente, uma vez que, em geral, os manuscritos não fazem alusão a fatos históricos e são divergentes quanto à natureza de seu vocabulário. Assim, uma das aproximações possíveis seria a comparação com a redação do papiro de Rylands, perante a qual se destaca a antiguidade da coleção. A *Augustana* seria, então, anterior ao papiro e, consequentemente, seria também anterior a Fedro. De qualquer forma, diante da divergência dos manuscritos transmitidos, Nøjgaard prefere dizer que a coleção não tem um autor histórico e, sim, um "autor" estrutural, expressão que ele mesmo substitui por "princípio estrutural". Diferente de um autor histórico que pode ficar restrito ao tempo, o princípio estrutural pode reaparecer a qualquer momento, desde que, na obra, se reconheça uma estrutura essencialmente idêntica.

O princípio estrutural que rege a *Augustana*, segundo Nøjgaard, estaria manifesto em três estruturas diferentes e constantes: fábula, anedota e etiologia. Essas estruturas se inter-relacionam por meio de uma apresentação abstrata da ação, o que garante a uniformidade da obra. Embora não defenda a existência de uma figura histórica responsável pela criação ou mesmo reprodução do texto, para o autor, a *Augustana* forma uma estrutura coerente e que revela uma personalidade artística. Vejamos:

> [...] eu também tenho procurado mostrar que o autor da *Augustana* não é um compilador que reproduz fábulas de fundo comum sem intenções artísticas pessoais. Ele é verdadeiramente um autor que não inventa, sem dúvida, a matéria de todas as suas peças, mas a reorganiza segundo uma vontade formal muito precisa e que não quer menos que um *Fedro* ou um *Bábrio* fazer dela a expressão de uma visão artística pessoal, à qual, no final das contas, o caráter uno da *Augustana* é devido. (Nøjgaard, 1964, p.134)[71]

Contudo, diante da magnitude e da coerência textual, para Nøjgaard, as informações sobre a autoria perdem a relevância. Mais importante que isso seria o resultado da análise que, em última instância, revelaria uma obra que é formada por elementos estruturais que não se desagregam em modelos repetidos, mas são ligados uns aos outros por um princípio fundamental, cuja definição é o objetivo final da análise.

Tendo em vista as três formas que integram o princípio estrutural da *Augustana*, convém, agora, abordar a fábula e as suas especificidades, uma vez que ela está no centro dos interesses tanto para Nøjgaard como para o assunto principal de nosso trabalho: identificar propriedades da fábula na obra infantil de Monteiro Lobato. Depois disso, abordaremos também, ainda que sucintamente, a anedota e a etiologia.

Para Nøjgaard (ibidem, p.86), a fábula é "um relato ficcional de personagens mecanicamente alegóricas com uma ação moral de avaliação".[72]

---

71 *"[...] j'ai aussi voulu montrer que l'auteur d'augustana n'est pas un compilateur, reproduisant les fables du fond commun sans intentions artistiques personnelles, mais que c'est véritablement un auteur qui n'invente pas, sans doute, sa matière de toutes pièces, mais qui la réorganise selon une volonté formelle très precise et qui ne veut moins qu'un* Phèdre *ou qu'un* Babrius *en faire l'expression d'une vision artistique personnelle, à laquelle, en fin de compte, le caractère uni d'augustana est dû."*

72 *"[...] un récit fictif de personnages mécaniquement allégoriques avec une action morale à évaluation."*

Dessa forma, para ser fábula, o conto precisa ter três elementos fundamentais: ficção, alegoria e moral. Entretanto, considerada a diversidade de textos que se encerram sob esse nome, Nøjgaard entende que, a rigor, o gênero fábula não existe. Considerada, por exemplo, como um conto de animais alegóricos, é impossível separá-la dos contos de Andersen que, por sua vez, são muito diferentes dos textos de Fedro. Assim, como uma categoria bem definida e claramente separada dos gêneros vizinhos, a expressão fábula só terá sentido se estiver relacionada à forma antiga do gênero. Em outras palavras, para Nøjgaard, só existe fábula antiga.

Para comprovar a teoria da suposta dissolução do gênero fábula, antes de significar cada um dos termos-chave que fazem parte do conceito proposto para o gênero, Nøjgaard problematiza a questão da essência da fábula. Para ele, a própria ideia de essência para um gênero qualquer é inconcebível, porque pressupõe a existência de um estilo verdadeiro e modelar. Essa concepção seria a base do pensamento de críticos como Lessing, que elege a brevidade esópica como modelo ideal, ou Levrault, que prefere a poesia de La Fontaine.

Na perspectiva de Nøjgaard, o princípio da essência só seria possível se houvesse um gênero estático, um gênero milagrosamente invariável que, ao longo de 27 séculos, tivesse preservado a mesma forma e o mesmo conteúdo. Mas, pelo contrário, segundo defende o autor, a permanência da fábula não se deve à sua essência, e sim ao estabelecimento de uma tradição escrita. Vejamos:

O caráter aparentemente imutável da fábula não é devido à sua "essência". Se ela parece ser mais estável que o conto maravilhoso, é simplesmente porque a "fábula" europeia tornou-se conhecida por meio de uma tradição escrita quase ininterrupta, na qual as obras se apresentam sempre como paráfrases de obras anteriores e sempre conhecidas, de sorte que as transformações, geralmente mínimas, são difíceis de perceber [...]. (ibidem, p.25)[73]

---

73 *"Le caractère apparemment immuable de la fable n'est pas dû à son 'essence', mais si elle paraît plus stable que le conte merveilleux, c'est simplement que la 'fable' européenne nous est connue par une tradition écrite presque ininterrompue et que les oeuvres se présentent souvent comme des paraphrases d'oeuvres antérieures et toujours connues, de sorte que les transformations souvent minimes ont été difficiles à saisir [...]."*

NAS RAIAS DE UM GÊNERO   83

Entretanto, diferentemente do que acredita Nøjgaard, observamos que a existência de uma tradição não bloqueia a evolução do gênero. Como já afirmamos no tópico anterior, especialmente as fábulas modernas tendem a uma ruptura relativa da norma. É o caso, por exemplo, das fábulas de Augusto Monterroso, James Thurber, Millôr Fernandes, Monteiro Lobato, entre outros. Todavia, embora estabeleçam, às vezes, um diálogo conflituoso com as propriedades do gênero, esses textos preservam o elo mínimo que permite a manutenção de sua identidade. Adaptando a perspectiva discursiva de Bakhtin, podemos dizer que a fábula é uma *archaica*[74] que se renova.

A renovação da *archaica* caminha precisamente em duas direções: tanto acentua o valor estético como aponta para os estágios iniciais do gênero. Assim, do ponto de vista bakhtiniano, que põe em relevo o dinamismo do discurso na interação entre os grupos e os indivíduos, a manutenção de marcas específicas do gênero não anula a possibilidade de criação. Como arbustos de copas elevadas, mesmo nos casos em que se destaca a atualização e a esteticidade da fábula, as raízes continuam firmadas nas origens profundas e longínquas do gênero. Para Bakhtin, o gênero tem justamente essa função paradoxal de refletir o aspecto perene da evolução literária:

> Por sua natureza mesma, o gênero literário reflete as tendências mais estáveis, "perenes" da evolução da literatura. O gênero sempre conserva os elementos imorredouros da *archaica*. É verdade que nele essa *arcáica* só se conserva graças à sua permanente *renovação*, vale dizer, graças à atualização. O gênero sempre é e não é o mesmo, sempre é novo e velho ao mesmo tempo. O gênero renasce e se renova em cada nova etapa do desenvolvimento da literatura e em cada obra individual de um dado gênero. Nisto consiste a vida do gênero. Por isto, não é morta nem a *archaica* que se conserva no gênero; ela é eternamente viva, ou seja, é uma *arcáica* com capacidade de renovar-se. O gênero vive do presente mas sempre recorda o seu passado, o seu começo. É o representante da memória criativa no processo de desenvolvimento literário. (Bakhtin, 1981, p.91)

Dessa forma, ao contrário do que acredita Nøjgaard, para Bakhtin a relativa estabilidade do gênero não favorece a eleição de modelos ideais, mas

---

74 A palavra *archaica* é entendida aqui "no sentido etimológico grego como Antiguidade ou traços característicos distintivos dos tempos antigos" (ver Bakhtin, 1981, p.91).

funciona como matéria-prima de referência sujeita a transformações. Entretanto, mesmo nos estágios mais avançados de transformação, o gênero ainda mantém os traços da arcaica.

> [...] o começo, isto é, a *archaica* do gênero, conserva-se em forma renovada também nos estágios superiores de evolução do gênero. Além disto, quanto mais alto e complexo é o grau de evolução atingido pelo gênero, tanto melhor e mais plenamente ele revive o passado. (ibidem, p.104)

Depois das discussões sobre a essência do gênero e de um apanhado geral sobre a crítica da fábula, Nøjgaard estabelece o significado de cada um dos termos-chave que compõem a sua definição de fábula. O primeiro deles, como já vimos, é *ficção*. Para ser ficcional, o texto precisa ter uma ou mais ações executadas por um ou mais indivíduos. A importância dos indivíduos reside no fato de que só eles, diferentemente de uma espécie abstrata, podem ser representados no momento exato da execução da ação. Outro dado importante é que a ficção da fábula deve ser verossímil. Entretanto, essa verossimilhança não precisa estar necessariamente relacionada a uma realidade histórica, mas deve fluir do próprio relato, da realidade interior da obra. Esse detalhe é relevante porque, especialmente no caso da fábula, nada é mais inverossímil do que a fala de animais. Diante disso, Nøjgaard (1964, p.49) ressalta que a "fábula constitui assim um bom exemplo do fato de que a verdade de uma obra depende unicamente da apresentação do texto, quer dizer, de sua estrutura".[75]

O segundo elemento fundamental da fábula, segundo Nøjgaard, é a *alegoria*. Para ser alegórico, o texto precisa expressar, de uma maneira diferente, o sentido literal. Enquanto a ironia diz sempre o contrário, a alegoria diz a mesma coisa de modo diferente. No entanto, além de "dizer diferente", o texto alegórico precisa ter uma ação ficcional relacionada a um contexto. Destituído de ação, o texto passa a ser uma imagem alegórica, cuja interpretação pode ser realizada de forma arbitrária. Para melhor fazer entender o seu pensamento, Nøjgaard cita o seguinte exemplo de imagem:

---

75 *"La fable constitue ainsi un bon exemple du fait que la vérité d'une oeuvre dépend uniquement de la présentation du texte, c.-à-d. de sa structure."*

Um homem estava sendo perseguido por um unicórnio e, enquanto tentava escapar dele, caiu num poço. Ao cair, porém, esticou seus braços e ficou preso em uma pequena árvore que crescia em uma das paredes do poço. Então alcançou um ponto de apoio e, agarrado à árvore, imaginou-se salvo. Nisso viu dois ratos, um preto e um branco, ocupados em roer a raiz da árvore em que se segurava. Ao olhar para o fundo do poço, percebeu que um dragão horrível estava com a boca bem aberta, pronto para devorá-lo. E quando examinou o lugar onde estavam seus pés, notou que cabeças de quatro serpentes o encaravam com ferocidade. Então olhou para cima e viu pingos de mel que caíam da árvore em que estava agarrado. De repente, ele se esqueceu de tudo – do unicórnio, do dragão, dos ratos e das serpentes –, e sua mente só se preocupava em colher os pingos do doce mel que gotejavam da árvore. (Müller apud Nøjgaard, 1964, p.60-1, traduzido por Maria Celeste Consolin Dezotti)[76]

Para Nøjgaard, esse texto não tem uma ação real. A ação de "cair no poço" serviria unicamente para dar existência literária ao relato. Esse elemento seria tão minimizado em todo o texto, que um artista poderia pintar uma tela sem que nenhum dos elementos fosse esquecido. O centro da imagem é um homem rodeado de perigos, mas que recolhe gotas de mel. Trata-se, portanto, de um quadro simbólico que permite interpretações arbitrárias, como as que o próprio Nøjgaard (1964, p.61) propõe:

[...] o unicórnio significa a morte; a perseguição, a possibilidade constante da morte [...]; o poço, o mundo; a pequena árvore, a vida do homem; os ratos, respectivamente, a noite e o dia que consomem a vida; o dragão, os sofrimentos do inferno; as serpentes, os quatro elementos [...]; as gotas de mel, os prazeres da vida.[77]

Relembrando Lessing, Nøjgaard ressalta que, na fábula, a ação não pode ser reduzida ao quadro de uma imagem. O mesmo Lessing, como já

---

76 A citação original de Nøjgaard foi reproduzida em inglês. Nesse caso específico, dada a clareza do texto, preferimos utilizar a tradução de Dezotti constante em seu trabalho de 1988.

77 "[...] la licorne signifie la mort, sa poursuite la possibilité constante de la mort [...], le trou le monde, le petit arbre la vie de l'homme, les souris respectivement la nuit et le jour qui renversent. c.-à-d. consument la vie, le dragon les peines de l'enfer, les serpents les quatre éléments [...], les gouttes de miel les plaisirs de a vie."

vimos, não teria conseguido identificar suficientemente o perfil alegórico da fábula, porque entendia que ele estava relacionado unicamente à ação. Entretanto, as personagens de um relato também podem ser alegóricas e, segundo Nøjgaard (ibidem, p.62), "o que caracteriza a fábula é precisamente o fato de que *suas personagens são alegóricas*, mas não a sua ação".[78] E as personagens são alegóricas porque representam outros seres que, na prática, são sempre os homens.

No entanto, de acordo com a concepção de Nøjgaard, o caráter alegórico das personagens da fábula não se reduz ao fato de que toda personagem pode ser interpretada de uma ou de outra forma. É preciso que o próprio relato traga em si mesmo algo que indique a necessidade de tal interpretação. Especificamente no caso da fábula, "na própria forma de representação das personagens se encontra um mecanismo, válido para todas elas, que impede o leitor de lhes compreender literalmente" (ibidem, p.63).[79] A partir desse aspecto, o autor conclui que esse tipo de alegoria representado pelas fábulas só pode ser denominado de *alegoria mecânica*.

A alegoria mecânica se produz quando o autor do texto atribui às personagens qualidades e ações que não podem ocorrer na realidade do leitor. Esse artifício mostra que ele tem outra intenção, que é diferente da mera finalidade de repetir ações óbvias e conhecidas de cada animal. Daí a constante oposição entre os animais da natureza e os animais da fábula. No entanto, quando atribui ações fictícias aos animais, o autor da fábula não pretende acrescentar novidades à experiência do leitor, como ocorre no conto maravilhoso, por exemplo. Assim, a existência de personagens dotadas de qualidades impossíveis não é mais que "a expressão mecânica do fato que as personagens são alegóricas. É a evidência do caráter ficcional do relato, no sentido do 'imaginado', de sorte que a interpretação é a única possibilidade de lhe conferir um sentido" (ibidem, p.64).[80] Por conseguinte, embora todas as personagens sejam passíveis de assumir a função de representar, na

---

78 "*[...] ce qui caractérise la fable, c'est précisément que ses personnages sont allégoriques, mais non pas son action.*"

79 "*[...] dans la forme même de representation des personnages se trouve un mécanisme, valable pour eux tous, qui empêche le lecteur de les comprendre littéralement.*"

80 "*[...] l'expression mécanique du fait que les personnages sont allégoriques, que la mise en évidence du caractère fictif, au sens d' 'imaginé', du récit, de sorte que la seule possibilité de lui conférer un sens reste l'interprétation [...].*"

fábula somente as que agem podem ser alegóricas, porque só nelas é que se pode comprovar o caráter inventado. Os outros elementos da cena, como o espaço e as personagens de papéis secundários, seriam apenas "ganchos" que podem servir a uma interpretação arbitrariamente alegórica, como ocorre com a imagem.

Conhecidas as peculiaridades da ficção e da alegoria segundo Nøjgaard, trataremos agora da *moral*, que é considerada o terceiro elemento fundamental da fábula.

Para Nøjgaard, a questão da moral não pode ser analisada tendo-se em vista uma pura noção substancial de conteúdo. A verdade da fábula deve ser moral. Entretanto, é preciso verificar se, na estrutura do texto, há alguns elementos especiais que demandem tal interpretação. A solução estaria no exame da forma particular da ação da fábula.

Quando se entende que as personagens da fábula são alegóricas, é possível entender a natureza peculiar da ação no interior do gênero. Já sabemos que, sejam quais forem as personagens, elas estarão sempre representando seres humanos. Portanto, as ações sempre dizem respeito à pratica das relações humanas. Todas elas podem ser plasmadas diretamente a fatos da vida humana. Daí a sua necessária racionalidade.

Conforme defende o autor, a moral da fábula é formada por dois elementos necessários e simultâneos: a ação transladável e o valor a ser atribuído a essa ação. Sobre isso, vimos, há alguns tópicos, que Lessing critica a definição de Charles Batteux, para quem a ação era uma experiência realizada com desígnio. Discordando de Lessing, Nøjgaard entende que, de fato, a ação da fábula é sempre consequência de uma escolha, pois só assim ela poderá ser avaliada. Para exemplificar o fenômeno, analisa a seguinte fábula de Heródoto:

O pescador que tocava flauta

Um pescador, hábil na arte de tocar flauta, apanhou flautas e redes e foi para o mar. Postado sobre uma rocha proeminente, pôs-se de início a tocar, julgando que os peixes saltariam por si mesmos até ele, atraídos pelo som agradável. E como não tivesse obtido sucesso, apesar de ter insistido muito, largou as flautas, pegou a rede, lançou-a na água e pescou muitos peixes. Depois, retirou-os da rede, na praia, e ao ver que eles estavam pulando, disse: "Ô bichos miseráveis, vocês, quando eu estava tocando flauta, não dançavam, e agora que eu já parei, estão fazendo isso?".

Para aqueles que fazem alguma coisa em hora inoportuna o discurso é oportuno. (Dezotti, 1988, n. 24)

Se a fábula citada fosse lida como um relato natural sobre a conhecida dança ou contorção frenética de peixes vivos quando são lançados sobre a terra, seria impossível localizar nela o elemento moral. Porém, a partir do momento em que se verifica a possibilidade da *opção*, instala-se automaticamente a moral. Essa possibilidade indica que se os peixes quisessem, poderiam optar por não dançar. É somente a plena liberdade dos peixes que pode justificar a ação final, expressa na fala do pescador. Diante disso, Nøjgaard (1964, p.73) explica que "a ação, assim separada das outras por implicar a escolha de uma personagem livre, que pode ou não fazê-la, é chamada de *ação-opção*".[81] A avaliação da ação-opção, expressa na fala do pescador, é o ponto de partida para a translação ao plano da moral. No caso específico da fábula em questão, a má escolha dos peixes é a única que não exige interpretação arbitrária. Por meio do artifício da alegoria mecânica, sabemos que os peixes são, de fato, homens insensatos que dançam no momento errado. Logo, conforme acentua Nøjgaard, as personagens da fábula, além de serem alegóricas, devem ser capazes de realizar ações que pressupõem uma escolha deliberada. Nesse caso, considerando que essas personagens são sempre seres dotados de razão, não há sentido em divisões que classificam a fábula como racional ou irracional, como ocorreu na Antiguidade ou na crítica posterior.

A ação-opção, na teoria de Nøjgaard, é um elemento estrutural na construção da ação da fábula. Sua avaliação é a base da translação, por meio da qual se torna possível a compreensão de toda a fábula. Todavia, embora defenda que a moral não possa ser abordada a partir de uma visão conteudística, Nøjgaard acredita que não há ligação estrutural entre fábula e moralidade. A fábula, embora tenha caráter moral, está restrita apenas à narração. A moralidade seria uma sentença exterior que é justaposta à maior parte das fábulas e está relacionada ao contexto. Por esse motivo, haveria uma

---

81 *"L'action qui est ainsi séparée des autres en impliquant le choix d'un personnage libre, qui peut ne pas la faire, est appelée l'action de choix."*

NAS RAIAS DE UM GÊNERO **89**

necessidade excepcional de translação por critério de conteúdo. Do plano da fábula, o fabulista passaria para o plano da moralidade, tendo como suporte a avaliação da ação-opção ou ação transladável. Vejamos as próprias palavras do autor:

> Se quisermos descrever em detalhes a maneira pela qual se faz a translação da ação-opção, teremos de utilizar os critérios do conteúdo. Como não existe ligação estrutural entre a fábula e a moralidade, só é possível compreender o sistema por via especulativa. Só assim poderemos compreender a maneira pela qual os fabulistas empregam a fábula como figura. (ibidem, p.118)[82]

Vimos, então, que, para haver moral, é necessário que haja uma ação-opção que direcione a translação. Entretanto, para que o caráter moral se estabeleça, é preciso ainda que se atribua um valor para a ação transladável ou, em outras palavras, a ação da fábula deve ter uma *avaliação* da ação-opção.

Enquanto na maior parte das histórias de origem primitiva a interpretação alegórica é suficiente para o julgamento do enredo, na fábula, a exposição e a verificação das consequências são a principal condição para que a avaliação da ação-opção seja realizada. Se existe uma escolha, existem as consequências. Há duas possibilidades para a expressão da avaliação estrutural: o sucesso ou o fracasso da personagem que faz a escolha. A avaliação do sucesso ocorre geralmente no conto maravilhoso. Na fábula, o fracasso será sempre o alvo da avaliação, uma vez que o "próprio da ação-opção é, pois, de ser avaliada pelas consequências desfavoráveis da escolha" (ibidem, p.77).[83]

A forma de avaliação da fábula torna-se mais compreensível especialmente nas fábulas que possuem duas personagens. Há uma relativa reciprocidade entre elas, que põe em destaque o potencial de força. Em geral, a segunda personagem reage à escolha errada da primeira. Essa reação pro-

---

82 *"Si l'on veut décrire de plus près la manière dont se fait la translation de l'action de choix, il faut employer des critériums du contenu; car comme il n'existe pas de liaison structurale entre la fable et la moralité, on n'y peut trouver de système que par voie spéculative, c.-à-d. qu'on peut rendre compte de la manière dont les fabulistes emploient la fable en tant que figure."*

83 *"Le propre de l'action de choix est donc encore d'être évaluée par les conséquences défavorables du choix."*

duz um efeito imediato no perfil dramático da primeira optante. De qualquer forma, para que se saiba qual das duas personagens está com a razão, é necessário verificar qual delas tem a possibilidade de fazer a última escolha. Portanto, a última optante é *a mais forte* e a primeira, *a mais fraca* que, em geral, faz a escolha errada. A mais forte fará a última escolha, visando sempre atingir a mais fraca.

A última escolha pode-se manifestar, segundo Nøjgaard, de duas maneiras: pela *ação final* ou pela *réplica final*. A ação final pertence, como é óbvio, à própria ação do texto e é realizada, como já dissemos, pela personagem mais forte. Entretanto, "o mais forte não pratica a ação final para a sua própria satisfação, e sim para que funcione como avaliação, no universo da fábula, do mais fraco" (ibidem, p.79).[84] Já a réplica final é construída por um enunciado oral, mas sua função é a mesma da ação final. Tanto um quanto outro elemento "produzem uma avaliação que é essencialmente da mesma natureza. Basta que uma personagem manifeste sua opinião sobre a ação da primeira personagem, opinião esta que o leitor é obrigado a retomar" (ibidem, p.79).[85] No caso da fábula "O pescador que tocava flauta", o último optante é o pescador que enuncia a réplica final. Concluída a ação, fica aberto o caminho para que se realize a translação, de modo que, assim, o leitor pode continuar o seu exercício de compreensão fora do domínio da ação da fábula.

No desenvolvimento de seus estudos, observamos que Nøjgaard refere-se com frequência à pesquisa de Perry, reconhecendo o seu pioneirismo e importância. Em certos momentos, confirma as suas conclusões e, em outros, rebate, oferecendo novas suposições.

Se observarmos novamente a fábula "O pescador que tocava flauta" (citada anteriormente) e retomando as expressões escolhidas por Perry, veremos que o texto possui réplica final gnômica e epimítio. O epimítio (moralidade), também como constatou Perry no decorrer de sua pesquisa, parece ter sido "colado" do promítio, uma vez que, no enunciado, aparece,

---

84 *"Le plus fort ne fait pas tant l'action finale pour sa propre satisfaction que pour qu'elle fonctionne comme l'évaluation, dans l'univers de la fable, du plus faible."*

85 *"[...] la réplique et l'action finales produisent une évaluation d'essentiellement la même nature. Il suffit qu'un personnage manifeste son opinion de l'action du premier personnage, opinion que le lecteur est obligé de reprendre."*

em primeiro lugar, a finalidade e, na parte final, a expressão "o discurso é oportuno". Isso segundo Perry, como já vimos, seria fruto de uma confusão no entendimento das reais funções do promítio. Essa transposição inadequada produziria também um efeito cumulativo no final da fábula, já que a ação conclui com uma réplica gnômica que, segundo Perry, desempenha o mesmo papel do epimítio.

Nøjgaard concorda que, de fato, é muito provável que a função inicial do promítio tenha sido a de indexar a fábula e isso estaria confirmado por sua concisão e por sua forma de construção. Entretanto, para ele a réplica final gnômica não era comum na fábula antiga, o que tornaria inconcebível a afirmação de que o epimítio produz um efeito cumulativo e seria fruto da obsessão ética dos escritores.

Para comprovar a hipótese de que a réplica gnômica não era tão presente na Antiguidade, Nøjgaard cita o caso de Aristarco. Pertencente ao século II a. C., ele recusa os versos finais que aparecem numa fábula de Hesíodo, por entender que não convém a animais selvagens a enunciação de uma sentença moral. Ainda segundo Nøjgaard, a gnome presente na fábula de Hesíodo seria resultado do trabalho dos copistas que, inadvertidamente, teriam juntado o epimítio ao corpo da narração. Fora isso, haveria poucos exemplos de fábula com réplica final nos tempos áticos. Essa prática teria se tornado comum somente nos tempos de Fedro, que fazia uma aplicação original desse dispositivo. Dessa forma, também seria inválida a ideia de que a réplica gnômica é anterior ao epimítio, como defende Perry. Apoiando-se em estudos de Adrados e em suas próprias pesquisas, Nøjgaard constata que, na *Augustana*, há epimítios que remetem à forma aristotélica de expressão e teriam sido acrescentados à fábula a partir de um ponto de vista literário. Nesse caso, segundo Nøjgaard, é muito provável que o epimítio seja anterior a Demétrio.

Embora considere que a moralidade (epimítio) não tenha conexão gramatical com o corpo da fábula, Nøjgaard entende que ela é parte integrante e legítima de todo o conjunto, mesmo que ela tenha nascido da gnome dramática, como parece ocorrer no papiro de Rylands.

[...] aos olhos do autor do papiro de Rylands [...] a fábula era precisamente uma alegoria que deveria ter, como qualquer outra alegoria, sua interpretação. No caso da fábula, essa interpretação era justamente uma sentença moral, uma gnome. [...] [Essa gnome seria] um artifício, criado [...] para permitir a adição da verdadeira moralidade. (ibidem, p.500-1)[86]

Fica claro, portanto, que, para Nøjgaard, não há incompatibilidade na existência simultânea de réplica final gnômica e epimítio dentro de uma mesma fábula. Diferente do posicionamento de Perry, em sua concepção o epimítio nunca é supérfluo nem redundante. Entre um elemento e outro haveria uma diferença clara de função que ele mesmo explica:

> Na realidade, Perry não compreendeu a relação recíproca da réplica final e da moralidade, pois ele acreditava que ambas tinham a mesma função. Ele não viu que a réplica, elemento estrutural da narração, é avaliativa, ao passo que a moralidade, conclusão de toda a narração, incluindo a réplica, é explicativa. (ibidem, p.497)[87]

No início dessa abordagem sobre Nøjgaard, vimos que o autor desenvolve seus estudos sobre a fábula antiga tendo como foco a coleção *Augustana*, considerada a mais antiga e importante das coleções. Seu princípio estrutural, segundo o autor, é composto por três estruturas diferentes. A primeira delas é a fábula, cuja definição e característica foram amplamente estudadas e discutidas nos parágrafos anteriores. Faltam, portanto, a anedota e a etiologia. O reconhecimento dessas estruturas torna-se importante, porque Nøjgaard define a fábula por meio de uma delimitação relativa com os gêneros vizinhos. Dessa forma, faremos uma exposição sintética, de acordo com o ponto de vista de Nøjgaard, sobre os dois gêneros referidos.

A anedota é o gênero que mais se confunde com a fábula. Algumas delas possuem, inclusive, o caráter moral que é fortemente presente no gênero fabular. Entretanto, o que diferencia a anedota é o uso de personagens hu-

---

86 "[...] aux yeux de l'auteur de pap. Ryl. [...] la fable fut précisément une allégorie [...] qui devait avoir, comme toute autre allégorie, son interprétation que, dans le cas de la fable, celle-ci fut justement une sentence morale, une gnome. [...] [Cette gnome aurait] un artifice, créé [...] pour permettre l'addition de la vraie moralité."

87 "En réalité, Perry n'a pas compris le rapport réciproque de la réplique finale et de la moralité, puisqu'il croit que leur fonction est la même; il n'a pas vu que la réplique, élément structural de la narration, est évaluatrice, tandis que la moralité, conclusion de toute la narration y compris la réplique, est explicative."

manas situadas em um determinado contexto tido como real. Não há, portanto, a alegoria mecânica da fábula.

Diferente da fábula, a anedota produz a impressão de realidade, uma vez que o contador das histórias, não raramente, costuma afirmar que viveu os fatos narrados ou que ele mesmo teria sido testemunha dos acontecimentos que narra. Na concepção de Nøjgaard (ibidem, p.91), a anedota "é a expressão profunda de seu tempo particular".[88] Ela não quer dizer outra coisa diferente do que diz expressamente e, por isso, não exige interpretação. Quando há uma finalidade cômica, a interpretação torna-se ainda mais dispensável.

A etiologia, por sua vez, embora se fundamente no universo mágico do conto maravilhoso, tem como traço marcante a explicação da natureza. Alguns críticos chegam a considerá-la como a ciência dos tempos antigos. Dessa forma, a etiologia traz certo tom racional e as personagens não são alegóricas, já que nela a ficção mostra-se como verdade inabalável que deve ser entendida literalmente.

Assim como a fábula, a etiologia é construída como situação fictícia do passado, mas ela finaliza com uma interpretação explícita do presente que é diferente da moralidade da fábula. Ela é centrada em uma ação isolada em que uma personagem se transforma, fazendo surgir o elemento que se propunha para a explicação. Dessa forma, em lugar de uma ação-opção, tem-se uma ação de transformação. Entretanto, como os demais gêneros, a etiologia pode receber uma aplicação alegórica e, após uma interpretação estrutural, receber também uma moralidade característica da fábula.

Além de uma ampla abordagem sobre a teoria e a história da fábula antiga, que serviu de suporte para a análise da *Augustana*, Nøjgaard faz uma breve discussão sobre o público da fábula. Para o autor, é difícil precisar, nesse caso, a faixa etária e a classe social a que o gênero era destinado. De modo geral, as pesquisas referentes ao texto e ao contexto indicam que a fábula sempre teve um público diversificado.

Existem muitas evidências que apontam a popularidade da fábula entre as classes baixas e entre aqueles que não frequentavam a escola. Quanto a isso, Nøjgaard destaca, por exemplo, o ponto de vista de Quintiliano:

---

88 "[...] l'expression profonde de son temps particulier."

LOIDE NASCIMENTO DE SOUZA

Quintiliano pensa que os camponeses faziam parte desse público muito simples e muitas personagens e temas das fábulas, bem como das anedotas, são emprestados da vida no campo: o camponês, o pastor, o lenhador, os animais domésticos etc. (ibidem, p.552)[89]

Além da opinião de Quintiliano, Nøjgaard destaca outros indícios de que a fábula antiga era dirigida ao povo. Aristóteles, por exemplo, não menciona a fábula em sua poética por não considerá-la como um gênero suficientemente nobre. Para ele, a base da reputação de um gênero estava diretamente ligada à natureza de seu público. Assim, "como o público da fábula é vulgar, consequentemente a fábula é também um gênero vulgar" (ibidem, p.555).[90] Também Fedro dirigia-se claramente aos simples e injustiçados para descrever as suas condições de vida e Esopo era a expressão fiel da classe mais baixa da sociedade da época, a saber, a plebe e os escravos.

No entanto, na própria Antiguidade há registros de uma existência simultânea da fábula em classes muito diferentes. Os temas campestres aludidos por Quintiliano poderiam pertencer, por exemplo, a uma poesia bucólica que visasse a um público urbano e refinado. Além disso, o próprio Fedro deixava entrever em seus prefácios que desejava introduzir a sua obra nos círculos refinados da capital romana. Também em Aristófanes, verifica-se a presença da fábula na vida cotidiana de atenienses adultos, ricos e cultos. Assim, é muito provável que a fábula antiga tenha penetrado sorrateiramente nos meios aristocráticos:

A fábula torna-se assim uma arma na revolução do proletariado. [...] Mas pouco a pouco, ela é absorvida pela classe contra a qual ela se dirigia, a tal ponto que o rei persa pôde utilizá-la contra as vilas ionianas e, por fim, Tibério contra os provincianos derrotados. (ibidem, p.556)[91]

---

89 *"Quintilien pensa que les paysans faisaient partie de ce public très simple et beaucoup des personnages et des sujets des fables, comme des anecdotes, sont empruntés à la vie de campagne: le paysan, le berger, le bûcheron, les animaux domestiques, etc."*

90 *"Comme le public de la fable est vulgaire, il s'ensuit que la fable elle-même est un genre vulgaire."*

91 *"La fable devient ainsi une arme dans la révolution du proletariat. [...] Mais peu à peu, elle est reprise par la classe contre laquelle elle était dirigée, à de telles enseignes que le roi perse peut l'utiliser contre les villes ioniennes et enfin Tibère contre les provinciaux grugés [...]."*

Embora tenha marcado presença nos mais variados lugares, para uma boa parte dos críticos a fábula não é dirigida ao público infantil. Para Nøjgaard (ibidem, p.550) "a resistência dessa ideia é sem dúvida oriunda da popularidade de *La Fontaine* que, como *Bábrio*, oferece suas fábulas ao filho do rei".[92] Entretanto, mesmo não sendo endereçada nem ao ensino nem à infância, a fábula antiga também era fartamente usada nas escolas e na educação doméstica das crianças. Com efeito, a prática de uso da literatura grega no ensino era muito comum na Antiguidade. Conforme ressalta Nøjgaard, os discípulos latinos aprendiam grego por meio da leitura da *Ilíada*. Nas escolas infantis da Grécia, as crianças também estudavam os contos mitológicos de Homero e Hesíodo (a contragosto de Platão), antes de ir para o ginásio. Porém, de maneira geral, eram os filhos dos nobres que tinham acesso às fábulas, já que as escolas não eram frequentadas pela plebe. Desse grupo, surgiriam os futuros oradores que fariam uso da fábula em seus discursos.

Como pudemos ver, os trabalhos de Nøjgaard, assim como os de outros estudiosos do século XX, de fato, trazem luz para a compreensão da fábula e de sua história. Ainda que aparentemente restrinja-se a um modelo de fábula antiga, acaba por propiciar a aplicação de seus estudos a todos os textos da tradição esópica.

Adrados

Francisco Rodríguez Adrados (1922) é, ao lado de Perry e Nøjgaard, um dos estudiosos mais influentes e tradicionais da fábula no século XX. Como Perry, ele observa que a fábula é versátil e de difícil definição. Aliás, uma de suas ressalvas ao estudo de Nøjgaard reside justamente nesse aspecto: "Mal método é este de definir de forma estreita e arbitrária e logo eliminar tudo o que não se ajusta à definição. Ainda mais se a essa definição faltam, precisamente, elementos essenciais da fábula" (Adrados, 1979, p.41).[93]

Para Adrados, a fábula apresenta, muito frequentemente, um caráter satírico e crítico. Sua definição só é possível a partir do exame das coleções

---

92 *"La résistance de cette idée est sans doute due à la popularité de* La Fontaine *qui adressa, comme Babrius, ses fables à un fils de roi."*

93 *"Mal método es este de definir en forma estrecha y arbitraria y luego eliminar todo lo que no se ajusta a la definición. Y más si en esa definición faltan, precisamente, rasgos esenciales de la fábula."*

anônimas, entre as quais se destacam a *Augustana*, a *Accursiana* e a *Vindobonense*.[94] Nessa perspectiva, o autor conclui que a fábula é um exemplo. Em geral, são relatos que "ilustram uma situação, explicam ou preveem o seu desenlace, tratando, às vezes, de influir em um 'primeiro termo'" (ibidem, p.42).[95] O "primeiro termo" seria um fato real e histórico ou algo parecido. Já o "segundo termo" seria a própria fábula aplicada ao fato a que se refere. De qualquer maneira, Adrados verifica que a fábula é um gênero "aberto", que apresenta inúmeras variantes. Em suas palavras, "este é um gênero que se define pela presença de muitos elementos, alguns dos quais podem faltar aqui e ali; que se separa trabalhosamente de outros gêneros, com limites não bem definidos" (ibidem, p.31).[96]

A própria denominação do gênero fábula só se define ao longo dos anos. Conforme registra Adrados, em grego havia uma série de vacilações para denominá-lo. Já em latim, o sentido da palavra *fabula* era vago e podia significar qualquer narração ou relato. Assim, para evitar a ambiguidade, passou-se a utilizar o adjetivo "esópica". Houve, em um momento intermediário, a tentativa de uso do termo técnico *apologus*. Mas é muito provável, segundo Adrados, que seu uso não tenha prosperado porque Fedro preferia *fabulae Aesopiae* por considerá-lo mais adequado para gênero literário. Dessa forma, a expressão "fábula esópica" passou a ser utilizada de forma a precisar definitivamente o significado. Por fim, acabou por nomear uma tradição. Surgem então as fábulas esópicas de Fedro, as fábulas esópicas de La Fontaine e assim sucessivamente.

Na visão de Adrados, como já vimos, a fábula é um segundo termo que se constitui como um exemplo empregado em função de um primeiro termo. Resta saber, entretanto, qual seria a estrutura interna desse segundo

---

94 Como já vimos, a *Augustana* é a mais antiga das coleções de fábulas gregas existentes ainda hoje. Segundo informa Adrados, ela recebe esse nome porque foi editada, pela primeira vez, por Augustanus Monacensis em 564. Sua redação definitiva seria dos séculos VI e V (datação de Adrados). Já as coleções *Vindobonense* e *Accursiana* são bizantinas. A primeira deriva diretamente da *Augustana* e seria da primeira época bizantina, apresentando, por isso, vulgarismos no vocabulário. É assim chamada porque o manuscrito fora encontrado em Viena. A segunda deriva da Vindobonense e foi editada por Bonus Accursius em um dos renascimentos bizantinos: séculos IX ou XIV. Essa coleção apresenta novamente um estilo clássico e purista.

95 *"[...] estos relatos ilustran una situación, explican o preveen el desenlace de la misma y tratan, a veces, de influir en un 'primer término'."*

96 *"Este es un género que se define por la presencia de muchos rasgos, algunos de los cuales pueden faltar aquí o allá; que se separa trabajosamente de otros géneros, con límites no bien definidos."*

termo. De maneira geral, conforme observa o autor, a fábula das coleções apresenta um tipo fixo de organização que contém: situação, *agón* e conclusão. A situação é o início, a apresentação do problema. O *agón* é o conflito e a conclusão é constituída por uma ação ou palavra da última personagem que intervém. As fábulas que possuem essa estrutura formal são chamadas de agonais ou centrais. Geralmente, apresentam um embate entre duas personagens que se desenvolve e se resolve por meio de palavras ou ações. Além do tipo central, há ainda as fábulas marginais, também chamadas de etiológicas. As fábulas marginais consistem apenas em um relato e, em geral, apresentam uma personagem que reage diante de determinada situação. Dependendo do desenvolvimento da ação, as fábulas marginais podem apresentar nuances de proximidade com as fábulas centrais.

Embora haja, segundo Adrados, uma predominância do tipo agonal de fábula nas coleções antigas, nem sempre é fácil saber se o texto é, de fato, uma fábula. Em certos casos, o texto pode pertencer a mais de um gênero, como ocorre nos exemplos destacados pelo autor: "[...] quando Teognis compara a si mesmo com o cachorro que atravessou a torrente ou ao amigo pérfido como a serpente que matou seu salvador; ou quando Arquíloco diz: 'de muitas coisas sabe a raposa, mas o ouriço sabe de uma só que é decisiva'" (ibidem, p.47).[97] Nesses casos específicos, as funções de símile e fábula ou provérbio e fábula são cumpridas simultaneamente. Somente mais tarde, conforme vão se definindo as características particulares do gênero e a partir de seu isolamento gradativo, poderá ser notada uma separação clara da fábula em relação aos outros gêneros. Esse isolamento, segundo o autor, trará, como uma de suas consequências, a necessidade de recuperação do contexto de enunciação, porque, sob essa nova condição, alguns textos poderiam deixar de ser fábula. Daí a importância da moralidade epigramática ou do epimítio.

De qualquer forma, segundo Adrados, as marcas do hibridismo da fábula permanecem nos textos transmitidos. O autor verifica que alguns textos eram originalmente anedotas, máximas, mitos, relatos de história natural e só foram incluídos nas coleções mediante o processo de fabulização. Para

---

97 "[...] cuando Teognis se compara a sí mismo con el perro que atravesó el torrente o al amigo pérfido con la serpiente que mordió a su salvador; o cuando Arquíloco dice aquello de 'muchas cosas sabe la zorra, pero el erizo una sola decisiva'."

que esse processo se efetive, basta que o enredo focalize um fato único, concreto, sucedido em outro tempo e que possa se configurar como simbólico. O próximo passo seria a inclusão de um promítio ou epimítio adequado e, então, uma vez que o texto esteja nas coleções, o leitor estará diante de uma fábula propriamente dita.

A fabulização de elementos não fabulísticos é uma prática antiga que perdura até os dias de hoje, contribuindo inclusive para a permanência do gênero. Entretanto, Adrados observa que, mesmo na Antiguidade, nem sempre o fabulista era feliz nessa prática, o que resultava em fábulas totalmente anômalas. Na maioria das vezes, essa anomalia se dá por uma insuficiência do epimítio ou por uma inadequação total dessa propriedade em relação ao corpo da fábula. É o caso, por exemplo, conforme destaca o autor, da fábula "O leão, Prometeu e o elefante", que conta a história de que o leão se conforma de ter medo do galo, porque o elefante tem medo do mosquito. Isso revelaria a equidade de Prometeu na criação. Diante desse enredo, na expressão de Adrados (ibidem, p.54), "o epimítio diz, mas tontamente: 'vês quanta força tem o mosquito que aterra o elefante'".[98]

Para Adrados, outro dado que justificaria a enorme variação dos textos presentes nas coleções antigas é o fato de que a fábula pertence ao campo da literatura popular de tradição aberta. Por esse motivo, os escribas se sentiam autorizados a modificar as histórias e com isso criar novas versões, no estilo do "quem conta um conto, aumenta um ponto". Dessa forma, as variações e emendas não podem ser cotadas como erro, uma vez que "em cada execução há um fundo tradicional que admite inovações" (ibidem, p.102).[99] Assim como a fabulização, essa prática de livre adaptação da fábula também permanece, o que impulsiona a atualização do gênero.

> Em qualquer momento, foi possível proceder com liberdade, modificando conscientemente os textos: e não só quanto ao estilo, mas também quanto à estrutura, aos animais protagonistas e à intenção geral. As chamadas coleções e recensões devem sua origem a essa razão, que inclusive interfere na conformação do texto de certos manuscritos. O processo se reproduz ao infinito: seja por

---

98 "[...] el epimitio dice más tontamente todavía: 'ves cuánta fuerza tiene el mosquito que aterra al elefante'."

99 "[...] en cada ejecución hay un fondo tradicional que admite innovaciones."

cópia, seja por contaminação ou inovação, e logo o processo começa outra vez. (ibidem, p.102)[100]

Em razão da natureza popular da fábula, Adrados também considera discutível o princípio defendido por boa parte dos críticos (especialmente os românticos), segundo o qual as coleções gregas mais antigas seriam fruto do trabalho dos retores na elaboração de manuais a serem utilizados no ensino ou na elaboração de discursos. No caso da *Augustana*, segundo ele, não há dúvidas de que ela possa ter servido ao ensino elementar, tanto por seu caráter moralizador como por sua utilidade nos exercícios de composição retórica. Também não se pode negar que a fábula tenha passado, posteriormente, pelo processo de retorização, ocorrido em toda a literatura grega. Entretanto, a coleção propriamente dita, além de não ser retórica, era também utilizada por outras pessoas e por motivações diversas. Diferentemente de Hausrath, Adrados (ibidem, p.81) defende que "desde o começo as coleções de fábulas foram criadas por um interesse literário".[101] Também Nøjgaard (1964, p.487) acredita que o autor da *Augustana* "quis fazer uma apresentação pessoal de um gênero literário".[102]

Como forma de comprovar a diferença entre a *Augustana* e os textos retóricos, Adrados afirma que, em seus estudos comparativos, verificou uma grande diferença entre o léxico daquela coleção e o léxico das fábulas do retor grego Aftônio. Além disso, ele também encontra resquícios de verso nos textos em prosa da *Augustana*. Os retores, ao contrário, entendiam que a fábula era um discurso simples e sem quaisquer adornos. Portanto, a questão da origem e da evolução das coleções, segundo o autor, deve ser vista por outro prisma:

> As fábulas da *Augustana* têm de ser interpretadas, de outra parte, como prosificações de fábulas em versos coliâmbicos ou jâmbicos que, por sua vez, não

---

100 *"En cualquier momento, se ha podido proceder con libertad, modificando conscientemente los textos: y no sólo en cuanto al estilo, sino también en cuanto a la estructura, a los animales protagonistas, a la intención general. Las llamadas colecciones y recensiones deben su origen a esta razón, que incluso pesa en la conformación del texto de ciertos manuscritos. El proceso se reproduce al infinito: ya se copia, ya se contamina, ya se innova, y luego el proceso comienza otra vez."*

101 *"[...] desde el comienzo las colecciones de fábulas se crearon por un interés literario [...]."*

102 *"[...] il a voulu donner une présentation personnelle d'un genre littéraire [...]."*

eram outra coisa senão influxos da tradição jâmbica (e, sem dúvida, coliâmbica também) da fábula-exemplo em autores da idade arcaica e clássica; essa prosificação está na linha da tradição da fábula-exemplo em prosa dos sofistas e socráticos. (Adrados, 1979, p.82)[103]

Se a fábula é originalmente popular e ligada a gêneros poéticos, é preciso, segundo Adrados, repensar a questão das influências orientais que teriam determinado o surgimento da fábula na Grécia. Segundo o autor, muito antes dessa presença, a fábula já era conhecida em solo grego, haja vista a existência de autores como Hesíodo, por exemplo. O fato de haver "um influxo oriental importante em distintos gêneros da literatura grega entre os séculos VIII e VI a. C. não exclui em absoluto as raízes helênicas" (ibidem, p.201).[104] Em outras palavras, para Adrados, a fábula grega tem raízes gregas.

Como sabemos, a fábula está entre as primeiras manifestações artísticas e literárias produzidas pelo homem. Logo, é muito provável que ela tenha marcado presença em diversas sociedades primitivas. Outro fator importante é que tanto a planta como o animal, que depois se constituiriam como personagens fabulares, faziam parte dos sistemas totêmicos daqueles povos. Conforme assinala Adrados (ibidem, p.203):

> O mito e a fábula animais (às vezes impossíveis de distinguir entre si), assim como toda classe de danças animais, se acham em todos os rincões da terra e em todos os níveis de antiguidade. Derivam, indubitavelmente, da consideração de deuses ou das epifanias de deuses que têm os animais nas mais diversas religiões. Sem dúvida isso ocorre por suas capacidades físicas que, com frequência, são superiores às do homem, ou por seu caráter que pode ser próximo, mas também remoto e misterioso.[105]

---

103 *"Las fábulas en prosa de la Augustana tienen que ser interpretadas, de otra parte, como prosificaciones de fábulas en versos coliámbicos o yámbicos que, a su vez, no hacían otra cosa que seguir la tradición yámbica (y sin duda coliámbica también) de la fábula-ejemplo en autores de edad arcaica y clásica; esa prosificación está en la línea de la tradición de la fábula-ejemplo en prosa de los sofistas y socráticos."*

104 *"[...] un influjo oriental importante en distintos géneros de la Literatura griega de los siglos del VIII al VI, no excluye en absoluto las raices helénicas [...]."*

105 *"El mito y la fábula animales (a veces imposibles de distinguir entre sí), así como toda clase de danzas animales, se hallan en todos los rincones de la tierra y en todos los niveles de antigüedad.*

A Grécia, como não poderia deixar de ser, tem uma forte tradição literária animalística que é anterior à fábula. Já em Homero podem ser encontradas elaborações literárias a partir da imagem do animal, que, em vários casos, apresenta já uma natureza muito próxima à da fábula. São muito comuns as passagens em que as ações animais significam presságios e, geralmente, têm o mesmo desenvolvimento da fábula "O rouxinol e o falcão". São casos, por exemplo, em que a águia ou a serpente capturam e devoram uma ave pequena. A depender da situação, isso pode simbolizar triunfo ou derrota para os que presenciam o fato. Em outra passagem da *Ilíada* destacada por Adrados, a águia leva em suas garras uma lebre e a deixa cair sobre o altar em que os aqueus celebravam um sacrifício em sua honra. Como ocorrera em outras situações, o acontecimento foi interpretado como sinal da vitória do povo aqueu sobre os seus inimigos.

As cenas narradas na *Ilíada* (e também na *Odisseia*), como vimos, exemplificam a forte presença do animal nos ritos e crenças religiosas. Embora os deuses gregos fossem predominantemente antropomórficos, há inúmeras exceções a essa regra, como Aqueloo, o deus-rio com cabeça de touro; Cécrope, o herói-serpente; além de semideuses, como os centauros e os sátiros e o semi-humano Minotauro.

Além do contexto religioso, Adrados destaca a presença de temas animalísticos no mundo lúdico e cômico das festas, das danças e dos banquetes da Grécia dos primeiros tempos. Havia, portanto, um ambiente social propício e fértil para o desenvolvimento e a evolução da fábula. À medida que evolui, o gênero afasta-se gradativamente do mito e do círculo religioso, passando inclusive a incorporar outros animais que não faziam parte dos rituais anteriores.

Prescindindo de outros personagens menores, a fábula se centrou, a partir do século VII a. C., de um lado, no tema do leão e suas presas e do lobo e suas presas. A águia e a serpente ficaram relegadas a um cenário reduzido. De outro lado, o tema da astúcia e da esperteza ficou ao encargo da raposa. O da vaidade e do ridículo ficou ao encargo do macaco. Somente com a difusão dessas grandes

---

Derivan, indudablemente, de la consideración de dioses o epifanías de dioses que tienen los animales en tantas religiones, sin duda por sus capacidades físicas superiores con frecuencia a las del hombre, por su carácter entre próximo y remoto y misterioso."

personagens, de caráter pouco ligado ao religioso, se definiram as bases para a fábula grega. (ibidem, p.249-50)[106]

Quando começa a ganhar configuração própria, o contato com elementos das culturas orientais foi fundamental para a fábula grega. Destacam-se aqui especialmente as fábulas sumerianas, mesopotâmicas, seguidas depois pelas fábulas indianas. Quanto a isso, Adrados lembra que não havia leões na Grécia, mas sim em toda a Ásia, onde o animal sempre foi associado à realeza, além de ser o guardião de monumentos aos deuses. Em meio a esse misto de influências, teria surgido também a figura de Esopo com suas fábulas em prosa e o hábito de se atribuir a ele a autoria das fábulas contadas. Portanto, segundo o autor, ao contrário de serem os responsáveis exclusivos pela origem do gênero, os povos sumerianos, embora tendo cultura mais antiga, teriam, sim, contribuído decisivamente para o delineamento do perfil particular da fábula esópica.

Nascida nas festas e banquetes da Grécia arcaica, a fábula teria se desenvolvido sob o influxo daqueles povos. Adrados (ibidem, p.307) ressalta, porém, que "não há nunca simples inserção. Há ampliação e desenvolvimento de elementos preexistentes dentro de um ambiente bem preparado para a recepção dos elementos que chegam de fora".[107] Quando chega a coleções, como a de Demétrio de Falero, a fábula já é um gênero autônomo que, embora tenha a predominância de personagens animais, traz também elementos exteriores à tradição animalística. Assim, o percurso inicial da fábula na Grécia pode ser sintetizado da seguinte forma:

Em Homero, há já temas literários animalísticos, mas que ainda não são fábulas; em Hesíodo a fábula mal se distingue do mito; em Arquíloco mostra que já há uma essência que se confirma e se define em Aristófanes. Não há dúvida

---

106 "*Prescindiendo de otros personajes menores, la fábula se centró, a partir del siglo VII, de un lado en el tema del león y sus presas, el lobo y sus presas; el águila y la serpiente quedaron relegadas a un escenario reducido. De otro lado, el tema de la astucia y la trampa corrió a cargo principalmente de la zorra. Y el de la vanidad y el ridículo, del mono. Sólo con la difusión de estos grandes personajes, de carácter poco ligado a lo religioso, se sentaron las bases para la fábula griega.*"

107 "*No hay nunca simple inserción, hay ampliación o desarrollo de elementos preexistentes dentro de un ambiente bien preparado para la recepción de los elementos que llegan de fuera.*"

de que os modelos orientais contribuíram nesse processo de enriquecimento e precisão. Mas acomodados ao novo ambiente, modificados. (ibidem, p.299)[108]

Os estudos de Adrados, como vimos, trazem um retrato completo da fábula grega (e também latina) produzida na Antiguidade clássica, contemplando detalhadamente a sua história e a sua constituição como gênero literário. Aparentemente, o autor ignora as novas formas da fábula moderna e a sua irradiação para novos mundos. Entretanto, como o próprio autor destaca, a fábula antiga ajuda a compreender as fábulas novas. Nela, está já o embrião que futuramente se desenvolve em ambientes férteis como os de La Fontaine e demais fabulistas da posteridade.

Contribuições brasileiras aos estudos da fábula

Antes de abordar diretamente alguns dos estudos brasileiros sobre a fábula, destacaremos sucintamente a pesquisa da mexicana Mireya Camurati (1978) sobre a fábula na América Hispânica. Seu longo trabalho de investigação e de compilação reuniu fábulas dos mais diversos autores hispano--americanos, incluindo também as fábulas autóctones dos diferentes países que integram esse subcontinente.

Paralelamente ao trabalho de busca e análise das fábulas, Camurati faz uma interessante reflexão sobre a utilização da fábula de Esopo como recurso retórico. Para ela, muito provavelmente em virtude da radicalização dessa prática, a expressão "a fábula mostra" teria sido traduzida erroneamente por "a fábula ensina". Com isso, o aspecto ingênuo da fábula teria sido afetado, uma vez que sua função real era orientar sem constranger. Vejamos:

> Revisando a obra esópica se verá que a quase totalidade das fábulas concluem com a frase *Ho logos dēloi*, que significa: a fábula mostra (ou explica, revela etc.). Uma sequência de erros se iniciou quando, em épocas dominadas por um afã didático, a frase foi traduzida por: a fábula ensina... O verbo *dēloō*

---

108 "*En Homero hay ya temas literarios animalísticos, pero no fábula todavía; en Hesíodo ésta se distingue mal del mito; en Arquíloco cobra ya una entidad que se confirma y precisa en Aristófanes. No hay duda de que los modelos orientales han contribuido a este proceso de enriquecimiento y precisión. Pero acomodados al nuevo ambiente, modificados.*"

significa "tornar visível ou manifesto", "mostrar", "exibir", "fazer saber", "revelar", "provar", "explicar", mas nunca "ensinar". Ao mudar a acepção dessa única palavra, transformou-se em "moralidade" o que em Esopo era a conclusão normal de um esquema retórico. (Camurati, 1978, p.16)[109]

Como podemos verificar no fragmento destacado, o raciocínio de Mireya Camurati está em conformidade com o de Perry, por exemplo, para quem os epimítios teriam sido incluídos tardiamente. A autora entende que, de fato, a fábula acaba por ensinar algo ou, pelo menos, por persuadir. Entretanto, o ensinamento deveria ser passado apenas mediante metáfora ou figuração, de forma que a persuasão fosse, ao mesmo tempo, útil e prazerosa.

Após analisar algumas definições acadêmicas e históricas sobre o gênero, Camurati, assim como Adrados, conclui que nem sempre a fábula possui limites bem definidos. Essa instabilidade tornaria arriscada a formulação de uma definição ou o estabelecimento de uma fórmula rígida e restrita. Entretanto, de maneira geral e incluindo todas as variantes, a autora afirma que a fábula esópica é sempre uma narração ou um relato fictício. Respeitado esse primeiro critério, basta que ela apresente simultaneamente três elementos principais: *ação, tipificação* e *intenção*. Seria essa, portanto, a condição básica para que os textos verificados fizessem parte de sua antologia de fábulas hispano-americanas.

No que se refere ao primeiro elemento da fábula, a *ação*, Camurati (ibidem, p.18) destaca que a maioria dos textos fabulares por ela recolhidos traz "um esquema dramatizado, com diálogos em estilo direto ou indireto".[110] Nesse sentido, torna-se evidente que as personagens devem falar ou fazer algo que é relatado. A ação da fábula é apresentada, assim, como uma sucessão de fatos e modificações que forma um todo significativo que aponta para uma intenção.

---

109 *"Revisando la obra esópica se verá que la casi totalidad de las fábulas concluyen con la frase Ho logos dēloi, que significa: la fábula muestra (o explica, revela, etcétera). Una cadena de errores se inició cuando en épocas dominadas por un afán didáctico se tradujo: la fábula enseña... El verbo dōloō significa hacer visible o manifiesto, mostrar, exhibir, hacer saber, revelar, probar, explicar, pero nunca 'enseñar'. Al cambiar la acepción de esta sola palabra, se transformó en una 'moraleja' lo que en Esopo era la conclusión normal de un esquema retórico."*

110 *"[...] un esquema dramatizado, con diálogos en estilo directo o indirecto [...]."*

NAS RAIAS DE UM GÊNERO   105

O segundo elemento da fábula, segundo Camurati, é a *tipificação*. Esse artifício, "consiste em apresentar as personagens como 'tipos' característicos que sustentam uma relação também característica" (ibidem, p.19).[111] Isso significa que os tipos personificados também devem apresentar um comportamento típico e exclusivo no momento de agir ou dizer.

Ainda que a fábula apresente, como personagens, vegetais, objetos ou seres humanos, Camurati também entende que o critério da tipificação favorece os animais, já que, como apontou Lessing, eles possuem uma caracterização conhecida em todas as épocas e lugares. Por essa razão, o processo de delineamento do tipo dentro da narrativa torna-se muito mais fácil e natural.

O terceiro elemento fundamental da fábula é a *intenção*. Essa intenção, para Camurati, é a evidência de uma atitude voluntária na busca de algo. Se o objetivo for interno e adequado à persuasão, o resultado será uma fábula de intenção retórica. Entretanto, a fábula pode direcionar-se a outros campos e manifestar intenção política, literária, didática, social, jurídica, moral etc.

Estabelecidas as bases da fábula, Camurati observa que, ao longo de sua história, o gênero passou por altos e baixos no que diz respeito à sua popularidade e tratamento. O período mais fecundo teria sido o que abrange os anos finais do século XVIII e as primeiras décadas do século XIX. No entanto, a vigência do romantismo e dos movimentos subsequentes teria desqualificado a fábula por causa de sua tendência normativa e didática. Em virtude disso, conforme destaca a autora, chegou-se mesmo a decretar a morte da fábula. Todavia, embora seja uma "história de bichos", a fábula sempre representou a essência do que existe de mais humano. Assim, contra todos os presságios, tanto em forma tradicional como moderna, a fábula continuou a ser cultivada. Na forma moderna, existe uma tendência de "livrar a fábula de todas as normas e preconceitos estabelecidos pelo neoclassicismo, para fazer dela uma forma estética valiosa" (ibidem, p.146).[112] Surgem, então, as fábulas sem moralidade e outras derivações. Algumas composições são tão radicais que se afastam quase que totalmente do que

---

111 *"Consiste en presentar a los personajes como 'tipos' característicos que sostienen una relación también característica."*

112 *"[...] librar la fábula de todas las normas y prejuicios con que la había cargado el neoclasicismo, y hacer de ella una forma estética valiosa [...]."*

se espera de uma fábula esópica. Entretanto, os vestígios preservados já são suficientes para situar o leitor.

> [Mesmo nesses casos], as palavras "fábula" e "moralidade" servem para eximir o autor da obrigação de esclarecer ou justificar a intenção dessas obras. Sua simples menção situa o leitor dentro de certo esquema que, ainda com variantes extremas, o direciona a um campo familiar e que não precisa ser explicado para a sua inteligência. (ibidem, p.153)[113]

Dessa forma, como vimos, para Camurati a fábula sobrevive porque se adapta rapidamente às necessidades contemporâneas, caracterizando-se conforme o tempo e a sociedade em que se situa. Daí a justificativa para a sua larga presença nos mais diferentes países da América Hispânica, começando pelas civilizações indígenas, passando pela colonização e chegando aos dias atuais.

Em terras brasileiras, o exercício da crítica da fábula passou a ser cultivado apenas nas décadas finais do século XX. Um dos primeiros trabalhos a que podemos fazer referência é o de Oswaldo Portella (1979),[114] que realiza um longo estudo sobre a história, o conceito e a estrutura da fábula.

Antes de expor a sua própria visão da fábula que, por sua vez, também é antecedida pela abordagem completa do percurso histórico do gênero, Portella discute o que ele chama de lacuna da crítica literária. Conforme a sua constatação, os críticos literários são mudos em relação à fábula. Quando procura a causa para tal silêncio, Portella conclui que sua origem está no caráter híbrido dos textos fabulares que tanto podem ser prosa como poesia.

> Os críticos de literatura, ao que consta, se ocupam apenas das formas literárias fundamentais que são, em poesia, o soneto, a ode, o poema, o poemeto, a epopeia e, em prosa, o conto, a novela e o romance. As formas híbridas, ou

---

113 "*[Mismo en eses casos] las palabras 'fábula' y 'moraleja' sirven para eximir al autor de aclarar o justificar la intención de estas obras. Su sola mención sitúa al lector dentro de un cierto esquema que, aun con variantes extremas, lo refiere a un campo familiar y que no necesita ser explicado para su inteligencia.*"

114 Em nossa abordagem, utilizamos o trabalho completo de Oswaldo Portella, que é de 1979. Parte desse estudo foi publicada em Portella, O. A fábula. *Revista de Letras*. Curitiba, n. 32, p.119-38, 1983.

seja, aquelas que tanto podem ser poesia como prosa, caso da fábula, deixam os tratadistas para serem estudadas em monografias como o fizeram Lessing e Reinhard Dithmar [...]. (Portella, 1979, p.1)

Embora não seja incluída nos tratados gerais de literatura, conforme já vimos ao longo deste capítulo, há inúmeros trabalhos que tratam especificamente da fábula. Estudiosos como Perry e Adrados, por exemplo, possuem diversos trabalhos críticos e de investigação sobre o gênero, o que, consequentemente, reitera a sua importância e proeminência. Diante disso, talvez a ausência maior de estudos críticos sobre o gênero fabular seja no solo brasileiro. No entanto, iniciativas pioneiras como a de Portella e outros, como veremos, já começam a preencher esse vazio.

Atento à existência de várias acepções para o termo, Portella entende que, como forma específica, a fábula exige conceituação. Para ele, portanto,

> [...] a fábula é uma narração breve, em prosa ou em verso, cujos personagens são, via de regra, animais e, sob uma ação alegórica, encerra uma instrução, um princípio geral ético, político ou literário, que se depreende naturalmente do caso narrado. (ibidem, p.38-9)

Na concepção de Portella, a fábula tem, então, três elementos estruturais: narrativa, alegoria e moral. Mas, conforme ressalta o autor, a moral na fábula tem sentido amplo. Trata-se de verdades gerais produzidas pela humanidade desde os primeiros tempos. A cada experiência, seja ela positiva, seja negativa, produziam-se novas explicações para os fatos e noções filosóficas que, ao serem repassadas oralmente ou registradas por meio da escrita, serviam de norte para a organização da vida em sociedade. "Quando se diz que a fábula encerra uma lição de moral, por moral deve-se entender o conjunto de regras de conduta consideradas como válidas para qualquer lugar e tempo. Disto decorre a universalidade da fábula" (ibidem, p.6). Dessa forma, para Portella, por ser fruto da experiência humana, a fábula não tem "filiação definida". Ela teria nascido com a própria fala. Explorando o verbo latino *fari*, que é comum tanto para fábula como para fala, o autor afirma que "com a fala nasceu a fábula, assumindo, na boca do povo, as mais distintas formas de manifestação, num processo vivo de criação e recriação" (ibidem, p.5).

Quando se observa o caráter alegórico do gênero, segundo o autor (que se baseia, por sua vez, nos estudos de Lessing), é necessário que se entenda que a alegoria, por si só, não produz fábula. Qualquer signo, como uma bandeira, ou uma demonstração por meio de gestos ou palavras pode ser uma alegoria. A fábula, no entanto, se diferencia por ser a narrativa da ação alegórica e que traz em seu próprio desenvolvimento um ensinamento oculto. Ao contrário da ironia que representa uma coisa para dar ideia de outra diferente, a alegoria representa algo para dar ideia de outro elemento semelhante.

Conforme o visto, não há fábula se não houver narrativa. Toda narrativa apresenta um drama. No caso da fábula, segundo Portella, o drama se constitui em um rápido conflito, um choque de interesses que normalmente ocorre entre duas personagens. No plano narrativo, a fábula é, então, "um drama em miniatura em que domina a unidade de lugar, de tempo e de ação" (ibidem, p.53). A unidade de ação é determinante para que haja também unidade de tempo e lugar.

Por unidade de ação, entende-se a existência de apenas um conflito. Em virtude de sua brevidade, a fábula não comporta ações paralelas, uma vez que a sua finalidade é a ilustração de, apenas, uma verdade geral. A ação da fábula, além de ser una, dispensa quaisquer divagações, excessos ou descrições para que a ênfase recaia justamente na moralidade.

A unidade de espaço, como já dissemos, é uma das consequências imediatas da unidade de ação. Em geral, as personagens permanecem no mesmo local que nem sempre é informado.

> Quando determinado, o espaço onde a ação se desenvolve no geral se restringe a uma sala, uma casa, um pomar, um rio, uma floresta, uma árvore, etc. Na fábula da "Raposa e a máscara",[115] por ser o lugar de total indiferença, nem é apresentado. Onde a raposa viu a máscara? Pode ser na rua, na praça, num quintal ou, o que parece mais lógico, nas coxias de um teatro. (ibidem, 1979, p.55)

O espaço único é uma das regras gerais da fábula. Entretanto, Portella observa que, excepcionalmente, ele pode ser duplo, como ocorre em "O

---

115 O autor comenta aqui a versão de Fedro, que é a mais sintética: "Uma raposa vira, por acaso, uma máscara de teatro: / 'Ó que beleza!' exclamou, 'mas não tem cérebro!' (apud Portella, 1979, p.54).

lobo e o cordeiro". Nessa fábula, como sabemos, a duplicidade de espaço é condição básica para que a ação se realize. Tão raro como o espaço duplo, é também o deslocamento das personagens. Na maioria das vezes, elas permanecem no mesmo local. Isso ocorre graças à rapidez da ação que acaba por determinar a unidade de tempo. Embora aconteça no passado, a narrativa focaliza geralmente um só instante. Nada se sabe sobre o que aconteceu antes e depois do instante focalizado. "Não ocorre na fábula de uma ação dramática iniciar num dia para terminar no outro. Quando são feitas indicações de tempo, estas são geralmente vagas por desimportantes: 'um dia', 'uma certa vez' etc." (ibidem, p.56).

A fábula é, sob o ponto de vista da unidade, uma célula dramática em que duas personagens desenvolvem um curto diálogo. Geralmente, uma nega o que a outra acaba de dizer. Ou, no mínimo, o narrador relata o diálogo ou as ações. A partir disso, Portella estabelece o esquema geral da fábula, que, em sua forma mais rígida, resume-se a uma *ação/reação* ou *discurso/contradiscurso*. Quando não há uma segunda personagem com capacidade de reagir ou contradizer, como ocorre em "A raposa e a máscara" ou "A raposa e as uvas", o conflito reduz-se ao dilema interior da personagem.

O esquema da fábula, segundo Portella, varia de acordo com sua extensão. Ele pode ser situação-ação/reação-resultado ou situação-ação/reação-ação/reação-resultado. Em casos como o da fábula "O lobo e o cordeiro", a depender da versão, o esquema pode chegar a situação-ação/reação-ação/reação-ação/reação-ação/...resultado, como ocorre em Monteiro Lobato. Embora não seja regra absoluta, é comum que o narrador desenvolva a situação e o resultado, e as ações e reações sejam explicitadas por meio do diálogo entre as personagens.

Por ser um minidrama, Portella ressalta que a imensa maioria das fábulas possui um número muito reduzido de personagens.

Fábula em que funcionem quatro personagens como aquela de "A VACA, A CABRA, A OVELHA E O LEÃO"[116] são raríssimas. Fica também entendido que fábula de uma personagem só não é possível. A segunda personagem

---

116 Em Lobato, essa fábula recebe o título de "Liga das nações" e os animais são substituídos por outros da fauna brasileira. Em lugar do leão, encontra-se a onça. Os demais são: gato-do-mato, jaguatirica e irara.

sempre existe, mesmo que sua presença seja meramente passiva como são as uvas em relação à raposa ou a ânfora em presença da velha. (ibidem, p.61)

Como já assinalamos, a fábula em geral, segundo analisa Portella, apresenta duas personagens individualizadas ou uma personagem e um grupo tomado em sua totalidade, como é o caso da fábula referida na citação anterior:

> Quando o leão vai à caça com a vaca, a cabra e a ovelha e reclama para si a "parte de leão" da presa, o que à tal fábula interessa é a coletividade dos oprimidos pela prepotência do leão, para o que bastaria um só animal, sem necessidade da participação de vários. (ibidem, p.66)

Além de ser em um número reduzido, dada a brevidade da fábula, as personagens não são alvo de descrições ou caracterizações. Também não evoluem ou mudam de caráter, como ocorre no romance, por exemplo, permanecendo planas ou estáticas perante o leitor. Essa limitação do espaço narrativo, segundo Portella, é uma das justificativas para que se prefira os animais como personagens, já que, como apontaram Lessing e Dithmar, eles possuem uma caracterização universalmente reconhecida, o que dispensa explicações. Não obstante as exceções, como ocorre em "O cão e o lobo", em geral, a presença do lobo na fábula significa prepotência, voracidade, enquanto o cordeiro ou a ovelha representam sempre a inocência, a ingenuidade e a mansidão. A raposa, por sua vez, que é o animal mais característico da fábula, representa sempre a astúcia e a inteligência.

Portella salienta, no entanto, que os caracteres fabulares de cada animal, sobejamente conhecidos por todos os povos, não têm validade científica, porque isso é totalmente indiferente para a constituição da fábula. Essa convenção particular denota o aspecto ficcional do gênero. De fato, a caracterização nasce de uma associação imaginária entre o caráter do homem e o do animal, cujo sentido pode até ter algum fundamento na realidade, mas não tem compromisso absoluto com o perfil biológico do animal. Essa mesma caracterização universal, embora exista, não é obrigatória. É possível que cada povo e cada tempo criem as suas próprias associações, a partir de seres de sua própria fauna e flora. Além de animais e plantas, a fábula pode ter como personagens os próprios homens, os deuses da mitologia, seres imaginários e inanimados.

Por sua própria natureza, a fábula apresenta, segundo Portella, uma estrutura antitética que, em virtude da caracterização universal das personagens, torna-se evidente já no título do texto, por meio da figura de contraste. "O contraste serve para a imediata caracterização" (ibidem, p.65). Assim, no exemplo clássico de "O lobo e o cordeiro", o título já antecipa que a ingenuidade do segundo será posta em confronto com a prepotência do primeiro, no rápido desenvolvimento da narrativa.

Conforme vimos, a contribuição de Portella, além de pioneira entre os estudos brasileiros da fábula, esmiúça internamente a parte figurativa do gênero. A maioria dos críticos detém-se em investigar as origens e o percurso histórico, o estabelecimento e a evolução da moralidade, os modelos ideais e a diferença em relação a outros gêneros. Entendendo que a fábula é narrativa, o autor investiga como se organiza a sua estrutura e propõe para ela um esquema geral, que é flexível porque pode variar de acordo com a sua própria extensão.

Na exposição do estudo de Portella, vimos que, para ele, a fábula nasceu com a própria fala e, na boca do povo, foi ganhando configurações variadas. Esse dado, seja ele científico ou hipotético, coloca em evidência o caráter discursivo da fábula. O artigo "A forma da fábula" de Alceu Dias Lima (1984) trata justamente desse aspecto. Segundo o autor, a maioria dos estudos sobre a fábula considera apenas a "substância de conteúdo" (Lima, 1984, p.61), esquecendo do que é sugerido pela própria raiz latina da palavra (*fabula*<*farir*<falar). Como consequência, os estudiosos conteudistas avaliam que existe, apenas, história e moral. Entretanto, se observassem que a fábula é um ato de fala desenvolvido por um narrador, veriam, na verdade, que ela possui três enunciados: a história, a moral e o discurso metalinguístico. Tal discurso é formado por marcas de enunciação que se revelam com mais evidência em expressões do tipo: "Moral", "A fábula mostra...", "Esta fábula revela...", entre muitas outras. A manifestação do discurso metalinguístico pode ocorrer semioticamente, inclusive, por recurso a um tipo gráfico especial e sugestão de uma entonação diferenciada.

Por sua sutileza, o discurso metalinguístico nem sempre é de fácil percepção. Como a ressalta Lima (ibidem, p.62) "qualquer que seja a maneira pela qual se manifeste o discurso representado, [...] ele é sintaxicamente exterior tanto à história em si quanto à moral da fábula". Porém, embora seja exterior, é ele que estabelece o nexo entre história e moral, dando unidade e coerência ao gênero. Exatamente por não reconhecer o caráter enunciativo da fábula é que Nøjgaard precisou forjar o artifício da translação. Como vimos, para ele existia uma ação transladável que, depois de avaliada, apontava para a necessidade de "passagem" de um plano para o outro (da história para a moralidade), os quais não tinham nenhuma ligação entre si.

A leitura do discurso metalinguístico só foi possível, no entanto, com o surgimento de novas teorias, como salienta Lima (ibidem, p.64):

> Sem o recurso aos conceitos postos à disposição pela teoria da enunciação, não há nenhuma possibilidade de explicação metodológica desse discurso na economia de uma fábula. A prova é que até hoje os estudos sobre a fábula só viram nela a história e a moral.

Apurando, então, a leitura da fábula como o resultado de uma enunciação, Lima acentua que a fábula possui três discursos mínimos: o figurativo (história), o temático (moral) e o metalinguístico. A tematização está presente tanto no discurso figurativo como no discurso temático. A diferença é que, no primeiro, ela é mais concentrada e, no segundo, é mais difusa. Em outras palavras, o tema atualizado na história é virtualmente retomado na moral.

Conforme a análise de Lima, uma das formas de se demonstrar que tanto a história como a moral tratam dos mesmos valores é a verificação da especificidade de seus atores (personagens). Os atores humanos são os da moral e os não humanos, embora antropomorfizados, os da história. Estes últimos são responsáveis, obviamente, por ações não humanas. Já os primeiros, respondem por ações humanas numa realidade possível e virtualmente correspondente ao plano narrativo. Mas, para Lima, a oposição antropomórfico *versus* humano torna-se curiosa quando se observa a presença de atores humanos no próprio discurso figurativo (história). Ainda que aparentemente trate da pessoa como tal, há, em todos os casos em que isso acontece, um efeito de sentido *desumanização*. Esse efeito é produzido, por exemplo, pela recorrência a recursos linguísticos, como: emprego de nomes derivados, indicadores de profissão, cargo ou título, adjetivação, substantivação do adjetivo, nomes pitorescos ou apelidos, nomes que indiquem hábitos discriminatórios, defeitos físicos ou morais. Tudo isso, conforme interpretação de Lima (ibidem, p.66), traz uma conotação de esvaziamento do espírito humano:

[Essas nomeações] não se referem ao ser humano como tal, "ao que é próprio do homem" e sim ao que lhe é incidental, rotineiro, adquirido culturalmente em decorrência do gosto, do hábito, do capricho e até do vício ou mesmo de deficiências congênitas, de tudo aquilo, em suma, que pode resultar na transformação do homem em tipo, em caricatura, em algo desumano.

O efeito *desumanização* observado por Lima está em perfeita consonância com o princípio da tipificação concebido por Mireya Camurati. Por outro lado, também amplia e confirma os "caracteres notórios e constantes" indicados por Lessing ou a alegoria mecânica de Nøjgaard. Desse modo, é possível dizer que, mesmo apresentando personagens humanas, a fábula sempre será, metaforicamente, "uma história de bichos".

O artigo de Lima também discute rapidamente o tratamento diferenciado que se pode dar às marcas de enunciação. Entre os procedimentos, o autor destaca a debreagem e a embreagem. A primeira diz respeito ao apagamento das marcas, o que resulta em um efeito de sentido *referencialidade*. É o caso, por exemplo, das fábulas de Fedro em que Esopo aparece como narrador. Já a embreagem cria o efeito de sentido *enunciação*, ao trazer para a superfície do discurso os termos categoriais apropriados que podem ser resumidos em "eu-aqui-agora". Em outros termos, na embreagem o narrador se manifesta ou deixa sinais de sua presença e, em alguns casos, como ocorre em Lobato, chega a se identificar, despojando-se de qualquer tipo de máscara.

Vimos, assim, que a fábula tem um princípio estrutural sólido, que se dinamiza por causa de suas fortes propriedades discursivas. Esta é, talvez, uma das razões para que ela mantenha presença constante nos mais diversos tipos de texto e de discurso. No Prefácio à obra de Dezotti (2003), Lima observa que, numa análise mais imediata, essa popularidade do gênero poderia ser explicada pelo que o autor chama de cultura da fábula.

[A cultura da fábula é] verificável nos hábitos discursivos das pessoas em todos os tempos e nos mais diversos lugares e ocasiões, seja quando escrevem ou narram inteiras unidades fabulares, seja quando, com economia dos meios, as evocam por seus títulos: "A galinha dos ovos de ouro", "A menina do leite", "A tartaruga e a lebre", "A raposa e as uvas", "O leão e o rato", ou por uma curta sequência do seu entrecho que as faça presentes e, por isso, tornada recurso da expressão ou tropo de calculada eficácia: "trazer ou alimentar uma cobra ao seio", "estão verdes", "a parte do leão", "o olho do dono", "*lupus in fabula*", "a lei do mais forte", "a lei da selva"; seja quando se conclui uma fala, qualquer que tenha sido o peso, o grau de abstração das ideias versadas e o tom imprimido à elocução delas, por um estratégico e benevolente "moral da história" de indisfarçável intenção retórica. (Lima, 2003, p.13-4)

Não obstante a presença social do que Lima denomina de cultura da fábula, o próprio autor propõe outra interpretação para o fenômeno, a partir de um ponto de vista que focaliza o aspecto discursivo e literário do gênero. Nessa perspectiva, a presença da fábula em diversos textos é explicada por algo estruturante e fundamental que é a *forma da fábula* (subunidade discursiva figurativa mínima + subunidade discursiva metalinguística mínima + subunidade discursiva temática mínima), conforme já vimos. Essa forma traz um princípio sólido, como já destacamos, que serve de base para o sentido textual. E, nesse caso, pouco importa, se se trata da fábula propriamente dita ou do *efeito fábula*. "Entenda-se por *efeito fábula* toda sequência que, independentemente do texto em que se encontra, evoca, por sua própria forma, a de uma fábula" (ibidem, p.14). Essa percepção da fábula ou do *efeito fábula* ocorre pela "simples força do pensamento estrutural" (ibidem, p.14). Vale frisar que, qualquer uma das três subunidades discursivas mínimas (ou mesmo fragmentos dessas subunidades) é suficiente para produzir esse efeito. Portanto, se a fábula consegue manter a sua identidade nas mais variadas situações e discursos, isto ocorre porque sua forma está assentada em bases consistentes, conhecidas e popularizadas pelo uso.

Os estudos de Alceu Dias Lima, como pudemos ver, trazem contribuições inéditas e definitivas para a pesquisa da fábula. Enquanto Portella aponta a proximidade fala-fábula, mas restringe-se aos meandros da história, Lima, por meio do recurso à teoria da enunciação, identifica o caráter discursivo do gênero que emoldura todo o texto e, mais especificamente, o autor identifica o discurso metalinguístico que legitima a conexão entre história e moral.

Na esteira dos estudos pioneiros de Lima, a obra *A tradição da fábula: de Esopo a La Fontaine*, organizada por Maria Celeste Consolin Dezotti (2003), também traz uma importante contribuição para a pesquisa da fábula no Brasil. Resultado de mais de uma década de trabalho, antes de qualquer outro fator, a obra é fundamental porque traz traduções adequadas de fábulas originais e selecionadas dos grandes fabulistas da tradição. Para a seleção das fábulas a serem traduzidas, Dezotti usa como critério principal as fábulas de Monteiro Lobato e Millôr Fernandes. Por fim, a obra apresenta um quadro completo que revela com quais textos das coleções antigas as fábulas desses escritores dialogam. Assim, considerando que muitas fábulas foram intensamente parafraseadas ou parodiadas, o quadro apresentado revela o percurso de cada fábula e, dessa forma, torna-se um instrumento facilitador do trabalho daqueles que desejam realizar a comparação entre os textos. Por exemplo, a fábula indiana "O brâmane e o pote de farinha", na versão de La Fontaine recebe o título "A vendedora e a jarra de leite", em Monteiro Lobato, "A menina do leite", e em Millôr Fernandes, "O menino favelado de espírito empreendedor".

Especificamente para os objetivos do nosso trabalho, é interessante abordar alguns aspectos sobre a fábula destacados por Dezotti. Entendendo que os textos de Esopo são os "fundadores de uma tipologia textual da fábula no Ocidente" (Dezotti, 2003, p.18), para a autora, a fábula é uma prática discursiva universal que apresenta diferenças na organização textual, de acordo com a civilização em que se manifesta. Trata-se de "um ato de fala que se realiza por meio de uma narrativa" (ibidem, p.22). Não obstante a consistência de seus princípios estruturais, a popularidade da fábula se deve, então, sob seu ponto de vista, à simplicidade e à maleabilidade de sua forma. Em razão disso, ela pode facilmente incorporar novos elementos e adaptar-se às diferentes visões de mundo.

Não se pode perder de vista, entretanto, que, no caso da fábula, o ato de narrar sempre embute outro significado em razão do seu caráter alegórico. Por essa razão, o leitor ou ouvinte precisa ser capaz de interpretar e de buscar o elo entre a fábula e a realidade discursiva que a motivou. Nas palavras de Dezotti (ibidem, p.22), "ela constitui um modo poético de construção discursiva, em que o narrar passa a ser o meio de expressão do dizer. Na fábula, o narrar está a serviço dos mais variados atos de fala: mostrar, censurar, recomendar, aconselhar, exortar, etc.". Em muitas fábulas, o próprio enunciador diz qual é o seu objetivo e, consequentemente, por meio da *moral*, aponta o significado da fábula. Mas há inúmeros casos em que a ausência de moralidade exige que o leitor recupere o sentido da fábula por conta própria.

No que diz respeito ao exercício de interpretação de uma fábula, verificamos que tal exercício sempre exige uma capacidade relativa de abstração, uma vez que o leitor deverá atuar como se estivesse decifrando um enigma. Quanto a isso, Dezotti lembra que, de fato, nos primeiros tempos, a expressão grega utilizada para designar "fábula" tinha conexão com o radical grego da palavra "enigma".

> Aliás, não é por acaso que os antigos gregos, muito antes de rotularem a fábula de *mythos*, denominaram-na *ainos*, um cognato de *ainigma*, de que a nossa palavra "enigma" é mera transliteração; posteriormente, mesmo a fábula esópica chegou a ser nomeada de *Aisopeion ainigma*, o que deixa entrever sua condição alegórica, cujo sentido se capta a partir de um esforço interpretativo. (ibidem, p.23)

Em referência ao termo *mythos*, utilizado em algum momento para designar "fábula", é interessante destacar que as palavras "promítio" e "epimítio" (ambas hoje sinônimas de "moralidade"), como explica Dezotti, advêm justamente daquela denominação. De maneira geral, significam, respectivamente, "texto que precede o *mythos*" e "texto que sucede o *mythos*".

Vimos, com Lima, que a fábula possui discurso metalinguístico que, por sua vez, evidencia o caráter enunciativo do gênero. Dezotti observa, porém, que enunciados do tipo "a fábula mostra" servem também para esconder o verdadeiro sujeito da ação. Nessas situações, "quem de fato mostra é o locutor, que se serve de uma narrativa como instrumento de demonstração" (ibidem, p.24). Quando o leitor consegue vislumbrar a presença de um locutor escondido atrás de um enunciado, percebe também a existência do alocutário que é, naturalmente, ele, o destinatário da enunciação.

O alocutário ou ouvinte que, sob outra ótica, pode ser chamado de leitor, dada a sua capacidade de interpretação, muitas vezes, favorece uma relação de cumplicidade com o locutor. Como explica Dezotti (ibidem, p.24-5), sabendo que a fórmula utilizada para a moralidade já havia sido internalizada, em vários casos presentes nas coleções antigas o fabulista omite parte do enunciado.

> Por exemplo: a fórmula "a fábula mostra", que se completa com uma oração subordinada substantiva, introduzida por uma conjunção integrante – no grego a conjunção *hoti*, que na tradução corresponde à nossa conjunção *que* – aparece,

com frequência, elíptica, em epimítios que se iniciam diretamente pela conjunção. Exemplo disso é o epimítio da fábula "O Sol e as rãs", que se apresenta assim: *"Que* muitas pessoas que têm espírito leviano acham graça no que não tem graça".

Como é possível ver no fragmento citado, o exemplo destacado por Dezotti obriga o leitor a suprir a lacuna deixada para, assim, recuperar a oração elíptica em sua totalidade. Em certos casos, como também já vimos ao longo dessa abordagem teórica, quando a fábula vinha integrada a outro contexto, não existia sequer um enunciado para expressar o significado. Assim, nessas fábulas encaixadas, como nomeia Dezotti, a interpretação da mensagem dependia das próprias circunstâncias de enunciação.

Para Dezotti, ao contrário de Adrados, independentemente da época, a fábula sempre foi um gênero prosaico, próprio da fala cotidiana. É certo que inúmeros textos arcaicos registram fábulas em verso. Mas, conforme observa a autora, isso é, justamente, consequência da integração da fábula com outros gêneros, num tempo em que ela ainda não tinha vida própria. "Se naquelas obras elas [as fábulas] são expressas em versos, é porque se submetem às características formais do gênero literário que as acolhe, como é o caso da épica, da poesia didática, da comédia, etc." (ibidem, p.26).

A íntima ligação entre fábula e prosa, segundo Dezotti, seria evidenciada também pelo fato de que a constituição da fábula como gênero autônomo coincide, ao mesmo tempo, com a chegada de Esopo na Grécia e o estabelecimento da prosa como expressão literária. Mas, de qualquer forma, em que pese a sua natureza prosaica, é bom lembrar que a fábula também se sente muito bem acolhida pelo verso, haja vista os textos de Fedro, Bábrio e La Fontaine, entre outros. É que, segundo a autora, a fábula sobrevive porque é maleável e pode surgir travestida em qualquer gênero textual ou literário, seja ele prosa, seja poesia.

Mesmo que de forma resumida, nesse rápido apanhado vimos que Dezotti aprofunda a leitura e a compreensão do gênero fabular, trazendo informações sobre particularidades linguísticas e históricas, bem como sobre a importante relação entre locutor e alocutário que interfere claramente na constituição do texto.

Cabe mencionar ainda a obra *Fábula brasileira ou fábula saborosa* de Lúcia Pimentel Góes (2005), que a partir do *Grande fabulário de Portugal e do*

Brasil organizado por Vieira de Almeida e Luís da Câmara Cascudo (1961) elabora uma classificação para a fábula que emerge no espaço brasileiro depois da colonização.

Considerando a pluralidade dos gêneros de tradição oral, para definir especificamente o seu objeto de análise, Góes também traça um paralelo entre a fábula e outros gêneros de origem comum, tais como: *jātaka*, anedota, caso, máximas, provérbios, conto, mito, lenda, *fabliaux*, estória de animais, entre outros. Estabelecidas as diferenças, Góes (2005, p.117) conclui que a fábula brasileira é resultado de uma "tessitura de múltiplos fios". Ela seria um subgênero derivado das tradições esópica e indiana, trazendo peculiaridades espaçotemporais e histórico-socioculturais únicas. Tudo isso, "por constituir o Brasil o desaguadouro das três grandes vertentes: a Fábula de Recriação Popular (que unirá as duas tradições acima referidas), a Fábula de Origem Indígena e a Fábula de Origem Africana" (ibidem, p.116). Cumpre ressaltar que a fábula brasileira, na concepção de Góes, recebe essa denominação justamente por filiar-se à fábula esopiana, mas teria características próprias, dadas as influências do meio.

Embora admitindo a convivência paralela com as fábulas de tradição esópica, Góes defende que, a partir das matrizes portuguesa, indígena e africana, a fábula brasileira traça um percurso diferenciado, que é marcado pelo processo de assimilação e devolução. Aos poucos, "foi libertando-se do dirigido, do impositivo, do discurso dogmático-monolítico, para o criativo--imaginativo" (ibidem, p.119). Em consequência, os textos nem sempre são concisos, podem ser prosa ou verso, a moral, embora exista, é pouco exigente e novas personagens passam a ter espaço predominante na fauna fabular, entre as quais se destacam: cágado, jabuti, macaco, galinha, onça, anta, porco-espinho, marimbondo, coelho etc. A raposa, que já dominava o espaço nas fábulas clássicas e tradicionais, continua a ser privilegiada nas fábulas brasileiras. Entretanto, passa a dividir o título máximo de esperteza com o lento e astuto jabuti. Mudam ainda as plantas, os objetos e demais seres que se constituem como personagens fabulares. A linguagem, invariavelmente simbólica e metafórica, traz marcas do "falar brasileiro", com registros dialetais, agilidade, leveza e humor.

A partir do rastreamento e da tematização dos textos, Góes propõe a divisão da fábula brasileira em quatro subcategorias que também se subdividem: fábula aprendizagem, fábula didático-moralista, fábula admiração, fábula moderna.

Sintetizando as explicações para cada classificação proposta por Góes, podemos dizer que a fábula aprendizagem tem por objetivo explicar o mundo e transmitir experiências aos jovens. Pode ser etiológica, ética, política e admonitória. Esta última é assim denominada porque ensina como prevenir-se contra os perigos. A fábula didático-moralista tem, acima de tudo, intenção de ensinar e é fortemente marcada pelo maniqueísmo, o modelo e a sentença. Assim, ela pode ser subdividida em: sentenciosa, catequética (isopetes), tendenciosa e preconceituosa e autoritário-punitiva. Já a fábula admiração, segundo Góes, seria a forma mais genuína de fábula brasileira. Ela nasceria da visão popular, simples e ingênua do mundo, expressa em tons alegremente poéticos, a partir do registro da oralidade e da mistura de crenças e culturas. Segundo a autora, a fábula admiração é totalmente despretensiosa e é fruto da "admiração no sentido aristotélico, que nasce do olhar inaugural, o olhar primeiro, que só é encontrado na criança ou no homem primitivo" (ibidem, p.177). Entre os subtipos dessa subcategoria de fábula estariam: fábula geradora de beleza, fábula alimentadora de curiosidade, fábula detonadora da alegria/leveza e fábula deflagradora do riso. A fábula moderna caracteriza-se por desligar-se totalmente da forma fabular tradicional para transformar-se em *Estória de animais*. Para Góes, o fundador da fábula moderna no Brasil é Monteiro Lobato. Inspirados nele, vários outros escritores teriam se dedicado a escrever romance de animais. Entre os exemplos dessa prática estariam: *Estórias do fundo do mar*, de Lúcia Machado de Almeida; *Os colegas*, de Ligia Bojunga Nunes; *O bichinho da maçã*, de Ziraldo etc.

É interessante verificar, entretanto, que quando Góes aponta a modernização da fábula, considera que esse processo só ocorre em virtude do esvaziamento das características do gênero. Em primeiro lugar, é preciso atentar para o tipo específico de fábula em questão, uma vez que, como já destacamos, o termo possui várias acepções. Quando a autora se refere à fábula moderna em Monteiro Lobato, diz respeito às histórias de Quindim, do Peixe Escamado, dos besouros da Emília, entre outras. Nesse patamar, estaríamos, então, tratando de fábula em sentido geral, que pode significar conto clássico, história inventada, fantasia etc. De fato, esse viés narrativo em que animais protagonizam o enredo sempre foi fecundo e, nos últimos tempos, floresceu, não só na literatura, como no cinema e na televisão. Mas, se o que se quer é a fábula popularizada no Ocidente por sua filiação a Esopo, como é o caso de nosso trabalho, é preciso reconhecer que o gênero é capaz de se renovar sem perder a sua identidade. Monteiro Lobato, de fato, renovou a fábula, todavia, não precisou, para isso, de despojá-la de suas características primordiais. Sem negar Esopo e La Fontaine, o autor coloriu a fábula com cores brasileiras, modificando principalmente a linguagem, ou ainda, mudando personagens, duplicando o espaço narrativo e variando o foco de narração, adaptando-o ao gosto da criança. Outros autores, como o já citado Millôr Fernandes no Brasil, Augusto Monterroso na Guatemala ou James Thurber nos Estados Unidos, também modernizaram a fábula sem abrir mão de sua essência mínima.

De qualquer forma, embora se distancie da fábula esópica no final de seu percurso, a pesquisa de Góes torna-se pertinente porque traz um retrato da fábula brasileira, que se origina nas contribuições culturais dos povos que constituíram a civilização brasileira. Monteiro Lobato, como veremos, soube mesclar essas tintas e, como um Esopo redivivo e admirador de La Fontaine, renovou a *arcaica* (no dizer de Bakhtin) e aproximou-a da realidade nacional.

Fizemos, até agora, uma abordagem relativamente completa da crítica da fábula. Por meio dessa abordagem, torna-se evidente que estamos tratando da fábula em sentido específico. Aquela que, revestida por seu caráter discursivo, possui história e moral e, como diz Kaiser (1976, p.75), tem Esopo como o seu "mítico antepassado". No próximo tópico, iniciaremos nossa aproximação com Monteiro Lobato, mostrando, seja na realidade, seja na ficção, a visão especial do autor em relação ao gênero fábula.

Perspectiva metafabulística em Monteiro Lobato

A fábula ocupa um papel central na trajetória de Monteiro Lobato (1882-1948) como escritor de literatura infantil. É a partir dela que o autor cria o seu primeiro projeto de transformação para a literatura infantil brasileira. Homem do século XIX, Monteiro Lobato imprime, paradoxalmente, marcas decisivas e revolucionárias no século XX. Além de praticamente criar uma literatura destinada a um público específico, as crianças, o autor moderniza o sistema editorial e de comercialização de obras literárias. Antes de chegar ao ápice de sua carreira, passa por inúmeras experiências, que certamente contribuíram para o aperfeiçoamento de seu talento e de sua vocação como homem de letras. Foi promotor, desenvolveu atividades agropecuárias como fazendeiro, tornou-se empresário ao adquirir a *Revista do Brasil* e, por fim, passou a editar obras suas e de outros escritores, após criar a primeira editora genuinamente nacional. É, portanto, nessa experiência de escritura e edição de obras que o autor encontrará o seu norte, o que lhe permitirá realizar as maiores conquistas pessoais e profissionais. Tais conquistas dinamizaram o sistema literário nacional e contribuíram para o surgimento de uma nova geração de leitores e cidadãos conscientes, alguns dos quais também se tornariam escritores de literatura infantil.

Quando analisamos a trajetória pessoal e profissional de Monteiro Lobato, vemos que após inúmeros fracassos, o autor alcança o sucesso e o reconhecimento por meio de sua produção literária e da editoração e venda de livros. Nesse ponto, poderíamos imaginar que o autor já atingira o ápice de sua carreira, considerando-se que uma rápida ascensão como escritor e editor seria suficiente para a realização dos sonhos de qualquer visionário nesse campo de trabalho. E, de fato, Monteiro Lobato mostrava--se satisfeito com o sucesso repentino. Na carta que escreve a Godofredo Rangel, em 5 de novembro de 1919, expressa o seu espanto: "Quando poderíamos imaginar isto, Rangel, se até a hipótese de achar editor era uma vaga probabilidade?" (Lobato, 1948, t. 2, p.206). Mas, até então, Monteiro Lobato era escritor de obras para adultos, entre as quais figura, por exemplo, *Urupês* (1918), um livro de contos que fora altamente divulgado e comercializado. Conforme sabemos, entre as características mais fortes do autor estavam a inquietação, a inventividade e uma preocupação constante com os problemas do país e do povo brasileiro. Essas características de cidadão mostraram-se também presentes quando se torna pai e observa que seus filhos não tinham literatura de qualidade para consumir. Na busca de soluções para o problema, Lobato observa uma cena doméstica e, inspirado nela, esboça o seu projeto para o que ele mesmo denomina de começo da literatura infantil brasileira:

> Ando com várias ideias. Uma: vestir á nacional as velhas fabulas de Esopo e La Fontaine, tudo em prosa e mexendo nas moralidades. Coisa para crianças.

Veiu-me diante da atenção curiosa com que meus pequenos ouvem as fabulas que Purezinha lhes conta... Guardam-nas de memoria e vão reconta-las aos amigos – sem, entretanto, prestarem nenhuma atenção á moralidade, como é natural. A moralidade nos fica no subconciente para ir se revelando mais tarde, á medida que progredimos em compreensão. Ora, um fabulario nosso, com bichos daqui em vez dos exoticos, se for feito com arte e talento dará coisa preciosa. As fabulas em português que conheço, em geral traduções de La Fontaine, são pequenas moitas de amora do mato – espinhentas e impenetraveis. Que é que nossas crianças podem ler? Não vejo nada. Fabulas assim seriam um começo da literatura que nos falta. Como tenho um certo jeito para impingir gato por lebre, isto é, habilidade por talento, ando com ideia de iniciar a coisa. É de tal pobreza e tão besta a nossa a literatura infantil, que nada acho para a iniciação de meus filhos. [...]. (ibidem, t. 2, p.104, carta escrita a Godofredo Rangel em 8/9/1916)

A carta de Lobato, como vemos, expõe o quadro geral no que se refere à obra para crianças no início do século XX, propõe um tipo de texto (a fábula) para resolver o problema constatado e, por fim, revela a estratégia a ser utilizada na produção dos textos. Trata-se, portanto, de um projeto completo que, muito antes de *Urupês*, antecipa os pilares do que seria a sua futura produção infantil. A dupla presença do indefinido "nada" em sua missiva mostra que o quadro geral era caótico: "Não vejo *nada*" e "*nada* acho para a iniciação de meus filhos". Na busca de soluções para o problema, no entanto, o autor, ao contrário do que era corrente, investiga discretamente o gosto de seus filhos e, então, percebe que a resposta está na produção renovada das fábulas: "Veiu-me diante da atenção curiosa com que meus pequenos ouvem as fabulas que Purezinha lhes conta...". Encontrada a solução, o autor expõe a estratégia da reescritura que pode ser resumida em três ações básicas: vesti-las à nacional, escrevê-las em prosa e mexer nas moralidades. Quanto a isso, admitindo que tudo deveria ser feito com "arte e talento", veremos, no próximo capítulo, que o autor ocupará grande parte de sua trajetória na execução desse projeto de fábulas, que se efetiva por completo somente em 1943. Na edição desse ano, as fábulas são impregnadas de um caráter discursivo que, não só adapta a experiência oral e primitiva de narração das histórias, mas remete, sem dúvida, ao quadro doméstico presenciado pelo autor, no qual a sua esposa contava fábulas aos seus filhos.

O livro de fábulas, entretanto, não foi o primeiro livro infantil escrito e editado por Lobato. Em 1920, publica *A menina do narizinho arrebitado*, livro de figuras, e, a partir de então, não para mais de escrever livros para crianças. O sucesso é tamanho que o autor resolve dedicar-se definitivamente a esse ramo de produção literária. Em 7 de maio de 1926, declara a Rangel, seu amigo de juventude: "De escrever para marmanjos já me enjoei. Bichos sem graça. Mas para crianças, um livro é todo um mundo" (ibidem, t. 2, p.293). De fato, nas obras que Lobato endereça ao público infantil, a criança, as suas vontades, as suas necessidades e o seu ponto de vista são o foco principal. Para que esse objetivo não fosse malogrado, o autor preocupava-se intensamente com a adequação da linguagem e, pelo viés da fantasia e da imaginação, trazia para suas obras aspectos da brasilidade e da realidade vivenciada por seu público. E essa forma de conceber a literatura infantil, como vimos, de alguma forma já estava esboçada na carta de 1916, quando manifesta a sua intenção de reescrever as fábulas.

Em 1921, finalmente, Lobato publica *Fábulas de Narizinho*, contendo 28 fábulas. Fruto de um projeto longamente pensado e organizado, o livro obteve alta aceitação e, já em 1922, o autor lança uma nova edição, agora intitulada *Fábulas*, e que, revisada e ampliada, passa a ter 77 fábulas. No entanto, em conformidade com a temática desse capítulo e do trabalho como um todo, interessa destacar que, já na primeira edição de suas fábulas, Lobato acrescenta uma nota introdutória sem título na qual expõe uma visão sobre o gênero e explica sucintamente a metodologia utilizada em seu trabalho:

> As fabulas constituem um alimento espiritual correspondente ao leite na primeira infancia. Por intermedio dellas a moral, que não é outra coisa mais que a propria sabedoria da vida accumulada na con-sciencia da humanidade, penetra na alma infante, conduzida pela loquacidade inventiva da imaginação.
>
> Esta boa fada mobiliza a natureza, dá fala aos animaes, ás arvores, ás aguas e tece com esses elementos pequeninas tragedias donde resulte a "moralidade", isto é, a lição da vida.
>
> O maravilhoso é o assucar que disfarça o medicamento amargo e torna agradavel a sua ingestão.
>
> O autor nada mais fez senão dar forma sua ás velhas fabulas que Esopo, Lafontaine e outros crearam. Algumas são tomadas do nosso "folk-lore" e to-

das trazem em mira contribuir para a creação da fabula brasileira, pondo nellas a nossa natureza e os nossos animaes, sempre que é isso possivel. (Lobato, 1921, s.p.)

Como podemos ver, a nota introdutória de Monteiro Lobato confirma o projeto idealizado cinco anos antes e aponta a fábula como um tipo de literatura apropriado para crianças. Embora a fábula, como vimos, não tenha nascido com essa finalidade, é certo que ao longo dos séculos criaram-se algumas afinidades entre o gênero e o público infantil. Aliás, antes mesmo do surgimento da literatura infantil, a fábula já era frequentemente associada à criança por causa de sua brevidade e simplicidade, bem como pelo seu caráter moral e pela antropomorfização de animais, objetos e outros seres.

Se observarmos atentamente a nota introdutória de Monteiro Lobato, veremos que o destaque da utilidade da fábula é seguramente resultado de uma preocupação com a aceitação do público, especialmente o adulto, como ocorrera em La Fontaine que em seu tempo dizia: "Na França só se considera o que agrada: é a grande regra" (La Fontaine, 1957, p.21). Tanto o fabulista francês como o escritor brasileiro investiram na qualidade estética da fábula e consideravam que, a princípio, ela era uma fonte de diversão. Porém, tanto a sociedade francesa dos tempos de La Fontaine (século XVII) como a brasileira dos tempos de Lobato (início do século XX) consideravam que a literatura destinada à criança deveria servir apenas para sua instrução. Além disso, as escolas também faziam uso das coletâneas de fábulas na alfabetização. Dessa forma, Monteiro Lobato apressa-se em garantir, já na primeira página, que suas fábulas, embora modificadas, acabarão por ensinar as crianças sem que elas se apercebam disso: "O maravilhoso é o assucar que disfarça o medicamento amargo".

Foram muitas as edições de fábulas publicadas por Monteiro Lobato. Conforme analisamos no artigo constante de *Monteiro Lobato livro a livro* (2008), em cada uma delas o autor foi introduzindo algumas mudanças na linguagem, na estrutura e na organização dos textos. A principal modificação, no entanto, que se transforma em marca registrada de suas fábulas, ocorre somente em 1943, quando publica a 8ª edição. Trata-se do acréscimo de um espaço narrativo que comporta o comentário das personagens do Sítio do Picapau Amarelo. Em geral, os comentários, além de apresentar uma tendência avaliativa, giram em torno da moralidade e de questões relacionadas à língua e à literatura. Outro tema observado nas discussões é o da especificidade do próprio gênero fábula. Utilizando-se do discurso de Dona Benta e de outras personagens, o autor desenvolve uma metalinguagem sobre o gênero praticado.

Vimos, com Alceu Dias Lima, que a popularidade da fábula advém da solidez de seu princípio estrutural. Consideramos que é, também, esse mesmo fator, o que favorece a teorização do gênero no ambiente ficcional e descontraído da obra de Lobato. Vale frisar que até mesmo as crianças do Sítio emitem o seu juízo de valor a respeito das propriedades da fábula. Veremos, então, a partir de agora, por meio da análise de cada situação presente na obra *Fábulas*,[117] qual é o conceito de fábula impresso nos comentários das personagens.

A primeira referência às especificidades do gênero fábula ocorre já nos comentários do primeiro texto "A cigarra e as formigas". O comentário é motivado por um questionamento de Narizinho a respeito da falsidade científica da fábula. Para fundamentar sua posição, a menina recorre a uma obra do dramaturgo Maurice Maeterlinck que, embora não tenha rigor científico, descreve o perfil biológico da formiga. Esse perfil, de acordo com a personagem, contrariava os fatos narrados na ficção. Diante disso, Dona Benta intervém para explicar o fenômeno:

> Dona Benta explicou que as fábulas não eram lições de História Natural, mas de Moral.
> — E tanto é assim — disse ela — que nas fábulas os animais falam e na realidade eles não falam. (p.12)

O pseudocientificismo da fábula é ainda discutido na fábula "O ratinho, o gato e o galo", quando Emília acha estranho o fato de um rato não ter conseguido identificar o cheiro de um gato. Por instinto de defesa, segundo ela, os ratos teriam uma capacidade inata de farejar o seu predador principal.

---

117 Em nossos estudos, utilizaremos a edição de 1973 das Obras Completas de Monteiro Lobato. Acrescentamos ainda que todas as citações da obra infantil do autor serão referentes a essa mesma coleção. Portanto, a partir de agora, dado o imenso número de citações que ocorrerão em todo o trabalho, informaremos somente o número da página nas referências. As informações completas sobre cada obra do autor poderão ser encontradas na bibliografia final.

Novamente é Dona Benta, seguida depois por Narizinho, quem resolve a questão:

> Dona Benta explicou que os fabulistas não têm o rigor dos naturalistas e muitas vêzes torcem as coisas para que a fábula saia certa.
> – Boa moda! – exclamou Emília. Errar dum lado para acertar do outro...
> Narizinho disse que os poetas usam muito êsse processo, chamado "licença poética". Eles sacrificam a verdade à rima. Os fabulistas também são poetas ao seu modo. (p.36)

Certamente não foi por acaso que Monteiro Lobato iniciou sua teorização colocando em questão os problemas de incoerência científica da fábula. De fato, desde os tempos de Rousseau, no século XVIII, esse foi um dos pontos de maior polêmica, dado o aumento do uso generalizado da fábula nas escolas como recurso didático. Movidos pelo racionalismo reinante, pensadores e educadores, especialmente o já referido Rousseau, insurgiram-se contra o descompromisso com a verdade científica existente na fábula. Sabemos, entretanto, que a fábula possui uma dupla natureza que traz, dentro de sua própria estrutura, o imaginário (plano da história), que dispensa o compromisso com a ciência, e o real (plano da moral). A fusão desses dois fatores é a condição existencial da fábula.

A ausência de rigor em certos princípios e conceitos também é consequência da origem primitiva e popular do gênero. Em suas discussões, Lobato, novamente pelo discurso de Dona Benta, sugere que a fábula surgiu espontaneamente como resultado da sabedoria do povo. Na fábula "O corvo e o pavão", que conclui com a moral: *"não há beleza sem senão"* (p.31), o autor confirma a validade desse conhecimento popular. Diante de uma aparente incredulidade de Narizinho e de uma suposição inusitada de Emília, Dona Benta destaca a "onisciência" da fábula:

> – Mas é verdade, vovó, que não há mesmo beleza sem senão?
> – A fábula diz que não há e as fábulas sabem...
> – São sabidíssimas, sim! – continuou Emília. E a dos filhos da coruja é a mais sabida de tôdas. Quem é que andou inventando as fábulas, Dona Benta? Foram os animais mesmo?
> Dona Benta riu-se.

– Não Emília. Quem inventou a fábula foi o povo e os escritores as foram aperfeiçoando. A sabedoria que há nas fábulas é a mesma sabedoria do povo, adquirida à fôrça de experiências. (p.31)

O fragmento acima, além de indicar as origens, revela que Lobato destoa do princípio romântico de Grimm, segundo o qual, como vimos, somente a fábula original poderia ser considerada como a verdadeira fábula. Assumindo uma postura prática e objetiva, o autor admite a origem popular do gênero, mas coerente com o seu próprio exercício de recriação, prefere legitimar o trabalho de inúmeros escritores que, ao longo dos séculos, "aperfeiçoaram" o gênero. Com efeito, entre os fatores que garantem a permanência da fábula, está principalmente o trabalho de registro escrito e de constante retomada dos textos, sem o qual, muito provavelmente, a fábula não existiria.

Se, em "O corvo e o pavão", Lobato coloca em pauta a experiência popular na criação de fábulas, em "O cavalo e as mutucas", o exemplo deixa claro que a fábula pode nascer de uma observação de fatos corriqueiros da vida cotidiana. Portanto, se é comum a retomada de textos clássicos dos grandes fabulistas, também é possível e natural a produção de novos textos. Vejamos:

– De quem é essa fábula, vovó? De Mr. De La Fontaine ou de Esopo?
– De nenhum dos dois, meu filho. É minha...
– Sua?... Pois a senhora também é fabulista?
– Às vêzes... Esta fábula me ocorreu no dia em que o compadre estêve aqui montado naquele pampa. Êle não apeou. E enquanto falava ia chicoteando as mutucas gordas, só as gordas. Ao ver aquilo, *a fábula formou-se em minha cabeça*. (p.35, grifo nosso)[118]

Também na fábula "O jabuti e a peúva", observamos a mesma experiência. Flagrada por Pedrinho, Dona Benta conta, em detalhes, de que ingredientes precisou para forjar o texto:

---

118 A fábula "O cavalo e as mutucas" de Monteiro Lobato traz o mesmo mote da fábula da raposa e dos carrapatos que foi relatada por Esopo aos moradores de Samos. Entretanto, o desenvolvimento do enredo de cada um dos textos é totalmente diferente, o que justifica a afirmação de Dona Benta.

– Essa fábula está com cara de ser sua, vovó – disse Pedrinho. Eu conheço o seu estilo.

– E é, meu filho. Inventei-a neste momento, e sabe por quê? Por que me lembrei daquela peúva caída lá no pasto e dum jabuti que estava escondido debaixo dela. Sei quanto dura a madeira da peúva e sei quanto vive um jabuti – e a *fábula formou-se em minha cabeça*. E tôdas as fábulas foram vindo assim. Uma associação de idéias sugere as histórinhas. (p.47, grifo nosso)

Como podemos ver, Monteiro Lobato faz uma verdadeira prestação de serviço, ao explicar didaticamente, passo a passo, como se faz uma fábula ou qual é a gênese de uma fábula. De alguma forma, o autor desfaz a ideia corrente de que a fábula só pode ser parafraseada ou parodiada, mostrando a simplicidade de sua produção. Em ambos os casos citados, a fábula "forma-se na cabeça" a partir da observação. Nas entrelinhas, podemos verificar assim que, para Lobato, a fábula sempre teve uma segunda intenção. Ela teria vindo de um estágio, na história da humanidade, em que o homem já era capaz de "associar ideias" e desenvolver pensamentos relativamente complexos. Entretanto, limitado por seu espaço e por seu tempo, o homem pode chegar, às vezes, a conclusões arbitrárias e que não compreendem a totalidade e as diversas facetas do fato contemplado. Disso resultaria, portanto, a dubiedade de alguns provérbios e moralidades. Em "Os dois pombinhos", por exemplo, Pedrinho e Emília discordam do comodismo sugerido pela moral *"Boa romaria faz quem em casa fica em paz"* (p.36), porque acreditam haver outras possibilidades para a conclusão temática. Diante do impasse, Dona Benta esclarece o caráter contraditório da sabedoria popular:

Dona Benta explicou que a sabedoria popular é uma sabedoria de dois bicos. Muitos ditados são contraditórios.

– Há um que diz: "Quem espera sempre alcança" e outro diz: "Quem espera desespera". Conforme o caso, a gente escolhe um ou outro – e quem ouve elogia a sabedoria da sabedoria popular. (p.36).

A fábula "Mal maior", entretanto, traz ainda outra razão para a superficialidade de alguns princípios veiculados pelos textos fabulares. A explicação seria a brevidade da fábula. De fato, como já destacaram outros críticos, as suas proporções reduzidas não comportam o aprofundamento das questões e não admitem a exploração dos pormenores. Essa regra é tão absoluta que, se desrespeitada, pode produzir a descaracterização do gênero. Nesse sentido, Lobato faz coro com o pensamento de Lessing para o qual, como já vimos, a arte e a literatura só têm compromisso com as suas próprias leis. Se a moral é ambígua ou não, o que importa é a "coerência interna da obra". Vejamos as explicações de Dona Benta:

> Tôdas as coisas têm modos, ou medidas. Mas as fábulas não podem expor todos os modos das coisas – só expõem um, o principal, ou o mais freqüente.
> – Por que não podem?
> – Porque ficariam compridas demais. Virariam tratados de filosofia. (p.52)

Para a turma do Sítio do Picapau Amarelo, no entanto, algumas fábulas trazem, de fato, um conhecimento questionável e, nesse caso, a brevidade é ainda mais importante porque, conforme avalia Pedrinho, transforma-se em seu único mérito: "Concluo, vovó, que as fábulas, mesmo quando não valem grande coisa, têm sempre um mérito: são curtinhas..." (p.54).

Há algumas páginas, vimos que Perry considera que a fábula só é literatura quando está escrita em verso. Dezotti, embora não deixe de considerá-la como um gênero literário, defende que a prosa lhe é mais apropriada. Mas do ponto de vista de Monteiro Lobato, é indiferente se a fábula é prosa ou poesia. Ao mesmo tempo que enaltece os versos de La Fontaine, opta pelo "estilo literário" na prosa. Na fábula "Os dois burrinhos", quando Narizinho estranha o vocabulário requintado na narração, Dona Benta justifica: "– Para variar, minha filha. Estou contando estas fábulas em estilo literário, e uma das qualidades do estilo literário é a variedade" (p.35). Também na fábula "O burro sábio", quando Pedrinho reprova a repetição de um tema, Dona Benta explica que, na verdade, trata-se de outra forma de dizer a mesma coisa: "– Sim, meu filho. É uma variante. Serve para mostrar que uma mesma verdade pode ser expressa de modos diferentes" (p.52).

Se, por um lado, a parte figurativa da fábula recebe todas as atenções do escritor Monteiro Lobato, por outro, para ele, não há fábula sem moralidade. Em "A menina do leite", o autor aproveita o ensejo da ficção para apresentar uma definição clara e sucinta dessa propriedade e ainda trata de acrescentá-la no final dos comentários, já que ela fora omitida no primeiro espaço narrativo: "– Que é moralidade, vovó?/ – É a lição moral da história. Nesta fábula da menina do leite a moralidade é que não devemos contar com uma coisa antes de a têrmos conseguido..." (p.23).

Ao observar a evolução dos comentários das personagens do Sítio, percebemos que a sequência de narração das fábulas promove a internalização do conceito e do perfil exclusivo do gênero. Além da brevidade, da presença dominante de animais e da origem popular, as crianças (leitoras ou personagens) passam a entender também que a moralidade é um dos elementos fundamentais e distintivos da fábula. Depois de ouvir "O rato e a rã", elas rejeitam a fábula porque percebem a ausência daquela propriedade: " – Essa fábula, vovó, não me parece fábula – parece històrinha que não tem moralidade. 'Passo'" (p.41). Já em "O homem e a cobra", que finaliza com a moral *Fazei o bem, mas olhai a quem*", constatam que a moralidade nasce da inversão da sabedoria popular: "– A senhora arranjou uma moralidade ao contrário da sabedoria popular que diz: 'Fazei o bem e não olheis a quem'" (p.43). Vemos, assim, que o quadro ficcional criado por Lobato e as discussões metalinguísticas nele incluídas mostram que, para o autor, não há incompatibilidade entre a diversão e a absorção da moralidade. Tampouco ela seria fruto da "obsessão ética" de retóricos ou escritores. Sob seu ponto de vista, a fábula sempre traz, explícita ou implicitamente, uma moral que é derivada da experiência popular ou das lições que se aprendem naturalmente com a própria vida.

A proposta de um narrador de fábulas que interage com uma pequena plateia de ouvintes, como ocorre na obra de Lobato, lembra as condições de origem da fábula que estão fortemente atreladas à tradição oral. No caso de *Fábulas*, é justamente um ouvinte quem propõe o encerramento da sessão: "Chega de fábulas, vovó – disse Pedrinho. Já estamos empanturrados. A senhora precisa nos dar tempo de digerir tanta sabedoria popular. Estou com a cabeça cheia de 'moralidades'" (p.54). Essas palavras de Pedrinho revelam que, para Lobato, a essência da fábula é a moralidade. Digerir fábula seria digerir moralidade. Também a conclusão de Emília, em "Liga das nações", mostra que a fábula sempre tem outro sentido que pode ou não ser percebido de acordo com a perspicácia do leitor ou ouvinte, dependendo também do contexto histórico e social em que ele está inserido:

– Eu acho que as fábulas são indiretas para um milhão de pessoas. Quando ouço uma, vou logo dando nome aos bois: êste mono é o tio Barnabé; aquêle asno carregado de ouro é o Coronel Teodorico; a gralha enfeitada de penas de pavão é a filha de Nhá Veva. Para mim, fábula é o mesmo que indireta. (p.55)

Portanto, a fábula seria uma leitura cifrada da vida cotidiana e, por sua flexibilidade e universalidade, pode ser relacionada aos mais diferentes contextos da realidade. Como destacou Narizinho em "O automóvel e a mosca", "certas fábulas são retratos de pessoas" (p.46). Dessa forma, por meio do discurso de Emília e Narizinho, podemos verificar que, segundo Lobato, a fábula traz a representação simbólica de traços de personalidade e de humanidade presentes em todos os tempos e lugares.

Embora traga a caricatura ou a estilização do humano, na visão de Lobato, a fábula não precisa ser assimilada de forma autoritária, incisiva ou artificial. Conforme indica a opinião de Narizinho, a internalização dos conceitos ocorre de forma quase imperceptível, já que o seu papel seria mesmo o de "dourar a pílula" ou, como sugere Lobato, "disfarçar o amargo": "– Para mim, vovó, as fábulas são sabidíssimas. No momento a gente só presta atenção à fala dos animais, mas a moralidade nos fica na memória e de vez em quando, sem querer, a gente aplica "el cuento", como a senhora diz" (p.55).

A última fala de Narizinho nos comentários de *Fábulas* confirma o projeto lobatiano de 1916. Ao mesmo tempo que concebe a moralidade como elemento central do gênero, entende que ela não é preservada pela memória mais imediata. Como dizia a carta a Rangel, "a moralidade nos fica no subconsciente". Entretanto, a garantia dessa absorção profunda é dada, não pelo inculcamento dos valores, mas pela exploração ficcional e alegórica do tema.

Tratando-se de temas, é interessante verificar que a conclusão do Visconde, nos comentários finais, traz uma síntese temática da fábula. Diversos críticos do gênero, entre eles Nøjgaard e Adrados, observaram que nas antigas coleções havia uma ideia predominante: o triunfo da força. Todavia, a vitória do mais forte nem sempre era levada a cabo para exaltá-lo, e sim para evidenciar a estultice do mais fraco. Aos poucos essa predominância começa a ser questionada. Para Hesíodo (apud Adrados, 1979, p.171),[119]

---

119 *"[...] esto es propio del mundo animal, no del humano en el que Zeus implantó la justicia [...]"*

por exemplo, "isto [o domínio da força] é próprio do mundo animal, não do humano no qual Zeus implantou a justiça". Assim, com o passar dos anos, os animais poderosos começam a sofrer derrotas monumentais e surge, então, outra temática dominante nas fábulas: o triunfo da astúcia. "Na realidade, é este tema da engenhosidade sobre a força o que domina, sem que se negue a existência do poder do forte. É preciso somente que se tenha consciência desse poder, saber dominá-lo" (ibidem, p.171).[120] Quanto a isso, a síntese do Visconde de Sabugosa (e através dele Monteiro Lobato), como vínhamos nos referindo, põe em relevo justamente o que os maiores estudiosos da fábula apontaram. Vejamos: " – Na minha opinião, as fábulas mostram só duas coisas: 1.°) que o mundo é dos fortes; e 2.°) que o único meio de derrotar a fôrça é a astúcia. [...] Só a astúcia vence a fôrça. [...] Se não fôsse a esperteza, o mundo seria duma brutalidade sem conta..." (p.55).

Se nas fábulas das coleções mais antigas prevalecia a força e o poder de animais, como a águia, o lobo e o leão, nas fábulas posteriores há um crescente sucesso de animais sábios e astutos, como a raposa, o galo e o "brasileiro" jabuti. Entretanto, quanto ao quesito esperteza, a representante mais bem-sucedida será mesmo a raposa. Aliás, como lembra Adrados (1979, p.172),[121] "é a raposa, como todos sabem, o animal que domina a fábula". Certamente por isso, o narrador de Lobato dedica a ela uma verdadeira apologia. Em "O leão, o lôbo e a rapôsa", Dona Benta, instigada por Pedrinho, não economiza palavras:

> – Por que é, vovó, que em tôdas as histórias a rapôsa sai ganhando? – quis saber Pedrinho.
> – Porque a rapôsa é realmente astuta. Sabe defender-se, sabe enganar os inimigos. Por isso, quando um homem quer dizer que o outro é muito hábil em manhas, diz: "Fulano de Tal é uma verdadeira rapôsa!". Aqui nesta fábula você viu com que arte ela virou contra o lôbo o perigo que a ameaçava. Ninguém pode com os astutos. (p.29).

É evidente que Monteiro Lobato promove a exaltação da raposa não apenas para ser coerente com a tendência particular do gênero, mas por-

---

120 *"En realidad, es tema del triunfo del ingenio sobre la fuerza el que domina, sin que se niegue la existencia del poder del fuerte. Solamente hay que contar con él, saber dominarlo."*

121 *"Es la zorra, como resulta bien sabido, el animal que domina la fábula."*

que a sabedoria, a inteligência e a astúcia eram parte integrante de sua própria filosofia de vida. De maneira engajada, queria também difundir essas habilidades e qualidades entre os pequenos leitores. De qualquer forma, como vimos, a teorização embutida no segundo espaço narrativo de suas fábulas confirma a força estrutural e a popularidade do gênero fábula. O caráter enunciativo apontado por Alceu Dias Lima, se não está declarado por comentários metalinguísticos extras, é explicitado pelo modo original com que o autor organiza e estrutura as suas fábulas. Já sua teorização também deixa vislumbrar sua moderna visão de literatura ao apontar as origens populares e orais e a versatilidade dos textos fabulares.

Neste primeiro capítulo, portanto, discutimos amplamente a crítica da fábula. Aliás, a existência de uma crítica que é tão antiga quanto as primeiras coleções dissolve qualquer princípio ou iniciativa que possa levantar dúvidas sobre a legitimidade do gênero. Vale frisar que os mais importantes estudos sobre a fábula estão fundamentados na análise e na pesquisa das coleções existentes.

Iniciamos nossa abordagem colocando em questão as discussões sobre as origens da fábula. Num sentido geral, sua origem pode ser localizada em todas as civilizações primitivas. Já num sentido particular, o que se refere especialmente à forma difundida e reconhecida no mundo ocidental, os estudiosos consentem que a Grécia, somando ingredientes de regiões como a Índia e, principalmente, das culturas que se desenvolvem na região da Suméria, é responsável pela origem do gênero fábula. Resolvidas as questões de origem, vimos que é também na Grécia que se verificam os primeiros trabalhos voltados para a criação de uma teoria da fábula. Aristóteles, em sua *Retórica*, elabora o primeiro trabalho de crítica, classificando a fábula como um tipo de prova a ser utilizado em discursos. A escola retórica produziria ainda vários outros estudos como os de Theon, Aftônio, entre outros.

Conhecido o trabalho pioneiro de Aristóteles e retores gregos, observamos que em toda a Idade Média praticamente não se verifica a ocorrência de trabalhos críticos sobre o gênero. O que ocorre, nesse período, é uma grande difusão de fábulas esópicas. Juntamente com elas viriam também as fábulas indianas, árabes e rabínicas, o que promove o enriquecimento do repertório fabular. Depois do silêncio medieval, conforme destaca Nøjgaard, a crítica da fábula surgiria com mérito e força somente no século XVIII, graças aos trabalhos de Lessing. Sua crítica praticamente se configura como uma reação às novidades trazidas por La Fontaine na criação e recriação de fábulas. Elegendo o modelo esopo-fedriano o melhor, Lessing valoriza o reconhecimento intuitivo do gênero. Se é possível reconhecer o gênero intuitivamente, reconhecem-se também, segundo ele, as suas leis, daí a possibilidade de uma literatura potencial, que pode surgir a partir de elementos da fábula.

No século XIX, a crítica da fábula seria dominada ainda por outro alemão. Como vimos, para Jacob Grimm, as fábulas transmitidas não tinham validade, já que segundo ele e seus seguidores, elas não teriam preservado os traços da fábula original. Imbuídos dessa certeza, os grimminianos realizam um intenso trabalho de busca da fábula perdida e, obviamente, têm os seus esforços malogrados, uma vez que a recuperação dos textos (se, por acaso, existiram) era impossível. No esforço da busca, entretanto, os críticos dessa época realizam estudos filológicos de grande complexidade e, por meio disso, acabam por estabelecer o que se pode chamar de sequência histórica de surgimento dos textos.

Ao lado de Lessing e Grimm, vários outros críticos também escreveram sobre a fábula, como Hausrath, Keller e Hertzberg. Há também o avanço da crítica francesa que, no afã de responder a Lessing e criar os seus próprios parâmetros, produz grandes tratados sobre a fábula. É o caso de D'Ardene, Du Méril, Girardin e Levrault, este último já pertencente ao século XX.

No século XX, como pudemos verificar, encontram-se os estudos mais consistentes sobre a fábula, porque baseados no exame exaustivo das coleções, papiros e demais textos antigos que pudessem trazer alguma contribuição para um melhor conhecimento da fábula e de sua história. Como resultado, temos, por exemplo, a ação-opção, a avaliação da ação-opção e a alegoria mecânica na visão estruturalista de Nøjgaard; a elaboração das *Aesopica*, os estudos sobre o epimítio e a réplica gnômica de Perry; e o estudo pormenorizado das raízes helênicas da fábula e da contribuição dos modelos orientais em Adrados.

Entre os estudos latino-americanos destacamos os de Mireya Camurati, que faz uma coleta abrangente da fábula em países de colonização hispânica na América. Especialmente no Brasil, vimos os estudos de Portella, Lima, Dezotti e Góes. No caso de Lima, seus estudos trazem uma análise inovadora ao destacar o discurso metalinguístico como parte integrante da fábula e como elemento indicador de seu caráter discursivo derivado da enunciação. Por fim, analisamos ainda as teorizações sobre o gênero desenvolvidas por Monteiro Lobato no espaço narrativo de suas fábulas.

Algumas equivalências podem ser estabelecidas entre as teorias. Podemos, por exemplo, relacionar a literatura potencial de Lessing ao *efeito fábula* de Lima. Embora com perspectivas diferentes do gênero, tanto um como outro autor apontam, nesse caso, que diversas criações, literárias ou não, podem surgir a partir do conhecimento das propriedades da fábula. As próprias fábulas de Lobato e a maneira como o autor explora o gênero em suas obras infantis exemplificam essa fertilidade. Ainda em Lobato, verificamos que o conhecimento intuitivo do gênero, como queria Lessing, é promovido pelo intenso contato das personagens com os textos fabulares. Por outro lado, como observa Lima, verifica-se que esse processo ocorre em virtude da forma da fábula, que é fundamentada em princípios estruturais sólidos.

Nas dissertações de Lessing, vimos que o autor propõe a criação de novas fábulas a partir da "caça às fábulas antigas", dizendo ser desnecessária a observação dos animais em florestas. Lobato também admite a importância do contato com as coleções para o conhecimento e o reconhecimento, mas entende que, estando assimilada a forma da fábula, a criação pode também ocorrer a partir da observação de fatos da realidade ou do mundo exterior. Uma atitude, um comportamento, um gesto, uma cena ou uma ação podem sugerir a fabulização. Ou, como diz Dona Benta, a fábula pode "formar-se na cabeça" em decorrência da observação e da associação de ideias.

Outro ponto de contato também pode ser estabelecido entre a alegoria mecânica de Nøjgaard e os caracteres reconhecidos universalmente de Lessing. Enquanto a alegoria mecânica diz respeito ao caráter simbólico das personagens, os caracteres universais dizem respeito às qualificações humanas dos animais, no processo de antropomorfização. Embora a alegoria mecânica não se restrinja aos animais, tanto uma como outra concepção mostram que as personagens fabulares representam algo que é diferente de si mesmo. Em síntese, como diz Nøjgaard, representam sempre os homens ou a própria humanidade como um todo.

Vimos em toda a abordagem, especialmente com Perry, que o discurso temático pode receber denominações variadas. A mais comum e reconhecida é a palavra "moral". Outras nomenclaturas, no entanto, ocorreram ou podem ocorrer. Promítio, epimítio, réplica gnômica, sentença final, réplica final, avaliação da ação-opção, intenção e moralidade são alguns dos exemplos encontrados. Enquanto Perry relativiza a presença da moral na fábula ou Grimm, mais radicalmente, nega a sua existência, o fato é que a tradição consolidou a presença dessa propriedade nos textos fabulares. Tanto é assim, que a simples menção da expressão "moral da história", em qualquer contexto, já é suficiente para situar o leitor na categoria literária em foco.

Dadas a antiguidade e a popularidade da fábula, vimos que a crítica precisou percorrer longos caminhos e veredas para atingir toda a sua abrangência. Por esses caminhos, é possível que ainda haja novidades e elementos a serem descobertos. Com efeito, como vimos, a fábula é fértil, universal e, por isso, pode frutificar nos solos mais áridos e estranhos. Porém, sempre teve espaço privilegiado na literatura infantil. Dessa forma, tendo como base e fundamento os mais importantes estudos sobre o gênero, nos próximos capítulos analisaremos a sua presença peculiar nas obras infantis de Monteiro Lobato.

2
O EFEITO FÁBULA: O GÊNERO E SUAS PROPRIEDADES NA OBRA INFANTIL DE MONTEIRO LOBATO

A fábula em Lobato

A execução do projeto

A execução do projeto de fábulas em Monteiro Lobato merece estudo exclusivo e aprofundado. Empreendemos essa tarefa em trabalho anterior no qual, tendo como foco a obra *Fábulas*, verificamos o seu processo estético de reescritura de textos fabulares. Quando resolve escrever fábulas, Lobato posiciona-se perante a tradição e impõe a sua marca. Grosso modo, a renovação que o autor imprime ao gênero resume-se a três fatores imprescindíveis: adequação ao ponto de vista da criança, atualização da linguagem e promoção de aspectos da brasilidade.

Mas a originalidade definitiva das fábulas de Monteiro Lobato não é alcançada em um só lance de produção. Como já destacamos no capítulo anterior, a semente lançada em 1916 demora anos para germinar. Desde então, passaram-se cinco anos até que o primeiro livro fosse publicado, em 1921, e mais 22 anos para que a novidade maior viesse a público, o que ocorre somente em 1943, quando o autor acrescenta um segundo espaço narrativo, dedicado aos comentários das personagens do Sítio do Picapau Amarelo. Embora a narração das fábulas se inicie *in media res*, pois ao abrir o livro o leitor já depara com o título do primeiro texto, os comentários pós-fábula proporcionam unidade à obra e recuperam simbolicamente a ancestral imagem do narrador e da roda de ouvintes.

Já vimos que a fábula faz parte do projeto inicial de Monteiro Lobato para a literatura infantil brasileira. Se analisarmos atentamente, veremos que o projeto fabular ocupa, praticamente, toda a trajetória do autor como escritor dessa literatura específica. Aliás, a concepção da ideia, precisamente, é anterior aos tempos áureos das obras infantis e é cuidadosamente testada e aperfeiçoada ao longo dos anos. Seguindo o curso das correspondências entre Lobato e Rangel, veremos que, semeada em 1916, a semente começa a germinar em 1919, quando apresenta o seu primeiro broto. Preocupado com a adequação ao público, nesse ano Lobato envia algumas fábulas esboçadas a seu amigo Rangel, que era professor, e solicita uma avaliação:

> Tive ideia do livrinho que vai para experiencia do publico infantil escolar, que em materia fabulistica anda a nenhuma. Ha umas fabulas de João Kopke, mas em verso – e diz o Correia que os versos do Kopke são versos do Kopke, isto é, insulsos e de não facil compreensão por cerebros ainda tenros. Fiz então o que vai. Tomei de La Fontaine o enredo e vesti-o á minha moda, ao sabor do meu capricho, crente como sou de que o capricho é o melhor dos figurinos. A mim me parecem boas e bem ajustadas ao fim – mas a coruja sempre acha lindos os filhotes. Quero de ti duas coisas: juizo sobre a sua adaptabilidade á mente infantil e anotação dos defeitos de forma. [...] (Lobato, 1948, t. 2, p.193, carta escrita a Godofredo Rangel em 13/4/1919)

A precariedade da "fabulística" no início do século XX, como aponta o fragmento da carta de Lobato, sugere-nos, por tabela, a precariedade da literatura para crianças naquele contexto. Em carta anterior, como vimos, o autor já havia denunciado o problema. Assim, além do provimento particular de fábulas, era preciso revolucionar o cenário da literatura infantil brasileira, um feito que o próprio Lobato realiza, como sabemos. Em suas correspondências, o que o autor chama de "nada" ou "nenhuma" diz respeito, na verdade, a obras que não eram adaptáveis à mente da criança, entre as quais figuravam, muitas vezes, traduções e adaptações livres das fábulas de La Fontaine. Como exemplo dessa prática podemos citar, entre outras, as fábulas de Anastácio Luís do Bonsucesso, Coelho Neto e Olavo Bilac. Em sua carta, o autor menciona as fábulas em verso de João Köpke, as quais também considera inapropriadas para crianças. Vejamos um dos textos do autor destacado:

O cavallo e o moço

Certo moço costumava
O cavallo defraudar
Na ração, que lhe devia
Todo dia dispensar.

Receiando, todavia,
Que descobrisse o patrão,
Na magreira do ginete,
A sua especulação

Duplicava de cuidados
Em sempre escovado ter
O pello ao coitado, para
Bem tratado parecer.

Atinando na manobra
O cavallo lhe fallou:
"Mais milho, amigo, é que eu quero;
Farto de escova já 'stou."

A quanto ministro a Patria
Podera o mesmo dizer:
"Menos papel e mais obra
Se me quer engrandecer!" (Köpke, 1910, p.118-119 apud Panizzolo, 2006,
p.254)

A menção direta a João Köpke (1852-1926)[1] na carta de Monteiro Lobato é digna de nota e sinaliza as marcas de um tempo. Advogado, professor

---

1 Conforme registra Panizzolo (2006), embora tivesse formação jurídica, João Köpke ocupou-se do ofício do magistério por quase toda a sua vida. Depois de longa atuação em São Paulo, em 1886, funda no Rio de Janeiro um colégio de ensino primário que, em homenagem ao seu pai, recebe o nome de Instituto Henrique Köpke. A autoria das fábulas publicadas por João Köpke, em geral, é atribuída a esse instituto. A primeira edição que, provavelmente é a de 1891, recebe, segundo Panizzolo, o título de *Fábulas*. No entanto, muitas outras edições foram publicadas. A quinta edição, que é de 1911, por exemplo, já traz um título maior, revelando claramente a finalidade dos textos: *Fabulas: para uso das classes de lingua materna, arranjadas pelo director.*

e pedagogista (no dizer de Panizzolo, 2006), a partir de 1870, aproximadamente, Köpke dedicou-se exclusivamente ao magistério e, mais tarde, tornou-se um forte ativista do projeto de modernização das escolas brasileiras, no sentido de acomodá-las aos interesses da República recém-proclamada. Assim, quando publica, em 1891, a primeira edição de fábulas, Köpke o faz imbuído desse sentimento de renovação e de transformação que, em geral, permeava a mentalidade dos intelectuais republicanos. Considerando que os fatos históricos em curso eram revolucionários, é evidente, portanto, que para colocar suas ideias em prática, o autor também precisou contrariar uma visão de mundo ainda muito dominada pelo conservadorismo imperial. O prefácio que ele escreve e adapta para suas fábulas, por exemplo, é um indicativo desse sintoma:

Prefácio

Um perú pesado e grave,
Que tudo sabia a fundo
E vasava o pensamento,
Sempre em conceito profundo,

Tomando este livro, disse,
O muco pendendo, um dia:
"Infantil acho a linguagem;
Mais elevada a queria."

"O parecer lhe agradeço,"
Tornou-lhe o autor contente;
"Infantil — é isso; fil-o
P'ra crianças, justamente."

É bem fácil de ver que eu sou o tal autor
O perú, quem será?... A palavra ao leitor. (Köpke, 1910, apud Panizzolo, 2006, p.303)

Todavia, embora as fábulas de João Köpke fossem um indício de que havia mudanças à vista na sociedade brasileira, a verdade é que elas faziam parte não de um projeto estético, mas de um projeto pedagógico. Tanto a teoria como a prática da literatura infantil, em seus primórdios (final do século XIX e início do século XX), giravam em torno de preocupações didáticas. Conforme assinalam Zilberman e Lajolo (1993, p.254), "a ausência de reflexão mais sistemática a propósito da literatura infantil faz com que eminentes pedagogos (e lúcidos intelectuais) se desincumbam de uma tarefa que deveria tocar, em princípio, aos críticos literários". Ainda que tivessem uma nobre iniciativa, os professores primários e pedagogos da época não tinham, de fato, o domínio do conhecimento sobre a natureza da literatura. Como resultado, o excesso de uso do texto como pretexto, a "falta de qualidade artística e o excesso de intenções moralizantes" (ibidem, p.255) acabam por afastar o possível leitor, atrofiando-lhe o gosto pela leitura. Esse estado de coisas leva Lobato a reagir duramente no artigo "Os livros fundamentais", publicado em *A onda verde* (1921):

> O menino aprende a ler na escola e lê em aula, os horrorosos livros de leituras didáticas que os industriais do gênero impingem nos governos. Coisas soporíferas, leituras cívicas, fastidiosas patriotices. [...]. Aprende assim a detestar a pátria, sinônimo de seca, e a considerar a leitura como um instrumento de suplício.
>
> A pátria pedagógica, as coisas da pátria pedagogicada, a ininterrupta amolação duma pátria de fancaria empedagogada em estilo melodramático, e embutida a martelo num cérebro pueril que sonha acordado e, fundamento imaginativo, só pede ficção, contos de fada, história de anõezinhos maravilhosos, "mil e uma noites", em suma, apenas consegue uma coisa: fazer considerar a abstração "pátria" como um castigo da pior espécie. [...] (Lobato, 1972, p.49)

A utilidade escolar, no entanto, foi a primeira garantia de circulação da literatura infantil. Ainda que rejeitasse a pedagogização da literatura para crianças, Lobato rapidamente percebe que o espaço escolar poderia ser utilizado como ambiente apropriado para a modificação dos paradigmas literários em vigor. É por isso que tanto a 2ª como a 3ª edição de sua obra *Fábulas*, respectivamente dos anos de 1924 e 1925, trazem a seguinte informação na página de rosto: "Obra approvada pela Directoria da Instrucção Pública dos estados de São Paulo, Paraná e Ceará". Dessa forma, a partir da estratégia da garantia de aprovação de órgãos oficiais, Lobato, ao mesmo tempo que assegurava o consumo de suas obras, apresentava sutilmente um novo modelo de literatura infantil. Vale ressaltar que o sucesso desse empreendimento dependeu justamente do contato direto e da cumplicidade do destinatário específico que era a criança.

Vimos, na carta de 1919, que a primeira justificativa que Lobato utiliza para rejeitar as fábulas de Köpke é o fato de que são textos escritos em verso. Somente depois o autor faz referência à qualidade dos versos. Fica evidente, assim, que, para Lobato, não obstante o sucesso francês dos versos de La Fontaine, fábulas para crianças deveriam ser escritas em prosa. Talvez esse posicionamento possa ter sido induzido pela qualidade dos poucos textos traduzidos que circulavam no Brasil de sua época. Sabemos, hoje, que mesmo o verso pode proporcionar fábulas agradáveis ao público infantil. De qualquer forma, quando em 1921, o autor publica *Fábulas de Narizinho*, é pela prosa que ele opta. Assim, embora busque o enredo em La Fontaine, como confessa, o fato é que o autor utilizará na forma (ainda que prolixamente) a simplicidade prosaica das fábulas de Esopo. Vale frisar que a opção pela prosa será definitiva tanto para os textos fabulares como para as demais obras infantis do autor.

Conforme já destacamos, as fábulas estão entre os textos que mais sofreram modificações na trajetória artística de Lobato. Por ser uma obra do início de sua carreira como escritor de literatura infantil, a certa altura ele mesmo admite que não se reconhecia mais na linguagem que utilizara. Diante disso, realiza severas revisões de seus próprios textos. Vejamos:

> [...] mas a mim me salvaram as crianças. De tanto escrever para elas, simplifiquei-me, aproximei-me do certo (que é o claro, o transparente como o ceu). Na revisão dos meus livros a sairem na Argentina estou operando curioso trabalho de raspagem – estou tirando tudo quanto é empaste.
>
> O ultimo submetido a tratamento foram as *Fabulas*. Como o achei pedante e requintado! Dele raspei quase um quilo de "literatura" e mesmo assim ficou alguma. O processo de raspagem não é o melhor, porque deixa sinais – ou "esquirolas", como eu diria se ainda tivesse coragem de escrever como antigamente. (Lobato, 1948, t. 2, p.339-340, carta escrita a Godofredo Rangel em 1º/2/1943)

Sendo assim, as fábulas que foram publicadas na primeira edição são muito diferentes das da última edição publicada pelo autor. Como demonstração dessa transformação radical, é interessante verificar, por exemplo, o que ocorre com uma das fábulas mais conhecidas da tradição, "A raposa e as uvas", em edições de épocas diferentes. Primeiramente vejamos, então, o texto de *Fábulas de Narizinho*:

A raposa e as uvas

Certa raposa esfaimada encontrou uma parreira carregadinha de lindos cachos maduros, coisa de fazer vir água á bocca. Mas alta, tão alta que nem pulando podia colher um bago só.

O matreiro bicho, torcendo o focinho, disse com desprezo:

— Estão verdes. Uvas assim só cães podem tragar.

E foi-se. Nisto deu o vento e uma folha tombou. A raposa, ouvindo o barulho, e julgando ser um bago, volta a toda pressa e põe-se a farejar...

Quem desdenha quer comprar. (Lobato, 1921)

Para efeito de rápida comparação, vejamos agora o texto que está na 4ª edição das Obras Completas de Monteiro Lobato, que é de 1973, e, por isso, representa a forma definitiva que o autor imprimiu ao texto:

A rapôsa e as uvas

Certa rapôsa esfaimada encontrou uma parreira carregadinha de lindos cachos maduros, coisa de fazer vir água à bôca. Mas tão altos que nem pulando.

O matreiro bicho torceu o focinho.

— Estão verdes – murmurou. – Uvas verdes, só para cachorro.

E foi-se.

Nisto deu o vento e uma fôlha caiu.

A rapôsa ouvindo o barulhinho voltou depressa e pôs-se a farejar...

Quem desdenha quer comprar.

———————

— Que coisa certa, vovó! – exclamou a menina. Outro dia eu vi essa fábula em carne e osso. A filha do Elias Turco estava sentada à porta da venda. Eu passei no meu vestidinho novo de pintas côr-de-rosa e ela fêz um muxoxo. "Não gosto de chita côr-de-rosa." Uma semana depois lá a encontrei tôda importante num vestido côr-de-rosa igualzinho ao meu, namorando o filho do Quindó... (Lobato, 1973, p.47)

Já num primeiro olhar é possível verificar que a linguagem do segundo texto é mais fluida, dinâmica e objetiva. Esse resultado é obtido, sobretudo, pelo aproveitamento do modo oral de expressão. Por exemplo, em lugar de "Uvas assim só cães podem tragar", do primeiro texto, aparece, no segundo, "Uvas verdes, só para cachorro". Também o período "A raposa, ouvindo o barulho, e julgando ser um bago, volta a toda pressa e põe-se a farejar..." é substituído por "A rapôsa ouvindo o barulhinho voltou depressa e pôs-se a farejar...". Em outro caso, além da aproximação com a fala cotidiana, podemos verificar certa colagem da forma infantil de dizer. Em lugar da superlativização obtida por meio da repetição do adjetivo em "Mas alta, tão alta que nem pulando podia colher um bago só", o autor opta por "Mas tão altos que nem pulando", uma expressão que lembra a fala de crianças no desenvolvimento de certas brincadeiras ou até mesmo na colheita de frutas.

Outra modificação, certamente a mais visível, é o acréscimo do comentário de Narizinho, separado da fábula por um pequeno traço. A fala de Narizinho mergulha fundo no plano da moral e, curiosamente, compõe-se de uma nova narrativa. Em Lessing, vimos que esse outro texto, "a fábula em carne e osso", que é plasmado na ficção fabular, é chamado de fábula composta. Já com Lima, vimos que o plano da moral, chamado pelo autor de discurso temático, é essencialmente humano, o que confirma, em tese, a alegoria mecânica de Nøjgaard: os animais da fábula são sempre os homens. É por isso que, na experiência de Narizinho, é possível estabelecer uma clara correspondência com a fábula narrada: a raposa é a filha do Elias Turco. As uvas, por sua vez, são "o vestidinho novo de pintas côr-de-rosa", ambos desprovidos de ação.

Nas duas versões de "A raposa e as uvas", podemos notar que a moral, além de não receber qualquer modificação, permanece com a mesma forma gráfica, o itálico. Vimos também, na fábula de João Köpke, a presença dessa mesma forma de grafia da moral. Poderíamos deduzir, então, diante dessa evidência, que a publicação de fábulas com a utilização de tipos gráficos diferentes (o normal para a história e o itálico para a moral) seria uma convenção do trabalho de editoração daquela época. Por outro lado, essa diferenciação na grafia e, no caso de Lobato, um pequeno afastamento em relação à narrativa, pode significar o entendimento de que a moralidade não pertence à fábula. Nøjgaard, como vimos, embora defenda a natureza moral do gênero, entende que a ligação estrutural entre fábula e moralidade é inexistente. Entretanto, se considerarmos os estudos de Alceu Dias Lima, expressos, sobretudo, em seu artigo "A forma da fábula", veremos que o itálico nas fábulas de Lobato pode ser considerado um meio de expressão do discurso metalinguístico que, por sua vez, conforme já sabemos, estabelece a conexão entre fábula e moralidade. Portanto, em vez do destaque da moral pelo uso de frases como "A fábula mostra que", "A fábula se refere" ou "Moral da história", Monteiro Lobato (e também outros fabulistas de seu tempo) prefere recorrer ao recurso supralinguístico do itálico.

Verificadas sucintamente as modificações presentes nas fábulas lobatianas, convém ressaltar que a recusa de Lobato em relação às fábulas de João Köpke, além de estar relacionada à forma do verso e à linguagem requintada, também se explica pelo conflito entre as tendências estéticas que vigoravam no entresséculo. Verificava-se, por exemplo, a convivência simultânea de ideias do Realismo, do Naturalismo e do Parnasianismo. Porém vale lembrar que já ressoavam os primeiros acordes do Modernismo, haja vista o surgimento de figuras proeminentes como Lima Barreto e Euclides da Cunha. Enquanto as fábulas de Köpke traziam fortes ecos do Parnasianismo, com sua linguagem acadêmica e o burilamento do verso, Monteiro Lobato, em 1919 (tempo de sua carta), ainda que arredio, já estava irremediavelmente enamorado das ideias modernistas. No próximo tópico, veremos, então, um pouco da peculiaridade do modernismo de Lobato, optando por analisar sua manifestação, também singular, na construção das fábulas do autor.

A antropofagia das fábulas

O termo "antropofagia" é aqui emprestado de Oswald de Andrade, um dos expoentes do Modernismo no Brasil, o qual, como sabemos, foi o mais revolucionário dos movimentos nas artes brasileiras. Também sabemos que, de maneira geral, há certo desconhecimento sobre as relações entre Monteiro Lobato e o Modernismo. Boa parte dos tratadistas de literatura brasileira prefere mantê-lo isolado no limbo do pré-modernismo, por entender que sua obra e suas ideias fossem incompatíveis com a agenda modernista. A partir da década de 1980, no entanto, começam a surgir alguns trabalhos que apontam em sentido contrário ao da crítica vigente. Entre eles, destacamos, por exemplo, o trabalho pioneiro de Regina Zilberman (1983) que, reunindo diversos artigos, mostra a modernidade de Lobato tanto na obra adulta como na infantil, bem como na sua atuação como editor e/ou como cidadão. Dos artigos da coletânea, destacamos, entre outros, o de Marisa Lajolo que, pioneiramente, ressalta a modernidade de Monteiro Lobato no reduto extraliterário e na engrenagem interna dos textos, incluindo os de literatura infantil.

> Mas todos os índices da modernidade de Lobato (modernização do modo de produção da literatura, a concepção moderna de livro e de leitura, projeto de criação de uma literatura infantil) poderiam ser insuficientes se outros aspectos, agora internos à sua obra, não apontassem também para um projeto e uma prática de modernidade e mesmo de vanguarda presidindo à sua produção literária. Tanto sua obra infantil como a não infantil ilustram uma série de procedimentos literários já sancionados como modernistas e de vanguarda pela nossa tradição crítica a partir das obras dos modernistas de 22. (Lajolo, 1983, p.47)

Partindo desse prisma, Lajolo observa que Lobato combate o academismo, o domínio parnasiano e a importação dos modelos europeus e, em lugar disso, propõe e executa a oralização da linguagem, apropriando-se dos falares regionais e promovendo uma revolução na linguagem que, em muitos casos, assemelhava-se ao estilo oswaldiano. Na literatura infantil, por exemplo, Lobato retoma a tradição literária para recriá-la e, com isso, imprime uma nova configuração às personagens dos contos tradicionais. Essa centelha modernista, como veremos neste tópico, atinge também a fábula que, no espaço do ouvinte, será criticamente "digerida", podendo ser discutida, questionada ou ter a sua moral relativizada.

Contrariando também as opiniões correntes sobre Monteiro Lobato e o modernismo, temos, ainda nos anos 1980, o trabalho de Vasda Bonafini Landers (1988) que, analisando a trajetória literária entre Jeca e Macunaíma, recupera os laços entre Monteiro Lobato e o movimento de 1922. Em suas pesquisas, a autora defende que a figura relevante do Modernismo como movimento artístico e literário era, de fato, Monteiro Lobato e não Graça Aranha, como preferiram os modernistas da primeira geração. O curioso, no entanto, segundo a autora, é que o grupo faria um esforço desmedido no sentido de estabelecer algo que, a rigor, já teria sido realizado pelo autor de *Urupês*: "A ironia está no fato de que o Modernismo iria dar voltas antes de estabelecer-se como escola para finalmente entrar na faixa delineada tantos anos antes por Monteiro Lobato" (Landers, 1988, p.23).

Já em meados dos anos 1990, temos a pesquisa de Tadeu Chiarelli (1995), que destaca Monteiro Lobato como um dos maiores críticos de arte do início do século XX. Segundo o autor, muito antes dos modernistas, Lobato já havia elaborado um projeto estético para o Brasil caracterizado por tendências nacionalistas e naturalistas. Tal projeto, no entanto, foi totalmente ignorado por alguns integrantes do modernismo emergente que tinham como referência maior os movimentos artísticos de vanguarda importados da Europa. Todavia, sem poder ignorar a extrema importância do criador do Jeca Tatu, os modernistas o pressionam sem sucesso para que mude as suas convicções. Diante do fracasso na tentativa de cooptá-lo, eles preferem, então, desautorizá-lo e transformá-lo, por exemplo, no vilão responsável pela mudança de itinerário da pintura de Anita Malfatti. Quanto a isso, por meio de suas análises, Chiarelli observa que esse processo de desautorização de Monteiro Lobato impregnara as mentalidades de tal forma, que ainda encontra ressonâncias nos dias atuais:

> Esse processo de desautorização, iniciado pelos escritores modernistas Menotti Del Picchia e Mário de Andrade, com o tempo cristalizou-se em preconceito, a partir de novos textos que abordavam a questão, escritos por historiadores engajados na construção de uma história ideal do Modernismo. Apesar do surgimento de estudos recentes que repensam o caso "Lobato e Malfatti" de um ângulo menos comprometido com o Modernismo, o preconceito ainda permanece intocado. (Chiarelli, 1995, p.20)

Ainda que não seja nosso objetivo investigar as razões do isolamento compulsório de Lobato em relação ao modernismo, como já fizeram os pesquisadores destacados, uma rápida abordagem será suficiente para mostrar que Monteiro Lobato era tão moderno quanto os modernistas da primeira geração. Tanto no Brasil como na Europa, os anos finais do século XIX e iniciais do século XX são marcados por acontecimentos históricos determinantes e de alto impacto na organização das sociedades. Se aqui convivíamos com os adventos da Abolição da Escravatura e Proclamação da República, na Europa já se ouviam os rumores da Primeira Grande Guerra (1914-1918) que, por sua dimensão, mudaria para sempre o cenário mundial. Além da euforia natural do momento de virada do século, as mudanças políticas e sociais provocaram um clima de efervescência geral que impulsionava para a frente e condicionava os avanços tanto no continente europeu como nos países colonizados. No caso do Brasil, o contágio se deu por meio das viagens realizadas por jovens abastados que, ao conhecer novas tendências artísticas, como as vanguardas europeias, por exemplo, queriam adaptá-las ao nosso contexto. São esses contatos e iniciativas que praticamente determinam o surgimento do modernismo brasileiro.

Quando inauguram o Modernismo na Semana de 22, os integrantes da primeira geração não tinham clareza total de suas metas. A princípio, sabiam dizer, apenas, o que não queriam. Eram contra a ênfase oratória e a eloquência; contra as rimas ricas, a métrica perfeita e a linguagem classicizante; contra o tradicionalismo e o academismo; contra tabus e preconceitos; e, acima de tudo, defendiam o direito à pesquisa estética e a atualização da inteligência. Aos poucos as características do movimento foram se definindo e ganhando contornos mais claros e objetivos. Nas palavras de Nelson Werneck Sodré (1964, p.526),

> [...] a contribuição do Movimento Modernista se definiria em dois planos, justamente aqueles que condicionam a emancipação literária, a busca da originalidade e a busca da forma de expressão. No primeiro caso está fora de dúvida que foi nacionalista, em sua forma peculiar e transitória, ainda muito embebida das contribuições e influências externas, meramente formais, e logo dissipadas. [...]
>
> No segundo caso, teve importância invulgar, [...] a contribuição no sentido da elaboração da língua literária. Juntando o interesse por uma temática verdadeiramente brasileira ao esforço pela conquista de uma técnica formal de expressão daquela temática, o modernismo mostrou a sua importância, e os seus melhores representantes foram, por isso mesmo, aqueles que compreenderam e praticaram aquela conjugação.

Mas, embora a passagem dos anos tenha confirmado e aperfeiçoado os ideais modernistas, a princípio, o movimento confrontou-se com os desafios que determinariam ou não a sua autenticidade. Um desses desafios era, por exemplo, unir opostos de forma coerente e criativa. Sob o risco de malograr as tentativas de revolucionar a arte brasileira, os modernistas precisavam conjugar as novas técnicas de expressão trazidas do Velho Mundo com os elementos mais característicos da cultura brasileira. Sobre isso, vejamos mais uma vez as palavras de Sodré (ibidem, p.525): "A grande dificuldade do movimento consistia em conciliar os antagonismos que provinham do que representava como inequívoca manifestação peculiar ao meio brasileiro e do que recebia como influência das correntes literárias surgidas do pós--guerra na Europa". Somado a isso, os modernistas também careciam da garantia de um público, sem o qual a sua arte não sobreviveria.

A dificuldade de conciliação de tendências heterogêneas nos primeiros tempos do modernismo seria uma das explicações para "o individualismo de alguns de seus escritores, surpreendidos que as coisas não seguissem justamente o rumo que era o de seus desejos" (ibidem, p.525). Entre esses escritores encontramos justamente Monteiro Lobato, que, na área da pintura, por exemplo, critica duramente a arte de Anita Malfatti. Entretanto, ressalvas e desentendimentos à parte, o autor da saga do Picapau Amarelo pode ser considerado um dos pioneiros da renovação estética no Brasil, uma vez que sua obra, já desde 1918 com *Urupês*, traz um sentido de nacionalização e se movimenta em direção à necessidade de inovar a linguagem e a forma de expressão. Esse pioneirismo está expresso ainda no seu criterioso e sofisticado trabalho de edição da *Revista do Brasil*, que também se efetiva a partir de 1918. Também sabemos, hoje, com base nas investigações de Tadeu Chiarelli, que o imbróglio Anita Malfatti foi muito mais uma encenação de artistas da primeira geração que preferiram transformar a artista em vítima da crítica feroz de Lobato e "mártir do movimento" (Chiarelli, 1995, p.27). Mas ao contrário disso, Chiarelli analisa que a autora muda a sua forma de produzir arte não em virtude das críticas que recebera, e sim, por uma mudança natural de seu ponto de vista em relação ao panorama artístico.

Não obstante as divergências e o individualismo de Monteiro Lobato, vale ressaltar que havia um clima de consideração e até de cordialidade entre os homens de letras do início do século XX. Embora tenha preferido não fazer parte do grupo, Lobato sempre manteve intenso contato com os escritores modernistas da primeira geração, chegando mesmo a publicar várias de suas obras. Correspondia-se com Di Cavalcanti, Graça Aranha, Oswald de Andrade, Sérgio Milliet e Mário de Andrade. Havia entre eles um reconhecimento recíproco da importância histórica de suas posições. Assim, revisando o posicionamento anterior da crítica oficial, nas últimas décadas encontramos já alguns críticos e teóricos da literatura brasileira que reconhecem a proeminência do papel de Lobato em relação ao modernismo. É o caso de Wilson Martins (1978 apud Azevedo; Camargos; Sacchetta, 2001, p.173), por exemplo, para o qual Monteiro Lobato poderia ter sido o líder do movimento.

> Sabe-se que, por um mal-entendido inexplicável do destino, os jovens turcos de 1922, em busca de respeitabilidade, foram bater à porta de Graça Aranha, que nada tinha com o assunto, em vez de procurar Monteiro Lobato. [Isso] criou entre eles o abismo fatal que jamais se pôde transpor, malgrado o fato de Monteiro Lobato ter sido, no campo da ação e das ideias sociais, econômicas e políticas, o praticante mais sistemático e característico do programa modernista.

Como bem assinalou Lajolo (1983), seja em sua obra adulta, seja em sua obra infantil, em 1922, quando os modernistas iniciaram a renovação estética, Monteiro Lobato já havia adotado antes uma série de procedimentos inovadores em sua produção literária que, desde então, passaram a ser chamados de vanguardistas. No caso da obra infantil, por exemplo, destaca-se o projeto nacionalista de Sítio, a defesa e a valorização dos elementos primitivos da cultura brasileira, o perfil macunaímico de Emília e, sobretudo, a valorização da linguagem oral somada à atualização dos modos de expressão. Outro procedimento que se pode chamar de modernista em sua obra infantil é o tratamento antropofágico dado às fábulas.

No início deste tópico, destacamos que o uso da palavra "antropofagia" seria tomado no sentido oswaldiano. Em sentido literal, o termo "antropofagia" diz respeito à prática de alguns povos primitivos, especialmente no Brasil, que, em ritual sagrado, devoravam a carne de seus inimigos para absorver-lhes a coragem, a força e a virtude demonstradas. Ao retomar a imagem impactante da devoração ritual no Manisfesto Antropófago, Oswald pretendia transformar a antropofagia em metáfora da cultura nacional. Assumida a identidade original, estaríamos aptos para elevar a cultura brasileira ao plano do universal, como podemos deduzir dos trechos iniciais de seu manifesto:

Só a Antropofagia nos une. Socialmente. Economicamente. Filosoficamente. Única lei do mundo. Expressão mascarada de todos os individualismos, de todos os coletivismos. De todas as religiões. De todos os tratados de paz.

[...]

Só me interessa o que não é meu. Lei do homem. Lei do antropófago. (Andrade, 1972, p.13)

Analisando a carga semântica de "antropofagia", Benedito Nunes o considera como um "vocábulo catalisador" que, pelo seu "poder de choque", por si só, estimula a reflexão e o abandono da inércia. Mais forte seria ainda o seu sentido simbólico.

> Como símbolo da devoração, a Antropofagia é a um tempo *metáfora, diagnóstica* e *terapêutica*: *metáfora orgânica*, inspirada na cerimônia guerreira da imolação pelos tupis do inimigo valente apresado em combate, englobando tudo quanto deveríamos repudiar, assimilar e superar para a conquista de nossa autonomia intelectual; *diagnóstico* da sociedade brasileira como sociedade traumatizada pela repressão colonizadora que lhe condicionou o crescimento, e cujo modelo terá sido a repressão da própria antropofagia ritual pelos Jesuítas, e *terapêutica*, por meio dessa reação violenta e sistemática, contra os mecanismos sociais e políticos, os hábitos intelectuais, as manifestações literárias e artísticas [...]. (Nunes, 1972, p.XXV-XXVI).

Embora agressiva, a reação antropofágica deveria ocorrer no plano das ideias, concretizando-se "sob forma de ataque verbal, pela sátira e pela crítica [...] numa catarse imaginária do espírito nacional" (ibidem, p.XXVI). Portanto, munido da força simbólica da palavra, quando funda o movimento antropofágico em 1928, Oswald de Andrade quer ressignificar a imagem negativa e eurocêntrica que se tinha do homem brasileiro e seu modo de vida. Em contrapartida, também desejava mudar a visão superior que se tinha da cultura europeia em terras brasileiras. Assim, a partir do princípio metafórico, transforma a antropofagia num processo de absorção crítica que contribuiria para a formação da nossa cultura. Se para o colonizador o homem primitivo era inferior por praticar o canibalismo, na nova interpretação de Oswald, é justamente essa ancestralidade canibal que favorecerá a assimilação crítica da cultura europeia. E tratando-se de

152 LOIDE NASCIMENTO DE SOUZA

assimilação crítica e de acomodação ao pensamento brasileiro, o modelo de fábula criado por Monteiro Lobato é uma perfeita representação dessa atitude filosófica.[2]

O posicionamento crítico do brasileiro e, portanto, latino-americano Monteiro Lobato também exemplifica, segundo a concepção de Silviano Santiago (2000, p.16), o sentido das contribuições da América Latina para a cultura ocidental:

> Sua geografia deve ser uma geografia de assimilação e de agressividade, de aprendizagem e de reação, de falsa obediência. A passividade reduziria seu papel efetivo ao desaparecimento por analogia. Guardando seu lugar na segunda fila, é no entanto preciso que assinale sua diferença, marque sua presença, uma presença muitas vezes de vanguarda.

A manifestação do princípio antropofágico pode ser observada em toda a extensão do enredo das fábulas de Lobato. Ele emerge, por exemplo, na linguagem utilizada pelo narrador, que reflete tons brasileiros e orais em expressões do tipo "*quem ama o feio, bonito lhe parece*" (p.12) ou "Justiça é pau" (p.43); na presença de animais da fauna brasileira ou pouco presentes na fauna fabular tradicional, como onça, marreco, jaguatirica, jabuti, gato-do-mato, peru, entre outros; ou na modificação radical do enredo por parte do narrador como acontece em "A cigarra e as formigas". Na versão lobatiana, a narrativa fabular é dividida em duas partes, seguida depois pelos comentários de Narizinho, Emília e Dona Benta. No primeiro desfecho, a formiga é boa porque socorre a cigarra. Já no segundo, é má porque a maltrata. Quando narra os episódios de "A formiga má", o narrador faz questão de localizar os fatos no ambiente europeu, sugerindo indiretamente que os episódios de "A formiga boa" teriam ocorrido no Brasil.

> Já houve, entretanto, uma formiga má que não soube compreender a cigarra e com dureza a repeliu de sua porta.

---

2 De acordo com o *Dicionário Oxford de filosofia*, atitude é uma "reação avaliativa, normalmente contrastada com a mera crença, devido à sua conexão mais direta com a motivação e o comportamento. Uma atitude é um estado cuja essência é a satisfação ou a insatisfação ativa com algo que se passa no mundo, e não a mera cognição de que alguma coisa se passa no mundo" (Blackburn, 1997, p.27).

Foi isso na Europa, em pleno inverno, quando a neve recobria o mundo com o seu cruel manto de gêlo. (p.11).

Confirmando a intenção de confrontar o enredo clássico, o narrador ainda acrescenta uma moral que louva os méritos da cigarra e tem um valor conceitual: *"Os artistas – poetas, pintores, músicos – são as cigarras da humanidade"* (p.12).

Entretanto, se a manifestação da antropofagia ocorre na extensão do enredo central das fábulas de Lobato, ela será muito mais evidente no espaço do ouvinte, reservado para a participação das personagens do Sítio. Nesse espaço, o leitor também toma conhecimento de que a narradora das fábulas é Dona Benta e que os ouvintes com os quais ela interage são as crianças, Narizinho e Pedrinho, os bonecos, Visconde e Emília, havendo ainda algumas participações de Tia Nastácia.

Além de narradora das fábulas, Dona Benta também é mediadora de conhecimento e de leitura. De maneira solidária e democrática, ela vai lendo e contando histórias, responde a questionamentos, dá explicações e procura facilitar o entendimento. A sessão de fábulas seria, nessa perspectiva, apenas um momento recreativo e didático em que Dona Benta discutia e explicava questões de gênero, língua, literatura, entre outros assuntos.

Entretanto, se pensarmos que as fábulas contadas por Dona Benta eram quase todas pertencentes ao acervo europeu e que, a partir delas, ocorrem os comentários e as avaliações das personagens-ouvintes, é possível vislumbrar uma outra interpretação para a cena. Além de um momento de apreciação literária, a sessão de fábulas seria, sobretudo, um momento antropofágico em que todos se reuniam para "comer" e "digerir" a fábula clássica. Ora aprovavam o sabor, ora desaprovavam. Em alguns casos de desaprovação, sugeriam certas modificações no "cardápio" ou simplesmente o descartavam em definitivo.

Analisando o papel do escritor latino-americano, Silviano Santiago (2000, p.19) lembra que sua produção deve destacar-se pela diferença. Do ponto de vista desse escritor, nas expressões de Barthes, haveria *textos legíveis e textos escrevíveis*. Os *legíveis* são aqueles que não podem ser escritos e atuam na mente do leitor. Os *escrevíveis* oferecem um modelo de produção e convidam o leitor a se aventurar na experiência da escritura ou reescritura, como é o caso das fábulas. Entretanto, esse exercício não pode ser passivo, mas deve ser o resultado de uma "assimilação inquieta e insubordinada, antropófaga" (Santiago, 2000, p.20). Daí o confronto que se estabelece entre o segundo texto e o primeiro.

> O segundo texto se organiza a partir de uma meditação silenciosa e traiçoeira sobre o primeiro texto, e o leitor, transformado em autor, tenta surpreender o modelo original em suas limitações, suas fraquezas, em suas lacunas, desarticula-o e o rearticula de acordo com suas intenções, segundo sua própria direção ideológica, sua visão do tema apresentado de início pelo original. (ibidem, p.20)

De fato, quando analisamos o exercício de reescritura das fábulas em Lobato, vemos que ele é todo baseado na rearticulação crítica e intencional. Já vimos que o narrador de suas fábulas (no caso, a matriarca[3] Dona Benta) é um dos agentes da antropofagia. Por meio de suas escolhas, ele procura encontrar o ponto ideal do tempero de modo a acomodá-lo ao gosto da plateia. Em "A cigarra e as formigas", promove uma mudança radical no enredo e inverte a moral. Em outras fábulas, a mudança de linguagem é antecipada e anunciada pelo próprio título. Por exemplo, se em La Fontaine encontra-se o título "O avarento que perdeu o tesouro", em Lobato a mesma fábula é intitulada "Unha-de-fome". O mesmo processo é verificado em outras fábulas: de "A vendedora e a jarra de leite" para "A menina do leite"; de "O cervo e a vide" para "O veado e a moita"; ou de "O carvalho e o caniço" para "O orgulhoso", entre muitas outras. No caso desta última fábula, o narrador, além de promover a tipificação por meio da substantivação do adjetivo, também modifica as personagens do mundo vegetal. Em lugar de "carvalho" e "caniço" teremos "jequitibá" e "tabua". Tanto uma como outra planta são típicas de regiões tropicais e são fartamente conhecidas nas regiões interioranas do país. Se na fábula de La Fontaine o orgulho do carvalho era velado e disfarçava-se de compaixão, em Lobato o jequitibá

---

3 A expressão "matriarca" está em consonância com o Manifesto Antropófago de Oswald que, conforme interpreta Nunes (1972), em lugar do mundo repressor do patriarcado (*cultura da servidão*), "esquema da civilização", propunha o modelo mítico do matriarcado de Pindorama (*cultura da liberdade*), um mundo primitivo regido pelo poder feminino. Portanto, quando elege Dona Benta como a líder-mor do Sítio do Picapau Amarelo, Monteiro Lobato demonstra, também nessa escolha, afinidade com as utopias modernistas de Oswald de Andrade.

não terá nenhum escrúpulo ao revelar a sua superioridade perante a tabua. Vejamos:

> – Que triste vida levas, tão pequenina, sempre à beira dágua, vivendo entre saracuras e rãs... Qualquer ventinho te dobra. Um tisio que pouse em tua haste já te verga que nem bodoque. Que diferença entre nós! A minha copada chega às nuvens e as minhas fôlhas tapam o sol. Quando ronca a tempestade, rio-me dos ventos e divirto-me cá do alto a ver os teus apuros. (p.50)

Essa objetividade na descrição dos sentimentos e fatos é de certo modo uma necessidade dos ouvintes de Dona Benta, que eram brasileiros, mas, acima de tudo, eram crianças. Por isso mesmo, nem sempre seriam capazes de entender todas as sutilezas de um discurso altamente elaborado. Portanto, na perspectiva antropofágica de Lobato, são as peculiaridades do espaço e do leitor (ou ouvinte) que determinam a forma de narrar. Vale frisar que os detalhes desse método narrativo ou de leitura pode ser conferido em *Reinações de Narizinho*.

> – Leia da sua moda, vovó! – pediu Narizinho.
> A moda de dona Benta ler era boa. Lia "diferente" dos livros. Como quase todos os livros para crianças que há no Brasil são muito sem graça, cheios de têrmos do tempo do onça ou só usados em Portugal, a boa velha lia traduzindo aquêle português de defunto em língua do Brasil de hoje. Onde estava por exemplo, "lume", lia "fogo"; onde estava "lareira", lia "varanda". E sempre que dava com um "botou-o" ou "comeu-o", lia "botou êle", "comeu êle" – e ficava o dôbro mais interessante. (p.106)

Os esforços no sentido de adequar a narração ao contexto e ao ouvinte, no entanto, não são suficientes para garantir a aceitação integral das fábulas. Vimos que, na proposta de Oswald, a antropofagia pressupõe a absorção crítica ou simplesmente a rejeição do produto: "Contra todos os importadores de consciência enlatada" (Andrade, 1972, p.14). É por isso que algumas fábulas têm o seu "cardápio" totalmente reprovado, como é o caso de "A morte e o lenhador", "Os dois pombinhos", "O olho do dono" e "O rato e a rã".

Em "A morte e o lenhador", as personagens, incluindo a própria narradora, reagem contra a imagem tradicional da morte.

– Não gosto desta fábula – disse a menina – porque aparece uma Morte muito feia. Eu não queria que pintassem a morte assim, com o alfange de cortar grama ao ombro, com a caveira em vez de cara e aquêle lençol embrulhando o esqueleto... (p.25)

Dona Benta explica, então, que a origem da imagem negativa da morte vinha dos tempos da Idade Média, mas defende que a morte pode ser vista de forma positiva. Ao doente sofredor, ela seria o Grande Remédio. Pedrinho, por sua vez, contrapõe ao retrato assustador, a figura inebriante criada pelo cinema americano:[4]

– Morte de que eu gosto – disse Pedrinho – é aquela dos americanos...
Ninguém entendeu. Êle explicou.
– Lembram-se daquela fita que vimos no cinema, HORAS ROUBADAS? A Morte era Mister Ceifas, um môço muito elegante e delicado, mas de rosto impassível. Entrou naquele jardim e com um gesto muito amável convidou o velho entrevado a ir com êle. [...] Que beleza! *Eu gostei tanto que perdi o mêdo da morte.* Se ela é assim, que venha buscar-me. Sairei pela mão de Mister Ceifas tal qual aquêle velho – feliz, sorrindo e gozando a beleza das paisagens do outro mundo... (p.25, grifo nosso)

Notemos que Pedrinho vai buscar na sétima arte a alternativa para o enredo da fábula clássica que, a seu tempo, não conhecia a nova forma de expressão artística surgida nos Estados Unidos muitos séculos depois. Em Lobato, a fábula é apresentada ao cinema e, pelo visto, sai humilhada do confronto, uma vez que a nova arte consegue produzir o fascínio de uma criança pelo mais assombroso dos presságios, algo que ela nunca conseguiu realizar. Vemos, então, que a reconstrução de conceitos a partir da antropofagia pode ocorrer, não só por recursos verde-amarelos, mas, também, pelo que existe de mais moderno no Novo Mundo. Como profetiza o Manifesto: "O cine-

---

4 Analisando as diferenças entre a personagem do teatro e a do cinema, Gomes, no ensaio "A personagem cinematográfica", realiza algumas reflexões que também podem ser válidas para a fábula, principalmente se considerarmos que os animais são "atores" que representam seres humanos. Vejamos: "Num primeiro exame, as coisas se passariam na tela de forma menos convencional do que no palco, e decorreria daí a impregnância maior da personagem cinematográfica, o desencadeamento mais fácil do mecanismo de identificação" (Gomes, 2009, p.112-3).

ma americano informará. [...] A fixação do progresso por meio de catálogos e aparelhos de televisão. Só a maquinaria" (Andrade, 1972, p.14 e 17).

Outro indicativo das influências do cinema na capacidade de avaliação das personagens do Sítio é a rejeição veemente da fábula "O ôlho do dono". Por não conseguir digeri-la, as crianças praticamente a "vomitam":

> [...] Todos estavam indignados com o tal dono. E Emília teve uma ideia. Berrou:
> – Lincha! Lincha essa fábula indecente!
> Os outros acompanharam-na:
> – Lincha! Lincha!...
> E os três lincharam a fábula, único meio de dar cabo do matador do filhote de Bambi que estava dentro dela. (p.39-40)

Tamanha comoção, como revela o fragmento, não parece ser resultante apenas do enredo da fábula: trata-se de um veadinho que, para fugir de caçadores, esconde-se em um estábulo e é beneficiado pela cumplicidade das vacas que ali estavam. Tudo teria corrido bem, não fosse o aparecimento do dono do curral que, ao fiscalizar minuciosamente o local, descobre o intruso e o mata.

Perante o desfecho da fábula, Narizinho, já na primeira reação, estabelece a conexão veadinho – filhote de Bambi, que não aparece no enredo fabular. Vejamos: "– Malvado! – exclamou Narizinho vermelha de cólera. O veadinho que o bruto matou com certeza era o filhote de Bambi...". A história de Bambi foi originalmente escrita e publicada em 1928 por Felix Salten e, mais tarde, em 1942, foi adaptada para o cinema por Walt Disney. Se, conforme sabemos, os comentários das fábulas são de 1943, é muito provável que, no caso de "O ôlho do dono", eles tenham sido fundamentados na produção cinematográfica. Comparando-se com outras fábulas em que o mais fraco é vítima da violência do mais forte, em "O ôlho do dono" a intensidade das reações das personagens infantis é maior que a esperada. Furiosas, por unanimidade, elas saem em defesa do veadinho e descartam a fábula como forma de anular os fatos narrados. Podemos supor, então, que não é o enfoque da fábula tradicional nem o ponto de vista do narrador que direcionam a compreensão e as reações. A interpretação da fábula teria sido realizada, portanto, pela ótica imaginária, espetacular e catártica do filme. Só assim encontraríamos a lógica da medida exata das emoções demonstradas.

A referência ao cinema, como vimos, é recorrente em *Fábulas* e revela um Monteiro Lobato totalmente "atualizado" e atento às produções artísticas contemporâneas. Ainda na fábula "O velho, o menino e a mulinha", o autor faz referência ao filme *This above all* ("E isto acima de tudo") que, assim como Bambi, é de 1942. Semelhante a *Horas roubadas*, também usa letras capitais para destacar o título do filme:

> Aquela fita que vimos no cinema da cidade tem um título muito sábio.
> – Qual, vovó?
> – E ISTO ACIMA DE TUDO...
> – Não estou entendendo...
> – Êsse título é a primeira parte dum verso de Shakespeare: "E isto acima de tudo: sê fiel a ti mesmo". Bonito, não? (p.16)

O diálogo com a linguagem do cinema, entretanto, como acabamos de verificar, não é algo presente apenas nos anos finais da carreira de Lobato. Já em 1935,[5] especialmente no conto "Marabá", que integra a coletânea publicada sob o título de *Negrinha*, o autor usa letreiros, descrições e quadros que transformam a história em um autêntico roteiro cinematográfico. Mais tarde, ao conferir as novidades do cinema americano, o autor se encantará profundamente com a nova linguagem de Walt Disney. Na carta que escreve a Godofredo Rangel em 17 de setembro de 1941 temos, por exemplo, uma medida desse encantamento:

> Estamos agora aqui com a maravilha das maravilhas, que é a FANTASIA do Walt Disney. Já me deliciei seis vezes. Não a percas, Rangel. Faça uma viagem ao Rio especialmente para te assombrares com essa amostrazinha das tremendas coisas futuras que nossos netos verão. Uma vez em meninote fugi de Taubaté para ver a Sarah Bernhardt em S. Paulo – a Sarah, que era apenas uma coruja. Fuja de Belo Horizonte e vá ver a FANTASIA. Nós fomos uma FANTASIA, Rangel... (Lobato, 1948, t.2, p.337)

---

5 O livro de contos *Negrinha* é de 1920. No entanto, de acordo com pesquisa de Milena Ribeiro Martins (2003), o conto "Marabá" só passa a fazer parte da coletânea em 1935, quando a mesma obra é dividida e lançada sob dois títulos separados: *Contos leves* e *Contos pesados*.

A partir do que verificamos nos parágrafos anteriores, podemos concluir, portanto, que a profunda afeição pela linguagem do cinema marcou fortemente a trajetória literária do criador de Emília. Conforme registra Edgard Cavalheiro (1956, t.2, p.95), Lobato chegara até mesmo a sonhar com a possibilidade de ver as personagens do Sítio transformadas na arte do desenho animado de Walt Disney: "O cinema, aliás, sempre preocupara o espírito de Monteiro Lobato. Suspirara, muitas vezes, por um Disney, que fixasse os personagens do 'Sítio do Picapau Amarelo'. Considerava o criador do Mickey Mouse um gênio".

Dando sequência à antropofagia, em *Fábulas* ocorre ainda a rejeição de outras histórias. Também as fábulas "O rato e a rã" e "Os dois pombinhos", como destacamos, são reprovadas pelas personagens do Sítio. A primeira, como já vimos, por fugir à aparência mais comum de fábula e por não possuir moralidade explícita ou facilmente dedutível. A segunda, por contrariar o gosto por aventuras das personagens. Conta a história de dois pombinhos que viviam juntos até que um deles resolve sair pelo mundo para conhecer "terras novas". Durante a viagem, passa por muitos sobressaltos e dissabores, até voltar para casa machucado e depenado. Já no abrigo de seu ninho, ouve a seguinte lição do companheiro: "Bem certo o ditado: *Boa romaria faz quem em casa fica em paz*". Tanto o enredo como a moral da fábula caminham na contramão do pensamento das personagens do Sítio que, via pó de pirlimpimpim, ultrapassam as barreiras do tempo e do espaço, em busca de mundos desconhecidos. Pedrinho, portanto, é o primeiro a discordar e Emília cria uma nova fábula que desconstrói totalmente o ensinamento da fábula ouvida.

> — Não concordo, vovó! – disse Pedrinho. Se tôda gente ficasse fazendo romaria em casa, a vida perderia a graça. Eu gosto de aventuras, sem que volte de perna quebrada.
>
> — Eu também! – berrou Emília, e hei de escrever uma fábula o contrário dessa.
>
> — Como?
>
> — Assim que o pombinho viajante partiu, um caçador aparece e dá um tiro no que ficou fazendo romaria em paz. Quando o viajante volta, todo estropiado, vê as penas do companheiro no chão, manchadas de sangue. Compreende tudo e diz: "Quem vai, volta estropiado; mas quem não vai cai na panela". [...]. (p.36)

Ao lado das fábulas reprovadas, há aquelas cuja desaprovação é parcial. Destacam-se entre elas: "A cigarra e as formigas", "A rã e o boi", "O carreiro e o papagaio", "A mosca e a formiguinha", "O ratinho, o gato e o galo", "Unha-de-fome", "O lobo e o cordeiro", "Mal maior", "As duas panelas", "A galinha dos ovos de ouro", "O reformador do mundo", "O burro na pele de leão", "A fome não tem ouvidos", "O burro sábio" e "O orgulhoso".

Numa rápida análise das fábulas parcialmente reprovadas, vemos que, ao lado de Dona Benta, Emília desponta como uma das principais agentes da antropofagia. Nesse processo de "deglutição intelectual" das fábulas (Nunes, 1972, p.XXX), é comum que ela modifique o "cardápio" para acomodá-lo ao seu gosto e aos seus interesses. Já as ressalvas de Pedrinho, Narizinho e Visconde geralmente são mais suaves, aproximando-se mais do que se pode chamar de sugestões ou observações pessoais. Narizinho, por exemplo, faz ressalvas a duas fábulas. A primeira delas, como já vimos, é "A cigarra e as formigas" e a segunda, "A fome não tem ouvidos". No caso desta última, Narizinho estranha a linguagem proposital utilizada por Dona Benta: "– Acho muito 'literária' esta fábula, vovó! – disse Narizinho. Não há sabiá que fale em "felino de bote pronto", nem em "crime de lesa-arte", coisas que nem sei o que são. Ponha isso em literatura sem aspas" (p.39).

Pedrinho, por sua vez, intervém mais direta e objetivamente em duas fábulas: "A galinha dos ovos de ouro" e "O burro sábio". Na primeira, propõe que a personagem João Impaciente recebesse o nome de "O palerma", por ter matado a galinha que lhe dava ovos de ouro, na esperança de encontrar mais riqueza nas entranhas da ave. Na segunda, entende que a fábula é "inútil" por conter o mesmo enredo de outra. Todas as interferências parciais de Pedrinho e Narizinho, no entanto, são resolvidas com explicações de Dona Benta. Para tanto, ela destaca a necessidade de variação da linguagem, as peculiaridades do gênero e os encaminhamentos do enredo para a construção da moral.

Quanto ao Visconde, a única vez em que ele intervém para discordar ocorre em "A mosca e a formiguinha". A fábula conta a história de uma mosca que esnobava a vida da formiga, dizendo-se privilegiada por entrar em todos os lugares e participar de todos os banquetes. Um dia a formiga a encontrou presa em uma vidraça, condenada a morrer de fome e devolveu-lhe todos os insultos. A moral resume a ideia veiculada: "*Quem quer colhêr, planta. E quem do alheio vive, um dia se engasga*". Curiosamente, como ocorre em pouquíssimas fábulas, o Visconde é o único a reagir e, dessa vez, ele contraria o ensinamento:

> – Seria muito bem se fôsse assim – disse o Visconde. Mas muitas vêzes um planta e quem colhe é o outro...
> Emília fuzilou-o com os olhos. Aquilo era indireta das mais diretas. O Visconde, amedrontado, encolheu-se no seu cantinho. (p.34)

Exatamente como diz o texto, seja para concordar, seja para discordar, todas as vezes em que o Visconde se manifesta nos comentários das fábulas, ele o faz para expressar indiretamente o seu descontentamento em relação ao tratamento que Emília lhe dispensa. Entretanto, por sua passividade, acaba por silenciar-se ao menor sinal de ameaça por parte da boneca.

A preponderância e o domínio de Emília perante o Visconde ilustram também o seu radicalismo na proposição de mudanças no enredo clássico das fábulas. Sua antropofagia, em muitos casos, produz outro sentido para o texto e subverte a moral. A devolutiva é, pois, um "cardápio" diferenciado, cujo "prato principal" é composto de esperteza, malandragem e autoconfiança. Descontadas as fábulas do conjunto destacado há alguns parágrafos, cujo enredo é em parte questionado por Narizinho, Pedrinho e Visconde, as outras serão terminantemente questionadas por Emília.

A primeira fábula a contrariar o pensamento de Emília, levando-a a reagir de forma enérgica é "A rã e o boi". O texto conta a história de uma rã que, na tentativa de chegar ao tamanho do boi, estufou-se até estourar. A moral ilustrada diz: "– *Quem nasce para dez réis não chega a vintém*". Emília, entretanto, acredita na evolução incondicional dos seres e, para comprovar sua ideia, usa o seu próprio exemplo: "– Não concordo! – berrou Emília. Eu nasci boneca de pano, muda e feia, e hoje sou até ex-Marquesa. Subi muito. Cheguei a muito mais que vintém. Cheguei a tostão..." (p.12). O otimismo e a autoconfiança de Emília revelam, portanto, o outro lado da moral e relativizam o princípio da estabilidade absoluta das pessoas nas relações sociais. Quando diz que "subiu muito", sugere a mobilidade social e a transposição dos limites entre as classes. Essa mesma ideologia da mudança e da instabilidade das coisas também é reforçada nos comentários da fábula "Mal maior". O bem-te-vi anunciara o casamento do sol, mas as rãs ficaram preocupadas com os efeitos de sua reprodução e multiplicação.

162 LOIDE NASCIMENTO DE SOUZA

Diante disso, a moral conclui: *"Assim é. O mundo está equilibrado e qualquer coisa que rompa a sua ordem resulta em males para os viventes. Fique pois solteiro o sol e não enviúve quem é casado"* (p.52). Fiel aos seus princípios, Emília reage duramente contra a moral da estagnação, ainda que, para isso, lhe faltem os argumentos desejados:

> — Não gostei! – berrou Emília. Se nada mudar, o mundo fica sempre na mesma e não há progresso.
>
> — Espere, Emília – disse Dona Benta. O que a fábula quer dizer é que qualquer mudança nas coisas prejudicam a alguém.
>
> — Pode prejudicar a um e fazer bem a dois – insistiu Emília. As coisas não são tão simples como as fábulas querem. *Est modus...* como é aquêle latim que a senhora disse outro dia, Dona Benta?
>
> — *Est modus in rebus...*
>
> — Isso mesmo. Nos modos está o rébus...
>
> — Não, Emília. Êsse latim quer dizer que em tudo há medidas. (p.52)

Dada a rebeldia de Emília, podemos afirmar que Dona Benta se sobressai como agente reguladora da antropofagia, com o objetivo de evitar os extremos e promover o equilíbrio das ideias assimiladas. Porém, entre uma e outra, há uma equivalência de forças em que, não raramente, pesa mais o comportamento subversivo de Emília e que é, ao mesmo tempo, a força motriz da transformação. Em "O carreiro e o papagaio", temos um exemplo de sua importância entre as personagens do Sítio. A fábula conta a história de um carreiro que cai em desespero ao ver seu carro atolado na lama. Um papagaio, fingindo-se de divindade, diz-lhe o que deve fazer, na prática, para resolver o problema. Em pouco tempo, o carro estava desatolado e o papagaio enuncia a moral: *"Ajuda-te, que o céu te ajudará"*. Vejamos os comentários:

> — Como são sabidinhos êsses bichos das fábulas! Êste papagaio, então, está um suco!
>
> — Suco de que, minha filha? – perguntou Dona Benta.
>
> — De sabedoria, vovó! O meio da gente se sair duma dificuldade é sempre êsse – lutar, lutar...
>
> — Eu sei de outro muito melhor – disse Emília. Dez vêzes melhor...

A menina admirou-se.

– Qual é, Emília?

– É quando todos estão desesperados e tontos, sem saber o que fazer, voltarem-se todos para mim e: "Emília, acuda!" e eu vou e aplico o faz-de-conta e resolvo o problema. Aqui nesta casa ninguém luta para resolver as dificuldades; todos apelam para mim...

– E você manda o Visconde. Sem o faz-de-conta e o Visconde ela não se arranja.

– Mas o caso é que os problemas se resolvem. É ou não?

Narizinho teve que concordar com ela. (p.33)

Como podemos ver, não obstante a megalomania de Emília, suas palavras corroem a verdade da fábula e todos se calam. Em "O orgulhoso", novamente a experiência se repete. Talvez por uma identificação íntima com a imponência e a arrogância do jequitibá, faz uma defesa envolvente da personagem, contrariando os ensinamentos da fábula: *Quanto maior a altura, maior o tombo...":*

Emília achou que a moralidade da fábula estava certa, mas...

– Mas o quê, Emília?

– Mas entre ser tabua e ser jequitibá, prefiro mil vêzes ser jequitibá. Prefiro dez mil vêzes!

– Por quê?

– Porque o jequitibá é lindo, é imponente, é majestoso, só cai com as grandes tempestades; a tabua cai com qualquer foiçada dos que vão fazer esteiras. E depois que viram esteiras têm de passar as noites gemendo sob o pêso dos que dormem em cima – gente feia e que não toma banho. Viva o jequitibá!

Dona Benta não teve o que dizer. (p.50)

Para Zinda Vasconcelos (1982, p.131), justamente por ação de Emília, em Lobato a moral não é "abstrata e universal, a que se deva obedecer sem refletir". Em geral, os valores construídos e assimilados são "ligados a situações e contextos, pessoalíssimos, na maioria das vezes em franca contradição com aquela moral apriorística" (ibidem, p.131). Portanto, em "O orgulhoso", Emília "justifica a soberba, desde que causada pela consciência da verdadeira grandeza". Numa aproximação entre o plano da fábula e o plano da realidade histórica, se pensarmos que é com o movimento modernista que o Brasil toma consciência de si mesmo, veremos que a devoração dos valores estrangeiros foi fruto de uma arrogância necessária e mantida na medida exata das circunstâncias. Somente quando se assume como "jequitibá", o país eleva a sua arte e a sua cultura ao posto mais alto.

Em "Unha-de-fome", Emília também mostra a sua intransigência no momento de contradizer a moral. A fábula conta a história de um homem que vivia uma vida de privações para acumular dinheiro. Quando tinha uma quantidade considerável, tratou de escondê-lo, enterrando-o em local ermo. Seu excesso de cuidados não impede que o dinheiro seja roubado e a narrativa finaliza com a seguinte indagação: "Que utilidade tem o dinheiro para quem só o guarda e não gasta?". Enquanto Dona Benta reforça a mensagem da fábula, condenando os usurários, Emília revela opinião contrária:

> — Pois acho que êles estão certos – disse Emília. O que é de gôsto regala a vida, como diz tia Nastácia. Se o meu gôsto é namorar o dinheiro em vez de gastá-lo, ninguém tem nada a ver com isso.
>
> — Mas o dinheiro é uma utilidade pública, Emília, e ninguém tem o direito de retirá-lo da circulação. Quem faz isso prejudica aos outros.
>
> — Sebo para a circulação! – gritou Emília, que também era avarenta. Aquêle célebre tostão que ela ganhou estava guardadíssimo. Sabem onde? No pomar, enterrado junto à raiz da pitangueira... (p.40)

Como vimos, em "Unha-de-fome" Emília dá uma amostra do seu egocentrismo e de seu raciocínio alógico, optando pela sensação de ter o tesouro sob o seu domínio para ser utilizado a seu bel-prazer. Mas a fábula mais representativa do modo emiliano de ser é "O lobo e o cordeiro". Como sabemos, narra a história de um lobo faminto que, querendo passar-se por astuto, inventa desculpas esfarrapadas para devorar o cordeiro. Ao ser desmascarado, percebendo que suas razões são insustentáveis, simplesmente devora o cordeiro sem dar-lhe mais tempo para defesa. A moral da fábula diz: "*Contra a fôrça não há argumentos*". Vejamos os comentários:

> Estamos diante da fábula mais famosa de tôdas – declarou Dona Benta. Revela a essência do mundo. O forte tem sempre razão. Contra a fôrça não há argumentos.

— Mas há a esperteza! — berrou Emília. Eu não sou forte, mas ninguém me vence. Por quê? Porque aplico a esperteza. Se eu fôsse êsse cordeirinho, em vez de estar bôbamente a discutir com o lôbo, dizia: "Senhor Lôbo, é verdade, sim, que sujei a água dêste riozinho, mas foi para envenenar três perus recheados que estão bebendo ali embaixo". E o lôbo com água na bôca: "Onde?". E, eu piscando o ôlho: "Lá atrás daquela moita!". E o lôbo ia ver e eu sumia...

— Acredito — murmurou Dona Benta. E depois fazia de conta que estava com uma espingarda e, *pum!* Na orelha dele, não é? Pois fique sabendo que estragaria a mais bela e profunda das fábulas. La Fontaine a escreveu dum modo incomparável. Quem quiser saber o que é obra-prima, leia e analise a sua fábula do Lôbo e do Cordeiro. (p.42)

Vemos que em face do comportamento moderado e reflexivo de Dona Benta, Emília propõe a esperteza e a malandragem como recursos necessários para a garantia do espaço e da autonomia. Enquanto Dona Benta modifica a fábula pela linguagem, Emília a transforma pela ideologia. Seu disparate inconcebível, "três perus recheados que estão bebendo ali embaixo", está em perfeita equivalência com os motivos também disparatados do lobo. Até Dona Benta abre mão da lógica e viaja no pensamento ilusório de Emília: "E depois fazia de conta que estava com uma espingarda e, *pum!* Na orelha dele, não é?". É que, como informa o Manifesto de Oswald de Andrade (1972, p.14), "nunca admitimos o nascimento da lógica entre nós" e, por isso, segundo Nunes (1972, p.XXIII), a revolução estética do modernismo propunha o recuo psicológico aos "valores mágicos e alógicos da imaginação primitiva".

Entretanto, paradoxalmente, no pensamento alógico e antropofágico de Emília, estão embutidas também as regras do jogo social e de sobrevivência no mundo civilizado. É por isso que o racional Visconde, admitindo a sabedoria de Emília e corroborando sua opinião, conclui no final de *Fábulas*:

— [...] Só a astúcia vence a fôrça. Emília disse uma coisa muito sábia em suas Memórias...

— Que foi que eu disse? — perguntou Emília, tôda assanhadinha e importante.

— Disse que se tivesse um filho só lhe dava um conselho: "Seja esperto, meu filho!". Se não fôsse a esperteza, o mundo seria duma brutalidade sem conta...

– Seria a fábula do Lôbo e o Cordeiro girando em redor do sol que nem planêta, com tôdas as outras fábulas girando em redor dela que nem satélites – concluiu Emília dando um pinote.

Dona Benta calou-se, pensativa. (p.55)

O "pinote comemorativo" de Emília, como vimos no fragmento, pode simbolizar o sucesso na devoração das fábulas. A contundência de suas ideias acaba por convencer a todos sobre a ética da esperteza e do pensamento crítico. Assim, unidos filosoficamente pela antropofagia, como queria Oswald, as personagens do Sítio inauguram uma nova fábula. Nela, o espaço do ouvinte seria, portanto, um espaço antropofágico no qual a formiga pode ser boa, o cordeirinho pode ser esperto e o pombinho que fica em casa corre mais risco do que o que faz romaria. Um exemplo que ilustra essa "devoração" pode ser a lenda estampada na epígrafe do ensaio "O entre-lugar do discurso latino-americano" de Silviano Santiago: "O jabuti que só possuía uma casca branca e mole deixou-se morder pela onça que o atacava. Mordeu tão fundo que a onça ficou pregada no jabuti e acabou por morrer. Do crânio da onça o jabuti fez seu escudo" (Callado apud Santiago, 2000, p.9).

Desse modo, considerando o sentido metafórico da lenda reproduzida, podemos dizer que a estratégia de Lobato como escritor de fábulas pode ser definida como "estratégia do jabuti, atitude afirmativa capaz de autorreconhecer-se como valor diferencial" (Santiago, 2000). Em *Fábulas*, através das personagens-ouvintes, vislumbramos o próprio Lobato que, por meio da fusão do clássico e do moderno, do erudito e do coloquial, enfim, do geral e do particular, consegue, de fato, como projetou em 1916, abrasileirar e atualizar a fábula e aproximá-la do leitor infantil. Bem por isso, ao analisar a produção fabular do autor, Edgard Cavalheiro (1956, t.2, p.175) conclui: "Há no fabulário lobatiano mais riso, mais sol, mais liberdade e movimento do que em qualquer tradução clássica das que aparecem nas seletas e antologias".

Tradição literária animalística em *Histórias de Tia Nastácia*

Se em *Fábulas* representa-se ficcionalmente a absorção crítica de um produto cultural clássico e universal, as *Histórias de Tia Nastácia* (1937) representam ficcionalmente a seleção e o destaque de um produto cultural nacional que tanto pode ser fruto de transformações sofridas a partir da colonização como pode ter sua origem nas raízes primitivas da civilização brasileira. No primeiro caso, o das fábulas, realiza-se um movimento criterioso de importação. No segundo, de modo a equilibrar a balança, tem-se uma "arte nacional exportável" (Nunes, 1972, p.XXI), principalmente no que diz respeito aos contos populares de animais ou, simplesmente, histórias de animais ou histórias de bichos.

Quando afirmamos que o exercício de exportação cultural seria mais apropriado aos contos populares de animais apresentados na obra em questão (entre os quais há também fábulas), fizemos isso em razão do "caráter estrangeiro" dos demais contos enunciados por Tia Nastácia que, em geral, apresentam, como personagens principais, reis, rainhas, príncipes e princesas. Como observa Dona Benta, são "histórias que vieram de Portugal, e são dum tempo em que em todos os países do mundo só havia reis" (p.110). Seriam, portanto, histórias trazidas pelo colonizador que, ao serem repassadas oralmente, de geração em geração, entraram numa espiral infinita de transformações.

As *Histórias de Tia Nastácia* representam um momento da literatura infantil brasileira em que houve certa frequência de publicação de obras contendo histórias de origem popular e que traziam invariavelmente narradores negros, descendentes de escravos ou ex-escravos. A existência da escrava contadora de histórias é tão antiga como a *República* de Platão e, aqui no Brasil, viria de um tempo que as crianças eram educadas em suas próprias casas, uma vez que a frequência à escola ainda não era obrigatória e, na maioria dos casos, as instituições escolares sequer existiam. Tempos depois, supondo ser o negro um herdeiro e um agente natural da cultura popular, o Modernismo aproveitaria a prática ancestral da narração oral de histórias em seu projeto de resgate do primitivo. Entretanto, como já assinalamos, o que se chama de cultura popular ou histórias da tradição oral no Brasil está inevitavelmente contaminado com a bagagem cultural do colonizador. Lajolo e Zilberman (1991, p.82) observam que, nesse período de fortalecimento da literatura infantil brasileira, a atividade de apropriação da matéria folclórica nem sempre discriminou "com maior precisão e capricho o que era propriamente nacional". Sobre isso, vejamos ainda outro fragmento de suas explicações:

[...] nem sempre as histórias são efetivamente brasileiras. Com efeito, a maior parte delas provém do folclore ibérico, tendo sido transmitidas desde a colonização. Trata-se, portanto, de contrafações do conto de fadas europeu, que não absorveram peculiaridades locais, nem incorporaram elementos das demais culturas – a indígena e a negra – que tomaram parte na formação da população nacional. (Lajolo; Zilberman, 1991, p.71)

O livro *Histórias de Tia Nastácia*, como sabemos, está organizado em forma de serão: um narrador que conta histórias para um grupo de ouvintes. Dessa vez, como se observa já no título, a narradora será Tia Nastácia[6] e os ouvintes, os mesmos de sempre, os netos Narizinho e Pedrinho, os bonecos Emília e Visconde, contando-se também com a avó, Dona Benta, que, nessa obra, muda de posição: de narradora passa a ser ouvinte e comentarista. Curiosamente, há uma forte rejeição às primeiras histórias contadas por Tia Nastácia. A rejeição chega à agressividade verbal quando os ouvintes, especialmente Emília com a colaboração de Dona Benta, relacionam a inferioridade das histórias com a suposta inferioridade da narradora. Segundo Lajolo (1999), uma das explicações para tal conflito seria a assimetria existente entre narradora e ouvintes: ela, representante da cultura oral e eles, representantes da cultura escrita. Além disso, haveria também certa falta de intimidade da narradora com a matéria narrada, uma vez que eram histórias que não incorporaram devidamente as "peculiaridades locais" e que, mesmo não sendo totalmente compreendidas, foram repassadas oralmente. Daí a precariedade das narrativas.

O julgamento de Lobato em relação aos contos populares, entretanto, parece ser mais rigoroso do que o necessário nessa obra, o que, aparentemente, resulta em desprezo total à cultura produzida pelo povo. Como destaca Silva (2008, p.377), se "Lobato subverte, em suas histórias infantis, a hierarquia adulto/criança, o mesmo não sucede às hierarquias branco/negro, erudito/popular, letrado/oral". No trecho a seguir, ele praticamente

---

6 Embora resida no Sítio do Picapau Amarelo e seja chamada de tia, não há parentesco entre Tia Nastácia e a turma do Sítio. Em *Reinações de Narizinho*, temos sua verdadeira identidade: "negra de estimação que carregou Lúcia em pequena" (p.11). Essa forma de trabalho e de tratamento era uma remanescência da escravidão muito comum na primeira metade do século XX.

escancara a fusão Lobato-Emília quando, na fala da boneca, expressa o seu projeto editorial e, ao mesmo tempo, usa um discurso que, de certa forma, vai à contramão da experiência vivida no inquérito do saci, cujo resultado é publicado em 1918:

> – É o que eu digo – ajuntou Emília. – O povo, coitado, não tem delicadeza, não tem finuras, não tem arte. É grosseiro, tôsco em tudo que faz. Êste livro vai ser só das histórias populares do Brasil, mas depois havemos de fazer um só de histórias compostas por artistas, das lindas, cheias de poesia e mimos – como aquela do *Príncipe Feliz*, do tal Oscar Wilde, que Dona Benta nos leu. Aquilo sim. Até deixa a gente leve, leve, de tanta finura de beleza! (p.122)

Quando avançamos na leitura das *Histórias*, observamos, no entanto, que a audiência de Tia Nastácia torna-se, relativamente, mais tolerante em relação aos contos, cujas personagens são animais presentes no *habitat* tropical das florestas brasileiras. Vale frisar que essas histórias também são fruto da cultura popular de tradição oral. Logo, é possível deduzir que a reação violenta em relação às histórias anteriores é sintoma de um combate de maiores amplitudes e complexidades.

> O posicionamento de Lobato é bastante radical, explicando-se tão somente quando confrontado ao panorama ao qual se opôs. Em razão dessa radicalidade, não tem a menor complacência com as narrativas populares, excluindo apenas as histórias em que os heróis são animais da fauna brasileira, provenientes do acervo indígena e africano. (Lajolo; Zilberman, 1991, p.72)

De fato, como já apontamos anteriormente, na década de 1930, em nome da valorização do folclore, diversas obras com narrativas populares enunciadas por narradores negros foram publicadas. É o caso, como destacam Lajolo e Zilberman (1991), de *Histórias da velha Totônia* (1936), de José Lins do Rêgo, *Contos da mãe preta* e *Histórias do pai João*, de Osvaldo Orico, ambos publicados em 1933, entre outros. Entretanto, diferentemente da perspectiva modernista, essas obras reforçavam a subalternidade do negro e refletiam uma visão tradicionalista de literatura para crianças. Como matéria oferecida pelo colonizador e reproduzida ao longo dos anos, os textos tinham uma estrutura ingênua, eram pouco inventivos e nada verossímeis. Portanto, as críticas de Emília e companhia nas *Histórias de Tia Nastácia* seriam uma forma de Lobato reprovar o modelo de escritura de seus contemporâneos, no que se refere ao aproveitamento de histórias da tradição oral. Vejamos, mais uma vez, a análise de Lajolo e Zilberman (1991, p.70) em relação a esse contexto:

> Esses aspectos são objeto da crítica de Monteiro Lobato em *Histórias de Tia Nastácia*. As acusações, expressas pelos ouvintes, Emília e as demais crianças do sítio, teriam como alvo os escritores contemporâneos, o que é sugerido pela coetaneidade entre seu livro e o de Lins do Rego, Orico e outros. Da mesma maneira, a agressividade dos meninos, atingindo Tia Nastácia e a cultura popular que ela parece encarnar, destina-se especialmente às componentes mais comuns das obras dos colegas.

Entretanto, como já assinalamos, o modo de recepção das histórias não é homogêneo em todo o conjunto da obra. A diferença não ocorre apenas quando há mudança de narrador, uma vez que, ao final, Dona Benta assume a enunciação. Especialmente na sequência de histórias contadas por Tia Nastácia, quando mudam as personagens centrais do enredo, muda também o tom da recepção entre os ouvintes. A intolerância observada antes diminui significativamente, quando o enredo deixa de ter os reis e príncipes das histórias anteriores e passa a trazer animais como personagens. Vejamos, então, a reação de Emília na primeira história de animais narrada por Tia Nastácia, "A formiga e a neve", que conforme antecipa o título, trará a formiga como personagem central: "– Ora até que enfim ouvi uma história que merece grau dez! – gritou Emília. – Está muito bem arranjada, e sem rei dentro, nem príncipes, nem ôlho furado, nem burro bravo. Ótima! Meus parabéns a tia Nastácia" (p.131). Essa reação positiva da audiência confirma-se à medida que a narração concentra-se especificamente nesse tipo de texto. Depois de uma sequência ininterrupta de sete histórias com personagens animais, em "A onça e o coelho" as crianças avaliam o conjunto de forma positiva e, ainda, solicitam que a narradora dê continuidade à sessão de histórias. Vejamos:

> – Boa, boa – disse Emília. – Estou gostando mais destas histórias de bichos do que das de reis e Joãozinhos.

– Estas histórias – explicou dona Benta – foram criadas pelos índios e negros do Brasil – pela gente que vive no mato. Por isso só aparecem animais, cada um com a psicologia que os homens do mato lhe atribuem. A onça, como é o animal mais detestado, nunca leva a melhor em todos os casos. É lograda até pelos coelhos.

– E há invençõezinhas engraçadas nessa história – observou a menina. – O jeito do coelho enganar a filha da onça, com tais perguntas sôbre as manchas do boi, está muito interessante. Acho que tia Nastácia só deve contar histórias assim. Das outras, de príncipes, estou farta. (p.147)

Vimos anteriormente que as personagens de Lobato haviam classificado as histórias de origem popular narradas por Tia Nastácia como "grosseiras" e mal formuladas. Mas, como acabamos de verificar, as histórias de animais chegam a ser avaliadas como "bem-arranjadas" e "interessantes". Estas últimas, como acentua Dona Benta, "foram criadas por índios e negros do Brasil". Comparando-se a diferença das reações, podemos concluir, então, que a rejeição das histórias anteriores não se explica apenas pelo vínculo popular, mas principalmente porque fazem parte de uma incorporação artificial e deformada dos contos europeus que ocorre a partir da colonização portuguesa. Mas vale ressaltar que a reprodução vazia da cultura estrangeira fora imposta pelo próprio colonizador, uma vez que, como avalia Silviano Santiago (2000, p.14), para ampliar o seu domínio, ele precisava apagar os traços de primitividade e transformar o novo ambiente em simulacro do Velho Mundo.

A América transforma-se em *cópia*, simulacro que se quer mais e mais semelhante ao original, quando sua originalidade não se encontraria na cópia do modelo original, mas em sua *origem*, apagada completamente pelos conquistadores. Pelo extermínio constante dos traços originais, pelo esquecimento da origem, o fenômeno de duplicação se estabelece como a única regra válida de civilização.

Portanto, quando Lobato cria um quadro ficcional em que estão estampadas, lado a lado, as histórias "importadas" e as histórias de origem autóctone, quando acentua a melhor qualidade destas em comparação com aquelas, está, na verdade, insurgindo-se contra os efeitos da ação do colonizador, que trouxeram como resultado a duplicação alienante de sua cultura. Ao mesmo tempo, sinaliza para a recuperação e valorização dos traços originais, mostrando, mais uma vez, sua afinidade com os ideais modernistas. Como sabemos, o modernismo põe em cena o primitivismo nativo que, mais tarde, passa a ser visto como uma de suas principais bandeiras no esforço de definição e revigoramento da cultura e da arte nacional.

As histórias de animais narradas por Tia Nastácia são todas pertencentes ao acervo indígena e africano que, somado à arte e à cultura europeia (provenientes de Portugal), contribuiu para a formação da identidade cultural brasileira. Conforme atesta Luís da Câmara Cascudo (1976, p.3), "os mitos brasileiros vêm de três fontes essenciais – Portugal, Indígena e África". São diversos, portanto, os animais a fazer parte do universo simbólico das histórias que integram o conjunto destacado na obra em questão. Figuram, por exemplo, entre eles: o coelho, o veado, o sapo, o gato, o galo, a raposa, a garça, a formiga, o lagarto, o jacaré e a onça. Mas em meio a essa fauna artística, dois animais se sobressaem por causa de sua popularidade e representatividade ou de suas habilidades no desenrolar das peripécias. Como consequência, eles aparecem com maior frequência nas histórias, atuando sempre como personagens principais. Trata-se do macaco e do jabuti que, unindo malandragem, sabedoria e esperteza, ilustram a temática predileta das personagens do Sítio do Picapau Amarelo e que também é predominante nas fábulas e histórias tradicionais. Em "O macaco e o aluá", Dona Benta sintetiza a ideia:

> – Notem – disse dona Benta – que a maioria das histórias revelam sempre uma coisa: o valor da esperteza. Seja o Pequeno Polegar, seja a rapôsa, seja um macaco como êste do aluá, o esperto sai sempre vencedor. A fôrça bruta acaba perdendo – e isto é uma das lições de vida. (p.141)

Tanto o macaco como o jabuti são representantes totêmicos das culturas africana e indígena, respectivamente. Entretanto, se levarmos em conta os estudos de Adrados sobre o fundamento religioso da fábula greco-latina, adaptando-os para o nosso contexto, poderemos considerar que a imagem mística desses animais (jabuti e macaco) evoluiu ao longo dos séculos para o estágio artístico da representação simbólica, passando, portanto, a fazer parte da produção cultural daqueles povos. Tendo chegado a esse ponto,

a força representativa do animal transforma-o, naturalmente, em matéria-
-prima para a construção de contos, histórias e fábulas.

Analisando as origens da fábula grega, Adrados observa que a figura
do animal passa por vários estágios até chegar ao plano literário. De objeto de
culto e de rituais, ela passa por prolongado processo de evolução, até se
transformar em elemento animalístico de base simbólica e imprescindível
na constituição de certos gêneros literários.

> [...] em que pesem as características próprias da religião grega, em seus aspectos
> olímpicos, resulta, todavia, que o mito, o culto e as crenças gregas, vez ou outra,
> nos apresentam o animal e a planta como encarnações de forças superiores com
> traços divinos ou semidivinos. Ora são objetos de relatos, ora são personifica-
> dos em danças de festa. Desse estágio, passam, é claro, para o mito, a fábula e o
> teatro em suas formas literárias.
>
> [...] É preciso dizer, entretanto, que não existe uma relação direta de descendên-
> cia, uma relação automática. De um lado, o animal aparece ao lado de formas
> não animalescas da divindade, em mitos e ritos de significado paralelo [...]. De
> outro, antes de chegar à literatura, há uma fase intermediária que chamaríamos
> lúdica, na qual os temas animalísticos não perderam ainda o elo religioso, mas
> já evoluíram livremente no sentido do cômico e da pura diversão. (Adrados,
> 1979, p.232)[7]

Poderíamos pensar que esse percurso de mudanças no significado da
imagem do animal, que se realiza a partir da conotação religiosa até chegar
a uma conotação cultural e estética, é exclusivo da experiência grega. Entretanto, esse caráter divino e original dos animais está (ou esteve) presente nas

---

7 *"[...] pese a los rasgos propios de la religión griega, en sus aspectos olímpicos, todavía resulta
que el mito, el culto y las creencias religiosas griegas nos presentan una y otra vez al animal y a
la planta como encarnaciones de fuerzas superiores, con rasgos divinos o semidivinos. Bien son
objeto de relatos, bien son encarnados en las danzas de la fiesta. De aquí pasan, claro está, al
mito, la fábula, el teatro en sus formas literarias.*
*[...] Hay que decir, con todo, que no existe una relación directa de descendencia, una relación
automática. De un lado, el animal aparece al lado de formas no animalescas de la divinidad,
en mitos y ritos de significado paralelo [...]. De otro, antes de llegarse a la literatura hay una
fase intermedia que llamaríamos lúdica, en la cual los temas animalísticos no han perdido aún
el ligamen religioso, pero han evolucionado libremente en el sentido de lo cómico y de la pura
diversión."*

174 LOIDE NASCIMENTO DE SOUZA

mais diversas civilizações e religiões primitivas. Conforme já destacamos no primeiro capítulo, para Adrados a deificação de animais é uma epifania que se repete em todos os rincões da terra, especialmente nos tempos mais antigos. Parafraseando Lévi-Strauss, Adrados (1979, p.204) explica por que razão o animal e a planta compõem os sistemas totêmicos de tantos povos: "o animal e a planta são a forma por meio da qual se capta mais diretamente a descontinuidade última do real. Aparecem com caracteres fixos que atuam como modelos ou pontos de partida para uma compreensão global do mundo".[8] Quanto a isso, as histórias narradas por Dona Benta no final da obra, depois que Tia Nastácia abandona a narração, podem, de alguma forma, ilustrar a multipresença do "folclore animal" nos mais diversos países. São as próprias crianças e ouvintes que solicitam a continuação da narração desse tipo de história:

> — Então vovó que conte mais algumas.
> Dona Benta respondeu:
> — Eu sei centenas de histórias. O difícil está na escolha. Sei histórias do folclore de todos os países.
> — Então conte uma do folclore da Índia! – pediu o menino.
> — Da Índia, não. Da China – pediu Narizinho.
> — Da China, não. Do Cáucaso – pediu a boneca, que andava com mania de coisas russas.
> E dona Benta contou uma história do folclore do Cáucaso. (p.157)

A partir da inquirição das personagens do Sítio, Dona Benta, então, conta histórias pertencentes ao folclore de países como: Cáucaso, Pérsia, Congo, Rússia e Islândia, incluindo também uma história criada pelos esquimós. Das sete histórias narradas por Dona Benta, quatro delas trazem os animais como personagens principais. A atuação das personagens e o desenrolar dos enredos refletem a vocação cultural e geográfica de cada país, conforme podemos verificar, por exemplo, nos comentários de "A rapôsa faminta":

---

8 "[...] el animal y la planta son la forma en que más directamente se capta la discontinuidad última de lo real. Aparecen con caracteres fijos que actúan como modelos o puntos de partida para una comprensión global del mundo."

– É do Cáucaso mesmo, vovó? – perguntou Narizinho.

– Sim, minha filha. Esta história é do folclore da gente do Cáucaso, e como lá é terra de neve, surgem a rapôsa e o lôbo famintos, bichos que muito sofrem durante o inverno. (p.158)

Contemporâneo de Monteiro Lobato e tendo afinidade com vários dos ideais defendidos pelo escritor paulista, como o interesse pela realidade brasileira e a busca por uma linguagem mais coloquial, o carioca Lima Barreto (1881-1922) também discorre sobre as fábulas, os contos populares e as histórias de animais que ouvira na infância. Em *Marginália* (1953), obra que organizou mas não pode publicar em vida, escreve algumas crônicas sobre o que ele chama de "criações da imaginação anônima da nossa terra" (Barreto, 2006, p.95). Em "Contos e histórias de animais", crônica escrita em 17 de abril de 1919, o autor discorre sobre o significado religioso dos animais nas diversas culturas.:

> A mistura dos animais com os deuses, seja como atributos de sua força e do seu poder, seja com qualquer outro sentido, é coisa fácil de verificar em todas as religiões. Na greco-romana, o cavalo é animal de Netuno; a serpente, de Minerva; a águia, de Júpiter; os pombos, de Vênus e assim por diante.
>
> Na nossa religião católica, que não é das mais naturalistas e zoomórficas, certos santos têm o acompanhamento de animais.
>
> São João Batista, como toda gente sabe, é figurado com um carneiro ao lado; e nos presepes, com os quais se comemora o nascimento de Jesus Cristo, há o burro, a vaca, galos, galinhas, etc. A transcendente imaterialidade do Divino Espírito Santo é representada na iconografia católica por um pombo.
>
> Pode-se dizer que, na espontânea atividade literária de todos os povos, os animais que os cercam figuram humanizados, falando, discreteando, sentenciando, narrando, ora com esta intenção, ora com aquela moralidade ou aquela outra filosofia. (Barreto, 2006, p.109)

Embora tivesse grande interesse pela vasta produção de histórias populares e pelo folclore nacional, Lima Barreto considera difícil a localização de obras sobre o assunto. Diante disso, à moda de Monteiro Lobato que, em 1918, publica *O Sacy-Pererê: resultado de um inquerito*, Barreto também intenta realizar uma coleta dos contos de origem popular no reduto carioca que, segundo ele, possuía habitantes de todas as partes do Brasil. Em

"Recordações da 'Gazeta Literária'", escritas em 20 de março de 1919, revela alguns detalhes de seu projeto:

> Sou homem da cidade, nasci, criei-me e eduquei-me no Rio de Janeiro; e, nele, em que se encontra gente de todo o Brasil, vale a pena fazer um trabalho destes, em que se mostre que a nossa cidade não é só a capital política do país, mas também a espiritual, onde se vêm resumir todas as mágoas, todos os sonhos, todas as dores dos brasileiros, revelado tudo isso na sua arte anônima e popular.
> Queira Deus que leve avante o meu inquérito! Amém. (Barreto, 2006, p.97)

Vimos, portanto, segundo atestam estudiosos e escritores, que, na base cultural das diversas civilizações, é comum o aproveitamento da imagem animal. Superado esse estágio restrito, essa mesma imagem também passaria a fazer parte do universo lúdico e ficcional da cultura de cada tribo ou nação. Nossa abordagem, entretanto, centra-se nos elementos que contribuíram para a composição de uma literatura nacional. Portanto, interessam-nos, sobretudo, como já foi dito, especificamente as histórias de animais narradas por Tia Nastácia. Nesse conjunto o primeiro animal a se destacar é o macaco. Ele está presente em "O rabo do macaco", "O macaco e o coelho", "O macaco e o aluá", "O macaco, a onça e o veado" e "O doutor Botelho".

Segundo Luís da Câmara Cascudo (1984), em seu *Dicionário do folclore brasileiro*, as histórias que envolvem o macaco são as que gozam de maior popularidade e preferência entre os sertanejos, os habitantes rurais e o povo em geral. Embora não se saiba de que região, é certo que essas histórias vieram da África, trazidas pelos escravos. Nas aventuras, prevalecem a malandragem, a astúcia, a perspicácia e a ligeireza do macaco, que ele as aplica na resolução de problemas e conflitos. Carismático e irrequieto, é comum que demonstre também a ingenuidade e a travessura infantis o que, como resultado, pode levá-lo ao fracasso em algumas empreitadas. Vejamos as palavras do autor:

> **Macaco.** É a figura da agilidade, astúcia sem escrúpulos, infalivelmente vitorioso pela rapidez nas soluções imprevistas e felizes. Convergem para suas *estórias* as aventuras africanas e europeias da raposa, do coelho, do jabuti. No fabulário clássico o macaco aparece como símbolo de habilidade cínica. [...] Figura nos papéis simpáticos, e, mesmo ávido e descaradamente matreiro, não perde a prestigiosa preferência do povo para suas manhas e atos. [...] o héroi da

maioria das *estórias engraçadas* e vencedor de onças, caçadores, antas, bichos de porte esmagador, comparadamente a ele [...]. (Cascudo, 1984, p.449)

Nas duas primeiras histórias em que o macaco figura como personagem prevalecem a sua malandragem e infantilidade. Em "O rabo do macaco", decidido a sair pelo mundo para fazer negócios, o macaco provoca a sua automutilação e, a partir disso, começa a fazer uma série de negociatas. Em troca do rabo que cortara, exige que lhe deem uma faca. A faca é trocada por um balaio que, por sua vez, é trocado por um pão. O macaco, então, termina a sua saga realizado por ter conseguido, apenas, um pedaço de pão. Ocorre que, por sua ingenuidade, não consegue perceber que o valor de uma parte do seu corpo não pode ser equiparado ao valor de um alimento perecível. Em "Histórias de macaco", de Lima Barreto, escrita em 16 de abril de 1919, essa mesma história recebe o título de "História do macaco que arranjou viola" e, nela, a mutilação ocorre por causa do deboche de algumas crianças. Para compensar, o macaco realiza trocas até conseguir uma viola, mas depois, desiludido com a indiferença de um rio em relação à sua música, atira-se nele para morrer.

Em Monteiro Lobato, as personagens do Sítio dão explicações diferenciadas para o final *nonsense* de "O rabo do macaco". Narizinho e Pedrinho discutem metalinguisticamente a falta de criatividade do inventor. Para eles, o problema está na estruturação e finalização da história:

> – Esperei que a história acabasse melhor – disse Narizinho. – A esperteza do macaco para ganhar coisas está boa, apesar de que isso de dar parte do corpo em troca duma faca não me parece negócio. Mas o inventor da história chegou no meio e não soube como continuar; por isso parou no pão.
>
> – É, sim – concordou Pedrinho. – Êle devia fazer o macaco ir ganhando coisas de valor cada vez maior, para mostrar que com esperteza uma pessoa consegue tudo quanto quer na vida. [...]. (p.139)

Já para Emília e Dona Benta, o problema foi a tolice e ingenuidade demonstradas pela personagem:

> – Bobinho! – exclamou Emília. – [...] Isso é mesmo o que se chama "negócio de macaco". E ainda acham que macaco é bicho ladino! [...].

– Não – disse Dona Benta. – Nas histórias populares o mais ladino não é o macaco, sim a rapôsa e o jabuti. [...] O macaco, coitado, faz suas espertezas mas nem sempre sai ganhando. Êsse de tia Nastácia, por exemplo. Lá foi muito contente da vida, a comer pão – mas não se lembrou de que estava sem cauda. (p.139)

Entretanto, embora a história pareça mal finalizada e o macaco não tenha utilizado a esperteza para angariar vantagens, seu comportamento coincide, em muitos casos, com a ingenuidade da criança, especialmente a criança pertencente às classes populares, que, por suas carências, pode ser capaz de utilizar artifícios aparentemente incoerentes para conseguir o que deseja. Por outro lado, o "irracionalismo" da personagem coincide também com o *modus operandi* de Macunaíma (a personagem mais impactante do modernismo) que, em suas peregrinações, mesmo sendo astuto, chegava a ser derrotado e prejudicado por suas inconsequências. Em "O macaco e o coelho", o macaco novamente sai em desvantagem porque prefere desrespeitar o que combinara com o coelho pelo simples prazer de uma brincadeira. A irresponsabilidade pueril é, portanto, uma das facetas da "personalidade" do macaco e, por seus simbolismo e tipificação, revela também a irresponsabilidade frequente dos seres humanos. Dona Benta e Emília sintetizam esse aspecto do seu caráter:

– [...] Os outros animais os desprezam, por causa da sua leviandade, da sua falta de seriedade, das suas molecagens. São uns perfeitos louquinhos, os macacos.
– Até parecem homens – disse Emília, que fazia muito pouco dos homens. (p.140)

Diferente de outras personagens do mundo animal, cujo comportamento é estável e previsível, o macaco pode surpreender o leitor, mostrando astúcia, sagacidade e até prudência, sendo, muitas vezes, bem-sucedido em suas aventuras. Em "O macaco e o aluá", revela-se um verdadeiro pícaro[9] e engana diversos animais, inclusive a raposa, para não pagar sua dívida. Já por seu título, o conto revela-se regionalizado, uma vez que aluá, como diz

---

9 De acordo com o *Dicionário eletrônico Houaiss da língua portuguesa*, o pícaro é um "personagem típico do *romance picaresco*, que vive de ardis e espertezas e que procura obter lucros e vantagens esp. das classes sociais mais abastadas" (Houaiss, 2001).

Tia Nastácia, é "uma petisqueira lá do Norte, que se faz de milho" (p.140). A história pode ser resumida da seguinte forma: decidido a fazer aluá, mas sem ter o ingrediente principal, o macaco toma emprestado quatro litros de milho: do galo, da raposa, do cachorro e da onça, respectivamente. Ocorre que, para não pagar o que devia, fingiu-se de doente para os credores. Por chegarem em horários subsequentes, conforme fora combinado, cada credor acabava por ser devorado pelo animal que chegava em seguida. Apenas a onça ficou viva. Quando percebe o engano, jura vingança ao macaco, mas não teve tempo de executá-lo porque, por obra de seu adversário, acaba sendo morta na armadilha que ela mesma criou. Como podemos ver, nesse conto, além de esperto, o macaco foi trapaceiro e maldoso. Entretanto, por ter usado a inteligência para vencer a força bruta da onça, é exaltado pelas personagens do Sítio:

> — Ora até que enfim apareceu um macaco esperto! — exclamou Narizinho. — Êsse era dos tais de circo, como dizem, mais matreiro que uma rapôsa.
>
> [...]
>
> — Já observei êsse ponto, vovó – disse Pedrinho. — Tôdas as histórias frisam uma coisa só – a luta entre a inteligência e a fôrça bruta. A inteligência não tem muque, mas tem uma sagacidade que no fim derruba o muque. (p.141)

Analisando a prevalência e a valorização da esperteza nas histórias e fábulas, Emília antecipa o que os críticos confirmaram depois: o predomínio da esperteza faz parte das reivindicações do próprio público. E, nesse sentido, se relacionarmos o fenômeno com as próprias origens dos contos populares, veremos que a vitória da astúcia vem ao encontro das necessidades de grupos sociais que, eventualmente, precisam encontrar meios para vencer forças maiores e opressoras. E ainda, quando o fraco vence o forte, tem-se a vantagem do fator surpresa.

> — E a gente quer que seja assim – disse Emília. — Se vier um conto em que a fôrça bruta derrota a inteligência, os ouvidores são até capazes de dar uma sova no contador.
>
> — E a história perderia completamente a graça – disse Narizinho. — Que graça tem, por exemplo, que um touro vença uma lebre? Nenhumíssima. Mas quando uma lebre vence um touro, a gente, sem querer, goza. (p.143)

As *Histórias de Tia Nastácia*, como sabemos, especialmente as que possuem personagens animais, embora não sejam exatamente fábulas, mantêm o seu ponto de contato com o gênero fabular justamente pela forma de exploração da imagem de suas personagens principais. Adaptando a perspectiva de Adrados, podemos dizer que elas revelam marcas culturais da figura do animal em todos os estágios de sua trajetória evolutiva: desde a sua significação religiosa até chegar ao *status* de personagem literária. Entretanto, outro ponto de contato com a fábula é também a moralidade subjacente em quase todos os textos. Quanto a isso, se na história o ensinamento é quase sempre indireto, nos comentários dos ouvintes, na maioria das vezes, torna-se explícito e revela a discursividade temática dos textos. Em "O macaco e o aluá", como vimos, tanto a fala de Pedrinho quanto a de Dona Benta tem efeito de moralidade. Aliás, quando Dona Benta afirma: "A fôrça bruta acaba perdendo – e isto é uma das lições de vida", praticamente escancara a presença do *efeito fábula* que, conforme a concepção de Lima, pode ser reconhecido na manifestação de qualquer uma das três subunidades discursivas da fábula, a saber: a figurativa, a temática e a metalinguística. No que se refere ao discurso temático da moral, ressaltamos, mais uma vez, que em todo o conjunto das histórias narradas por Tia Nastácia, tanto nas do macaco como nas do jabuti, como veremos, haverá a defesa da astúcia, da inteligência e da esperteza.

Em "O macaco, a onça e o veado", mais uma vez o macaco é bem-sucedido e, dessa vez, não precisa ser injusto para atingir o seu alvo. Além de esperteza, mostra prudência e sabedoria. Com o intuito de prejudicar o veado e abusar de sua simplicidade e ingenuidade, a onça o convida para fazer um passeio. Pelo caminho, arma-lhe diversas armadilhas e, por fim, provoca a sua morte em consequência de uma calúnia. Pouco satisfeita com o resultado, a onça intenta repetir a estratégia com o macaco. Mas este, de sobreaviso, além de não acreditar no comportamento amistoso da onça, reverte a situação de modo que, novamente, ela cai em sua própria armadilha e morre ao final.

Já a história "O doutor Botelho", em que o macaco também revela a sua audácia e inteligência, pode ser considerada uma adaptação popular do clássico "O gato de botas". Assim como a personagem europeia, o macaco usa da esperteza e, aparentemente, até de poderes mágicos para transformar o seu protetor no doutor Botelho, um pretendente digno de se casar com a filha do rei. De fato, ele consegue heroicamente realizar todos os prodígios e tudo termina em festa de casamento. No melhor da festa, entretanto, o macaco se deixa vencer por sua natureza e avança sobre as "bananas amarelinhas" que estão sobre a mesa. Para as personagens do Sítio, a história é uma corrupção pouco criativa do conto tradicional. Emília, reiterando o seu papel de agente da renovação, defende o toque de brasilidade, mas critica a qualidade da "tradução" e a permanência do rei:

> — Mas tradução bem malfeitinha – disse Emília. – Tudo na história é daqui do Brasil, até o macaco e as bananas – com certeza banana-ouro, que é a melhor – mas êsse rei, que aparece sem mais nem menos, está idiota. Não há reis por aqui. Em todo caso serve. Que se há de esperar da nossa pobre gente roceira? (p.149)

No conjunto de histórias em que o macaco atua como personagem principal e que acabamos de abordar, cabe ressaltar agora o papel de outros dois animais que com ele interagem. Trata-se do veado e do coelho. Sobre a onça, falaremos mais adiante. Quanto ao veado, observa-se que é um animal de pouca presença nos textos fabulares e geralmente protagoniza experiências trágicas, como ocorre em "O macaco, a onça e o veado". Ora é vítima da ingenuidade, ora, da própria soberba. Raramente vence e para isso, usa, às vezes, de subterfúgios pouco dignos, como em "O veado e o sapo", em que forja a morte de seu rival para se casar com a moça disputada. Em seus comentários, Narizinho e Pedrinho generalizam, sem ressalvas, a malfadada presença do veado nas histórias:

> — E o pobre veado? – lembrou Narizinho. – Já ouvi várias histórias de veado e até tenho dó. Uns bobinhos completos. Não há nenhuma em que se atribua a menor inteligência aos veados. Acabam sempre comidos.
>
> — Veado, ovelha e outros animais não passam de carne com quatro pés – disse Pedrinho. – Inteligência não existe em suas cabecinhas, nem para lograr a onça, que é o mais estúpido dos animais. [...]. (p.144)

Ao contrário do veado, o coelho, por sua vez, é tão esperto que chega a ser comparado com a raposa, o jabuti e o macaco. Segundo Câmara Cascudo (1984), ele é um dos heróis tradicionais da literatura produzida na região africana dos bantos e de lá teria chegado ao Brasil. Em "O macaco e o coelho", ele retribui, com maestria, a provocação do macaco. Se o macaco puxa-lhe as orelhas, alegando pensar que eram borboletas, ele açoita de propósito o rabo do macaco, usando a justificativa de que imaginara tratar-se de uma cobra. Em "A onça e o coelho", ele consegue enganar a onça e a filha da onça, fingindo-se capaz de carpir sua roça de urtigas. Para recompensá-lo, a onça doa-lhe um boi, mas acaba por devorá-lo sozinha. O coelho, então, elabora um plano de vingança e consegue amarrar a onça com cipós, sob o pretexto de salvá-la de uma tempestade que se aproximava. Tempos depois, ele mesmo atende ao pedido da onça e a desamarra, mas, assim que se vê livre, de um bote, ela consegue agarrar o pé do coelho. Para escapar, ele a engana, dizendo que ela havia agarrado uma raiz de pau. Quando percebe o logro, a onça persegue-o novamente com ajuda da garça, mas ele consegue fugir para um lugar seguro e distante.

A sagacidade do coelho é tão conhecida que, muitas vezes, suas artimanhas são relacionadas as do macaco. Essa identificação pode explicar o revezamento de papéis atribuído a eles pela tradição popular. Em alguns casos, o macaco vivencia a experiência em lugar do coelho e vice-versa. Nos registros de Lima Barreto, por exemplo, na crônica "Histórias de macaco", constante na obra *Marginália*, é o macaco quem se vinga da onça, amarrando-a com cipós. Por essa razão, em vez de "A onça e o coelho", o texto recebe o título de "O macaco e a onça".

Tratando-se do macaco, vimos, portanto, que, não obstante sua malandragem, as personagens do Sítio consideram que mais vale a sua esperteza do que a inocência e ingenuidade do veado. As *Histórias de Tia Nastácia* reforçam, assim, o ensinamento central das fábulas de Lobato e que se repete em outras de suas obras. Mais uma vez é Emília quem sintetiza o lema em "O macaco e o aluá": "– Por isso vivo eu dizendo que a esperteza é tudo na vida – gritou a boneca. – Se eu tivesse um filho, só lhe dava um conselho: Seja esperto, Emilinho!" (p.143).

Para conferir a popularidade do macaco, podemos citar, por fim, os comentários de Lima Barreto sobre o animal. Bem ao gosto dos modernistas, assim como Monteiro Lobato, ele também registra os conhecimentos oferecidos pela sabedoria popular. Na crônica "Recordações da 'Gazeta Literária'", aqui já referida, fala de suas lembranças e das fábulas e histórias que ouvira na infância, entre as quais se destacavam as peripécias do macaco.

Nessas confusas recordações que tenho das fábulas e "histórias" populares que me contaram entram animais. O macaco é o símbolo da malignidade, da esperteza, da pessoa "boa na língua", em luta com a onça, cheia de força, mas traiçoeira e ingrata. Não me fio nas minhas lembranças, mas sempre me pareceu assim. Os estudiosos dessas coisas que verifiquem se a minha generalização é cabível.

[...]

Apesar das manhas, planos e esperteza do macaco, os contos populares lhe emprestam também alguma generosidade e alguma graça e uma filosofia de matuto "tinguejador". Há mesmo em todas elas, ao que me parece, uma grande simpatia por ele. Se o nosso povo não o fez o seu "totem", de alguma forma o faz o seu herói epônimo. (Barreto, 2006, p.96)

E em "Histórias de macaco", antes de reproduzir as histórias ouvidas, Lima Barreto faz uma explanação sobre o animal, destacando as diferenças entre as espécies brasileiras e as da África. Segundo o autor, as espécies africanas, entre as quais inclui o chimpanzé, o gorila e o orangotango, assemelham-se mais ao homem em seus aspectos físicos, mas sua imponência e sua ferocidade assustam os seres humanos. Os macacos brasileiros, pelo contrário, embora pequenos, seriam mais simpáticos e amigáveis.

O nosso macaquinho não tem esse aspecto de força estúpida, mas de astúcia e malignidade curiosa, quando não de esperteza e malandragem.

Assim, o povo o representa nas suas histórias, onde ele é fecundo em ardis e variadas manhas, para vencer dificuldades e evitar lutas desvantajosas; às vezes, porém, são mais simples e as narrativas populares procuram fazer ressaltar unicamente o pendor "planista" do símio, da simpatia de nossa gente humilde. (ibidem, p.100)

Para Lima Barreto, portanto, assim como reiterariam depois as personagens de Lobato, o macaco é o retrato dos homens. Mais especificamente, ele é o retrato "de nossa gente humilde", que precisa superar heroicamente inúmeros obstáculos para sobreviver.

Conforme já antecipamos, o outro animal a se destacar nas *Histórias de Tia Nastácia* é o jabuti. Se o macaco é o representante cultural da matriz africana, o jabuti é o representante cultural, por excelência, da matriz tupi-

-guarani. Das civilizações que formaram a identidade cultural brasileira, a tupi é a única que, de fato, nascera nos trópicos e, por isso, torna-se a estrela maior do Manifesto Antropófago de Oswald de Andrade. Utilizando os termos de Silviano Santiago, poderíamos dizer que, dada a contaminação e a dominação colonial, somente o amálgama da civilização tupi-guarani poderia legitimar o esforço de valorização e retomada de uma "tradição autóctone" para o país, de modo que os artistas brasileiros e latino-americanos não fossem obrigados a "se apropriar de modelos colocados em circulação pela metrópole" (Santiago, 2000, p.18). Os elementos da cultura tupi tornam-se, então, instrumentos de autoafirmação e combate e, a partir disso, Oswald de Andrade (1972, p.13) estabelece a palavra de ordem: *"Tupi, or not tupi that is the question"*. E ainda em seu Manifesto, utilizando a imagem simbólica do jabuti na exemplificação da força "devoradora" da arte brasileira, declara: "Mas não foram cruzados que vieram. Foram fugitivos de uma civilização que estamos comendo, porque somos fortes e vingativos como o Jabuti" (ibidem, p.17).

Das dezenove histórias de animais narradas por Tia Nastácia, o jabuti figura como personagem principal em oito. Vejamos: "O cágado na festa do céu", "O jabuti e o homem", "O jabuti e a caipora", "O jabuti e a onça", "O jabuti e a fruta", "O jabuti e o lagarto", "O jabuti e o jacaré" e "O jabuti e os sapinhos". Na primeira delas, além de o texto aparecer isolado entre outras histórias, a personagem principal é denominada "cágado" em vez de "jabuti". Com efeito, popularmente existe certo desconhecimento sobre os vários tipos de quelônios e suas diferenças, e vale frisar que até mesmo algumas obras e dicionários não especializados chegaram a reiterar a confusão entre os dois animais. Em Lobato, como veremos no fragmento que se segue, além de desconhecerem as especifidades de cada espécie, as personagens, inclusive Dona Benta, acreditam que a diferença de nomes é apenas regional. Depois de ouvirem "O jabuti e o homem", as personagens comentam:

> – Só isso? – gritou Emília. – É pouco...
> – Não, tem mais coisas – respondeu tia Nastácia. – Há uma porção de histórinhas do jabuti, que é um danado de esperto. Ninguém logra êle.
> – É verdade – disse Dona Benta. – O jabuti, ou cágado, como o chamamos aqui no sul, é um animalzinho que muito impressiona a imaginação dos homens

do mato – os índios; daí todo um ciclo de histórias do jabuti, onde êle aparece com umas espertezinhas muito curiosas.

– E é mesmo uma galanteza – disse Narizinho – sobretudo uns verdes, do tamanho duma bolacha Maria. Já vi dois em casa da mãe do Tonico.

– Mas são mesmo espertos como querem os índios ou é história? – indagou Pedrinho.

– O cágado parece que tem alguma inteligência e que faz mesmo umas coisinhas jeitosas. Além disso possui aquela casca onde esconde a cabeça e as pernas assim que se vê em apuros. Isso deu aos índios a idéia de esperteza. (p.152)

Como vimos, para Dona Benta, cágado e jabuti são animais semelhantes. Já Narizinho, faz alusão a uma possível espécie que seria do tamanho da bolacha Maria. Em primeiro lugar, segundo os estudos da herpetologia, o ramo da zoologia que estuda os répteis, não há minitartarugas, e sim, filhotes de cágado vendidos em lojas como animais de estimação. Por outro lado, em face do desenvolvimento das pesquisas e do trabalho de divulgação científica, tem-se, hoje, muito clara a diferença entre cágado e jabuti, diferença essa que já pode ser localizada nos principais dicionários[10] atualizados de língua portuguesa. Nosso intuito, porém, é verificar o caráter metafórico do jabuti na tradição oral, representada aqui pelas histórias narradas por Tia Nastácia. E, para todos os efeitos, nesse reduto primitivo, imaginário e popular, os dois nomes dizem respeito à mesma espécie e à mesma simbologia. O detalhe científico, de fato, não é totalmente determinante na imagem literária do animal. Cumpre ressaltar, entretanto, que na tradição indígena predomina o uso do termo "jabuti". Vejamos, então, os apontamentos do verbete constante no *Dicionário do folclore brasileiro*: "*Jabuti*. Tartaruga terrestre [...]. O jabuti é o herói invencível das *estórias* indígenas do Extremo Norte, cheio de astúcia e habilidade, vencendo os animais fortes e violentos" (Cascudo, 1984, p.393-4).

---

10 Seguem as especificações para "cágado" e "jabuti", de acordo com Houaiss (2001):
   Cágado: "design. comum a diversos quelônios de água doce, onívoros, pertencentes à fam. dos quelídeos, encontrados esp. em rios e lagoas rasas, de pescoço ger. longo e carapaça chata";
   Jabuti: "design. comum aos quelônios, terrestres e herbívoros, da fam. dos testudinídeos, de carapaça alta, em forma de domo, patas posteriores tubulares, semelhantes às dos elefantes, dedos curtos, com garras e movimentos lentos".

Segundo Câmara Cascudo, o naturalista Charles Frederik Hartt foi o primeiro a publicar, em 1875, uma coleção de aventuras do jabuti. Baseado em informações coletadas no Amazonas o pesquisador registra:

> O jabuti, como lhe chamam os portugueses, ou *yauti*, como o denominam na língua geral, é uma pequena espécie de cágado, muito comum no Brasil, e de grande apreço como alimento. É um animal de pernas curtas, vagaroso, débil e silencioso; entretanto, representa na mitologia do Amazonas o mesmo papel que a raposa na do Velho Mundo. Inofensivo e retraído, o jabuti, não obstante, aparece nos mitos da língua geral como vingativo, astucioso, ativo, cheio de humor e amigo de discussão. "É verdade!", disse-me um índio em Itaituba, ao terminar um mito do jabuti, "É o diabo; e tem feito estragos!". (Hartt, 1875, apud Cascudo, 1984, p.394)

Se observarmos atentamente o registro de Hartt, veremos que no testemunho do índio há indícios sutis de uma possível crença na sobrenaturalidade do jabuti. Quando afirma "É verdade! É o diabo; e tem feito estragos!", indica a capacidade de realização de feitos extraordinários, o que, de certa forma, remete às habilidades demonstradas no contexto fabular. Segundo Adrados (1979, p.203), "o antigo caráter sagrado do animal e da planta, dotados de forças e poderes próprios, se revela, em certo modo, na fábula".[11] Vimos, ainda, com o mesmo autor, que a imagem animal passa por longo processo de transformação e transição até chegar ao *status* literário de elemento fabular. Em outras palavras, de animal-deus, ele transforma-se em animal literário. Todavia, se, na fábula e nas histórias de animais, a herança sagrada do animal torna-se, na maioria das vezes, imperceptível, no mito narrado por Pauí-Pódole, em *Macunaíma*, ela será flagrante. Numa de suas inúmeras fugas, Macunaíma vai bater à porta de Pauí-Pódole que lhe diz:

> – Ah, herói, tarde piaste! Era uma honra grande pra mim receber no meu mosqueiro um *descendente de jaboti*,[12] raça primeira de todas... *No princípio era*

---

11 *"El antiguo carácter sagrado del animal y la planta, dotados de fuerzas y poderes propios, se trasluce en cierto modo en la fábula."*

12 As duas formas de escrita da palavra podem ser encontradas na língua portuguesa, conforme Houaiss (2001): com a vogal *o* (jaboti) ou com a vogal *u* (jabuti). Entretanto, esta segunda forma é mais frequente nos diversos textos.

só o Jaboti Grande que existia na vida... Foi ele que no silêncio da noite tirou da barriga um indivíduo e sua cunhã. Estes foram os primeiros fulanos vivos e as primeiras gentes da vossa tribo... (Andrade, 2004, p.158-9, grifo nosso)

Vemos, assim, que numa paráfrase da memorável oração que inicia o Evangelho de João: "No princípio era o Verbo", Pauí-Pódole deixa transparecer o ancestral caráter divino do jabuti: "No princípio era só o Jaboti Grande". Reforçando as marcas originais desse passado sagrado, o narrador de *Macunaíma* ainda assinala os resquícios de sua presença em expressões, como: "Macunaíma sentou numa *lapa que já fora jaboti* nos tempos de dantes" e "escreveu na *laje que já fora jaboti* num tempo muito de dantes: NÃO VIM NO MUNDO PARA SER PEDRA". (Andrade, 2004, p.156-7, grifo nosso).

Quando observamos o discurso do narrador de *Macunaíma* nas expressões destacadas no parágrafo anterior, vemos que, na forma da lenda, além de utilizar o verbo no distante pretérito mais-que-perfeito, mostra uma necessidade redundante de destacar essa distância temporal por meio das expressões "tempo de dantes" e "tempo muito de dantes". Essa manobra discursiva indica, de alguma forma, que o tempo do discurso já não é mais o tempo do mito religioso. Nesse sentido, adaptando o pensamento e a pesquisa de Adrados, podemos dizer que o próprio exercício de narração sugere a superação do estágio único e inicial. A figura simbólica do jabuti, mesmo convivendo com os discretos sinais de seu aspecto divino, já teria atingido, portanto, o estágio de inspiração lúdica ou literária.

As histórias narradas por Tia Nastácia, como veremos, trazem uma amostra da performance do jabuti nas narrativas da tradição oral e confirmam a sua insuperável astúcia, sagacidade e esperteza. A primeira das histórias, entretanto, embora pareça contrariar a crença de sua popular esperteza, deixa transparecer alguns vestígios de sua essência sagrada. O enredo de "O cágado na festa do céu"[13] desenvolve-se da seguinte maneira: houve certa vez uma grande festa no céu e o cágado, assim como todos os outros animais,

---

13 Essa história é mais conhecida na versão "A festa no céu" de Luís da Câmara Cascudo. Nela, as personagens são o sapo e o urubu. Conforme registra o próprio autor, "o jabuti não se popularizou entre os mestiços brasileiros, e as suas aventuras na literatura oral, fora do ambiente indígena [...], em maior percentagem, são pertencentes ao coelho, ao macaco, ao sapo" (Cascudo, 1984, p.394).

foi convidado a comparecer. Mas por causa de sua natural lentidão, sentiu dificuldades para chegar ao local e, por isso, pediu ajuda à garça. Maldosamente, ela o leva às alturas e o joga para baixo, com a intenção de matá-lo. Porém, durante a queda, o cágado pede às pedras e aos paus que se afastem e, assim, consegue sobreviver, tendo apenas a sua carapaça quebrada em pedaços. Penalizado, Deus emenda os pedacinhos, o que justificaria o conhecido aspecto fragmentário da carapaça de todos os cágados (ou jabutis).

Poderíamos aventar que a narrativa acima sintetizada pode ser classificada como uma etiologia que tem por finalidade simplesmente explicar as reentrâncias da carapaça do cágado. Entretanto, as expressões "céu" e "Deus", por si só, já denotam religiosidade. Quando recorremos ao texto, vemos que o original caráter divino do cágado se evidencia, principalmente, no grito desesperado que ele emite para salvar sua própria vida: "– Arredai--vos, pedras e paus, senão eu vos esmagarei!" (p.138). Notemos, que, no limite entre a vida e a morte, ele apela para os seus poderes mágicos e ocultos e, no seu brado, usa exatamente o tom imperioso e onipotente das divindades. É visível, aqui, a diferença de linguagem em comparação a outras situações: como o jabuti literário, usa geralmente linguagem simples e informal; como animal-deus, usa uma linguagem sofisticada e cerimoniosa. Há, em seu grito, uma ordem e uma ameaça, expressas, ambas, pelo imperativo e pelo futuro dos verbos utilizados e, ainda, pelo "religioso" pronome pessoal "vós". Diante disso, a comprovação do exercício de seus poderes ocultos poderia ser encontrada no fato de que as pedras e paus obedecem, de fato, a sua ordem: "As pedras e paus se afastaram e o cágado caiu" (p.138). Tal fenômeno remete à sua possível condição original destacada pelo narrador de *Macunaíma*, quando tudo na terra era jabuti. Daí a razão para exercer poder sobre seres inanimados, como os paus e as pedras.

Nas sete narrativas subsequentes e narradas em bloco, o narrador usará a expressão "jabuti" em lugar de "cágado". Nelas, veremos, de fato, o perfil astucioso e calculista do jabuti. Em "O jabuti e o homem", seu confronto se dá com um ser humano que, pela ausência de um nome próprio e pela generalização do substantivo, pode simbolizar qualquer pessoa do sexo masculino. Dessa vez o jabuti estava em sua toca, quando o homem ouve o barulho de sua gaita e, irritado, prende-o em uma caixa. Ao sair para trabalhar, recomenda que as crianças não o soltem. Mas o jabuti começa a tocar sua gaita e as crianças, curiosas, soltam-no para vê-lo tocar e dançar. Nisso, o jabuti escapa e as crianças se obrigam a colocar uma pedra em seu lugar. Quando volta, o homem acaba por descobrir que o jabuti fugiu. Decide, então, procurá-lo, mas desiste, porque, ao chamar seu nome, as respostas surgem de lugares diferentes, impossibilitando a busca.

Se em "O jabuti e o homem", o jabuti mostra-se mais esperto do que os seres humanos, em "O jabuti e a caipora", ele será capaz de vencer uma entidade mítica e folclórica. Tendo entrado em um oco de pau, o jabuti começa a tocar a sua gaita. Ao ouvir a música, a caipora convida-o para um duelo: cada um seguraria em uma das extremidades de um cipó para puxá-lo e ver quem tinha mais força. A caipora ficaria na terra e o jabuti, na água. Aproveitando a sugestão, o jabuti entra na água, amarra o cipó no rabo de um pirarucu e depois se esconde no mato. Iniciado o duelo, a caipora puxa o cipó, mas é vencida pela força do pirarucu. O jabuti, rindo, entra novamente na água, desata o cipó e volta para a terra. Surpreendida, a caipora percebe que o jabuti nem cansado estava e admite sua superioridade. Assim, do ponto de vista da caipora, o jabuti possuía superpoderes, o que justificaria a sua divindade original.

Quando ouvem a narrativa do jabuti e da caipora, as personagens do Sítio fazem o elogio da esperteza e mostram curiosidade pela figura mítica da caipora. Vejamos:

> – Sempre a esperteza vencendo a burrice! – observou Emília. – Mas que bicho caipora é êsse?
>
> – A caipora – explicou dona Benta – é um dos monstros inventados pela imaginação da nossa gente do mato. Vocês bem sabem que para o povo existem na natureza muito mais coisas do que os naturalistas conhecem, como lobisomens, sacis, mulas-sem-cabeça que vomitam fogo pelas ventas e também caiporas. (p.153)

Segundo Câmara Cascudo (1984, p.177-8), a caipora é o curupira. Trata-se de um mito tupi-guarani que em cada região do Brasil é retratado de uma forma diferente. Tradicionalmente acredita-se que é pequeno, tem os pés virados para trás, geralmente cavalga um porco e gosta de fumo e de cachaça. Entretanto, em várias regiões, foi "agigantado pelo medo que espalhava no mistério da floresta" e, então, surge como um gigante peludo, agora de pés normais, mas que gosta igualmente de fumo e cachaça. Misto de gente e animal, a caipora, assim como a maioria dos monstros, conforme acredita Câmara Cascudo, não tem uma função que a legitima a não ser espalhar inutilmente pânico e medo. Por essa razão estaria destinada à extinção no inconsciente coletivo, a partir da urbanização dos povos e do avanço da tecnologia. Em sua obra *Mitos brasileiros*, o autor afirma que esses monstros representam, na verdade, a memória do invasor e do inimigo, do "ataque depredatório e inesperado do estrangeiro", e diz mais:

> Só nas fábulas de animais é que certos caracteres malévolos ou acidentalmente malévolos acentuam-se mas com indisfarçável naturalidade moralizadora. Assim a aranha, a lebre, a tartaruga, o nosso jabuti, a raposa-da-índia, o macaco, o rato, enfim os débeis, os fracos, que vencem pela astúcia, pela finura, pela presença de espírito. Mas os monstros são afirmativas de força, de brutalidade, de estupidez enérgica. Não há intenção nas suas existências nem exemplo em seus atos. Foram criados, como os guerreiros que nascem dos dentes do dragão, para matar e morrer, vencidos pelo automóvel, pelo rádio, pela luz elétrica. (Cascudo, 1976, p.8-9)

Continuando a saga de vitórias do jabuti, em "O jabuti e a onça" será a sua vez de vencer a inimiga principal. Querendo apanhar o jabuti, certa vez a onça ouviu o barulho de sua gaita e lhe propôs que tocasse mais próximo da abertura da toca para que ela pudesse ouvir melhor. O jabuti aceita a proposta, mas assim que se aproxima da saída, a onça, de um bote, consegue agarrar sua pata. O jabuti, então, usa da esperteza e diz que ela se enganara, porque teria agarrado uma raiz de pau. Quando a onça, desapontada, solta a sua pata, ele, como bom malandro, sorri e diz que a raiz era, de fato, uma de suas patas. Injuriada, a onça permanece em frente à sua toca até que ele saia, mas seu esforço é inútil porque ele não sai e ela acaba por morrer de fome. A história, como vimos, traz o mesmo recurso de "A onça e o coelho", quando, para escapar das garras da onça, o coelho também diz que em suas mãos havia um pedaço de raiz de pau. As personagens do Sítio notam a recorrência do truque e criticam ainda o final inverossímil da história:

> – Aparece aqui aquêle mesmo truque do coelho com a onça – notou Emília. – Quer dizer que a onça é tão estúpida que todos os animais a enganam do mesmo modo.

NAS RAIAS DE UM GÊNERO **191**

– Só não acho direito – disse Narizinho – que a onça ficasse lá até morrer. Por mais estúpida que seja, isso é coisa que onça não faz. Os índios que inventaram êsse caso eram bem bobinhos. (p.153)

Conforme podemos ver, embora insistissem na narração das histórias de animais e tivessem preferência por esse tipo de história, as personagens do Sítio criticam, mesmo assim, a simplicidade e a falta de verossimilhança de alguns enredos. Como assinalamos a princípio, acostumados à leitura de clássicos e obras "difíceis", as personagens tornaram-se leitores e ouvintes exigentes e pouco tolerantes com a ingenuidade de certas histórias de origem primitiva. No entanto, poderíamos considerar que essa atitude crítica seria uma tentativa moderna de agregar valor aos produtos autênticos da arte e da literatura nacional.

Em "O jabuti e a fruta", o jabuti também logrará a onça de uma maneira inusitada e as personagens do Sítio novamente criticarão o desfecho improvável. O enredo desenvolve-se da seguinte maneira: no meio do mato havia uma fruta que nenhum bicho poderia comer sem pronunciar seu nome. Ocorre que somente uma mulher sabia o nome da fruta e, a cada vez que algum animal lhe perguntava, ela respondia de um modo diferente. Confundidos, os animais erravam inevitavelmente o nome da fruta e, por isso, não podiam comê-la. Sob a incredulidade de todos, o jabuti, então, apresenta-se para o desafio. De posse de sua viola, cantarolou todos os nomes que a mulher disse, até chegar ao último que era o correto. Diante da árvore repete o nome correto e, com isso, ganha o direito à fruta. A onça, entretanto, com a intenção de enganá-lo, apresenta-se para colher as frutas, uma vez que o jabuti teria dificuldades para realizar a tarefa. Com sua permissão, a onça colhe as frutas, mas não entrega nenhuma ao jabuti e foge. O jabuti vai atrás e, quando chega à beira de um rio, como bom nadador, se oferece para transportar o saco de frutas, engana a onça e desaparece. A onça tentou se vingar, mas o jabuti antecipou a armadilha. Escondido embaixo da própria toca da onça, o jabuti responde a cada vez que ela chama o seu nome. A onça, então, achando estranho aquele som e convencida de que o seu próprio traseiro estava tentando passar-se por jabuti, pede ao macaco que lhe dê uma surra. O macaco aproveita a deixa e a açoita até a morte. Narizinho, como antecipamos, acha estranho que a estupidez da onça seja levada a esse extremo, mas Tia Nastácia considera que a noção de música para memorizar palavras já é algum refinamento em relação ao tipo de criação normalmente realizado pelos índios:

> – Arre, que é demais! – exclamou Narizinho. – Os "historiadores" pintam as onças ainda mais estúpidas que os perus. Veja se ela havia de mandar que o macaco desse tamanha surra no seu traseiro...
>
> – Ora, menina, você está a pedir muito aos nossos pobres índios. Já êles fizeram alguma coisa pondo uma noção verdadeira nessa histórinha.
>
> – Que noção?
>
> – A do jabuti botar em música a tal palavra difícil para melhor guardá-la na memória. Isso é muito certo. A toada musical ajuda a decorar. (p.155)

Depois de vencer grandes inimigos, em "O jabuti e o lagarto" será a vez de o jabuti vencer um adversário de seu mesmo nível. A filha da onça queria se casar e o jabuti e o lagarto apresentaram-se como pretendentes. Para ter vantagens sobre o rival, o jabuti espalhou a notícia de que o lagarto era seu cavalo. Para provar o que dizia, no dia de apresentarem-se diante da onça, o jabuti ficou diante de sua porta com um lenço amarrado à cabeça. Quando o lagarto chegou e o convidou para ir junto com ele, o jabuti alegou que só poderia ir se fosse carregado porque a cabeça doía muito. O lagarto topa de levá-lo com a condição de não ser visto naquela situação. O jabuti insiste que só se sentiria bem se pudesse colocar a sela. Assim, munido de chicote e espora, tanto fez que acabou por chegar ao destino montado no lagarto. Quando a onça aparece, ele o chicoteia e calca-lhe as esporas. Convencida de sua valentia, a onça lhe dá a filha em casamento. As personagens do Sítio, a essas alturas, já começam a enumerar as façanhas do jabuti: "– Que grandíssimo pândego! – observou Narizinho. – Bobeou duma vez o outro. Quatro já que o jabuti logra: o homem que o prendeu na caixa, duas onças e êste lagarto. Estou vendo que nenhum bicho pode com êle" (p.155).

Conforme podemos notar, em sua enumeração, Narizinho se esquece da caipora que também fora vencida pelo jabuti. Uma hipótese para isso, além do esquecimento natural, seria o fato de que, talvez, ela não considere a caipora exatamente como um bicho, uma vez que se trata de um dos mitos do folclore. Desse modo, embora o jabuti já esteja despojado de sua antiga natureza sagrada e mítica, o confronto entre ele e a caipora seria, na essência, um confronto de mito para mito. Por outro lado, na fala de Narizinho, o homem é equiparado aos demais animais, o que traz à tona a característica de tipo, no sentido considerado por Alceu Dias Lima ou Mireya Camurati. Nesse contexto de tipificação, ainda que não se trate exatamente de fábula, a figura generalizante do homem não tem, de fato, diferença alguma da dos outros animais da fábula ou das histórias de tradição oral. Ocorre, portanto, segundo a concepção de Lima, um efeito de sentido *desumanização*.

Na sexta história do bloco, o jabuti terá um confronto com o jacaré. Embora seja um animal humanizado assim como os outros, nessa história a antropomorfização do jacaré torna-se tão evidente que Emília fará menção disso em seus comentários. Os fatos de "O jabuti e o jacaré" desenvolvem-se da seguinte maneira: o jacaré, com inveja da gaita do jabuti, resolve furtá-la e, para isso, posiciona-se perto do bebedouro. Quando o jabuti aparece para beber água, o jacaré pede a gaita emprestada para ver se sabe tocar e, então, mergulha na água e leva o instrumento embora. Para reavê-lo, o jabuti fantasiou-se de colmeia e foi para o bebedouro esperar o jacaré. O jacaré acreditando no que via, colocou o dedo no buraco e teve seu dedo preso entre os dentes do jabuti. Só livrou-se, quando seu filho Gonçalo, que era surdo, entendeu que deveria trazer a gaita e entregá-la de volta ao jabuti. Ao final, Emília comenta: "– Que graça! – exclamou Emília. – Jacaré com dedo e filho gente! Mas serve, a historinha. Gostei" (p.156). Podemos dizer que essa evidência do perfil humano do jacaré exemplifica o papel exercido pelos animais nesse tipo de história, que atuam como atores ou verdadeiras caricaturas dos seres humanos.

Por fim, em "O jabuti e os sapinhos", o jabuti encerra, em alta performance, a sua saga de vitórias em *Histórias de Tia Nastácia*. Além de vencer todos os animais, impressiona definitivamente a onça e se casa com sua filha. Havia dois pretendentes para casar com a filha da onça: o lagarto e o homem. Para vencer os dois, o jabuti convoca um punhado de sapinhos para que assustem os animais no bebedouro. Eles só deveriam silenciar quando ouvissem o som de sua gaita. Tudo aconteceu conforme o planejado. Vieram o macaco, o lagarto, o homem e vários outros animais, mas todos fugiam assustados pela ladainha ameaçadora dos sapinhos. Veio, então, o jabuti com sua gaita e bebeu água fartamente sem sofrer nenhuma ameaça. Todos ficaram assombrados com sua valentia e a onça, por sua vez, deu-lhe a filha em casamento. Como já analisamos, além da exaltação ao jabuti, ocorre aqui novamente a desumanização do homem que é colocado em pé de igualdade com os outros animais. Estes, por sua vez, deixam entrever em suas "máscaras" os comportamentos humanos que representam. As personagens do Sítio observam a inversão das posições e comentam:

> — O que achei mais graça – disse Narizinho – foi aparecer um homem disputando com o jabuti a mão da filha da onça.
>
> — E mesmo assim, mesmo em luta com o rei dos animais — observou Pedrinho – foi o cágado quem venceu. Isso mostra que os índios punham o jabuti até acima do homem, em matéria de esperteza.
>
> — Que pena não têrmos um cágado aqui! – suspirou a menina. – Gosto cada vez mais desse bichinho. (p.157)

O jabuti, conforme podemos ver, conquista a simpatia das personagens do Sítio, que fazem o elogio de sua esperteza e reiteram uma vez mais a confusão entre "cágado" e "jabuti". Esse revezamento no uso dos nomes reafirma o fato de que, no plano narrativo e ficcional das *Histórias de Tia Nastácia*, "cágado" e "jabuti" dizem respeito à mesma personagem e à mesma caracterização.

No conjunto de histórias do jabuti, vimos que, praticamente em todas as narrativas, com exceção da primeira, ele aparece acompanhado de um instrumento musical. Geralmente traz uma gaita, mas pode ocorrer também de empunhar uma viola, cantar músicas e dançar. Já vimos, com Francisco Rodríguez Adrados em suas análises sobre a fábula grega, que o gênero fábula tem uma base cultural firmada, sobretudo, no caráter divino do animal em épocas primitivas. Essa concepção da imagem do animal passaria por transformações ao longo dos anos, chegando finalmente a fazer parte de algumas formas literárias. Antes de se constituir como personagem de ficção, haveria também uma fase intermediária, que se pode chamar de lúdica, em que o elemento de tipo animalístico figuraria em festas, danças e banquetes. No caso do jabuti, como representante legítimo da cultura tupi-guarani, já encontramos resquícios de sua divindade nas aventuras de que participa. Mas há também marcas (ou vestígios) de uma possível fase cômica, em que ele figuraria como personagem lúdica, servindo como tema e motivo para festas e diversões. Na maior parte das histórias narradas por Tia Nastácia e das quais o jabuti participa como personagem, ele aparece como tocador de gaita. E vale a pena ressaltar que, em alguns casos, é jus-

NAS RAIAS DE UM GÊNERO **195**

tamente a inveja de seu talento como gaitista o elemento desencadeador do conflito.

Em "O jabuti e a fruta", quando Narizinho observa a constância do jabuti músico nas histórias, Tia Nastácia explica que a gaita seria apenas um recurso para facilitar o logro dos outros bichos. Vejamos:

> — E que mania essa dos índios, de fazerem o jabuti músico? Ora o descrevem com uma gaita, ora com uma violinha. Será mesmo musical o jabuti?
> — Coitadinho! Se não há bicho que não nasceu para música é êle. Bobagem dos índios. Fazem isso porque com a gaita ou a viola o jabuti pode lograr mais fàcilmente os outros bichos. (p.155)

Vemos que, conforme destacam as personagens, o quadro formado por elementos como jabuti, gaita, viola, música é uma criação dos próprios índios. Entretanto, ao contrário de considerar a imagem apenas como um capricho estético ou um aparato útil ao desenvolvimento do enredo, poderemos levantar outras hipóteses. A recorrente imagem do jabuti tocador de gaita e outros instrumentos musicais, além de apresentar habilidades para o canto e a dança, remete justamente a um processo de transformação, segundo a concepção de Adrados, pelo qual sua imagem teria passado: a princípio surge como totem de uma civilização, em seguida ganha contornos de comicidade e diversão e, por fim, transforma-se em personagem central de fábulas e histórias. Chegado a esse estágio, ele traria a herança das fases anteriores, daí a explicação para sua importância, sua habilidade, seu talento artístico e, também, para os prodígios que realiza em suas aventuras.

Uma rápida incursão pelas histórias já verificadas anteriormente será suficiente para destacar o caráter cômico e lúdico do jabuti. Veremos que o toque da gaita pode ser responsável tanto por sua alegria como por seu infortúnio. Em "O jabuti e o homem", como vimos, atrai o adversário pelo som de sua gaita. Depois de preso, usa exatamente o mesmo recurso para impressionar as crianças e safar-se da situação difícil. Além disso, mostra que é capaz de dançar.

> O jabuti pôs-se a tocar a sua gaitinha lá dentro da caixa. Os meninos aproximaram-se, curiosos. Êle parou.
> — Toque mais, jabuti — pediram os meninos.

O jabuti respondeu:

– Vocês estão gostando da minha gaita. Imaginem se me vissem dançar...

Os meninos abriram a caixa para verem o jabuti dançar. O jabuti saiu e dançou pela sala.

Lé, lé, lé, lé...
Lé, ré, lé, ré... (p.152)

Depois de tocar e dançar, como sabemos, o jabuti foge. Já em lugar seguro, ele provoca o homem com sua gaita: *"Tim, tim, tim... / Olô, olô, olô..."* (p.152) e brinca de se esconder para confundi-lo.

Em "O jabuti e a fruta", o instrumento utilizado é a viola. O som da música, como vimos, o ajuda na memorização do nome da fruta.

A mulher disse o nome, que êle imediatamente tocou na viola. Depois a mulher disse outro nome, e outro, e outro – e o jabuti ia tocando-os todos na viola até o último, que era o certo. E foi tocando na viola aquêle último nome até chegar à árvore. Repetiu, então, a palavra, certinho, ficando com direito à fruta. (p.154)

Em "O jabuti e o jacaré", até o jacaré obriga-se a entrar no clima musical do jabuti. Para livrar-se da armadilha, repete a seguinte cantilena para que o filho traga a gaita e a devolva ao jabuti:

Ó Gonçalo,
meu filho mais velho,
a gaita do cágado!
A gaita do cágado!
Tango-lê-rê...
A gaita do cágado!
Tango-lê-rê... (p.156)

Já em "O jabuti e os sapinhos", além de tocar gaita, o jabuti ensina os sapinhos a cantar: *"Turi, turi... / Quebrar-lhe as pernas... / Furar-lhe os olhos..."* (p.156).

O motivo da gaita aparece, ainda, em "O jabuti e a caipora" e "O jabuti e a onça". Em "O cágado na festa do céu", o jabuti não aparece como instrumentista, mas, quando está em queda livre, prestes a chocar-se contra o chão, antes mesmo de apelar, como vimos, para os seus poderes ocultos e esquecidos, revela, paradoxalmente no desespero, a sua vocação poética, musical e lúdica:

> *Se eu dessa escapar,*
> *léu, léu, léu,*
> *se eu desta escapar,*
> *nunca mais ao céu*
> *me deixarei levar.* (p.138)

Vemos, assim, que, se o jabuti é capaz, mesmo em situações extremas, de revelar, ironicamente e de modo inusitado, traços de um comportamento lúdico seguidos de lances de sobrenaturalidade, isso significa que tanto um aspecto como o outro foram fundamentais na formação de sua natureza e de sua personalidade. Em outras palavras, esse fenômeno só se explica como sendo parte de sua essência primitiva. Quanto a isso, é preciso ressaltar que os fatos assim narrados (especialmente no que se refere ao comportamento do jabuti) não são mero arranjo do narrador, mas resultam de uma imposição advinda da própria natureza da personagem.

Também o macaco, representante totêmico da cultura africana, cuja atuação e presença no conjunto de histórias narradas por Tia Nastácia já analisamos anteriormente, também ele revela o seu veio cômico e musical. Em "O rabo do macaco", por exemplo, a cada conquista, solfejava a sua cantiga predileta. Ao final das negociatas, dando-se por satisfeito, cantarolou a cantiga completa: "E o macaco saiu a pular, cantarolando: 'Perdi meu rabo, ganhei uma faca; perdi minha faca, pilhei um balaio; perdi meu balaio, ganhei um pão. *Tinglin, tinglin,* vou agora para Angola!'" (p.139). As cantigas, entretanto, não são aspectos exclusivos da constituição do perfil artístico e histórico do animal, mas pertencem à cultura de cada povo. As quadrinhas, as cantigas, as danças de roda estão entre as formas mais antigas e primitivas de brincadeira e diversão e, em diversos casos, os elementos animalísticos figuram como tema das composições.

O processo de passagem pelas fases religiosa, lúdica e literária abordado anteriormente não diz respeito apenas ao macaco ou ao jabuti. Destacamos essas duas personagens, já que elas se constituem como representantes dos povos que formaram a cultura brasileira. De qualquer forma, vimos que a caracterização do animal, tanto na fábula como nas demais histórias de tradição oral, pode ser fruto de transformações milenares, trazendo na essência vestígios de uma base religiosa e lúdica. Analisando esse percurso evolutivo, Adrados (1979, p.233) sintetiza:

> Desta maneira, [vimos] os principais pontos de partida da fábula dentro do mundo do religioso; mas é claro que [...] a fábula continua a sua configuração a partir de aspectos do mundo lúdico, acrescentando também influxos da vida corrente, [...] e passa definitivamente por uma longa evolução que a leva, por fim, ao plano literário.[14]

Há ainda outros animais no zoológico ficcional das *Histórias de Tia Nastácia*, alguns dos quais também desempenham papel determinante no desenvolvimento das narrativas. Dos animais ainda não mencionados, o que detém a posição de maior destaque é a onça. Na fauna brasileira, ela é considerada como a rainha das florestas, posto que é também usufruído no mundo ficcional. Essa posição elevada, ao mesmo tempo que a transforma em substituta legítima do leão no acervo nacional, torna-a a inimiga principal de todos os animais.

Analisando a atuação dos animais na fábula grega e oriental, Adrados (1979, p.368) observa que há entre eles um sentido de rivalidade e disputa muito semelhante ao que ocorre nas relações humanas:

> Há um reino dos animais que, às vezes, requer eleição de um novo rei ou mostra descontentamento com o reinado; há uma hierarquia dos animais, como amos e servidores, hierarquia que igualmente experimenta ataques, defendendo-se o forte e tratando o fraco, por todos os meios, de inverter a situação; há rivalidades e guerras entre eles, mas também, às vezes, colaboração e alianças.[15]

---

14 "*De esta manera [vimos] los principales puntos de partida de la fábula dentro del mundo de lo religioso; pues es claro que, [...] la fábula continúa conformándose dentro del mundo de lo lúdico, añadiéndose luego influjos de la vida corriente [...] y, en definitiva, una larga evolución que lleva al final a lo literario.*"

15 "*Hay un reino de los animales, que a veces requiere elección de un nuevo rey o ve sublevaciones contra el existente; hay una jerarquía de los animales, como amos y servidores, jerarquía que igualmente experimenta ataques, defendiéndose el fuerte y tratando el débil por todos los medios de invertir la situación; hay rivalidades y guerras entre ellos, también, a veces, colaboración y alianzas.*"

NAS RAIAS DE UM GÊNERO **199**

Tratando-se das histórias brasileiras, podemos dizer que, embora não haja tentativas evidentes de deposição da rainha que é a onça, o índice de popularidade de seu reinado é bastante baixo. Essa alta rejeição se explica em virtude de sua total falta de escrúpulos no modo de agir e governar. Sem respeitar qualquer princípio ético, a onça explora os mais fracos, é gananciosa e não tem compromisso com suas próprias palavras. Em "O macaco, a onça e o veado", as personagens do Sítio definem o seu desempenho no contexto das diversas histórias:

> – Nas histórias populares – disse Dona Benta – o papel da onça é sempre desastroso. Personifica a fôrça bruta, a traição, a crueldade. Os contadores vingam-se dela ser assim, fazendo-a perder tôdas as partidas.
> – Está claro – disse Emília. – Não tinha graça nenhuma se a onça acabasse vencendo. Ela é bruta, é má, é cruel; logo, tem de ser castigada – pelo menos nas histórias. (p.144)

De fato, como dizem Emília e Dona Benta, em todas as histórias narradas por Tia Nastácia e das quais ela faz parte, a onça sofre derrotas monumentais ou é enganada. Por essa razão, chega a ser classificada por Pedrinho como "o mais estúpido dos animais" (p.144). Por mais forte e poderosa que seja, falta-lhe inteligência e sabedoria, duas virtudes primordiais a qualquer soberano. Em todos os enredos, o drama começa por sua própria iniciativa que pretensiosamente tenta enganar e prejudicar alguém, mas logo recebe a contrapartida de animais como o jabuti, o macaco, o coelho e o gato. Essa dinâmica de logro ou tentativa de logro e derrota ocorre nos seguintes textos: "O macaco, a onça e o veado", "A onça e o coelho", "O pulo do gato", "O jabuti e a onça" e "O jabuti e a fruta". Dos animais com os quais contracena, o único a cair em suas armadilhas é o veado que, embora vaidoso, caracteriza-se, como já vimos, pela tolice e ingenuidade. Em "O macaco e o aluá", mesmo não motivando o conflito, também é derrotada ao tentar cobrar uma dívida do macaco.

Embora odiada por praticamente todos os animais, o patrimônio da onça, seja ele material, seja moral, é alvo de cobiça. Prova disso é que ocorrem disputas acirradas entre os pretendentes à mão de sua filha. Entre os que se apresentam, destacam-se o jabuti, o lagarto e o homem. Como já vimos, o que consegue encenar maior virilidade e valentia é o jabuti, ganhando, por isso, o direito de se casar. O duelo acontece em "O jabuti e o lagarto" e em "O jabuti e os sapinhos". Por mais inescrupulosa que seja a onça, o parentesco com o mais poderoso dos animais confere *status* social ao "indivíduo". Mas no caso do jabuti, a permissão ao casamento soa como ironia e vingança, já que ele é um dos maiores (senão o maior) inimigos da onça. Considerando-se a extrema astúcia do jabuti e a capacidade de inverter a situação a seu favor, definitivamente esse parentesco é um risco iminente para a onça.

Ainda que com participação reduzida, há outros animais que integram as histórias narradas por Tia Nastácia e que ajudam a diversificar e a enriquecer o quadro de personagens. A garça constitui-se como uma figura maldosa e é a única a aceitar o posto de comadre e colaboradora da onça. Em "O cágado na festa do céu", como já vimos, tenta matar o jabuti. E em "A onça e o coelho", aceita o pedido da onça para atuar como vigia da toca do coelho: "– Comadre garça – disse ela – bote sentido nesta cova enquanto eu vou buscar uma enxada. Não deixe o coelho sair" (p.146). Não obstante a sua fidelidade aos interesses da onça, a garça também é tola. Por isso, é enganada pelo coelho que acaba por fugir, fazendo que ela perca a credibilidade perante sua protetora.

O sapo figura de modo ativo em apenas uma história. Em "O veado e o sapo", disputa com o seu rival a mão de uma moça. Para decidir a situação, o veado propõe uma corrida de aposta que é imediatamente aceita pelo sapo. Esperto, o sapo reúne seus companheiros e os distribui pela estrada com orientação de responder ao canto do veado sempre da mesma forma. Depois disso, posicionou-se no ponto de chegada e ficou a esperar o veado, como se houvesse apostado a corrida e chegado antes. Sem aceitar a derrota, o veado arma um plano, mata o sapo e se casa com a moça. Já em "O jabuti e os sapinhos", verifica-se, como vimos, a atuação passiva, porém decisiva, dos filhotes de sapo que, à semelhança dos da história anterior, também possuem vocação musical.

Por sua esperteza, em muitas histórias, como já destacamos, o sapo desempenha o papel do jabuti, por possuir maior popularidade entre as crianças e o povo em geral. Segundo Câmara Cascudo (1984, p.696), nas antigas teogonias é considerado o guardião das águas e marca presença nas mais diversas culturas:

O sapo é um personagem vivo em todas as literaturas orais do mundo e em todos os estados de civilização. Desde as fábulas de Esopo aos contos populares africanos, oceânicos, chineses ou hindus, europeus ou australianos, o sapo é um elemento de representação cômica, e, às vezes, de astúcia solerte e vitoriosa.

Um aspecto curioso de se observar nas *Histórias de Tia Nastácia* é a ínfima participação da raposa. Conforme sabemos, ela desempenha um papel de alto destaque na fauna ficcional e sua lendária esperteza é registrada nas histórias das mais diferentes regiões e países,[16] do Oriente ao Ocidente. Um exemplo dessa popularidade é, também, os *Romances da raposa*, um ciclo de histórias em versos de cunho satírico e picante que ocorrera na Europa medieval, no qual a raposa figurava como personagem principal. Para Adrados (1979, p.251), ela é o mais importante animal da fábula: "o animal propriamente fabulístico, o que encarna toda sorte de argúcias, habilidades e trapaças, vencendo inclusive aos mais fortes, é a raposa".[17]

Em "O rabo do macaco", Dona Benta destaca a astúcia da raposa em comparação com outros animais. Em suas palavras, "a rapôsa, ladiníssima, sai ganhando sempre. Chegou a ficar símbolo da esperteza. Quando queremos frisar a manha dum político, dizemos: É uma rapôsa velha!" (p.139). Entretanto, sabemos que Dona Benta possui cultura geral, dominando conhecimentos vários e a leitura dos clássicos universais. Tia Nastácia, pelo contrário, domina a cultura local e oral. Bem por isso, ela dá destaque ao que é próprio de sua formação e de seu espaço. Embora saibamos que, também no Brasil, a raposa tem presença natural tanto na fauna como na ficção, sua atuação não é exclusiva do ambiente nacional em termos de pri-

---

16 Também na cultura chinesa, a raposa revela a sua esperteza e astúcia perante tigres e dragões. Vejamos, por exemplo, a fábula "A raposa e o tigre", de Liu Xiang: "Um tigre agarrou uma raposa na floresta e decidiu matá-la para comê-la no almoço. A raposa, muito esperta, disse ao tigre: / – Se eu fosse você, não me comeria. Sou uma enviada do Imperador do Céu para ser o rei dos animais. Ele vai ficar muito desgostoso ao saber que você me matou por causa de uma simples refeição. / O tigre exclamou: / – Ah, é?! / – Se duvida do que estou dizendo, vem atrás de mim, vamos passear na floresta. Vai notar que os animais ficarão aterrorizados ao me verem. / O tigre aceitou a proposta. / Os dois foram para a floresta, a raposa na frente, o tigre logo atrás. Em pânico, todos os animais fugiam. O tigre ficou espantado. Ele não percebeu que os animais fugiam dele, e não da raposa" (Capparelli, 2009, p.115).

17 "[...] el animal propiamente fabulístico, el que encarna toda clase de argucias, habilidades y trampas venciendo incluso a los más fuertes, es la zorra."

mitividade. Suas peripécias ganharam maior destaque com a chegada do colonizador. Portanto, no conjunto das histórias narradas por Tia Nastácia, a raposa aparece, como personagem principal, apenas em "A raposa e o homem". Nela, a raposa aparece, não para demonstrar sua esperteza, mas para aprender uma lição. Fingindo-se de morta, ela deita no caminho em que um homem iria passar para ver sua reação. Quando vê a cena, o homem, penalizado, cava um buraco e a enterra. Entretanto, a raposa repete a ação por mais três vezes, até provocar a irritação do homem que decide jogar o seu corpo no mato. Pensativa, a raposa conclui: "Estou vendo que é um perigo abusar dos nossos benfeitores..." (p.149).

Outra história em que a raposa aparece é "O pinto sura". Entretanto, ela atua como coadjuvante de um pintinho em uma situação atípica para os seus padrões: não engana o pintinho e o ajuda a superar obstáculos. Em "O macaco e o aluá", como vimos, é enganada pelo macaco. Essas experiências ajudam, de alguma forma, a reforçar a ideia de que nas histórias autenticamente nacionais, quem domina o reduto da esperteza não é somente a raposa, mas também animais como o jabuti, o coelho e o macaco. Aliás, especificamente em *Histórias de Tia Nastácia*, não há um compartilhamento do comando da esperteza com a raposa. Na verdade, ela perde esse espaço, que é dominado pelos animais apontados.

Além de todos os animais já destacados, aparecem, ainda, nas histórias que compõem o quadro selecionado por Tia Nastácia, o jacaré, o lagarto, o pinto, a formiga e o gato. Os dois primeiros são muito presentes na fauna brasileira e sua atuação nas histórias já foi analisada nos confrontos com o jabuti. O pinto aparece na história "O pinto sura" que é uma variação ou adaptação de "O patinho feio". Assim como ocorre no conto tradicional, o pintinho passa por incontáveis agruras por ser defeituoso e diferente dos demais. Resolve queixar-se ao rei, mas não encontra solução. Na volta para o galinheiro, recebe ajuda da raposa, do rio e do espinheiro. Quando chega ao destino não é mais um pinto discriminado, mas um galo adulto e formoso que, a partir de então, tomaria conta do terreiro.

A formiga comparece em "A formiga e a neve". Trata-se de um conto cumulativo e de repetição, que estimula o ouvinte a memorizar a sequência e a participar da narração. Como já vimos, as personagens do Sítio avaliam a história de forma muito positiva. Presa na neve, a formiga pede a ela que

NAS RAIAS DE UM GÊNERO   203

solte seus pés. A neve usa o sol como pretexto para não realizar o pedido: "– Sou valente mas o sol me derrete" (p.131). A partir de então, cada elemento indicado aponta outro que considera mais forte, o que resulta na construção de uma hierarquia entre os seres. Assim, a sequência apresenta os seguintes elementos: neve, sol, nuvem, vento, parede, rato, gato, cachorro, onça, homem, Deus. A história termina quando Deus autoriza a formiga a acabar com a história e a ir furtar. Conforme podemos observar, o próprio título remete a um contexto diferente do brasileiro. Essa talvez seja a explicação para que a história, mesmo sendo de animais, esteja isolada em meio a outros contos populares de origem europeia. De qualquer forma, a formiga, símbolo da operosidade, é um animal de grande presença na fauna e na literatura nacional. Quando as crianças questionam o fato de as formigas furtarem, Dona Benta argumenta: "Mas as tias Nastácias sabem muito bem das formiguinhas que furtam açúcar" (p.131).

Quanto ao gato, sua presença só será registrada em "O pulo do gato". Câmara Cascudo (1984, p.358) registra que o gato tem dupla face: "Nas *estórias* populares, especialmente, nas fábulas, o gato é a agilidade, desenvoltura, rapidez de gestos e também falta de escrúpulos e de fidelidade". Em "O pulo do gato", além de esperteza, ele mostra exatamente a sua agilidade e sua rapidez de gestos, frustrando os perigosos intentos da onça. Em *Fábulas*, encontramos uma referência direta a essa história nos comentários de "O gato e a raposa". Fazendo-se de amiga do gato, a raposa, entretanto, vangloria-se de sua infinidade de manhas e subestima o truque único do gato. Aparece, então, uma cachorrada, o gato se salva de um pulo, mas a raposa é perseguida e devorada pelos cães. Vejamos os comentários:

> – Eu, se fôsse a senhora, vovó, trocava essa fábula por aquela outra – a tal do Pulo do Gato. O gato ensinou à onça todos os pulos menos um – o pulo de lado. E quando acabou a lição, a onça *zás!* – pulou em cima do gato para comê-lo. Mas o gato fugiu com o corpo – deu um pulo de lado. Muito desapontada, a onça disse: "Mas êsse pulo você não ensinou". E o gato, de longe: "E não ensino, porque esse é o pulo do gato". (p.44)

Considerando que a personagem do Sítio (muito provavelmente Pedrinho), como vimos, já traz uma síntese da história, vejamos, então, o texto completo de "O pulo do gato" narrado por Tia Nastácia:

O pulo do gato

A onça pediu ao gato que lhe ensinasse a pular, porque o maior mestre de pulos que há no mundo é o gato. O gato ensinou uma, duas, três, dez, vinte qualidades de pulos. A onça aprendeu todos com a maior rapidez e depois convidou o gato para irem juntos ao bebedouro, isto é, ao lugar no rio onde os animais descem para beber.

Lá viram um lagarto dormindo em cima duma pedra.

— Compadre gato — disse a onça — vamos ver quem dum pulo pega aquele lagarto.

— Pois vamos — respondeu o gato.

— Então comece.

O gato saltou em cima do lagarto e a onça saltou em cima do gato — mas êste deu um pulo de banda e se livrou da onça.

A onça ficou muito desapontada.

— Como é isso, compadre gato? Êsse pulo você não me ensinou...

— Ah, ah, ah! — fêz o gato de longe. — Isto é cá segrêdo meu que não ensino a ninguém. Chama-se o "pulo do gato" — meu, só meu. Os mestres que ensinam tudo quanto sabem não passam duns tolos. Adeus, comadre! — e lá se foi.

Ah! — exclamou Pedrinho. — Agora estou compreendendo por que se fala tanto no "pulo do gato"...

— Mas pulam mesmo assim ou é história da história? — perguntou a menina.

— Não há pulo que os gatos não dêem — disse dona Benta. — É um bichinho maravilhoso. Já vi o Romão cair dum telhado altíssimo. Outro bicho qualquer se espatifaria. Romão, porém, deu uma volta no ar e caiu sôbre as quatro patas — e lá se foi, ventando, sem que nada lhe acontecesse.

— Mas se o gato é da mesma família da onça — observou a menina — tudo o que o gato faz a onça também deve fazer.

— Sim, mas o gato é pequeno e portanto tem agilidade muito maior que a da onça. Quanto pesa um gato? Um quilo, apenas. E uma onça? Cem vêzes mais. Natural, portanto, que por causa do pêso maior a onça não seja capaz de fazer o que o gato faz.

— É verdade, vovó — perguntou Pedrinho — que os políticos espertos usam o pulo do gato?

Dona Benta suspirou.

NAS RAIAS DE UM GÊNERO **205**

– Os políticos matreiros, meus filhos, são os gatos da humanidade. Dão tôda sorte de pulos – e sabem muito bem essa história de cair de pé. Há alguns entre nós que podem dar lições a todos os gatos do mundo... (p.147)

Em *Histórias de Tia Nastácia*, encontramos contos populares, contos clássicos, contos e histórias de animais, contos etiológicos, contos maravilhosos, entre outros. Embora tenham, às vezes, uma intenção moralizante, são pouquíssimos os textos a possuírem a estrutura da fábula. A história "O pulo do gato", como foi destacado em *Fábulas*, diferencia-se da maioria por ser uma fábula esópica propriamente dita, com o confronto entre dois animais de perfis diferenciados e réplica final. Mesmo não possuindo moralidade explícita, nos termos de Nøjgaard, podemos dizer que o texto apresenta uma ação-opção, seguida depois de uma avaliação da ação-opção, que é expressa na réplica final, realizada pela personagem mais forte ou esperta.

Aplicando mais diretamente a teoria ao texto, as duas personagens de perfis contrastantes, como defende Portella, são o gato e a onça. Especificamente nessa fábula, o gato será a personagem sábia e esperta em confronto com a estupidez e pretensão da onça. Se considerarmos a teoria de Nøjgaard, veremos que a onça será a *primeira optante*, sendo por isso a mais fraca: "A onça pediu ao gato que lhe ensinasse a pular, porque o maior mestre de pulos que há no mundo é o gato". A escolha da onça seria, portanto, uma *ação-opção*. O gato é o *segundo optante*, sendo por isso o mais forte. Ele ensina apenas os pulos que não comprometem a sua segurança e depois faz a *avaliação da ação-opção*, por meio da *réplica final*: "– Ah, ah, ah! – fêz o gato de longe. – Isto é cá segrêdo meu que não ensino a ninguém. Chama-se o 'pulo do gato' – meu, só meu. Os mestres que ensinam tudo quanto sabem não passam duns tolos. Adeus, comadre! – e lá se foi".

Numa outra perspectiva, empregando o princípio enunciativo de Lima, podemos dizer que a história do confronto entre onça e gato compõe o discurso figurativo. O discurso temático estaria embutido na última fala do gato. Já o discurso metalinguístico, "a fábula mostra", estaria oculto e disseminado na própria situação discursiva e nos comentários das personagens. Como podemos verificar, o discurso de Dona Benta estabelece a fusão entre discurso figurativo e discurso temático: "– Os políticos matreiros, meus filhos, são os gatos da humanidade". Nesse sentido, ele cumpre a mesma função do discurso metalinguístico.

No que se refere aos padrões lobatianos de fábula, vemos também que "O pulo do gato" traz a mesma estrutura externa dos textos fabulares de *Fábulas*: primeiro aparece a fábula e na sequência, de forma isolada, aparecem os comentários. A única diferença visual seria a ausência do traço, como ocorre nas demais histórias.

Vimos, assim, que em *Histórias de Tia Nastácia*, Monteiro Lobato, entre outras iniciativas, realiza uma seleção especial de animais, que protagonizam contos, histórias e fábulas. O critério principal para tal seleção seria a presença marcante ou exclusiva na fauna brasileira. Numa clara aproximação com as tendências modernistas, quanto maior a representatividade nessa fauna, maior a presença nas histórias. Como ocorre em todas as histórias de animais e fábulas, as personagens têm uma caracterização definida, são antropomorfizadas e representam comportamentos humanos. Esse elenco de figuras tipificadas revela a existência de uma tradição literária animalística brasileira, que é mais ampla do que a fábula, e, ao mesmo tempo, fornece a matéria-prima principal para a produção da fábula brasileira, como a exemplifica "O pulo do gato". Uma das marcas distintivas da fábula brasileira e, por conseguinte, da fábula de Lobato, seria, portanto, a presença de elementos pertencentes às culturas que formam a identidade nacional, a saber: a indígena, a portuguesa e a africana. O próprio Lobato, como vimos no primeiro capítulo, na carta que escreve a Rangel em 08 de setembro de 1916, requer "um fabulario nosso, com bichos daqui em vez dos exoticos". Na lição de Góes (2005, p.117):

> O espaço Brasil-Portugal-África em território e nação brasileiros contém, ademais do código linguístico, os códigos genéticos, culturais, míticos, sociais, espirituais, religiosos. A *Fábula Brasileira* é, pois, tessitura de múltiplos fios: mestiçagem, culturação, enraizamento.

Outros animais também figuram nas histórias narradas por tia Nastácia, mas não em contos de animais propriamente ditos. Como sabemos, os animais podem figurar como personagens nos mais diferentes gêneros, da fábula ao romance, da epopeia à poesia contemporânea. Como exemplo dessa presença na obra de Lobato em questão, temos, entre outros, a pombinha de "A moura-torta", os carneiros e os peixes de "O bicho Manjaléu" ou o cavalo de "O sargento verde".

Enquanto nesse tópico estudamos o perfil literário de animais presentes na fauna brasileira que, por sua vez, podem figurar como personagens da fábula, no próximo tópico, focalizaremos diretamente a fábula e sua manifestação em diferentes situações discursivas na obra infantil de Monteiro Lobato.

A fábula em diferentes situações discursivas

No primeiro capítulo, vimos que a crítica da fábula se inicia com a crítica retórica de Aristóteles. Se, conforme sabemos, a retórica é a arte do bem-dizer, não é difícil concluir que os primeiros olhares que se lançaram sobre a fábula foram motivados não somente por suas peculiaridades, mas principalmente por sua utilidade no desenvolvimento dos discursos. Todo discurso que se quer efetivo precisa seduzir o ouvinte por meio dos recursos de persuasão. Em Aristóteles, como vimos, esses recursos são chamados provas técnicas, entre as quais figura justamente a fábula.

Não obstante a aridez da perspectiva retórica, destaca-se nela a importância do contexto para a fábula. Com efeito, é a conexão entre fábula e contexto a condição básica para a compreensão do discurso fabular. Assim, para alguns estudiosos, como Du Méril, Levrault e Chambry, em suas origens, a fábula não necessitava de uma moralidade explícita, porque a conclusão poderia ser facilmente deduzida do contexto imediato. À medida que houve o afastamento gradativo da situação cotidiana original, foi necessário o acréscimo da moralidade. A moralidade teria, então, para esses estudiosos, um sentido didático que visa facilitar ou direcionar a compreensão do maior número de ouvintes ou leitores.

Seja por separar-se do contexto, seja por distanciar-se de outros gêneros ou ainda por evoluir naturalmente em função de razões diversas, o fato é que a fábula ganhou autonomia e, nos termos de Levrault (1905, p.7), tomou consciência de si mesma. Em consequência disso, passou a ter uma estrutura sólida e sobejamente conhecida, de modo que, mesmo fragmentada, pode ter suas propriedades reconhecidas em diversas situações discursivas, sejam elas ficcionais ou não.

Paradoxalmente, conquistada a independência, é a autonomia da fábula que permitirá a sua universalização sem nenhum risco de dissolução para o gênero. Ela pode ser reconhecida não só por sua reprodução completa no texto, mas também por referência às suas personagens características, adágios elaborados a partir de seus ensinamentos e narrativas, referências à moral e à metalinguagem, fragmentos da narrativa, entre outras formas. O *efeito fábula*, segundo Dias Lima, é produzido exatamente nessas circunstâncias em que a fábula se insere no contexto ou discurso. Para o autor, como vimos, a presença de qualquer uma de suas unidades discursivas, a figurativa, a temática ou a metalinguística, já permite a identificação e o reconhecimento do gênero.

A fábula, por suas próprias raízes, tem uma essência discursiva. No conceito de Dezotti, ela é um *ato de fala* que se manifesta com uma intenção. Justamente por isso pode se adaptar muito facilmente a qualquer tipo de discurso. Nessas situações, tal qual ocorria nas suas origens supostas ou hipotéticas, a moralidade não precisa ser obrigatoriamente expressa, uma vez que a realidade exterior ou os fatos correntes podem revelar qual o sentido da intencionalidade.

Em Lobato, como já testemunhamos e veremos, a fábula se manifesta tanto por si mesma como por suas propriedades. Em diversas situações, trava um duro confronto com as personagens do Sítio que, não raramente, obrigam-na a fazer concessões. Em outras, tem os seus princípios morais ou estruturais reiterados, dado o enquadramento possível ou absoluto aos fatos narrados. Os tópicos seguintes mostram esses dois extremos da presença autoafirmativa da fábula no contexto da obra infantil do autor.

No mundo imaginário de "Pena de papagaio"

"Pena de papagaio" foi publicado inicialmente como obra isolada em 1930. Fazia parte de uma sequência de obras infantis publicadas desde 1920, entre as quais estavam: *A menina do narizinho arrebitado*, *O noivado de Narizinho*, *O gato Félix*, *Cara de coruja*, entre várias outras. Mas, em 1931, Monteiro Lobato reúne grande parte de sua produção infantil na década anterior e a transforma em um livro único intitulado *Reinações de Narizinho*. Evidentemente, para que não houvesse uma fragmentação entre os episódios, o autor precisou realizar algumas adaptações e arranjos, de modo a promover a unicidade da narrativa. A nova obra passou a ter, então, onze capítulos, entre os quais figura "Pena de papagaio" como o penúltimo.

O capítulo "Pena de papagaio" parece ser um derivado dos efeitos da história de Peter Pan[18] na mente de Pedrinho. Os fatos têm início, justamente, quando ele, preocupado, começa a pensar profundamente na inexorabilidade do crescimento e do envelhecimento do corpo. Como Peter Pan, ele gostaria de "ficar menino para sempre..." (p.131). Por coincidência, exatamente nesse momento ouve a voz de um menino invisível. Não consegue, de fato, saber quem é, mas as suspeitas recaem sobre o próprio Peter Pan, pois se tratava de um menino de sua mesma idade e que tinha a mania de cantar como galo. O menino invisível, porém, nega terminantemente ser Peter Pan e apresenta-se como grande conhecedor do Mundo das Maravilhas. Ele mesmo desenhara um mapa com todas as suas terras e mares e informou que Grimm e Andersen foram viajantes que permaneceram por lá durante muito tempo. Diante da curiosidade e interesse de Pedrinho, o menino convida-o para viajar até lá com a turma do Sítio. O Mundo das Maravilhas parece mesmo ser um mundo familiar e acessível para a criança, já que, segundo o menino invisível, a imaginação é a condição principal para que se avance em seus limites. Ele informa que esse mundo é "velhíssimo. Começou a existir quando nasceu a primeira criança e há de existir enquanto houver um velho sôbre a terra" (p.132).

Depois que se despede do menino invisível, Pedrinho volta para casa convencido de viver a experiência de ir ao Mundo das Maravilhas. Ansioso, relata o encontro a Narizinho e combinam a viagem para o dia seguinte. Emília e Visconde também farão parte da caravana. Todos saem de madrugada, à revelia de Dona Benta e Tia Nastácia, e se encontram com o menino invisível na porteira do Sítio. Havia, entretanto, o problema da invisibilidade do menino que impedia a turma de segui-lo. Como qualquer objeto que pairasse sobre seu corpo podia ser visualizado, Pedrinho propõe, então, que se amarre uma pena sobre sua cabeça. Emília, a única a levar bagagem, como sempre carregada pelo Visconde, resolve o problema, apresentando uma pena de papagaio que, desse momento em diante, passou a ser a identificação visual do menino invisível. Surge, assim, o Peninha, líder e guia da turma do Sítio na incursão pelo Mundo das Maravilhas. Para transportá-los

---

18 A história de Peter Pan faz parte dos clássicos adaptados por Monteiro Lobato. Conforme informação de Vieira (2008), foi publicado em 1930 pela Companhia Editora Nacional sob o título: *Peter Pan, história do menino que não queria crescer, contada por Dona Benta.*

ao lugar prometido, Peninha fará uso do pó de pirlimpimpim, um recurso até então desconhecido pelos picapauenses. Trata-se do "pó mais mágico que as fadas inventaram" (p.135). Embora a imaginação fosse o passaporte básico de acesso ao mundo maravilhoso, certamente o pó era um recurso que proporcionava uma maior facilidade para o translado, sem contar que havia ainda o apelo da novidade e da surpresa. Em pouco tempo, portanto, as personagens estavam no País das Fábulas que fazia parte do Mundo das Maravilhas.

É pertinente, nesse momento, que façamos um rápido parêntese para verificar a variação de uso e de sentido do termo "fábula" na obra de Lobato. Essa variação, entretanto, não é exclusividade da linguagem lobatiana, mas resulta das diferentes acepções da palavra, o que pode ser conferido em qualquer dicionário de língua portuguesa. Em *Caçadas de Pedrinho*, por exemplo, podemos encontrar a palavra com o significado pouco usual relacionado à "mentira": "E assim aconteceu. Parece *fábula*, parece mentira do Barão de Munchausen e, no entanto, é a verdade pura: os netos de Dona Benta caçaram um rinoceronte de verdade!..." (p.29, grifo nosso). Outro sentido muito frequente tanto na obra de Lobato como nos diversos textos e contextos é o de "fábula" com o significado de "conto clássico" ou "conto maravilhoso". Em *Memórias de Emília*, ao saber da possibilidade de receber a visita do rei da Inglaterra, Dona Benta diz: "A única pessoa que ainda não apareceu por aqui foi um rei de verdade. Reis da *fábula* e dos países maravilhosos, desses que usam coroinhas de ouro, temo-los tido aos montes" (p.108, grifo nosso).

Mas a obra que parece apresentar a maior variação de sentido no uso do termo "fábula" é *O picapau amarelo*. A expressão "Mundo da Fábula", por exemplo, uma das mais utilizadas pelo narrador, confere ao termo um sentido amplo que engloba diferentes tipos de histórias. Vejamos as explicações que o próprio narrador apresenta:

> O Mundo de Mentira, ou Mundo da Fábula, é como a gente grande costuma chamar a terra e as coisas do País das Maravilhas, lá onde moram os anões e os gigantes, as fadas e os sacis, os piratas como o Capitão Gancho e os anjinhos como Flor das Alturas. Mas o Mundo da Fábula não é realmente nenhum mundo de mentira, pois o que existe na imaginação de milhões e milhões de crianças é tão real como as páginas deste livro. (p.11)

Em *O picapau amarelo*, como sabemos, as personagens dos contos clássicos vão todas morar no Sítio do Picapau Amarelo. Para acomodar toda essa população do "Mundo da Fábula", Dona Benta adquiriu fazendas vizinhas ao Sítio que, desde então, passaram a ser chamadas de "Terra da Fábula" (p.60). Transferem-se para lá os príncipes, princesas, crianças, animais e até monstros. Quando vê um deles, uma das personagens levanta a seguinte hipótese: "Acho que devia ser qualquer coisa da *Fábula Grega*" (p.24, grifo nosso). Vemos, nesse caso, a palavra ser apresentada no sentido de "mito". Diante do monstro, o Visconde também indaga: "De que 'mitologia' era aquêle monstro? Há muitas *mitologias*, isto é, *coleção de fábulas* – uma para cada civilização" (p.24, grifo nosso). Mais adiante, já em conversa com o Visconde, o próprio monstro revela a sua identidade: "– Sou uma *fábula grega*, como você me parece uma *fábula moderna*" (p.25, grifo nosso).

Em nenhum dos casos destacados, como podemos ver, o termo "fábula" foi utilizado em seu sentido específico. Mas, como sabemos, ele é fartamente utilizado em sua especificidade na própria obra *Fábulas* e, nas demais, poderá ser identificado em diversas situações: 1) na expressão "País da Fábula" ou "País das Fábulas", frequentemente mencionada, como ocorre em *Viagem ao céu*: "Os leitores destas histórias devem estar lembrados do que aconteceu ao pobre sábio naquele célebre passeio ao País das Fábulas" (p.10); 2) quando a palavra estiver relacionada aos fabulistas Esopo e La Fontaine, como em *O picapau amarelo*: "e o Senhor de La Fontaine em companhia de Esopo, acompanhados de todas as suas fábulas" (p.16); 3) ou ainda quando houver alguma referência direta a alguma fábula esópica, como em *Aventuras de Hans Staden*: "É a fábula do lôbo e do cordeiro... – lembrou a menina" (p.13). Cabe destacar, por fim, a recorrência das expressões "País da Fábula", "Mundo da Fábula" e, uma vez ou outra, "Terra da Fábula" nas obras infantis de Lobato. Das três expressões, apenas a primeira diz respeito à fábula no sentido considerado em nosso trabalho.

Encerrada a abordagem sobre as variações de sentido do termo "fábula" na obra de Lobato, retornaremos agora aos episódios de "Pena de papagaio". Assim que chega ao País das Fábulas, a turma do Sítio já se depara com o cenário de "O lobo e o cordeiro":

> Os meninos abriram uns olhos do tamanho de goiabas. Olharam em torno.
> Um rio de águas cristalinas corria por um vale de veludo verde. Na beira do rio,

um carneirinho branco preparava-se para beber. Ao fundo alta montanha azul erguia-se majestosa, e entre o rio e a montanha era a floresta.

[...]

O senhor de La Fontaine aproximou-se do rio e, escondendo-se atrás duma moita, ficou ali a espiar. O carneiro estava com sede. Foi se chegando ao rio, espichou o pescoço e – *glut, glut, glut,* – começou a beber. Nisto, outro animal, de cara feroz e muito antipático, saiu da floresta, farejou o ar e dirigiu-se para o lado do carneirinho. Vinha lambendo os beiços. (p.153)

A partir do cenário idealizado de "O lobo e o cordeiro", descortina-se já perante o leitor a estratégia utilizada por Lobato na reprodução do texto fabular em "Pena de papagaio". Como podemos observar, trata-se de um artifício ficcional em que o autor recupera, temporal e espacialmente, o momento em que a fábula acontece e é simultaneamente registrada pelo fabulista e demais transeuntes, que assistem ao vivo os acontecimentos. Os espectadores, entretanto, não têm uma presença passiva, mas podem interferir na narrativa e modificá-la, acomodando-a ao seu ponto de vista. Como resultado, as histórias nunca permanecem como sempre foram. Seja por interferência dos espectadores ou por uma atualização especial proporcionada pelos novos tempos, o desfecho dos enredos é diferente e, em todas as vezes, surpreendente.

Em "O lobo e o cordeiro",[19] até certo ponto da narrativa, os fatos se desenvolvem como na fábula tradicional. O lobo aborda o cordeiro e, com pretensão de esperteza, lança-lhe acusações disparatadas, contra as quais o carneirinho defende-se de maneira convincente. Quando o lobo, vencido pela razão, parte para o ataque, o próprio La Fontaine, que de lápis em punho registrava a fábula, interfere e impede a última ação do lobo:

E já ia fazendo – *nhoc!* Quando o senhor de La Fontaine pulou da moita e lhe pregou uma bengalada no focinho.

Mestre lôbo não esperava por aquilo. Meteu o rabo entre as pernas e sumiu-se pela floresta adentro.

---

19 Conforme podemos conferir no quadro elaborado por Dezotti (2003, p.206), a fábula "O lobo e o cordeiro" é uma das mais reescritas ao longo dos séculos, mantendo, no entanto, o mesmo título. Foi escrita por Esopo, Bábrio, Fedro, La Fontaine, Monteiro Lobato e outros fabulistas.

Grande alegria na menina. Emília correu a brincar com o carneirinho, enquanto os outros se dirigiam para o lado do senhor de La Fontaine. (p.137)

Como podemos ver, a ação de La Fontaine destrói a fábula pelo sacrifício da moral. Essa ação intempestiva do fabulista, entretanto, é motivada por um apelo da plateia *sui generis* que o acompanhava. A própria Narizinho teria interferido muito antes, se não tivesse sido impedida por Peninha: "*Psiu!* – fez Peninha. Não atrapalhem a fábula. O senhor de La Fontaine lá está de lápis na mão, tomando notas" (p.137). Nesse sentido, podemos considerar a hipótese de que, para La Fontaine, e consequentemente também para Monteiro Lobato, mais vale a satisfação do público do que a manutenção dos padrões fabulares tradicionais. O resultado positivo de sua ação confirma-se pela reação da plateia: "Grande alegria da meninada". De fato, se em Monteiro Lobato a preocupação com os interesses de seu público específico confirma-se pela própria forma de construir e estruturar sua obra, em La Fontaine (1621-1695), agora o da biografia, dadas as circunstâncias históricas, essa preocupação, ainda que vaga, manifesta-se em forma de iniciativas e reflexões pioneiras que influenciariam a posteridade. Quando escreve o prefácio de suas fábulas, o autor faz um paralelo entre um fato real e a sua transposição para a forma fabular e depois indaga afirmativamente: "Pergunto agora qual dêstes dois exemplos produzirá maior impressão sôbre essa criança?" (La Fontaine, 1957, t. 1, p.20).

Outro aspecto a ser destacado na fábula do lobo e do carneirinho é a simulação do exercício de criação literária. Enquanto a fábula acontece, o fabulista escreve: "O senhor de La Fontaine, lá na moita, escrevia, escrevia..." (p.137). Ao desenhar esta cena, Monteiro Lobato beneficia duplamente a criança, oferecendo-lhe uma resposta e uma sugestão. Primeiro, oferece uma alternativa ficcional para a complexa questão da origem histórica e literária da fábula. A ideia ilusória de uma fábula que acontece e, ao mesmo tempo, é registrada por meio da escrita, aproxima a metalinguagem da compreensão e do modo de raciocinar da criança. Em segundo lugar, deixa como sugestão a própria atividade de escritura da fábula. Assim, a partir de suas leituras e da observação dos fatos que a rodeiam, a criança pode começar a esboçar os seus próprios textos, como era, por exemplo, o plano do próprio Pedrinho:

Todos o acompanharam. Pedrinho ia rente. Prestava a maior atenção aos menores movimentos do fabulista porque desejava aprender a escrever fábulas lindas como as dêle. Até da marca e número do lápis que o senhor de La Fontaine usava Pedrinho tomou nota, para comprar um igual. (p.138)

Também não deixa de ser curioso que todo o conjunto de imagens da fábula abordada, da paisagem às personagens, lembre as convenções bucólicas ou pastoris. De acordo com Ceia (2005), os temas bucólicos eram, de início, expressos no domínio da poesia bucólica ou pastoril que é proveniente, sobretudo, das *Bucólicas* de Virgílio e dos *Idílios* de Teócrito de Siracusa. Traziam, como elementos característicos, a vida no campo, a simplicidade e a ingenuidade dos costumes, tendo ainda como personagem o pastor, suas atividades, a sua vida, bem como os amigos que com ele convivem. Mais tarde, o bucolismo passou a figurar em outras formas literárias e atualmente, na acepção moderna de William Empson (apud Ceia, 2005), "a criação pastoril é aquela em que há um contraste entre a vida simples e a vida complexa, estando a vantagem do lado da primeira".

Estabelecendo um paralelo entre o bucolismo e os elementos da fábula, poderíamos então dizer que La Fontaine é o pastor e a bengala é o cajado com o qual ele salva a vida do carneirinho. Os seus amigos, ainda que temporários, são o Peninha e a turma do Sítio, que participam de suas experiências. Ainda de acordo com os códigos do próprio gênero, a entrada no mundo bucólico e natural corresponde a uma evasão no sentido temporal e espacial, algo que acontece exatamente com os visitantes do País das Fábulas. Vejamos os comentários de Ceia (2005):

> O pastor é o representante de um mundo natural, simples, cuja entrada corresponde invariavelmente a uma evasão, não só em termos de espaço (da cidade para o campo) como também em termos de tempo (do presente para o passado). Assim, há como que uma idealização do modo de viver campesino, onde se cria um ambiente imaginário de paz e perfeição, no qual não existe qualquer tipo de corrupção. Todo o cenário bucólico pressupõe a descrição de uma utopia passada.

Ainda nas expressões de Ceia (2005), na criação pastoril a "vida simples pode, no entanto, ser não só a do pastor mas também a da criança e é usada como sátira às classes mais altas da sociedade".

Embora não estejam fugindo da cidade para o campo, o fato é que as personagens do Sítio juntamente com Peninha saem de um espaço e vão para outro: do Sítio para o País das Fábulas. Também saem do presente e vão para o passado. Nesse novo espaço-tempo vivenciam a experiência imaginária de testemunhar os acontecimentos de cada fábula em "tempo real". A paisagem cortada por "um rio de águas cristalinas" que corre "por um vale de veludo verde" (vale destacar a aliteração do "v") é tão ideal que Pedrinho chega a considerá-la como melhor que a do Sítio: "– Que lindo lugar! – exclamou Pedrinho. Aqui é que devia ser o sítio de vovó" (p.135). E tratando-se de Sítio, cumpre ressaltar que sua imagem paradisíaca, expressa, sobretudo, nas primeiras obras de Lobato, também pode simbolizar uma fuga ou afastamento das grandes cidades que já eram contaminadas com a cultura estrangeira. Na metáfora moderna, a pureza do Sítio era sinônimo de brasilidade.

Mas o momento bucólico e estritamente contemplativo de o lobo e o carneirinho é rapidamente superado com a bengalada de La Fontaine no final da história. Esse gesto indicava a tônica real dos acontecimentos de "Pena de papagaio" e trazia a senha, não só da liberdade e da descontração, mas também da irreverência e da subversão. A partir desse momento, as crianças aproximam-se de La Fontaine como de um velho conhecido, conversam, trocam ideias e elas mesmas, por conta própria, passarão a interferir no andamento das fábulas sob a supervisão e apoio de Peninha. Emília dispensa todas as formalidades no trato com o fabulista. Mais irreverente do que nunca, abusa de sua simpatia e chega a encomendar-lhe uma fábula: "– Uma fábula onde apareça um carneirinho, uma boneca de pano e um tatu-canastra" (p.138). Depois do intervalo de socialização e brincadeiras, La Fontaine convida-os para que assistam a mais uma fábula. Dessa vez seria a da cigarra e a formiga.

Se a fábula anterior era registrada simultaneamente pelo fabulista enquanto os fatos aconteciam, a da cigarra e a formiga parece já ter sido registrada em momento anterior, de modo que a repetição do enredo poderá confirmar ou não os fatos registrados. Bem ao gosto de Emília, a história agora recebe o título de "A formiga coroca" que, além de atualizado, é mais tendencioso que o anterior. Reunidos em torno de um formigueiro, La Fontaine e as personagens conversam sobre o comportamento dos insetos e o fabulista diz: "Já escrevi uma fábula sôbre a cigarra e a formiga" (p.139).

A conversa parece ter interrompido os acontecimentos que já estavam em andamento, pois quando a história tem início, o narrador registra: "Nisto a fábula da cigarra e da formiga principiou de novo. /– *Pss!* – fez o fabulista. Silêncio, agora. Vamos ver se é mesmo como eu escrevi" (p.139).

Em "A formiga coroca",[20] os fatos se desenvolvem tal como na fábula tradicional ou como em "A formiga má" que integra "A cigarra e as formigas" de *Fábulas*. Tuberculosa, a cigarra pede abrigo contra o frio e alimento para a formiga, que lhe nega o favor. Tanto uma como outra personagem são retratadas como se fossem muito idosas, o que remete à própria antiguidade da fábula. A velhice da formiga é retratada com tintas ainda mais fortes, numa imagem que parece ter sido plasmada de Dona Carochinha: "Instantes depois aparece uma formiga coroca, sem dentes, com ares de ter mais de mil anos. Era a porteira da casa e rabugenta como ela só. Abriu a porta e disse, na sua voz rouca de séculos" (p.139). Já a velhice da cigarra só é informada objetivamente pela própria fala da formiga: "Cantou enquanto era moça e sadia? Pois dance agora que está velha e doente, sua vagabunda!" (p.139).

Quando a fábula "A formiga coroca" finaliza, tudo parece permanecer como no texto clássico com final trágico para a cigarra. Entretanto, seguindo o exemplo de La Fontaine na fábula anterior, Emília intervém. Como não era caso de vida ou morte, a boneca deixa para socorrer e defender a cigarra somente após o desfecho e, então, os acontecimentos que já pareciam finalizados têm uma surpreendente continuidade. Emília cuida da cigarra e quando ela está recuperada, dirigem-se novamente para a casa da formiga, a fim de executar a vingança milenar: "– Chegou a tua vez, malvada! Há mil anos que a senhora me anda a dar com essa porcaria de porta no focinho das cigarras, mas chegou o dia da vingança. Quem vai levar porta no nariz és tu, sua cara de coruja seca" (p.140). A situação da formiga só não se torna mais grave porque, sem saber da cumplicidade do fabulista, no auge do desespero, pede-lhe que a socorra. "O fabulista interveio. Basta, bonequinha! – disse êle. A formiga já sofreu a sova merecida. Pare, senão ela morre e estraga-me a fábula" (p.140). Como está expresso na fala de La Fontaine, de fato, em "A formiga coroca", a fábula não é totalmente "estragada". Há

---

20 "A formiga coroca" de Monteiro Lobato é uma das muitas versões de "A cigarra e a formiga". Na tradição, conforme quadro de Dezotti (2003, p.201), foi escrita por Esopo, Bábrio e La Fontaine.

apenas a inversão de posições entre a personagem forte e a personagem fraca e o sentido de exortação permanece. Enquanto a cigarra é punida por sua imprevidência, a formiga é punida por sua falta de solidariedade.

Na sequência narrativa de "Pena de papagaio", até o desfecho de "A formiga coroca" somente o fabulista La Fontaine fora apresentado aos viajantes. Entretanto, depois da vingança da cigarra, aparece, trazido por Peninha, o próprio fabulista Esopo em pessoa que, como sabemos, é o fundador da tradição esópica da fábula.

A presença de personagens de outras histórias é muito frequente na obra de Monteiro Lobato. No Sítio, comparecem desde personagens do folclore e dos contos clássicos até personagens do cinema, como Tom Mix e o Gato Félix. Entretanto, ainda mais original é a presença de pessoas reais que atuam como personagens. Embora não exclusivamente no Sítio, os picapauenses interagem com figuras como Maria de Lourdes, a Rã, Hilda Vilela, Shirley Temple, entre várias outras. No caso do País das Fábulas, as crianças interagem, como vimos, com os fabulistas Esopo e La Fontaine, expoentes da tradição esópica. É notória, inclusive, a preferência por La Fontaine, perceptível, por exemplo, no maior tempo que se reserva para a interação entre ele e as crianças. Mas, tanto um como outro atuam como personagens de ficção. Embora não tenhamos aqui uma visão aprofundada da biografia de cada um, o fato é que a personagem ficcionalizada é certamente mais atraente ao leitor. Como resultado de uma elaboração estética, em Lobato a pessoa real é talhada a partir de uma perspectiva que agrade e empolgue a criança e é transformada em personagem.

Como vimos rapidamente no primeiro capítulo, as informações sobre Esopo são tão indefinidas e incertas que alguns críticos chegam a considerá-lo apenas como uma lenda. Teria ele nascido escravo, na região da Frígia, Trácia ou Lídia por volta do século VI a. C. Já vivendo na Grécia, teria sido liberto em consequência de seu notável talento como orador. Já La Fontaine viveu em pleno absolutismo francês, nos tempos áureos de Luís XIV. Como poeta, sobrevivia dos favores da corte e dos poderosos que admiravam o seu talento. Esses favores, entretanto, não impediam que fosse perseguido, uma vez que utilizava a fábula como instrumento de crítica velada aos problemas da sociedade. Os registros biográficos de um e outro fabulista, entretanto, por mais completos que fossem, não seriam capazes de produzir o fascínio das crianças do Sítio como ocorrera com o prodígio da personagem.

A presença de La Fontaine é tão dominante no País das Fábulas, que chama a atenção das crianças do Sítio antes mesmo do espetáculo dramático da primeira fábula.

> Nisto viram um homem de cabeleira encaracolada, vestido à moda dos franceses antigos. Usava fivelas nos sapatos, calções curtos e jaqueta de cintura. Na cabeça trazia chapéu de três pontas, e renda branca no pescoço e nos punhos. Apoiava-se em comprida bengala e vinha caminhando pausadamente como quem está pensando. (p.135)

Também fica claro, desde o início, que as fábulas encenadas são todas dele e não de Esopo. É ele quem anota os acontecimentos e, até mesmo, quem determina a medida exata das interferências nas fábulas ao dar a "bengalada" decisiva no lobo. De fato, as modificações acontecerão, quase sempre, no desfecho da fábula. O gesto do fabulista também produz a identificação imediata das crianças e, então, abre-se o caminho para um diálogo amigável em que as personagens trocam ideias e informações:

> O senhor de La Fontaine conversou com todos amàvelmente, dizendo que era aquêle o lugar do mundo de que mais gostava. Ouvia os animais falarem, aprendia muita coisa e depois punha em verso as histórias.
> – Eu já li algumas das suas fábulas – disse Pedrinho. O senhor escreve muito bem.
> – Acha? – disse o modesto sábio, sorrindo. Fico bastante contente com a sua opinião, Pedrinho, porque muitos inimigos em França me atacam, dizendo justamente o contrário. (p.137)

Não poderíamos deixar de destacar também a memorável cena protagonizada por Emília em que ela tenta convencer La Fontaine a cortar os cabelos. O figurino do fabulista deixou a boneca intrigada desde o início e, na primeira oportunidade, ela tenta resolver o problema pelo menos em parte:

> Emília não tirava os olhos da cabeleira do fabulista. O coitado morava sòzinho naquelas paragens e com certeza nem tesoura tinha, pensava ela. De repente teve uma lembrança. Abriu a canastrinha e, tirando de dentro a perna de tesoura, ofereceu-a ao sábio, dizendo:
> – Queira aceitar êste presente, senhor de La Fontaine.
> O fabulista arregalou os olhos, sem alcançar as intenções da boneca.

– Para que quero isso, bonequinha?

– Para cortar o cabelo...

– Oh! – exclamou o fabulista, compreendendo-lhe afinal a idéia e sorrindo. Mas não vês que a tua tesoura tem uma perna só?

Emília que não se atrapalhava nunca – respondeu prontamente:

– Pois corte o cabelo de um lado só. (p.138)

O carisma e a simpatia do fabulista permitem que Emília revele totalmente a sua personalidade. O comportamento sempre inesperado e peculiar da boneca dinamiza a narrativa e atrai os olhares para a turma do Sítio. Sua resposta vazia de sentido a La Fontaine, entretanto, pode ser interpretada como um reflexo das tendências irracionalistas do modernismo na obra de Monteiro Lobato. Analisando a cena, Lajolo (1983, p.48) conclui:

> Se é verdade que esta espécie de lógica do absurdo pode coincidir com certas práticas mentais que se costuma atribuir às crianças, ela coincide também com certas práticas e propostas dadaístas e surrealistas que pretendiam subtrair a literatura ao império cartesiano.

Esopo, como já vimos, é apresentado à turma do Sítio por Peninha. Sua identidade, entretanto, é revelada por La Fontaine que se apressa em desfazer o engano de Emília. Ela também estranha a aparência e as vestimentas de Esopo e imagina tratar-se de um homem qualquer. O fabulista grego, entretanto, já na chegada, conquista a simpatia dos picapauenses e se encanta com a boneca: "Esopo chegou e saudou cortêsmente o fabulista francês. Depois fez festas às crianças. Vendo Emília, admirou-se" (p.141). A partir de então, toda a atenção de Esopo será voltada para Emília, porque em Atenas nunca tivera notícia de uma boneca que falasse. Alertado por Narizinho de que Emília, embora tivesse o dom da fala, só dissesse tolices, Esopo desconversa e diz que isso não era exclusividade da boneca: "– Nós, sábios, também não fazemos outra coisa – disse êle. Mas como dizemos nossas tolices com arte, o mundo se ilude e as julga alta sabedoria. Vamos bonequinha, diga uma tolice para o velho Esopo ver" (p.141).

Seja pela distância temporal, seja pelos efeitos da construção narrativa de Lobato, não há dúvidas de que o Esopo e o La Fontaine da ficção são mais carismáticos e "acessíveis" que o Esopo e o La Fontaine da biografia. Enquanto o fabulista francês surpreende por ser menos conservador que

220 LOIDE NASCIMENTO DE SOUZA

o esperado, comportando-se como cúmplice da turma do Sítio na modificação do enredo das fábulas, Esopo, inesperadamente, encanta-se com o *nonsense* e a figura inusitada de Emília.

Para Anatol Rosenfeld (2009), o fato de as personagens serem mais atraentes do que as pessoas reais é um fenômeno da ficção. Dada a complexidade da alma humana, escritos, fotos, quadros ou encenações teatrais nunca são capazes de captar todos os segredos da personalidade, fazendo que algumas áreas permaneçam sempre indeterminadas. A ficção, por sua vez, em virtude da limitação do número de orações e da construção sintática, dá à personagem um perfil definido e integral, que não se consegue obter das pessoas reais nem mesmo com o convívio diário. A personagem de ficção, segundo o autor, é um ser projetado por orações nas quais o escritor pode realçar alguns aspectos essenciais para dar-lhe maior nitidez. Vejamos suas palavras:

> Precisamente pela limitação das orações, as personagens têm maior coerência do que as pessoas reais [...]; maior exemplaridade [...]; maior significação; e, paradoxalmente, também maior riqueza – não por serem mais ricas do que as pessoas reais, e sim em virtude da concentração, seleção, densidade e estilização do contexto imaginário, que reúne os fios dispersos e esfarrapados da realidade num padrão firme e consistente. (Rosenfeld, 2009, p.35)

Conhecidos de perto os dois fabulistas, a turma do Sítio parte para novas aventuras fabulares. Eles consideram a hipótese de ver várias personagens da fábula, como o leão e os dois pombinhos, e Peninha, então, convida-os para ir até a floresta porque lá a diversidade de bichos era maior. No caminho passam pela fábula do corvo e da raposa, mas resolvem não parar. O que queriam mesmo era conhecer a caverna do leão que ficava na montanha e, para chegar até lá, passariam pelo caminho da casa da Menina do Leite.

Justamente por terem de passar pelo caminho da casa de Laura, a Menina do Leite,[21] as crianças acabaram por ver a sua fábula. No entanto, di-

---

21 Conforme podemos conferir no quadro elaborado por Dezotti (2003, p.203), a fábula "A menina do leite" é proveniente da tradição indiana. Mais tarde foi adaptada por La Fontaine e, então, passou a ser conhecida no mundo ocidental. O texto indiano recebe o título "O brâmane e o pote de farinha" e na versão de La Fontaine passa a se chamar "A vendedora e a jarra de leite". Tanto em um como em outro texto, as personagens são adultas. Em Monteiro

ferentemente das outras fábulas em que só houve a interferência no final, nesta, a turma interage com a personagem desde o início. Até mesmo o Visconde que fora obrigado a cumprir o pesado ofício de carregar a canastra de Emília e, por isso, pouco participa das aventuras, ajuda Laura a fazer cálculos. Entretanto, essa fábula também se mostrará diferente das demais em outro aspecto: sua atualização não depende exclusivamente da interferência de personagens exteriores. Como sabemos, na fábula que mantém o enredo tradicional, e conforme pode ser conferido em *Fábulas*, Laura leva o seu pote de leite para vender na cidade e, pelo caminho, faz planos e cálculos exorbitantes de todo o lucro que obteria a partir daquela venda. Quando está no melhor de seus sonhos, tropeça, cai e derruba todo o leite. Em "Pena de papagaio", entretanto, não há tropeço, o leite não é derrubado e a menina consegue chegar até o fim de seus sonhos para o futuro. Quando Emília, decepcionada, questiona o porquê da mudança nos fatos, Laura responde:

> – Já se foi êsse tempo, bonequinha! Isso me aconteceu outra vez, mas não acontece outra. Arranjei esta lata de metal, que fecha hermèticamente, para substituir o pote quebrado. Agora posso sonhar quantos castelos quiser, sem receio de que o leite se derrame e meus sonhos acabem em desilusões. Adeus, meninada, adeus! (p.143)

Como podemos verificar, ao contrário do que ocorre nas duas fábulas anteriores, nesta, a turma do Sítio não pretendia realizar mudanças no enredo. O que queriam era ver o espetáculo do tombo e do leite derramado. Conforme o registro do narrador: "Foi um desapontamento geral", que se confirma na fala de Pedrinho: "Não valeu a pena pararmos para ver só isto".

Em *Fábulas*, nos comentários subsequentes ao texto fabular de "A menina do leite", as personagens confirmam a preferência pela repetição e conservação do enredo. Quando Emília rememora os fatos ocorridos no País das Fábulas, Narizinho e Dona Benta dizem:

> – Sim – disse ela. Lembro-me muito bem. A Laurinha não derramou o leite e deixou a fábula errada. O certo é como vovó acaba de contar.

Lobato, a personagem é uma menina de nome Laura, o que certamente produz uma maior identidade com o leitor-criança.

– Está claro, minha filha – concordou Dona Benta. É preciso que Laurinha derrame o leite para que possamos extrair uma moralidade da história. (p.23)

A opção pela manutenção do enredo para que possa extrair o ensinamento é muito natural por parte de Dona Benta, uma vez que ela é a avó que pretende orientar os seus netos. Já a opinião de Narizinho parece ser um tanto suspeita, pois, em outros textos fabulares, ela não demonstra preocupação absoluta com a "correção" do enredo. Sabemos que a criança, pela própria lógica de seu desenvolvimento, geralmente não tem grandes preocupações econômicas ou de sobrevivência no futuro como acontece com Laurinha. Também sabemos que, para uma criança, nada é mais divertido e hilariante do que assistir ao tombo desconcertante de outra nas brincadeiras. Talvez por isso, em "Pena de papagaio", o próprio enredo de "A menina do leite" se autorrenova, contando apenas com a cumplicidade do narrador.

Passada a fábula protagonizada por Laura, a turma do Sítio põe-se a caminho e dirige-se rapidamente para a montanha para que possa ver o leão. Observando atentamente a passagem de uma fábula para outra, podemos perceber que, de certa forma, as fábulas são textos independentes, embora interligados, que ocorrem dentro de outro contexto. Esse contexto é o do passeio maravilhoso realizado pelos picapauenses, via pó de pirlimpimpim e sob o comando de Peninha. Chegados ao destino da viagem, deparam com a paisagem campestre e bucólica do País das Fábulas que, por sua vez, faz parte do Mundo das Maravilhas. No País das Fábulas assistem ao vivo a diversas fábulas e contracenam com Esopo e La Fontaine. Podemos afirmar, portanto, que em "Pena de papagaio", assim como ocorre em outros momentos da obra de Lobato, as fábulas são narrativas encaixadas segundo a concepção de Todorov. Para o autor, o *encaixe* acontece quando o surgimento de uma nova personagem interrompe a história anterior. Vejamos:

> A aparição de uma nova personagem ocasiona infalivelmente a interrupção da história precedente, para que uma nova história, a que explica o "eu estou aqui agora" da nova personagem, nos seja contada. Uma história segunda é englobada na primeira; esse processo se chama *encaixe*. (Todorov, 2006, p.123)

Em "Pena de papagaio", porém, o *encaixe* das histórias não depende do arbítrio particular da personagem da fábula, mas sim do de uma personagem exterior ao enredo fabular. Como vimos, La Fontaine foi o responsável pelo *encaixe* de "A formiga coroca" e as outras foram encaixadas por iniciativa de alguma personagem do Sítio. De qualquer forma, as histórias se interligam e se encaixam formando um todo contínuo que é orquestrado por um narrador onisciente.

Uma das formas de se verificar o encaixe em "Pena de papagaio" é a observação da diferença entre o tempo de algumas fábulas e o tempo da narrativa externa. Utilizando os termos de Todorov, há uma diferença entre o tempo de algumas narrativas encaixadas e o tempo da narrativa encaixante. Quando convoca a turma do Sítio para que vejam a fábula da cigarra e da formiga, La Fontaine o faz motivado pelo canto de uma cigarra. Portanto, o fabulista estava situado em uma estação do ano que propiciava a presença de cigarras cantantes, como pode ser observado em sua própria fala: "– Gosto do canto das cigarras – disse êle. Dá-me idéia de bom tempo, sol quente, verão. Êste inseto é um pouco boêmio como em geral todos os cantores" (p.138). Entretanto, quando a fábula propriamente dita principia, já é inverno, a cigarra está envelhecida, tuberculosa e "a morrer de fome e frio". A fábula da menina do leite também se situa em um tempo que está além do tempo do fabulista. Enquanto ele permanece no século XVII, sem tomar conhecimento da existência de personagens como Peter Pan, Laura está no presente do automóvel e das latas de metal que fecham hermeticamente. Essas diferenças de tempo e época entre uma narrativa e outra seriam, portanto, uma evidência da estratégia de encaixe.

A próxima fábula a que as personagens assistem depois de "A menina do leite" é "Os animais e a peste".[22] Se nas fábulas anteriores, Peninha manteve-se à margem dos acontecimentos fabulares, a partir de agora ele retoma a sua liderança e sua atuação será decisiva na interferência e no desfecho das narrativas. Para que os habitantes do Sítio pudessem ver o leão e a fábula sem riscos, ele os leva a um lugar seguro no alto de uma rocha: "– Sei duma fresta na rocha – disse Peninha – donde podemos ver o leão sem que ele nos veja. Sigam-me, sem fazer o menor barulhinho" (p.143).

---

22 De acordo com o quadro organizado por Dezotti (2003, p.204), a fábula "Os animais e a peste" também é de origem indiana e tornou-se conhecida por meio da adaptação de La Fontaine. Enquanto a fábula indiana intitula-se "O leão, o corvo, o tigre, o chacal e o camelo", a de La Fontaine recebe o título de "Os animais doentes da peste".

224 LOIDE NASCIMENTO DE SOUZA

Uma vez que os picapauenses estavam todos acomodados no topo da caverna, como sugeriu Peninha, puderam, então, ver a fábula que já estava em andamento. Os animais do reino haviam sido acometidos por uma terrível peste e o leão queria saber da bicharia qual decisão tomar. O macaco, o sábio da corte, disse que a peste era um castigo do céu e que, em razão disso, o animal mais criminoso do reino deveria ser sacrificado. Ciente de seu histórico, o leão apresenta-se para o sacrifício, na certeza de que nenhum animal teria coragem de concordar. De fato, houve silêncio geral na corte. Somente a raposa tomou a palavra para fazer um discurso de defesa e elogios ao rei, sendo, por isso fortemente aplaudida. A cada fera que se apresentava para o castigo, seguia-se o mesmo procedimento, até que chegou a vez do burro. Ingenuamente, ele declara a sua inocência e diz que nem coices dava, porque tinha os pés inchados. Esse detalhe foi considerado como indício de culpa pela raposa e, então, por unanimidade o burro foi condenado ao sacrifício. Mas quando o tigre-carrasco avançou para estraçalhá-lo, Peninha joga sobre ele uma enorme pedra do alto da caverna e impede que a sentença seja cumprida.

Conforme podemos notar, a fábula "Os animais e a peste" confirma a dinâmica narrativa das fábulas anteriores. Como elemento de surpresa para o leitor, é no desfecho que as modificações e surpresas acontecem. Enquanto o enredo mantém o desenvolvimento da fábula tradicionalmente conhecida, o desfecho traz a novidade e o consequente esfacelamento da moral.

Se desde o início do passeio pelo País das Fábulas os viajantes do Sítio foram espectadores ou no máximo coadjuvantes das peripécias fabulares, na última experiência, como veremos, atuarão por acidente como personagens principais. A interferência de Peninha em "Os animais e a peste" fez que a turma do Sítio fosse descoberta no alto da caverna. Logo, para que não fossem devorados pelo leão, precisaram fugir. Na fuga, Peninha cruza com o burro que havia escapado da morte, monta em seu lombo e desaparece. A turma do Sítio, sem o seu guia, acaba perdendo-se na floresta e vai parar no país dos macacos. A partir de então, o grupo vivenciará as mesmas experiências da fábula "Os dois viajantes na macacolândia".[23] A diferença,

---

23 A fábula "Os dois viajantes na macacolândia" é, de certa forma, uma criação exclusiva de Monteiro Lobato. No quadro de Dezotti (2003, p.203), é possível, entretanto, verificar que, no plano temático da moral, ela dialoga com a fábula "O leão, o asno e a raposa" de Esopo.

como é regra no contexto do País das Fábulas, será no desfecho e, desta vez, também no número de viajantes que agora são quatro: Emília, Narizinho, Visconde e Pedrinho.

Como antecipamos, na fuga do leão, a turma do Sítio erra o caminho e cruza a fronteira do país dos macacos. Ao descobrirem os intrusos, os guardas amarram a cada um deles com cipós e os levam à presença do rei para serem interrogados. Para surpresa geral, Emília não precisou sequer passar pelo interrogatório para se salvar, porque enganou o rei, fingindo ter um passaporte em forma de alfinete. Narizinho, levada à presença do rei, desfiou elogios a ele e à sua corte, sendo por isso absolvida, mas também convocada a morar no país daquele momento em diante. O Visconde não conseguiu avaliar o reino por causa da canseira e pediu que o deixassem dormir para falar no outro dia. Já Pedrinho, excessivamente franco, disse que no reino só havia macacos e, por isso, foi condenado a ser devorado por formigas antropófagas. Os três só conseguiram se livrar da situação porque Emília avisou Peninha que voltou para salvá-los. Ele colocou sonífero no bebedouro dos macacos e, à noite, resgatou os três prisioneiros da macacolândia. Montados sobre o burro, todos voltaram para o lugar onde estavam Esopo e La Fontaine, despediram-se dos fabulistas e voltaram para o Sítio.

Conforme podemos observar, o encaixe entre as fábulas "Os animais e a peste" e a dos viajantes na macacolândia se deu por um sequenciamento natural da narrativa. É que, diferentemente das outras fábulas, a experiência no país dos macacos não foi uma opção da turma do Sítio. De qualquer forma, as narrativas encaixadas são a razão de ser do capítulo "Pena de papagaio". Ainda que exista uma história externa, que envolve o aparecimento de Peninha, a viagem e o espaço do Mundo das Maravilhas e do País das Fábulas, ela funciona como amálgama da sequência de histórias fabulares apresentadas. Segundo Todorov (2006, p.126), a narrativa encaixante vive da narrativa encaixada e vice-versa:

> [...] o encaixe é uma explicitação da propriedade mais profunda de toda narrativa. Pois a narrativa encaixante é a *narrativa de uma narrativa*. Contando a história de uma outra narrativa, a primeira atinge seu tema essencial e, ao mesmo tempo, se reflete nessa imagem de si mesma; a narrativa encaixada é ao mesmo tempo a imagem dessa grande narrativa abstrata da qual todas as outras são apenas partes ínfimas, e também da narrativa encaixante, que a precede

diretamente. Ser a narrativa de uma narrativa é o destino de toda narrativa que se realiza através do encaixe.

Quando analisamos o todo da narrativa encaixante de "Pena de papagaio", vemos ainda que ela traz uma proposta subversiva que é rigorosamente aplicada a todas as fábulas. Se, como vimos, os comentários de *Fábulas* podem ser considerados um espaço antropofágico, o País das Fábulas compõe o *eixo parodístico*[24] dos textos fabulares em Monteiro Lobato. Neles, não há a reiteração do repetido, mas, sim, o destaque do detalhe que é diferente. Nesse sentido, os textos se enquadram no plano da paródia. Sobre isso, vejamos as considerações de Sant'Anna (2002, p.29 e 32):

> [...] a paródia foge ao jogo de espelhos denunciando o próprio jogo e colocando as coisas fora de seu lugar "certo". [...] Mas é melhor usar outra imagem. E, ao invés do espelho, dizer que a paródia é como a *lente*: exagera os detalhes de tal modo que pode converter uma parte do elemento focado num elemento dominante, invertendo, portanto, a parte pelo todo, como se faz na charge e na caricatura.

De fato, as cinco fábulas encenadas no País das Fábulas fogem ao jogo de espelhos. Se, aparentemente, o enredo caminha em ritmo de paráfrase, a ação deslocada instala de repente a paródia, tornando a particularidade mais importante que o todo do enredo. Assim funcionam a bengalada de La Fontaine no lobo, a surra da cigarra na formiga com a ajuda de Emília, a lata hermética de Laura que não deixa o leite derramar, a pedrada de Peninha na cabeça do tigre-carrasco e a estratégia de resgate dos prisioneiros no país dos macacos. O diferente também se instala na possibilidade de interação das personagens externas com as fabulares, quando aquelas ocupam o espaço destas, e ainda na transfiguração dos fabulistas que, de pessoas reais, passam a ser personagens de ficção.

A literatura infantil de Monteiro Lobato, como sabemos, tem como norte o ponto de vista e os interesses de seu público específico. Mas, em "Pena de papagaio", o compromisso com a mudança e a subversão é tão respeitado

---

24 Termo utilizado segundo a concepção de Affonso Romano de Sant'Anna (2002, p.27). Para o autor, "a paródia, por estar do lado do novo e do diferente, é sempre inauguradora de um novo paradigma".

que até mesmo o gosto da criança é contrariado como ocorre em "A menina do leite". Como vimos, em vez de derrubar o leite, Laura prossegue em seus planos de um dia ser pecuarista e proprietária de bens. Podemos supor, nesse caso, que, pela destruição da moral, o autor queria instaurar um novo paradigma: o paradigma do empreendedorismo e do desenvolvimento que poderiam ser vitais para o futuro da nação.

Conforme vimos, em "Pena de papagaio" o autor situa a fábula num contexto imaginário, o que lhe proporciona maior liberdade no exercício de criação e de transformação dos textos fabulares. Nesse sistema fechado, o La Fontaine transfigurado seria o *alter ego* de Monteiro Lobato que, com a sua bengalada no lobo, revela-se um agente da renovação.

De um contexto imaginário, vejamos agora como se comporta a fábula nas exposições didáticas de Dona Benta.

Nas exposições didáticas de Dona Benta

Quando Monteiro Lobato inaugura a literatura infantil brasileira, realiza o feito impulsionado, sobretudo, por dois fatores importantes: a má qualidade dos textos existentes e, como já vimos, a pedagogização da literatura. Naquele momento, anos iniciais do século XX, acreditava-se que os objetivos didáticos deveriam se sobrepor aos estéticos, de modo que a literatura para crianças era considerada não mais que um veículo para a transmissão de conteúdos. A prática pedagógica era, ainda, baseada numa preocupação com modelos: de língua, de país e de indivíduo.

Para fazer frente ao perfil autoritário dominante nas obras infantis de seu tempo, Monteiro Lobato investe fortemente na capacidade imaginativa da criança e procura satisfazer as suas necessidades de fantasia. Acima de tudo, é a criança e o seu ponto de vista que nortearão as aventuras e peripécias do Sítio do Picapau Amarelo. Surge, assim, especialmente na década de 1920, uma sequência de obras que, pelo viés da fantasia, estimulam a autonomia e o senso crítico da criança, valorizam a arte e a literatura nacional e renovam a linguagem.

Já nos anos finais da década de 1920 e início dos anos 1930, entretanto, o autor começa a dar um novo direcionamento para as suas obras. É que, ao mesmo tempo que investe profundamente nos aspectos ficcionais da literatura infantil, percebe também que o conhecimento pode ser explorado pelo mesmo viés da ficção. Nesse sentido, não haveria uma sobreposição do ensino, mas sim o seu entrelaçamento com a literatura. O mais curioso é que o ambiente escolhido para esse projeto não será o espaço da escola, mas o do próprio Sítio que, como analisam Lajolo e Zilberman (1991, p.76), "metamorfoseia-se numa escola paralela, reforçando a aversão do escritor pela instituição tradicional de ensino".

A percepção de que o mercado escolar era o grande consumidor de obras para crianças foi uma das responsáveis pela guinada didática de Monteiro Lobato. Entretanto, essa atitude era também resultante de suas afinidades com os princípios defendidos pelos novos teóricos da Escola Nova, que queriam modernizar o ensino tradicional pela valorização do conhecimento científico e pelo enfoque no processo de aprendizagem. Solidarizando-se com esses novos princípios, Lobato defende um ensino baseado no diálogo, nos recursos tecnológicos e na própria tendência imaginativa da criança. Esse será, portanto, o modelo de ensino adotado no espaço ficcional do Sítio do Picapau Amarelo. Sobre isso, vejamos as palavras de Lajolo e Zilberman (1991, p.77): "Apoiando-se no diálogo, como metodologia de ensino, e no amor ao conhecimento, como finalidade, aponta um caminho pedagógico para a sociedade contemporânea, arejando-a com as ideias que motivam a atitude do ficcionista".

No Sítio-escola de Monteiro Lobato, a professora é Dona Benta e os alunos, seus netos, moradores e agregados. Seu ensino é baseado na interação contínua e, para facilitar o entendimento, lança mão de alguns recursos, entre os quais figura a fábula. A interação entre professora e alunos dá destaque à situação discursiva de que a fábula fará parte. Ainda que num direcionamento oposto ao de "Pena de papagaio", os limites da ficção não serão desrespeitados. Trata-se de uma simulação (ou proposta) do processo de ensino-aprendizagem dentro do espaço ficcional. Todavia, os conhecimentos explorados são reais e, muitas vezes, áridos. Nesse sentido, a fábula pode funcionar como elemento facilitador do processo, proporcionando leveza e descontração ao discurso. Como destaca Dezotti (1988, p.131), "*dizer por meio de narrativas* não deixa de ser um modo *poético* de dizer, em que o dizer realiza seu fazer comunicativo chamando a atenção do alocutário para a própria construção da mensagem".

Em *Histórias do mundo para as crianças* (1933), a primeira obra da série pedagógica de Lobato, temos já o primeiro caso de utilização da fábula para ilustração de um fato histórico. Dona Benta estava numa de suas aulas de história antiga e o assunto era a famosa guerra entre gregos e persas.

Para que possamos realizar uma correspondência entre o fato histórico e a fábula, vejamos primeiramente a síntese da aula comentada de Dona Benta. A Pérsia era um dos impérios da Antiguidade. Nos tempos do rei Ciro, a Pérsia conquistou a Babilônia e vários outros países importantes, com exceção da Grécia e da Itália. O sucessor de Ciro, o rei Dario, quis ampliar o domínio persa e, para isso, construiu uma grande esquadra e preparou um grande número de soldados, os quais, sob o comando de seu genro, deveriam atacar a Grécia. Antes de chegarem ao destino, houve uma grande tempestade que destruiu a esquadra e, por isso, o exército precisou voltar sem realizar o objetivo estabelecido. O rei Dario, muito contrariado com a situação, decidiu, ele mesmo, atacar a Grécia. Enquanto preparava novos soldados e construía nova esquadra, fez uma proposta de rendição para os gregos, que foi aceita por várias cidades. Apenas Esparta e Atenas não se renderam e, por isso, teriam de guerrear sozinhas contra o poderoso exército. A situação de Atenas tornou-se ainda mais grave, porque se situava próxima ao local em que os persas desembarcaram e, por motivos de superstição, não pôde receber ajuda de Esparta. Sem outra saída, os atenienses partiram contra os persas. Enquanto o exército de Atenas era composto por onze mil homens, o da Pérsia era composto por 120 mil. Tratava-se, assim, de uma proporção de menos de um grego para cada dez persas. Entretanto, os gregos eram grandes atletas e tinham grande agilidade. Como resultado, os persas foram humilhados e vencidos pelos gregos.

Quando Dona Benta termina a exposição sobre a guerra entre gregos e persas, faz uma pausa para reflexão e, primeiramente, diz: "Note ainda que os gregos estavam lutando pela própria vida, e coisa nenhuma dá mais coragem aos homens do que isso" (p.48). Em seguida faz uma conexão entre o fato histórico e a fábula:

> [...] Não sabem a história do cão e da lebre?
> Ninguém sabia.
> – Um cão perseguiu uma lebre sem poder alcançá-la. Os outros caçoaram dele. "Esperem lá" – disse o cão. "Eu estava correndo por esporte, mas a lebre correu para salvar a vida. Era natural que ganhasse". (p.48)

230 LOIDE NASCIMENTO DE SOUZA

A história a que Dona Benta faz referência, "O cão e a lebre"[25] (ou "O cão, a lebre e o cabreiro"), é uma fábula de Esopo e pode ser encontrada na *Aesopica* de Perry. Vejamos a tradução de Laura Gibbs, do texto grego original de *Aesopica* para o inglês, seguido depois de uma tradução para o português:

The dog, the hare and the goatherd

A dog who was not unwise in the ways of the hunt had stirred up a furry-footed hare from behind a bush. He set off in pursuit of the hare, but the hare outran him. One of the goatherds scoffed at the dog and said, "That hare's only a little fellow, but he turned out to be faster than you". The dog replied, "It's one thing if you are running in a hurry because you want to catch someone, but it's another thing entirely if you are running for your life!". (Gibbs, 2002-2008)

O cão, a lebre e o cabreiro

Um cão de caça obrigou a lebre a sair de sua toca que ficava atrás de um arbusto. Ele partiu em perseguição da lebre, mas ela corria mais do que ele. Um dos cabreiros zombou do cão e disse: "Essa lebre é pequena, mas ela é mais rápida do que você". O cão respondeu: "Uma coisa é correr para pegar alguém, mas outra coisa completamente diferente é correr para salvar a vida!". (Gibbs, 2002-2008)

Se considerarmos o conceito de fábula simples e fábula composta proposto por Lessing, como vimos no primeiro capítulo, veremos que a própria exposição de Dona Benta pode ser considerada uma fábula. Segundo Lessing, a fábula simples é um texto curto e ficcional que possui uma moral. A composta é construída a partir da mesma máxima da fábula simples, mas os acontecimentos terão de ser necessariamente reais. Assim, quando Dona Benta relata o fato histórico da guerra entre gregos e persas, e depois

---

25 Esta fábula é confundida, às vezes, com outra fábula de Esopo que possui o mesmo título. Vejamos o texto: "O CÃO E A LEBRE / Um cão de caça, tendo apanhado uma lebre, tanto a mordia como lhe lambia os beiços. A lebre, importunada, lhe disse: 'Mas, meu caro, pára de me morder e de me beijar, para que eu saiba se és meu inimigo ou meu amigo'./*A fábula aplica-se ao homem ambíguo*" (Esopo, 1994, p.103).

finaliza com a reflexão que se resume na frase: "os gregos estavam lutando pela própria vida", faz uma clara conexão com o texto fabular. Portanto, explicitando a equivalência, podemos dizer que os persas são representados pelo cão que persegue a lebre, já os gregos são representados pela própria lebre que corre para salvar a vida. Essa coesão entre o fato histórico narrado e o texto fabular facilita o entendimento tanto de um texto como de outro e, certamente, promove o deleite e a motivação da plateia.

É interessante observar que, ao incluir a fábula em suas exposições didáticas, Dona Benta recupera a prática retórica de Aristóteles que utilizava a fábula no discurso como exemplo e recurso para atrair a atenção dos ouvintes. Modernamente, dada a autonomia da fábula e a solidez de sua estrutura, em muitos casos, utiliza-se não o texto fabular completo, mas apenas faz-se referência a alguns de seus elementos. Com efeito, ao relatar a reação do rei Dario com a derrota, Dona Benta diz: "Dario jurou e rejurou e bufou como um tigre logrado por uma rapôsa". Nesse caso, temos então não a fábula propriamente dita, mas o *efeito fábula*. Ainda que, porventura, não haja uma fábula da raposa que logrou o tigre, sabemos que a história seria perfeitamente plausível, já que a especialidade da raposa, o animal fabular por excelência, é justamente lograr e enganar. De qualquer forma, a afirmação de Dona Benta funciona como uma síntese que pode servir de mote para a construção do texto fabular. Além disso, estabelece-se uma nova correspondência com os fatos narrados: enquanto o tigre representa os persas, os gregos são representados pela raposa.

Ainda em *História do mundo...*, Dona Benta conta a história de Filipe, rei da Macedônia, que com sua esperteza conseguiu tornar-se também o rei da Grécia. Nem mesmo os eloquentes discursos críticos de Demóstenes conseguiram impedi-lo de realizar o feito. Diante disso, Pedrinho e Dona Benta concluem:

> – Isso quer dizer, vovó, que, embora a eloqüência valha muito, a esperteza ainda vale mais – observou o menino.
>
> – Na verdade, meu filho, a esperteza é tudo na vida. Quem lê a história dos homens, vê que a esperteza acaba sempre vencendo. Vence até a fôrça bruta. (p.56)

A conclusão de Dona Benta e Pedrinho retoma claramente o contexto da fábula lobatiana. Essa retomada se dá pelo plano temático da moral que tem como foco as relações humanas. Quanto aos padrões temáticos, sabemos que uma das ideias mais insistentes nas fábulas de Lobato é a da esperteza que vence a força bruta. Aliás, como vimos no primeiro capítulo com estudiosos como Adrados essa é uma temática predominante em todo o gênero fabular e é resultante da evolução dos homens. Certamente por isso, o Visconde, em suas conclusões de *Fábulas*, elege a astúcia como um dos principais ensinamentos fabulares e ainda destaca em que sentido a esperteza pode contribuir para a civilização: "Se não fôsse a esperteza, o mundo seria de uma brutalidade sem conta..." (p.55).

Em *História das invenções* (1935), também teremos a presença do gênero fabular seja pelo emprego da forma, seja por referências esparsas que remetem diretamente à fábula. Como o próprio título já antecipa, inspirada no livro *História das invenções do homem, o fazedor de milagres*, do americano Hendrik van Loon, Dona Benta tratará, em *História das invenções*, da evolução do homem e das razões que o levaram a inventar as mais diferentes estratégias e recursos ao longo dos séculos. Em geral, as iniciativas eram movidas pela necessidade. Essa necessidade poderia ser tanto de sobrevivência como poderia provir de um desejo de facilitar a realização dos afazeres diários. Nesse contexto, Dona Benta utiliza, então, pelo menos por duas vezes, o seguinte provérbio: "A necessidade põe a lebre a caminho" (p.110 e 133). Além de ser uma frase de efeito, o provérbio é derivado da fábula "O cão e a lebre" de que tratamos há alguns poucos parágrafos. Como vimos, a necessidade de fugir do cão fez que a lebre corresse muito mais do que se poderia imaginar. Essa é, portanto, mais uma forma de manifestação do *efeito fábula* que, para se efetivar, depende do repertório do leitor. Somente os que conhecem a fábula poderão reconhecer a condensação do conteúdo expressa na frase.

Além de uma frase, a força de apenas uma palavra pode estabelecer uma conexão direta com o contexto fabular. Conforme sabemos, o cordeiro ou o carneiro (e também a ovelha) estão entre os animais de maior presença nas histórias fabulares. Na caracterização universal, simbolizam a humildade, a mansidão ou a submissão. Mas também podem simbolizar a ingenuidade, a tolice e até a covardia. Nesse sentido, é possível compreender a força da palavra "carneirada", derivada de "carneiro", em qualquer contexto retórico ou argumentativo, como ocorre em *História das invenções*. Ao relatar o passo a passo da invenção da máquina a vapor, Dona Benta exalta os pioneiros que investem em novas ideias e condena a maioria, a "carneirada", que se acomoda e aposta no fracasso: "O pioneiro é sempre combatido pela *carneirada* inerte, difamado, insultado, perseguido. Mas quando vence e realiza a sua invenção, a *carneirada* inteira corre a aproveitar-se dela" (p.134, grifo nosso).

Em *Viagem ao céu* (1932), Dona Benta aprofunda o sentido metafórico de "carneirada". Em uma pausa de sua explanação sobre as estrelas e o universo, numa conversa informal sobre os sábios, Dona Benta condena novamente a "carneirada" e Pedrinho ainda cria o neologismo "descarneirar":

> – Os sábios, menina, são os puxa-filas da humanidade. A humanidade é um rebanho imenso de carneiros tangidos pelos pastôres, os quais metem a chibata nos que não andam como êles pastôres querem, e tosam-lhes a lã e tiram-lhes o leite, e os vão tocando para onde convém a êles pastôres. E isso é assim por causa da extrema ignorância ou estupidez dos carneiros. Mas entre os carneiros às vêzes aparecem alguns de mais inteligência, os quais *aprendem* mil coisas, *adivinham outras*, e depois *ensinam* à *carneirada* o que aprenderam – e dêsse modo vão botando um pouco de luz dentro da escuridão daquelas cabeças. São os sábios.
>
> – E os pastôres deixam, vovó, que êsses sábios *descarneirem* a *carneirada* estúpida? – perguntou Pedrinho. (p.13, grifo nosso).

Como é possível notar, Dona Benta explora o sentido negativo de "carneirada" que, agora, passa a representar não somente um grupo, mas a humanidade inteira. Esse sentido negativo da palavra, como está expresso no próprio texto, está relacionado à ignorância ou estupidez, mas também à submissão, ao comodismo, à tolice. Esse estado de coisas remete, de alguma forma, ao contexto da fábula "Os carneiros jurados", constante na obra *Fábulas*, que traz inclusive o mesmo vocábulo usado nas duas obras apontadas anteriormente. Vejamos a fábula:

Os carneiros jurados

> Certo pastor, revoltado com as depredações do lôbo, reuniu a *carneirada* e disse:
>
> – Amigos! É chegado o momento de reagir. Sois uma legião e o lôbo é um só. Se vos reunirdes e resistirdes de pé firme, quem perderá a partida será ele, e nós nos veremos para sempre libertos da sua cruel voracidade.

Os carneiros aplaudiram-no com entusiasmo e, erguendo a pata dianteira, juraram resistir.

– Muito bem! – exclamou o pastor. Resta agora combinarmos o meio prático de resistir. Proponho o seguinte: quando a fera aparecer, ninguém foge; ao contrário: firmam-se todos nos pés, retesam os músculos, armam a cabeça, investem contra ela, encurralam-na, imprensam-na; esmagam-na!

Uma salva de bés selou o pacto e o dia inteiro não se falou senão na tremenda réplica que dariam ao lôbo.

Ao anoitecer, porém, quando a *carneirada* se recolhia ao curral, um berro ecoou de súbito:

– O lôbo!...

Não foi preciso mais: sobreveio o pânico e os heróis jurados fugiram pelos campos a fora, tontos de pavor.

Fôra rebate falso. Não era lôbo; era apenas sombra de lôbo!...

Ao carneiro só peças lã.

– Por que só pedir lã aos carneiros? – disse Emília. Podemos também pedir-lhes costeletas. Dos carneiros é só o que interessa tia Nastácia, as costeletas...

Dona Benta explicou que o principal do carneiro não era a carne e sim a lã.

– Carne todos os animais têm – disse ela – e lã só o carneiro. Lã em quantidade, que dá para vestir todos os homens da terra, só o carneiro. É por isso que o autor desta história fala em lã e não em carne. A moralidade da fábula é que não devemos exigir das criaturas coisas que elas não podem dar. Se pedimos lã a um carneiro, êle no-la dá muita e excelente. Mas se pedimos coragem, ah, isso êle não dá nem um pingo.

– Por quê?

– Porque não tem. Não há bichinho mais tímido, mais sem coragem que o carneiro. Quando queremos falar duma pessoa muito pacífica, dizemos, "É um carneiro!" (p.19, grifo nosso).

Vemos que, ainda que em tom mais brando, a fábula narrada por Dona Benta também traz como foco o aspecto negativo de "carneirada". Destaca especialmente a falta de coragem. Não havendo coragem, não haverá também iniciativa, determinação, o que resulta necessariamente em comodismo e passividade. Dessa forma, podemos dizer que a palavra "carneirada" tem uma base fabular relacionada não somente com a fábula aqui reproduzida, mas a todo o conjunto lobatiano ou tradicional que, entre vários outros assuntos, tematiza a ingenuidade e a estultice do carneiro ou cordeiro.

Outra forma de manifestação do *efeito fábula* é a própria organização do texto de modo a lembrar o de uma fábula. Trata-se, como diz Adrados, da fabulização de elementos não fabulares. Em *Serões de Dona Benta* (1937), no capítulo "O solo", as personagens do Sítio conversam sobre a força das raízes, até que Pedrinho resolve relatar o caso da figueira que rachou uma pedra. Visto isoladamente, o diálogo pode certamente funcionar como uma fábula. Vejamos:

— A figueira grande, lá perto da casa do Barnabé, fêz isso — informou Pedrinho — rachou ao meio uma pedra enormíssima que ficava acima do barranco. Barnabé lembra-se da noite em que metade da pedra desabou sôbre a estrada, fazendo um barulho surdo, que o assustou. O caminho teve de ser desviado para outro ponto.

— Pois essa figueira — explicou Dona Benta — começou pequenina como estou explicando. [...] E durante anos aquela figueira continuou a crescer, a emitir raizinhas que pareciam fios, enquanto longe do chão. Alcançado o chão, êsses fios engrossaram e a figueira se desenvolveu na grande árvore que hoje é – e ficou tão forte que partiu ao meio a poderosa pedra.

— Mas que paciência, vovó, não é preciso para um trabalho dêsses! – observou a menina.

— A fôrça dos vegetais, minha filha, é a paciência. Êles não têm pressa. Levam anos e anos para conseguir uma coisinha de nada – mas conseguem tudo quanto querem. A paciência vence os maiores obstáculos.

— Estou vendo – disse Emília. – Figueira mole em pedra dura tanto dá que até fura. (p.93)

Mesmo que a conversa entre as personagens simule um fato real e que o narrador use expressões como "informou Pedrinho", sabemos que, no plano da narrativa, trata-se de uma ficção. O caso da figueira, portanto, pode funcionar como fábula. Haveria também as duas personagens em estilo de contraste a figueira (forte) e a pedra (fraca). O corpo da fábula seria o caso da figueira que rachou uma pedra, relatado por Pedrinho e reiterado por Dona Benta. Já a moralidade seria expressa por Dona Benta e sintetizada por Emília. Aliás, vale frisar que, para realizar a sua síntese, como é de seu feitio, Emília faz a adaptação do conhecido provérbio popular, substituindo "água mole" por "figueira mole". Salientamos que é evidente que o diálogo entre Dona Benta e a sua turma tem alguns desvios no que se refere à forma da fábula. Entretanto, nem mesmo as coleções, como vimos, estão livres da inclusão de textos que não possuem traços específicos da fábula. De qualquer forma, como estabeleceu Perry, o texto é fictício, possui ação e conclui com uma moral. Logo, pode ser considerado uma fábula.

A obra *Aventuras de Hans Staden* (1927), segundo Lajolo, poderia ser o livro que inaugura o projeto da ficção paradidática em virtude das discussões em torno de aspectos históricos. Assim como outras obras paradidáticas aqui referidas, esse livro também trará várias referências à fábula.

A narração dos fatos em *Hans Staden* se inicia colocando em foco justamente o jovem alemão que resolveu sair de sua cidadezinha para conhecer o mundo. Não tendo outra opção de navio, acaba por ingressar no barco do Capitão Penteado que se destinava ao Brasil. A partir disso, Staden vive uma série de experiências em terras brasileiras. Na primeira viagem, foram atacados pelos índios e tiveram de retornar. Entretanto, os alimentos eram escassos e insuficientes para o retorno. Em alto-mar, encontram uma embarcação inimiga e conseguem tomá-la. Por sorte, o navio estava repleto de alimentos, o que resolveu o sério problema da fome entre os tripulantes. Quando chega a essa altura do relato, Dona Benta é interrompida por Pedrinho e Narizinho que querem expressar a sua opinião sobre o assunto e, para isso, farão referência à fábula "O lobo e o cordeiro":

– Que boa vida! – exclamou Pedrinho. Bem diz a vovó que a história da humanidade é uma pirataria sem fim...

– Infelizmente é verdade, meu filho. Com êste ou aquêle disfarce de pretexto, o mais forte tem sempre razão e vai pilhando o mais fraco.

– É a fábula do lôbo e do cordeiro... – lembrou a menina.

– Qual, cordeiro! – protestou Pedrinho. É a fábula do lôbo forte e do lôbo fraco, uma que me anda na cabeça.

– Bem pensado! – disse Dona Benta. Essa fábula não foi escrita por Esopo, nem La Fontaine, mas devia ser a fábula número um, porque é a que tem mais freqüente aplicação na vida.

Liquidado o negócio da fábula, Dona Benta prosseguiu [...]. (p.14)

NAS RAIAS DE UM GÊNERO   **237**

Conforme vimos, Narizinho faz uma rápida aplicação do texto fabular aos fatos narrados por Dona Benta. A avó faz uma breve interrupção da sequência de seu discurso e, juntamente com os netos, utiliza a fábula para fazer a "digestão" do assunto. Para Pedrinho, no entanto, o enfrentamento entre dois navios não pode ser representado por lobo e cordeiro, tendo em vista que seria um confronto desigual com diferenças gritantes de força. Assim, para resolver o problema, ele propõe a fábula do lobo forte e do lobo fraco que pretende escrever. Mais adiante na narração, quando relata o confronto dos portugueses com os índios, a mesma reflexão volta à tona:

> – Mas os portugueses tinham direito a isto aqui ou não? O Brasil não pertencia aos índios?
> – O direito dos portugueses era o direito do mais forte. Os índios deixaram se vencer e dêsse modo perderam a terra que até então haviam possuído.
> – Sempre a fábula do lôbo forte e do lôbo fraco –, comentou Pedrinho filosòficamente. (p.27)

Outro fato ilustrado pela fábula é o da captura de Hans Staden pelos índios. Depois de capturado, Hans virou objeto de disputa entre os índios que começaram a brigar entre si. Enquanto isso, vieram outros índios e levaram o prisioneiro para a aldeia. Vejamos os comentários de Narizinho e Dona Benta:

> – Tal qual na fábula do burrinho e dos ladrões – lembrou a menina. Quando dois brigam, lucra um terceiro...
> – É sempre assim na vida, e quanto mais vocês viverem tanto mais se convencerão da sabedoria das velhas fábulas. (p.24)

Na fábula "Os dois burrinhos", constante em *Fábulas*, os burrinhos carregavam cargas diferentes: um levava ouro e o outro, farelo. O que levava o ouro sentia-se fidalgo e exigia que o do farelo andasse a cinco passos atrás e não se aproximasse. Aparecem, então, ladrões que surram-no e levam a carga embora sem que o outro pudesse ajudar. O burrinho arrogante, então, pede ajuda ao mais humilde e voltam para casa. Conforme podemos notar, Narizinho aproveita um aspecto da fábula para ilustrar a narração. Na sua perspectiva, os índios são os burrinhos que brigam e, por isso, os ladrões (os outros índios) conseguem roubar.

238 LOIDE NASCIMENTO DE SOUZA

Confirmando o caráter discursivo da fábula, Dona Benta interromperá ainda mais vez a sua narração das aventuras de Hans Staden para refletir sobre os fatos e ilustrá-los com uma fábula. Ao analisar a história oficial das nações na América Latina, Dona Benta observa que o colonizador é sempre exaltado por mais cruel que seja. Questionada por Pedrinho, ela responde: "– Por uma razão muito simples: porque a história é escrita por êles". Para melhor compreensão, assim como em *História do mundo...*, ela faz referência a uma fábula de Esopo.

> Há uma fábula a êste respeito. À entrada de certa cidade erguia-se um grupo de mármore, que representava um homem vencendo na luta ao leão. Passa um leão, contempla aquilo e diz: Muito diferente seria essa estátua, se os leões fossem escultores! (p.28)[26]

Conforme podemos observar, Dona Benta praticamente reproduz o texto na íntegra, mantendo fidelidade à concisão e à objetividade esópica. Como ensinava a escola retórica de Aristóteles, há uma perfeita coesão entre os fatos narrados e a fábula, o que facilita a compreensão dos ouvintes ou da plateia.

Assim como em "Pena de papagaio", podemos afirmar que tanto no caso da fábula "O cão e a lebre" como em "O leão e a estátua", casos em que Dona Benta reproduz a fábula completa, também aqui o *encaixe* na concepção de Todorov pode ser considerado. Segundo o autor, "as histórias encaixadas servem como argumentos" (Todorov, 2006, p.124). De fato, as fábulas reforçam o poder argumentativo das exposições didáticas de Dona Benta, pois se estabelece a correspondência entre as personagens da narrativa encaixante e as personagens da narrativa encaixada. No caso de "O leão e a estátua", a estátua representa a própria história idealizada do colonizador que, na maioria das vezes, afasta-se da realidade. Porém, se os vencidos contassem a história, os fatos seriam diferentes ou até opostos, como ocorreria na escultura dos leões.

---

26 Essa fábula de Esopo recebe geralmente o título "O leão e a estátua" e pode ser encontrada na *Aesopica* de Perry. No site de Laura Gibbs (ver referência), também encontramos sua tradução para o inglês.

Todavia, como já vimos, não somente a fábula completa pode reforçar os argumentos, mas também as referências, os fragmentos ou, na expressão de Lima, o *efeito fábula*. Nesse caso, se a liberdade do enunciador é maior, o leitor, por outro lado, precisará identificar a fábula e estabelecer as conexões. Além disso, a fábula pode, ainda, servir de mote para novas construções narrativas, como já defendia Lessing no século XVIII. Veremos, então, no próximo subtópico, que, da fábula "O reformador do mundo", nasce a obra *A reforma da natureza* de Monteiro Lobato.

Reforma da natureza: a fábula ampliada e revivida

Por volta de 1940, o mundo vivia os sobressaltos de uma Guerra Mundial altamente devastadora. Tanto as soluções para o conflito como a dimensão das consequências por ele geradas eram, até então, desconhecidas. Monteiro Lobato, sempre atento aos fatos da realidade, encontra meios de colocar o assunto em pauta em suas obras infantis e o faz, por exemplo, entrelaçando-o nas peripécias de *A reforma da natureza* (1941).

Antecipando acontecimentos do futuro ou, como salienta Abreu (2008, p.440), realizando "uma espécie de ficcionalização do futuro histórico real", o autor inicia o enredo a partir de um contexto imaginário que surpreendentemente se confirma depois na realidade. Assim que a guerra termina, alguns líderes mundiais se reúnem, a fim de selar o pacto da paz. Mas os esforços são inúteis, porque a reunião acaba se transformando numa guerra de palavras. É então que o Rei Carol da Romênia convence a todos da necessidade de se convocar Dona Benta e Tia Nastácia ("grandes estadistas") para a resolução do problema.

Entre os diversos fatores que se sobressaem nessa obra, como, por exemplo, a promoção inédita de Tia Nastácia e os pontos de contato com *A chave do tamanho* (1942), a ênfase de nossa abordagem se restringe, como mostra o título dessa divisão, ao aproveitamento da fábula no desenvolvimento da narrativa. Comunicada pelo grupo de líderes mundiais, Dona Benta resolve viajar para a Europa, deixando o Sítio aos cuidados do Burro Falante. Dessa vez, no entanto, diferente do que sempre ocorre em outras situações parecidas, Emília inventa um pretexto para não viajar e Dona Benta, depois de muito hesitar, acaba por concordar em deixá-la no Sítio. Mas o motivo real do desinteresse de Emília pela viagem, como sabemos, é a intenção de realizar a reforma da natureza: uma reforma que Américo Pisca-Pisca, embora quisesse, não foi capaz de realizar na fábula "O reformador do mundo". Vejamos a fábula e a reação de Emília nos comentários:

O reformador do mundo

Américo Pisca-Pisca tinha o hábito de pôr defeito em todas as coisas. O mundo para êle estava errado e a natureza só fazia asneiras.

– Asneiras, Américo?

– Pois então?!... Aqui mesmo, neste pomar, você tem a prova disso. Ali está uma jabuticabeira enorme sustentando frutas pequeninas, e lá adiante vejo uma colossal abóbora prêsa ao caule duma planta rasteira. Não era lógico que fôsse justamente o contrário? Se as coisas tivessem de ser reorganizadas por mim, eu trocaria as bolas, passando as jabuticabas para a aboboreira e as abóboras para a jabuticabeira. Não tenho razão?

Assim discorrendo, Américo provou que tudo estava errado e só êle era capaz de dispor com inteligência o mundo.

– Mas o melhor – concluiu – não é pensar nisto e tirar uma soneca à sombra destas árvores, não acha?

E Pisca-Pisca, pisca-piscando que não acabava mais, estirou-se de papo para cima à sombra da jabuticabeira.

Dormiu. Dormiu e sonhou. Sonhou com o mundo novo, reformado inteirinho pelas suas mãos. Uma beleza!

De repente, no melhor da festa, *plaf!* Uma jabuticaba cai do galho e lhe acerta em cheio no nariz.

Américo desperta de um pulo; pisca, pisca; medita sôbre o caso e reconhece, afinal, que o mundo não era tão mal feito assim.

E segue para casa refletindo:

– Que espiga!... Pois não é que se o mundo fôsse arrumado por mim a primeira vítima teria sido eu? Eu, Américo Pisca-Pisca, morto pela abóbora por mim posta no lugar da jabuticaba? Hum! Deixemo-nos de reformas. Fique tudo como está, que está tudo muito bem.

E Pisca-Pisca continuou a piscar pela vida em fora, mas já sem cisma de corrigir a natureza.

———————————

– Pois êsse Américo era bem merecedor de que a abóbora lhe esmagasse a cabeça duma vez – berrou Emília. Eu, se fôsse a abóbora, moía-lhe os miolos...

– Por quê?

– Porque a natureza anda precisadíssima de reforma. Tudo torto, tudo errado... Um dia eu ainda agarro a natureza e arrumo-a certinha, deixo-a como deve ser.

Todos se admiraram daquela audácia. Emília continuou:

– Querem ver um êrro absurdo da natureza? Essa coisa do tamanho... Para que tamanho? Para que quer um elefante um corpão enorme, se podia muito bem viver e ser feliz com um tamanhinho de pulga? Que adianta aquêle beiço enorme de tia Nastácia? Tudo errado – e o maior dos erros é o tal tamanho.

– E quando vai você reformar a natureza, Emília?

– Um dia. No dia em que me pilhar aqui sozinha... (p.14)[27]

Assim como prometera, portanto, Emília aproveita a ocasião da viagem de Dona Benta para colocar o seu antigo plano em prática. Quando se "pilha sozinha", como diz, ela escreve uma carta para uma das leitoras de Lobato, que, em suas correspondências com o autor, usa o pseudônimo de Rã. É, portanto, acompanhada de Rã, sua cúmplice, que Emília realiza as mais diversas reformas no Sítio.

Vimos, na fábula "O reformador do mundo", que Américo Pisca-Pisca tinha várias discordâncias da natureza e pretendia fazer mudanças radicais: "o mundo para êle estava errado e a natureza só fazia asneiras". Um dos exemplos do erro da natureza, por exemplo, segundo a personagem, seria a forma como são produzidas as jabuticabas e as abóboras. As primeiras, pequeninas, em grandes árvores, e as segundas, frutos enormes, em plantas rasteiras. Entretanto, nenhum dos planos de Pisca-Pisca em relação à natureza se concretiza, porque ficam todos limitados ao sonho: "Dormiu. Dormiu e sonhou. Sonhou com o mundo novo, reformado inteirinho pelas suas mãos. Uma beleza!". O sonho, porém, como sabemos, não tem final feliz, o que faz que Américo desista de sua ideia.

---

27 O enredo da fábula é reproduzido na íntegra em *A reforma da natureza*. Em nossa citação, utilizamos, no entanto, o texto de *Fábulas*, porque mantém a estrutura e a apresentação normal das fábulas de Monteiro Lobato. Conforme o quadro de Dezotti (2003), a fábula foi divulgada primeiramente por La Fontaine sob o título "A bolota e a abóbora".

Mas se em Américo Pisca-Pisca o desejo de transformar a natureza fica no plano do sonho e das intenções, em Emília ele se concretiza e se torna real, não somente para a boneca, mas para todos que a cercam. Na carta que escreve à Rã, Emília chega a apontar razões para o fracasso da reforma de Pisca-Pisca e traça um plano estratégico para a reforma que pretende realizar:

> O Américo Pisca-Pisca era um bôbo alegre. Reformou a Natureza como o nariz dêle, e foi pena que a abóbora do sonho não lhe esmagasse a cabeça de verdade. Seria um bôbo de menos no mundo. Nós faremos uma reforma muito melhor. Primeiro reformamos as coisas aqui no sítio. Se der certo, o mundo inteiro adotará as nossas reformas. (p.92)

Nos parágrafos iniciais de *A reforma da natureza*, encontramos a seguinte afirmação do Duque do Windsor: "No dia em que em nosso planêta ficar inteirinho como é o sítio, não só teremos paz eterna como a mais perfeita felicidade". Emília, como vimos, em sua estratégia de reforma, mostra ter a consciência do sítio-modelo e o transforma em um espaço experimental do qual emanam novas ideias e novas descobertas: "Primeiro reformamos as coisas aqui no sítio. Se der certo, o mundo inteiro adotará as nossas reformas". A partir disso, Emília revive, então, a experiência de Pisca-Pisca, que agora ocorre não apenas no sonho, mas na prática. Juntamente com Rã, inventa o passarinho-ninho, que traz o ninho às costas para facilitar o transporte e a proteção dos filhotes; laranjas sem casca, para que não seja necessário o uso de faca para descascá-las; remodela a vaca Môcha, colocando chifres e mudando o lugar da cauda e das tetas (metade das tetas recebe uma torneirinha para facilitar a ordenha); reforma borboletas, moscas, formigas, pulgas e percevejos; inventa o livro comestível, que servisse tanto para o corpo como para o espírito; realizam a experiência de suprimir o peso das coisas e diversas outras mudanças. Entre todas as reformas que realizam, Rã e Emília não deixam também de fazer a mudança proposta por Pisca-Pisca: trocam as jabuticabas e as abóboras de lugar. Sobre isso, vejamos os argumentos e justificativas de Emília:

> – É que o bôbo foi dormir debaixo da jabuticabeira – e sabe para quê? Para que a fábula ficasse bem arranjadinha. O fabulista era um grande medroso;

queria fazer uma fábula que desse razão ao seu mêdo de mudar – e inventou essa história do sono do Américo debaixo da jabuticabeira. Já reformei essa fábula.

– Como?

– Fazendo que o Américo não dormisse debaixo de árvore nenhuma e o La Fontaine ficasse sem jeito de rematar a fábula. Deixei só um pedaço de fábula. Uma fábula inacabada, como aquela sinfonia famosa e sem moralidade.

– Fábula sem moralidade é fábula imoral – disse a Rã. – É fábula rabicó – sem rabo. Não presta.

– Não presta o seu nariz – respondeu Emília e foi fazer as reformas. (p.95)

Como podemos verificar no fragmento supracitado, ao mostrar a independência de suas escolhas na realização da reforma da natureza, Emília acaba revelando, também, as marcas do fazer literário, bem como a arbitrariedade do autor ou criador no momento de realizá-lo. Na carta à Rã, vimos que ela atribui à própria personagem a responsabilidade pelo fracasso da reforma. Agora, no entanto, admite que existe uma vontade que está acima da vontade da personagem: a do fabulista. Portanto, segundo ela, Américo Pisca-Pisca não consegue, na verdade, realizar a reforma do mundo porque o fabulista *"queria fazer* uma fábula que desse razão ao seu mêdo de mudar" (grifo nosso). Mas, se o fabulista quer, Emília também pode querer. Por essa razão, ela informa que "reformou a fábula", deixando-a sem moralidade. A discussão de Emília revela, consequentemente, a natureza estética da fábula. Adaptando a definição de Antonio Candido, podemos dizer que, embora apresente certo pragmatismo, a fábula também é um objeto literário que propõe "um tipo arbitrário de ordem para as coisas" e, portanto, é arte. Vejamos a definição:

A arte, e portanto a literatura, é uma transposição do real para o ilusório por meio de uma estilização formal, que propõe um *tipo arbitrário* de ordem para as coisas, os seres, os sentimentos. Nela se combinam um elemento de vinculação à realidade natural ou social, e um elemento de *manipulação técnica*, indispensável à sua configuração, e implicando uma atitude de gratuidade. (Candido, 1976, p.53, grifo nosso)

Ainda nas discussões sobre a fábula constantes no fragmento destacado acima, vimos que são levantados aspectos da estrutura da fábula. Rã, por exemplo, a interlocutora de Emília, alerta sobre a necessidade de manutenção da moralidade na fábula ("Fábula sem moralidade [...] É fábula rabicó"). Desse modo, podemos dizer, então, que é na "manipulação técnica" dos elementos constitutivos do gênero que se "configura" o objeto literário. Ao mesmo tempo, é também nessa manipulação que se encontra reservado o espaço para o exercício da arbitrariedade do criador.

O tempo da viagem de Dona Benta e Tia Nastácia foi suficiente para que Emília realizasse todas as suas reformas. Quando retornam, encontram o Sítio totalmente transformado, o que é motivo de espanto. Questionada por Dona Benta, Emília explica: "– Eu reformei a natureza – disse ela. – Sempre tive a idéia de que o mundo por aqui estava tão torto como a Europa, e enquanto a senhora consertava a Europa eu consertei o Sítio" (p.105).

Mas, depois de algum tempo, algumas das reformas de Emília começam a apresentar problemas: o pássaro-ninho, por exemplo, não conseguia voar; Tia Nastácia fora vítima de uma abóbora que caiu de um pé de jabuticaba em cima de sua cabeça; as jabuticabas sentiam-se desconfortáveis no chão; e as laranjas sem casca eram devoradas por bichos e passarinhos. Por outro lado, houve também acertos: o livro comestível, desde que fosse de "importância secundária", foi aprovado; Tia Nastácia gostou do leite que assobiava ao ferver; e foi aprovada ainda a mudança das pulgas, moscas e pernilongos. Diante da constatação dos resultados, Emília chega, então, a uma conclusão: "Emília aprendeu a planejar a fundo qualquer mudança nas coisas, por menor que fôsse. Viu que isso de reformar às tontas, como fazem certos governos, acaba sempre produzindo mais males do que bens" (p.108).

Considerando-se que a experiência da reforma da natureza é fruto da retomada de uma fábula, a conclusão de Emília, conforme vimos no parágrafo anterior, pode funcionar como a moralidade da história. Logo, se somarmos a narrativa e a conclusão moral que dela se subtrai, podemos dizer que A reforma da natureza é uma fábula ampliada e revivida não só por Emília, mas por toda a turma do Sítio. A experiência, embora com alguns entretantos, de fato, fora positiva, tanto que Emília, agora em companhia do Visconde e a partir de conceitos científicos, volta a realizar mudanças na natureza. Em laboratório, realiza alguns experimentos científicos que chamam a atenção do mundo todo. Confirma-se, portanto, a ideia inicial do sítio-modelo que seria, não exemplo de produção agropecuária, mas de desenvolvimento científico e tecnológico e, nas palavras do Rei Carol, exemplo "de bem governar" (p.90).

Nesse segundo capítulo, portanto, aprofundamos o nosso olhar sobre a fábula e suas propriedades na obra infantil de Monteiro Lobato. Vimos que ela pode estar presente tanto como texto fabular propriamente dito como por meio de fragmentos, referências e alusões, fenômeno que se configura, como ensina Lima, em *efeito fábula*.

De modo geral, o gênero fábula ocupa um posto privilegiado na obra de Monteiro Lobato. Além de fazer parte do projeto inicial do autor para a literatura infantil, a fábula possui uma obra exclusiva (*Fábulas*) e, ainda, um capítulo de *Reinações de Narizinho* ("Pena de papagaio", que já foi livro) totalmente dedicado à reprodução e à renovação de suas peripécias e moralidades. Além de reproduções e fragmentações da fábula em outras narrativas, como já dissemos, há também a valorização e o destaque de suas personagens típicas como ocorre em *Histórias de Tia Nastácia*.

No início do capítulo, vimos, então, a importância da fábula no projeto de Lobato para a literatura infantil, e vimos também de que forma o autor executa e aperfeiçoa o projeto de fábulas. A passagem dos anos contribuiu para que Lobato atualizasse a linguagem dos textos e investisse na forma por meio da duplicação da narrativa. Nessa duplicação, o autor inclui comentários que evidenciam o caráter enunciativo da fábula, uma vez que se constituem de diálogos e questionamentos de toda ordem entre o narrador e os ouvintes. Tendo em vista que em *Fábulas*, a maioria dos textos é advinda do acervo europeu, consideramos que os comentários, por sua própria natureza, tinham um caráter antropofágico, segundo a concepção de Oswald de Andrade. Por essa razão, dedicamos um dos tópicos à análise desse aspecto.

Considerando também que, segundo Adrados, as personagens da fábula grega eram provenientes de uma tradição animalística que, em seus primórdios, tinha uma base religiosa, adaptamos esse princípio para o contexto brasileiro e analisamos a presença de personagens animais em *Histórias de Tia Nastácia*. Vimos que animais como o jabuti e o macaco são representantes totêmicos de povos que formaram a cultura brasileira e, por isso, têm espaço privilegiado nas histórias, que quase sempre possuem um fundo moral explícito ou não. Observamos, ainda, que a predominância de animais da fauna brasileira e uma maior familiaridade da narradora com a matéria narrada fizeram que as histórias de animais fossem relativamente mais aceitas pelas personagens do Sítio, especialmente em comparação com os contos de reis e rainhas. Aliás, a valorização dos elementos nativos e primitivos era também uma das bandeiras do modernismo, com a qual, mesmo a distância, Lobato estava engajado.

Por fim, estudamos a fábula e o *efeito fábula* em diferentes situações discursivas na obra de Lobato. Primeiramente, no mundo fechado de "Pena de papagaio", na sequência, especialmente em algumas obras paradidáticas e, por fim, analisamos a retomada e a ampliação do texto fabular em *A reforma da natureza*. Enquanto o primeiro traz uma proposta subversiva para fábula, no segundo caso há uma corroboração do ensinamento tradicional. Mas, ao mesmo tempo, também nesse segundo caso, o gênero tem os seus traços valorizados ao ser incluído no contexto enunciativo das exposições didáticas de Dona Benta. Já em *A reforma da natureza*, Emília revive a experiência da fábula "O reformador do mundo" na intenção de invalidar o seu princípio moral. Entretanto, ao final da experiência, ela acaba por construir uma nova conclusão moral, o que dá à obra a forma de uma fábula ampliada.

No próximo capítulo, estudaremos, então, o burro como personagem na literatura ocidental, sua presença específica na fábula esópica e, no terceiro tópico do capítulo, sua transferência para o Sítio do Picapau Amarelo. Veremos que, além de uma mudança radical em seu perfil ficcional, o burro será transformado em representante permanente da fábula na obra de Lobato.

3
ASINUS IN FABULA

O burro na literatura ocidental

No primeiro capítulo de nosso trabalho, vimos que os animais são as personagens preferenciais da fábula. Nessa categoria ampla e geral, há, entretanto, aquelas personagens cuja presença tornou-se dominante no contexto fabular, como é o caso da raposa. Destacam-se também animais como o lobo, o leão e a ovelha, entre outros. Embora, geralmente, não seja o primeiro a ser lembrado, o burro também faz parte do grupo de frente e, como veremos, é uma das personagens de maior frequência nas histórias fabulares. Na maioria das vezes, protagoniza situações que o colocam em desvantagem perante os outros animais, o que acaba por transformá-lo em símbolo de sofrimento e resignação.

Neste terceiro capítulo, conforme destaca o título, trataremos especificamente do burro como personagem fabular, evidenciando no primeiro tópico a sua performance na literatura ocidental. A razão para essa exclusividade reside no fato de que essa personagem da fábula recebe também um tratamento exclusivo por parte de Monteiro Lobato. Veremos mais adiante que o autor a resgata do texto clássico e a transforma em cidadã picapauense para viver uma nova vida ao lado das demais personagens do Sítio. Considerando que nosso trabalho tem como objetivo principal analisar a presença da fábula e do *efeito fábula* na obra infantil de Lobato, considerando ainda que o burro é uma das personagens típicas do gênero, delineia-se, portanto, a justificativa para o estudo a ser desenvolvido neste capítulo.

Segundo a zoologia, o burro é um animal híbrido e estéril, "produto do cruzamento do cavalo com a jumenta, ou da égua com o jumento" (Houaiss, 2001). Em consequência desse hibridismo, é mais resistente que o cavalo e possui maior capacidade para atravessar terrenos montanhosos e íngremes. Também ao contrário do cavalo que fora utilizado como animal de guerra em virtude de seu porte e agilidade, o burro é um animal pacífico e foi um dos primeiros animais domesticados com o objetivo, principalmente, de transportar cargas. Conforme registra Champlin (2004), no antigo Oriente o burro era importado da Líbia e servia como pagamento de tributos. É ilustrado em painéis que datam de 2650 a.C., o que remete à antiguidade de sua domesticação e sua utilidade para o homem. No contexto literário, as nomeações para a espécie são variadas. Tanto nas fábulas como nos demais textos clássicos são usadas simultaneamente as expressões "burro", "asno" e "jumento", todas para designar a mesma personagem.

As primeiras referências literárias e significativas sobre o burro podem ser encontradas no contexto bíblico.[1] O livro de *Gênesis* (Gn.), escrito por volta dos séculos XIII e XV a.C.,[2] no Capítulo 12.16, registra a passagem de Abraão pelo Egito, ocasião em que teria ganhado alguns jumentos do Faraó. Mais adiante, em Gn. 22.3, o mesmo Abraão, ao preparar o sacrifício de seu filho Isaac, utiliza o jumento como meio de transporte: "Então se levantou Abraão pela manhã de madrugada, e *albardou o seu jumento*, e tomou consigo dois de seus moços e Isaac, seu filho; e fendeu lenha para o holocausto, e levantou-se e foi ao lugar que Deus lhe dissera" (*A Bíblia Sagrada*, 1969, p.22, grifo nosso). Conforme registra Champlin (2004) e o próprio texto bíblico, Abraão é originário da cidade de Ur na Caldeia, situada na região da Mesopotâmia. Considerado o pai da nação hebreia, Abraão teria nascido por volta de 2300 a.C. e era dono de grandes extensões de terra. Assim, tendo em vista o fato de que Abraão era um homem de posses e que os seus

---

1 A civilização ocidental tem as suas raízes na antiga Grécia e na antiga Roma. Entretanto, essa mesma civilização recebeu tão fortes influxos das culturas e religiões que se desenvolveram na bacia do Mediterrâneo, de modo que hoje podemos dizer que ela é um produto milenar, não só da cultura greco-romana, mas também da cultura judaico-cristã. Daí a razão para que iniciemos a nossa abordagem sobre o burro a partir do contexto bíblico.

2 De acordo com Champlin (2004), não há consenso entre os críticos sobre a data da escritura do *Gênesis*. Mas a maioria acredita que o livro seja da autoria de Moisés, o judeu que, recém--nascido, foi salvo das águas do Nilo pela filha do Faraó e teria vivido no Egito entre os anos de 1350-1250 a.C.

primeiros jumentos foram um presente do soberano Faraó, podemos então deduzir que, em seu tempo e em sua região, o uso do jumento era comum tanto a ricos como a pobres. Aliás, é muito provável que nos tempos remotos da Suméria e da Mesopotâmia, o jumento fosse um bem possuído principalmente pelos mais ricos, pois era o único animal capaz de sobreviver à travessia dos desertos antes da domesticação e do uso de camelos.

Ainda no Pentateuco,[3] o livro de *Números* 22.22-41 relata a história da jumenta de Balaão. Talvez seja esse o primeiro relato da fala de uma jumenta na literatura. Balaão era um adivinho pagão que vivia em Petor na Mesopotâmia. Em razão de seus poderes, foi convocado por Balaque, rei de Moabe, para lançar uma maldição sobre o povo israelita que aparentemente oferecia algum risco aos moabitas. Quando Balaão dirigia-se para Moabe, aparece um anjo no meio do caminho, mas somente a jumenta que transporta o profeta-adivinho consegue vê-lo. Diante da resistência do animal em continuar a viagem, Balaão o fustiga violentamente. Na terceira vez em que o episódio acontece, a jumenta manifesta-se milagrosamente por meio da fala e recrimina a atitude de seu dono:

> Então o Senhor abriu a boca da jumenta, a qual disse a Balaão: Que te fiz eu, que me espancaste estas três vezes?
>
> E Balaão disse à jumenta: Porque zombaste de mim: oxalá tivera eu uma espada na mão, porque agora te matara.
>
> E a jumenta disse a Balaão: Porventura não sou a tua jumenta, em que cavalgaste desde o tempo que fui tua até hoje? Costumei eu alguma vez fazer assim contigo? E ele respondeu: Não.
>
> Então o Senhor abriu os olhos a Balaão, e ele viu o anjo do Senhor, que estava no caminho, e a sua espada desembainhada na mão: pelo que inclinou a cabeça, e prostrou-se sobre sua face. (*A Bíblia Sagrada*, 1969, p.187)

O texto bíblico, como vemos, ilustra a importância da jumenta (ou jumento) como meio de transporte pessoal na Antiguidade e acaba por desenvolver uma verdadeira exaltação do animal. Conforme podemos verificar, enquanto a jumenta vê o anjo por três vezes, Balaão não vê sequer uma vez, o

---

3 Recebem essa denominação, os cinco primeiros livros da Bíblia, supostamente escritos por Moisés.

que indica maior sensibilidade por parte do animal. Quando, por graça divina, a jumenta é dotada da capacidade de falar, revela, em suas palavras, uma profunda consciência de sua própria condição existencial. Portanto, nesse caso específico, podemos dizer que a jumenta é elevada a um posto superior ao dos seres humanos que a rodeiam, dada a consciência que ela tem de si mesma, somada à perspicácia para perceber o que está além das aparências.

A maior das honrarias recebidas por um jumento (ou filhote de jumento), entretanto, está registrada no Novo Testamento das Escrituras Sagradas, quando o próprio Cristo o escolhe como cavalgadura em um dos momentos mais importantes de sua vida: a entrada triunfal em Jerusalém. Em *Marcos* 11.7 podemos ler: "*E levaram o jumentinho a Jesus*, e lançaram sobre ele os seus vestidos, e assentou-se sobre ele" (*A Bíblia Sagrada*, 1969, p.64, grifo nosso). Mas é importante ressaltar que nessa época o uso do jumento já se generalizara como meio de transporte de pessoas comuns e sem destaque social. Portanto, quando Cristo escolhe um filhote de jumenta para revelar publicamente sua identidade aos sacerdotes de Jerusalém, acaba por demonstrar uma lição de humildade e simplicidade, ao mesmo tempo que valoriza os pobres, oprimidos e até as crianças, simbolizados todos pela figura do jumentinho. Além disso, ao contrário do cavalo, o jumento era um animal de paz, o que também traz uma mensagem cifrada e se constitui como outro motivo para a escolha de Cristo. Esse episódio é registrado pelos quatro Evangelhos e também pode ser encontrado no Velho Testamento, em *Zacarias* 9.9, em forma de profecia: "Alegra-te muito, ó filha de Sião; exulta, ó filha de Jerusalém: eis que o teu rei virá a ti, justo e Salvador, pobre, e *montado sobre um jumento, sobre um asninho, filho de jumenta*" (*A Bíblia Sagrada*, 1969, p.982, grifo nosso).

Se no contexto bíblico o burro aparece como elemento coadjuvante em momentos de alta relevância e grandeza, em dois dos principais exemplos da literatura greco-latina a condição de burro transforma-se em rito de passagem e experiência degradante. Cumpre ressaltar também que as obras aqui referidas ajudam a instaurar e a reforçar a ideia das "metamorfoses" no universo ficcional da cultura ocidental, como já ocorrera com o romano Ovídio (I d.C.).

As aventuras de Lúcio metamorfoseado em burro são mais conhecidas pela novela latina *O asno de ouro* de Apuleio (II d.C.). Entretanto, a narrativa registrada por Apuleio seria derivada da obra grega *Lúcio ou o asno* de

Luciano de Samósata (II d.C.). Tanto uma obra como outra seriam ainda "tradução e adaptação de um livro perdido. [...] Assegura o patriarca bizantino Fócio, que havia Luciano, por sua vez imitado Lucius de Patras [autor de *Metamorfose*], e este sim seria a fonte original" (Guimarães, 1960, p.7). Também de acordo com Fócio, a obra de Lúcio de Patras seria mais completa e teria histórias que não foram narradas nas obras sucessoras.

A existência dessa última obra, no entanto, tem sido colocada em dúvida por pesquisas realizadas a partir do século XX, por causa da falta de provas, vestígios ou mais referências, além das de Fócio. Perry, por exemplo, segundo destaca Cabrero (2006), argumenta que as atribuições de autoria por parte dos antigos, em muitos casos, eram equivocadas. Dessa forma, considerando também as limitações do manuscrito[4] que examinara, é muito provável que o patriarca Fócio tenha confundido o verdadeiro autor com o narrador-protagonista. Baseado nessa possibilidade e nas análises que realiza, Perry levanta, então, uma nova hipótese: a linguagem e o desenvolvimento da narrativa nos manuscritos encontrados sugerem que *Metamorfose* é que seria a verdadeira obra de Luciano, ao passo que *Lúcio ou o asno* teria sido produzida por algum copista que queria reduzir a extensão do texto para diminuir a sua tarefa.

> [...] a ordem dos fatores deve ser mudada. Reparado o erro de Fócio, começar a atribuir a Luciano de Samósata a autoria da *Metamorfose*. De *Lúcio ou o asno*, terá se ocupado algum copista cuja mão provavelmente se cansara das interpolações e, por isso, queria terminar a história o mais rápido possível. (Perry apud Cabrero, 2006, p.167)[5]

---

4 A referência utilizada por Fócio para defender a existência de uma obra anterior foi um dos manuscritos mais antigos de *Lúcio ou o asno* que se encontra na biblioteca do Vaticano. Nesse manuscrito, há uma explicação que o converte em epítome (atribuído a Luciano de Samósata) de um manuscrito anterior, cujo autor, na concepção de Fócio, seria Lúcio de Patras. Perry, entretanto, rebate essa informação e diz que Luciano jamais praticou essa "técnica menor". Quando abordava algum tema ou obra conhecida, impregnava-os de um significado completamente diferente do da fonte utilizada. Também era muito comum que Luciano dotasse o narrador da condição e do ofício de escritor. Em todo caso, como *Metamorfose*, a possível obra original, nunca foi localizada, para efeito de pesquisa e análise considera-se apenas o que está disponível nos livros editados.

5 "*[...] el orden de los factores debe ser cambiado, reparado el error de Focio comenzar a atribuir a Luciano de Samósata la autoría de la Metamorfosis. De Lucio o el asno se habrá ocupado algún copista, cuya mano probablemente se cansara de las interpolaciones, y que tuviera el apetito de llevar la historia hacia delante lo más rápido posible.*"

252 LOIDE NASCIMENTO DE SOUZA

Como já destacamos, os enredos de *Lúcio ou o asno* de Luciano de Samó-sata e de *O asno de ouro*[6] de Apuleio são muito parecidos. Ambos contam a história de um moço que, por magia, é transformado em burro e, nessa condição, passa por inúmeras provações até recobrar a forma humana. A obra de Apuleio, entretanto, segundo Guimarães (1960), é mais densa e traz algumas histórias intercaladas, como a de Amor e Psiquê, e apresenta um desfecho de tendência mística. Vejamos, então, com maiores detalhes, como ocorrem os fatos em *O asno de ouro*, focalizando especialmente a experiência de Lúcio. Em viagem para a Tessália, a terra das artes mágicas, Lúcio e mais dois companheiros chegam à cidade de Hipata e são recebidos pelo hospedeiro Milon. Andando pela cidade, ele encontra sua tia Birrena que lhe adverte sobre os perigos e mistérios daquele lugar. Porém, ao voltar para a hospedaria, o viajante conhece Fótis, a escrava, e passa a ter um envolvimento amoroso com ela. A aproximação inevitável permite-lhe saber que Panfília, a ama de Fótis e esposa do hospedeiro, era grande feiticeira e tinha o poder de se transformar em outros seres. Certa noite, transformou-se em ave depois de untar o corpo com certo unguento. Querendo repetir a experiência, Lúcio, com a ajuda de Fótis, usa o unguento errado e, em vez de ave, transforma-se em burro.

> [...] tirei uma boa dose de unguento, e esfreguei todas as partes do corpo. E já fazia como uma ave, tentando balançar alternativamente os braços. De penugem, no entanto, ou de penas, nenhum sinal. Porém, meus pêlos se espessaram em crinas, minha pele macia endureceu como couro, a extremidade de minhas mãos perdeu a divisão dos dedos, que se ajuntaram todos num casco único; da parte mais baixa da minha espinha, saiu uma longa cauda. Eis-me agora com uma cara monstruosa, uma boca que se alonga, ventas largas, lábios pendentes. Minhas orelhas, por sua vez, cresceram desmedidamente e se eriçaram de pelos. Miserável transformação [...]. Não vi uma ave, mas um burro, e maldisse a conduta de Fótis. (Apuleio, 1960, livro III, cap. XXIV e XXV, p.54-5)

Ao ver a cena da metamorfose indesejada, Fótis entra em desespero, mas lembra que se Lúcio mascar algumas rosas, poderá voltar a ser homem.

---

6 De acordo com Ruth Guimarães (1960), esta obra de Apuleio recebeu vários títulos: *Metamorfoses*, *O asno*, *O asno de ouro* e *Lúcio*. Entretanto, o título que se tornou mais frequente e, por isso, mais conhecido é *O asno de ouro*.

Naquela mesma noite, entretanto, a hospedaria de Milon é assaltada por um grande número de ladrões que, ao saírem, usam o burro para carregar os despojos. A partir de então, Lúcio passará pelas mais terríveis humilhações, fracassando sempre quando tenta comer rosas para recuperar a sua forma. Teve sucessivos donos que o exploraram e o torturaram de muitas maneiras. Depois de servir aos ladrões, serviu a um sacerdote, um moleiro, um hortelão, um padeiro e um cozinheiro. Sua situação era ainda mais dramática porque "ao tornar-se burro, todavia, conservou seu espírito crítico e seu pensamento humano" (Cardoso, 1989, p.122). Cansado de viver, Lúcio roga a Ísis que lhe devolva a forma humana e a deusa o atende, orientando-o em visão sobre como deveria proceder. Ocorre então que, numa procissão à deusa, consegue finalmente comer as rosas e retoma a sua forma original. Vejamos a cena da contrametamorfose:

[...] agarrei avidamente aquela coroa, que fulgurava com as frescas rosas com que estava entrelaçada. Devorei-a, impaciente por ver-se cumprir a promessa. Ela não mentira, a celeste promessa: minha deformada aparência de besta se desfez imediatamente. Primeiro foi-se o pelo esquálido; depois, o couro espesso se amaciou e o ventre obeso abaixou; na planta dos meus pés, os cascos deixaram emergir os dedos: minhas mãos não eram mais patas, e se prestavam às funções de membro superior; meu longo pescoço chegou aos seus justos limites; meu rosto e minha cabeça se arredondaram, minhas orelhas enormes voltaram à sua pequenez primeira; meus dentes, semelhantes a tijolos, reduziram-se às proporções humanas; e a cauda, sobretudo, que me cruciava, desapareceu! O povo se espantou, os fiéis adoraram a potência manifesta da grande divindade e a facilidade magnífica com a qual se cumprira, conforme as visões da noite, aquela metamorfose. Em voz alta e em uníssono, com as mãos estendidas para o céu, testemunharam o espantoso favor da deusa. (Apuleio, 1960, livro XI, cap. XIII, p.186-187)

Transformado em homem e grato pelo recebimento de tão almejado favor, Lúcio dedica o resto de sua vida ao serviço da deusa e torna-se um fervoroso sacerdote.

Quando analisamos a história de Lúcio, vemos que sua condição temporária de burro foi fundamental para a sua mudança de *status* na sociedade em que vivia: de jovem curioso passa a ocupar posto entre os principais sacerdotes de Ísis. Em que pese a sua aparência de asno, o fato de ter conseguido reter o sentido de homem durante a experiência contribuiu para que ele pudesse conhecer e testemunhar os males e os enganos do mundo com mais clareza e profundidade. Superado esse estágio, Lúcio volta a ser homem, porém, agora, sua humanidade é plena e enriquecida tanto pela experiência asnina como pela espiritual. A trajetória de Lúcio seria, assim, um retrato da vida humana, com seus altos e baixos, ilusões e desilusões. O momento do burro-pessoa corresponderia, então, ao dos "baixos" e "desilusões", experimentado por qualquer ser humano em sua trajetória existencial.

Para Ruth Guimarães (1960), entretanto, ao escrever ou reescrever a história d'*O asno de ouro*,[7] Apuleio não teria qualquer intenção simbólica ou edificante: "Não será, pois, O Asno de Ouro, nem símbolo nem sátira, mas narrativa popular, a modo de contador de histórias, pois que Apuleio se revela um imoderado apreciador de contos da tradição popular" (Guimarães, 1960, p.13). Nesse sentido, a presença do burro em quase toda a extensão contribui para a unidade da narrativa e ainda confere um efeito cômico a certas situações, como na ocasião em que Lúcio foge de um urso carniceiro. Quanto ao título da obra, não haveria também qualquer simbolismo. A expressão "de ouro" seria aqui tomada em seu sentido mais comum, significando "valioso", "disputado", "admirável", e outros significados afins.

Parece provado que o nome pelo qual é mais conhecido modernamente – O Asno de ouro – veio de uma aposição do restritivo "de Ouro" ao nome primeiro de "Asno", porque se tratava de uma história *de ouro*, para ser lida, *de ouro* para

---

7 A popularidade dessa obra é atestada por Monteiro Lobato que em "O cinto de Hipólita" de *Os doze trabalhos de Hércules* (1944) acrescenta a história de Lúcio em um capítulo que recebe o mesmo título da obra de Apuleio. Diferentemente da obra original, entretanto, em Lobato, Lúcio é capaz de falar: "Emília achou-o com 'muito ar' do Burro Falante. / – Por que ar? / – Tem ar até de falar – disse Emília; – e dirigiu-lhe a palavra: – Não será você também dos tais que falam, asno? / – Sim, – foi a resposta. – E falo porque sou homem e não asno" (p.171).
Unindo ingredientes de autoria e obra, Barbara Vasconcelos de Carvalho, uma das pioneiras no estudo da literatura infantil no Brasil, também destaca a obra de Apuleio e escreve o poema "O burrinho Patapeteio", do qual reproduzimos o seguinte fragmento: "O Burro Patapeteio, / do bom velhinho Apuleio, / é o Burrinho mais feio / que neste mundo já veio! / Anda assim: pata... peteio... / sempre patapeteando. / É um Burrinho velho e feio, / como o seu dono, Apuleio" (Carvalho, 1982, p.236).

ser apreciada, *de ouro* porque de ouro mesmo, tão extraordinária era; e o restritivo implica num julgamento. (Guimarães, 1960, p.7)

Além das obras de Luciano e Apuleio, cabe mencionar ainda, entre as referências greco-latinas, a obra *Sobre a natureza dos animais (De natura animalium)* de Cláudio Eliano (175-235). Reunida em dezessete livros, a obra de Eliano é "um conjunto de curiosidades, as mais das vezes fabulosas, sobre um grande número de animais, que também traz as histórias mais notáveis que deles foram impressas" (*Enciclopedia...*, 1924, t. 19, p.756).[8] Dada a sua abrangência, foi uma das principais fontes dos bestiários medievais, bem como dos estudos sobre a natureza que se realizavam na Idade Média.

Conforme analisa Egoscozábal (2003), a obra de Eliano traça um retrato rebaixado do burro, apresentando-o como um animal tolo e indolente. Ele seria o único animal não nascido "conforme a harmonia". Em virtude disso, segundo o autor, as éguas só o aceitam quando estão tosquiadas. Em outras palavras, somente a vergonha da própria aparência faria que as éguas aceitassem "semelhante companheiro" (Eliano apud Egoscozábal, 2003, p.15). Vemos, portanto, que na literatura clássica greco-latina a imagem inferiorizada do burro é recorrente. Tal recorrência certamente explica a origem da ideia de incapacidade que gravita em torno do burro na civilização ocidental.

A presença da figura do asno na cultura popular, como ocorre em Apuleio, também será frequente na Idade Média. Em sua obra *A cultura popular na Idade Média e no Renascimento*, Bakhtin analisa as fontes populares da obra de Rabelais e põe em destaque a frequência do uso da imagem do asno nos espetáculos cômicos e burlescos, bem como na literatura recreativa e paródica:

> O asno é um dos símbolos mais antigos e mais vivos do "baixo" material e corporal,[9] comportando ao mesmo tempo um valor degradante (morte) e regenerador. Basta lembrar Apuleio e seu *Asno de ouro*, os mimos de asno que encontramos na Antiguidade e, finalmente, a figura do asno, símbolo do princípio ma-

---

8 "*[...] un zurcido de curiosidades, las más das veces fabulosas, acerca de multitud de animales y de las historias más notables que de ellos se han impreso.*"

9 Em sua obra, Bakhtin usa constantemente essa expressão no sentido de dessacralização, decadência e matéria. Trata-se do tratamento de tudo que é elevado e espiritual no sentido mais "terra", atribuindo-se ao objeto de referência um sentido cômico ou degradante.

terial e corporal nas lendas de São Francisco de Assis. A festa do asno é um dos aspectos desse motivo tradicional extremamente antigo. (Bakhtin, 1987, p.67)

Conforme acentua Bakhtin, na cultura cômica e popular da Idade Média, a simbologia e a metáfora asnil eram constantemente utilizadas. Ocorrem, portanto, festas e missas do asno, testamentos e epitáfios paródicos, paródias das regras monacais e dos sermões religiosos. Em todos os casos, tratava-se de conferir um desdobramento lúdico e até profano às liturgias e literaturas sagradas. No que se refere às festas e missas do asno, tratava-se de eventos que ocorriam com a permissão dos próprios cônegos, no qual se evocava a figura do asno como o animal que transportou Jesus e Maria na fuga para o Egito. Somava-se, ainda, o fato de que o asno ajudara a impedir Balaão de profetizar contra os hebreus. O asno e o zurro do asno, portanto, tornava-se o centro das atenções. Coroado com uma mitra, ele chegava a ocupar o lugar do próprio bispo, como podemos conferir na citação: "Mas a verdade é que às vezes coroavam o asno com uma mitra. Tratavam o asno como eram tratados os bispos e prestavam ao asno reverências que se prestavam ao bispo" (Souza Netto, 1998/1999, p.25). Um dos aspectos mais cômicos e estranhos da missa era ainda a repetição do zurro ou relincho ao longo da "liturgia" e no desfecho, conforme registra Bakhtin (1987, p.67):

Possuímos um ofício desse gênero redigido pelo austero eclesiástico Pierre de Corbeil. Cada uma das partes acompanhava-se de um cômico "Hin Ham!". No fim da cerimônia, o padre, à guisa de bênção, zurrava três vezes e os fiéis, em vez de responderem "amém", zurravam outras três.

É e importante salientar que, segundo Souza Netto (1998/1999), todo esse ritual era realizado no espaço sagrado ou, em outras palavras, dentro da própria igreja. Encerrada a parte relativamente mais lúdica da missa do asno, seguiam-se os festejos e práticas mais ousadas e profanas que ocorriam no ambiente externo.

Outro exemplo da presença do asno na literatura cômica e popular da Idade Média era o conhecido *Testamento do asno*. Segundo Bakhtin, tratava-se de um testamento paródico e grotesco e sua fonte principal teria sido um poema conhecido desde o século XIII em todos os países europeus e que tinha por título *O testamento do asno*. Vejamos a síntese:

NAS RAIAS DE UM GÊNERO   257

Às portas da morte, o asno lega as diferentes partes do seu corpo aos grupos sociais e profissionais, a começar pelo papa e pelos cardeais. A repartição do corpo reproduz uma repartição paralela da hierarquia social: a cabeça do asno irá para os papas; suas orelhas, aos cardeais; sua voz, aos cantores; seus excrementos, aos camponeses (que deles farão adubo etc.). (Bakhtin, 1987, p.307)

No contexto medieval, os referidos testamentos do asno, além de pura diversão ou pretexto lúdico, seriam ainda uma forma de parodiar a prática de distribuição das relíquias dos santos, especialmente as partes do corpo, que eram enviadas aos mosteiros e igrejas de toda a Europa. E, como analisa Bakhtin (1987, p.307), "as relíquias davam ocasião a uma descrição anatômica do corpo puramente grotesca".

Muito provavelmente em virtude de sua popularidade na Europa medieval, o filósofo Jean Buridan (1300-1358) também teria utilizado a figura do asno para discutir a questão da escolha e do livre arbítrio, donde se origina a conhecida expressão "asno de Buridan". Tal como fizera Aristóteles em *De caelo* utilizando o cão como exemplo, atribui-se a Buridan a elaboração do seguinte paradoxo ou problema: "Um asno que tivesse à sua frente, e exatamente à mesma distância, dois feixes de feno exatamente iguais não poderia manifestar preferência por um ou outro e, por conseguinte, morreria de fome" (Mora, 2001, p.53). Ainda que alguns filósofos considerem o fato como empiricamente impossível, o paradoxo do asno de Buridan sugere a necessidade de se redimensionar as complexas noções de preferência e liberdade.

Prosseguindo no rastreamento do papel do burro na literatura, vamos encontrar em *Dom Quixote de la Mancha*, a obra máxima de Miguel de Cervantes y Saavedra (1547-1616) e uma das mais significativas obras do Ocidente, uma grande valorização dessa personagem. Dividida em duas partes, lançadas, respectivamente, em 1605 e 1615, a obra faz sátira e paródia dos romances de cavalaria, os quais já estavam em pleno declínio desde o século XVI. Eclipsado pelas personagens centrais da obra, Dom Quixote e Sancho Pança, e ainda por Rocinante, o pangaré de Dom Quixote, o burro terá presença permanente do começo ao fim do enredo como animal de estimação e montaria, pertencente ao escudeiro Sancho Pança. Para se referir ao burro, o narrador usa as três expressões corriqueiras (burro, asno e jumento), como já referimos, mas também utilizará com frequência a expressão preferida de Sancho, "o ruço": "– O meu burro – tornou Sancho – que por não o chamar por este nome, lhe costumo chamar o ruço" (Cervantes, 2005, 2ª parte, Cap. XXXIII, p.445).

Assim como em *O asno de ouro* de Apuleio, em *Dom Quixote*, o enredo evolui a partir da peregrinação da personagem principal, que, acompanhada de seu fiel escudeiro Sancho Pança, percorre os mais diversos lugares na perspectiva paranoica de reviver o ideal da cavalaria andante. Enquanto Dom Quixote é um nobre decadente, Sancho Pança é um agricultor humilde e glutão. Por isso, o primeiro vai montado em seu velho cavalo Rocinante e o segundo contenta-se em viajar montado em um burro. É interessante verificar que a diferença das cavalgaduras reflete a diferença de classe social dos cavaleiros. Nessa diferença, o burro desponta como animal de montaria utilizado por camponeses, pobres e plebeus, o que, a princípio, chega a incomodar Dom Quixote.

> Naquilo do asno é que D. Quixote não deixou de refletir o seu tanto, cismando se lhe lembraria que algum cavaleiro andante teria trazido escudeiro montado asnalmente; mas nenhum lhe veio à memória. Apesar disso, decidiu que podia levar o burro, com o propósito de lhe arranjar cavalgadura de maior foro apenas se lhe deparasse ocasião, que seria tirar o cavalo ao primeiro cavaleiro descortês que topasse. (ibidem, 1ª parte, Cap. VII, p.138)

Como podemos ver, para as ambições de Dom Quixote, o burro seria um meio provisório de transporte até que pudesse ser substituído pela altura e imponência de um cavalo. Mas a "vingança" do burro ocorre mais rápido que o esperado. Já nas primeiras peregrinações, ele mostra ser mais resistente e eficiente que Rocinante, como ocorre, por exemplo, na ocasião do confronto com arrieiros iangueses. Vale ressaltar, inclusive, que toda a confusão fora provocada por Rocinante que, por imprudência, aproximara--se das éguas alheias. Como consequência, todos são duramente agredidos e, ironicamente, considerando-se as condições precárias do pangaré, Dom Quixote terá de cavalgar o burro para conseguir chegar a local seguro e poder curar as suas feridas.

> – Nas desgraças – respondeu D. Quixote – sempre a ventura deixa uma porta aberta para remédio; e digo assim, porque esta bestiaga nos poderá agora

NAS RAIAS DE UM GÊNERO 259

suprir a falta de Rocinante, levando-me daqui para algum castelo, onde seja curado das feridas; e nem por isso haverei por desonra tal cavalgadura, porque me lembro de ter lido que aquele bom velho de Sileno, aio e pedagogo do alegre deus da folgança, quando entrou na cidade das cem portas ia muito a seu gosto escarranchado num formosíssimo asno. (ibidem, 1ª parte, Cap. XV, p.241)

A contragosto de Dom Quixote, como ocorre na passagem supracitada, o burro vai ganhando destaque no desenrolar da trama e dos conflitos, e entra definitivamente numa escala ascendente que confirma a sua importância e utilidade. Um dos fatos que evidencia essa evolução dentro do enredo é a escolha de Ginez de Passamonte, um famoso ladrão que fugira da cadeia, no momento de executar o furto. Como todo ladrão, ao aproximar-se da dupla de cavaleiros andantes que dormiam, escolhe o bem de maior valor: "[...] Ginez, que não era nem agradecido nem dos melhormente intencionados, resolveu furtar o asno a Sancho Pança, não fazendo caso de Rocinante, em razão de ser prenda tão fraca para empenhada como para vendida" (ibidem, 1ª parte, Cap. XXIII, p.371). Vemos, portanto, que, no circuito do mercado paralelo frequentado por Passamonte, um burro vale mais do que um cavalo velho e debilitado.

Enquanto Dom Quixote, mesmo nas piores situações, insistia em se manter reticente em relação ao burro, Sancho Pança, por sua vez, nunca teve dúvidas sobre o seu valor e nutria por ele um profundo afeto. Quando percebe o sumiço do animal (furtado por Passamonte), faz "o mais triste e dolorido pranto do mundo":

– Ó filho das minhas entranhas, nascido na minha mesma casa, entretenimento de meus filhos, regalo de minha mulher, inveja dos meus vizinhos, alívio dos meus trabalhos, e finalmente meio mantenedor de minha pessoa, porque, com 26 maravedis que me ganhavas cada dia, segurava eu metade das minhas despesas! (ibidem, 1ª parte, Cap. XXIII, p.372)[10]

---

10 Assim como fizera com as fábulas, Monteiro Lobato também adapta o clássico de Cervantes e escreve *Dom Quixote das crianças* (1936). Vejamos de que forma o autor registra o lamento de Sancho Pança ao ter o seu burrinho furtado: "— Ó filho querido, meu burrinho amado, nascido em minha casa, brinquedo de meus filhos, encanto de minha mulher, inveja de meus vizinhos, alívio de meus trabalhos! Ó meu burrinho do coração! Perdi-te para sempre e isso me matará de dor..." (p.52).

Uma nova demonstração de carinho, tão intensa quanto à anterior, ocorre quando o burro desaparecido é localizado ainda em companhia do ladrão que o furtara. Ao avistar o seu ruço, Sancho Pança grita o mais alto possível de modo a constranger o meliante: "– Ah! ladrão Ginezilho, larga a minha joia". E avançando para o burro, expressa todo o seu contentamento:

> – Como tens passado, meu bem, menina dos meus olhos, meu ruço, meu companheiro fiel?
> Beijava-o e acariciava-o como se fora gente. O asno deixava-se beijar e acarinhar, sem responder meia palavra. (ibidem, 1ª parte, Cap. XXIII, p.372)

Mais adiante, assim como já o fizera Ginez de Passamonte, Sancho Pança, além do amor paternal que nutre por seu burro, também defenderá que o seu valor de mercado é superior em comparação ao de Rocinante. Em resposta à provocação do cavaleiro da Selva ("[...] que escudeiro há tão pobre por esse mundo, que não tenha um rocim") Sancho declara:

> – A mim nada disso me falta – respondeu Sancho; – é verdade que não tenho rocim, mas tenho um burro que vale o dobro do cavalo de meu amo; maus raios me partam se eu o troco pelo cavalo, nem que me deem de tornas quatro fanegas de cevada [...] (ibidem, 2ª parte, Cap. XIII, p.174)

O ciclo de ascensão do burro em *Dom Quixote* completa-se com o seu retorno triunfal para a aldeia onde nascera. As andanças e as experiências vividas proporcionaram a possibilidade de ser reconhecido publicamente por suas qualidades e potencialidades. E então, talvez como forma de tornar notório o importante papel do burro ao longo de sua trajetória de escudeiro, Sancho Pança o coroa com uma mitra e cobre seu corpo com uma túnica que ganhara, o que merece a seguinte observação do narrador: "[...] foi a mais nova transformação e adorno com que nunca se viu um jumento neste mundo". Quando entram na aldeia, o burro transforma-se na principal atração: "– Vinde ver, rapazes, o burro de Sancho Pança, mais galã do que Mingo, e a cavalgadura de D. Quixote, mais magra hoje que no primeiro dia" (ibidem, 2ª parte, Cap. LXXIII, p.901).

Ainda que não seja nosso objetivo analisar de maneira mais ampla a principal obra de Miguel de Cervantes, não deixa de ser curioso e pertinente observar que a dupla de cavalgaduras, Rocinante e burro, é praticamente um reflexo dos protagonistas, Dom Quixote e Sancho Pança. Há certa semelhança tanto na performance quanto na amizade das personagens. Se Dom Quixote e Rocinante representam, no final do sonho cavaleiresco, a imagem do fracasso e da desilusão, Sancho Pança e o burro são a imagem do sucesso pessoal. Enquanto Dom Quixote recobra a consciência e entende que tudo o que vivera não passara de delírio e loucura, Sancho Pança vislumbra na aventura a possibilidade de crescimento e realização de suas metas. Como analisa Auerbach (2004, p.315), "a doidice e a sabedoria de Dom Quixote tornam-se produtivas para ele". Por fim, entre acordos e desacordos, Dom Quixote e Sancho Pança acabam por desenvolver um sentimento de profunda comunhão e amizade, de modo que um não consegue viver longe das raias do outro. A mesma sintonia, talvez mais intensa porque sem divergências, ocorre entre Rocinante e ruço, conforme registra o narrador:

> A amizade do burro e de Rocinante foi tão íntima e tão singular, que é fama, por tradição de pais a filhos, que o autor desta verdadeira história lhe consagrou capítulos especiais; mas que, para guardar a decência e decoro que a tão heroica narrativa se deve, os não chegou a inserir, ainda que às vezes se descuida do seu propósito e conta que, assim que os dois animais se juntavam, Rocinante punha o pescoço por cima do pescoço do burro, de forma que lhe ficava do outro lado mais de meia vara, e olhando ambos atentamente para o chão, costumavam estar daquele modo três dias, pelo menos todo o tempo que os deixavam e a fome os não compelia a procurar alimento. (Cervantes, 2005, 2ª parte, Cap. XII, p.163-4)

Vemos, assim, que em *Dom Quixote* o burro desponta como animal pacífico e que possui uma fidelidade canina em relação ao seu dono. Se, no início das aventuras, é desprezado por Dom Quixote, o percurso realizado favorecerá a sua autoafirmação e, no retorno, terá o seu momento de glória. A leitura do contexto social em que os fatos ocorrem também permite verificar a importância do burro como meio de subsistência para as classes mais baixas, como fica expresso na própria declaração de Sancho Pança. Valorizado pelo povo, o burro é ainda apresentado como animal de estimação de adultos e crianças, homens e mulheres, sendo ainda o meio de transporte mais acessível nas aldeias europeias do século XVII.

No que se refere ao contexto histórico que engloba justamente o século XVII, é pertinente ressaltar que se trata de um momento de transição na ordem econômica e social. No embate entre o feudalismo e a novidade do capitalismo, observa-se o avanço da burguesia que trouxe, como uma de suas consequências, um novo conceito de família e o reconhecimento da infância como faixa etária diferente da do adulto. Reconhecida a infância em sua especificidade, há uma valorização simultânea da escola e de produtos artísticos e culturais que correspondam aos anseios desse novo público. Entre esses produtos encontra-se o que chamamos hoje de literatura infantil.

Na ausência de textos exclusivos, as primeiras fontes da literatura infantil foram narrativas de circulação oral, em especial os contos de fadas, e textos da Antiguidade clássica. O francês Charles Perrault (1628-1703) é considerado o iniciador desse processo de reaproveitamento, uma vez que é ele quem declaradamente escreve o primeiro conto de fadas endereçado para crianças. Trata-se do conto "Pele de asno" que, escrito em versos, finaliza com a seguinte estrofe:

> No Conto Pele de Asno é difícil de crer
> Mas enquanto no Mundo houver
> Mamãe, Vovozinha e Criança
> Há de ficar sua lembrança. (Perrault, 2007, p.70)

Em nossa abordagem, entretanto, o conto "Pele de asno" merece destaque porque, como antecipa o título, traz o asno como uma de suas personagens fundamentais. A história pode ser resumida da seguinte maneira: um grande rei vivia feliz com a rainha e sua filha em seu poderoso reino. Mas inesperadamente a rainha adoece e, em seu leito de morte, faz o rei jurar que só se casaria novamente se encontrasse mulher mais bela e virtuosa que a própria rainha. Depois de procurar em vão, o rei percebe que somente sua filha seria mais bela que a própria mãe e intenta casar-se com ela. A princesa usa de diversos artifícios para livrar-se dessa situação, até encontrar o seu príncipe e ser feliz para sempre.

Como vimos na síntese do parágrafo anterior, em "Pele de asno" a princesa utiliza várias estratégias para se livrar das estranhas intenções do pai. Uma dessas estratégias foi solicitar o sacrifício do asno, o animal mais precioso do palácio. Seu valor, no entanto, não era proveniente de suas caracte-

NAS RAIAS DE UM GÊNERO **263**

rísticas naturais, mas de uma peculiaridade mágica e incomum: era um asno que botava moedas. Vejamos:

> Mas o que surpreendia a todos, ao entrar,
> Era ver que no mais público lugar
> Um Mestre Asno expunha as enormes orelhas.
> Essa injustiça vos parece estranha,
> Mas, ao saber de suas virtudes sem parelhas,
> Não achareis demais prestar-lhe honra tamanha.
> Tal e tão limpo a Natura o criou
> Que sujeira nenhuma ele jamais obrou.
> Mas lindos Escudos ao sol
> E Luíses de maneiras várias,
> Que se ia recolher sobre as douradas palhas
> Toda manhã ao arrebol. (ibidem, p.54-5)

Surpreendentemente, o pai da princesa aceita a proposta de sacrificar o asno e, então, sem alternativa, ela é aconselhada por sua fada madrinha a fugir do palácio. De posse da pele do asno, a princesa passa a usá-la como disfarce e vai viver como escrava em um reino distante. Daí o apelido Pele de Asno:

> É Pele de Asno, em nada Ninfa ou bela,
> Disseram-lhe, e Pele de Asno ela
> É chamada por causa dessa Pele
> Que carrega ao pescoço, antídoto do Amor,
> Numa palavra, o bicho mais assustador,
> Depois do Lobo que se viu. (ibidem, p.64)

Se observarmos atentamente o conto de Perrault, veremos que, mais uma vez, ainda que sutilmente, o asno é tratado como animal desprezível e, se chega a receber alguma honra, isso se deve aos seus poderes sobrenaturais. Conforme está expresso em uma das estrofes citadas, a exposição do asno no principal lugar do reino não era vista com naturalidade pelos visitantes desavisados. A protagonista, por sua vez, embora não tenha passado, como o Lúcio de Apuleio, pelo processo da metamorfose, sob o disfarce, também vive o seu momento de asno em que sofre as piores humilhações. Entretanto, embora o texto sustente, de certa forma, uma imagem rebaixada do asno e não o apresente como personagem central, sua presença é fundamental para o desenvolvimento da trama. Nos termos de Tomachevski, ele seria um motivo associado,[11] que determina a existência tanto da personagem como a do próprio conto "Pele de asno".

Se Charles Perrault é considerado o fundador da literatura infantil por meio da redescoberta e registro do conto de fadas, os irmãos Jacob Grimm (1785-1863) e Wilhelm Grimm (1786-1859) estão entre os seus principais continuadores. Também eles acabaram por transformar o burro em uma de suas personagens memoráveis no célebre conto "Os músicos da cidade de Bremen". Trata-se da história de um burro que, depois de trabalhar longos anos, fora abandonado por seu patrão. A fim de salvar sua própria vida, resolve ir para Bremen com a finalidade de tornar-se músico na banda municipal. Pelo caminho, encontra o cão, o gato e o galo que também fugiam para preservar a vida deles e lhes faz a proposta de viverem da música. Durante a viagem, os animais procuram abrigo numa casa para pernoitar, mas percebem que ela estava tomada por ladrões que comiam regaladamente. Reunidos em conselho, os quatro animais definem um plano para espantar os ladrões e, numa estratégia ousada, conseguem tomar posse da casa e lá vivem felizes pelo resto de seus dias.

O conto "Os músicos da cidade de Bremen" dos irmãos Grimm mostra uma dupla faceta do perfil ficcional do burro e, surpreendentemente, revela a sua capacidade de liderança. Conforme vimos na síntese, na cena inicial ele era apenas servo de seu dono e estava plenamente acomodado a essa situação: "Houve, uma vez, um homem que possuía um burro, o qual, durante longos anos, tinha carregado assiduamente os sacos de farinha ao moinho" (*Contos...*, 1963, v.8, p.7). O aspecto surpreendente, no entanto, ocorre na rápida reação do burro, quando há um comprometimento do aparente equilíbrio. Ao constatar o fato de que o burro já não era mais capaz de exercer o seu trabalho, longe de demonstrar qualquer gratidão, o patrão deseja livrar-se do animal.

---

11 Para Tomachevski (1973, p.174), os motivos associados de uma fábula (no sentido de enredo) são aqueles que não podem ser omitidos ou excluídos, "sem que seja alterada a ligação de causalidade que une os acontecimentos".

O patrão, então, resolveu tirar-lhe a ração para que morresse; mas o burro percebeu em tempo as más intenções do dono e decidiu fugir, tomando a estrada de Bremen. Lá, pensava ele, teria possibilidade de ingressar como músico na banda municipal. (ibidem, v.8, p.7)

Como podemos ver, embora não tenha de fato se transformado em músico, o que parecia ser o final da trajetória existencial do burro, significou, na verdade, a sua emancipação e o recomeço de uma vida de liberdade e convivência social. Assim, o antes subserviente burro, torna-se agora líder de um grupo que está em situação semelhante à sua. Todos eles sofreram ameaças de morte e, dos quatro animais, três (o próprio burro, o cão e o gato) foram descartados por estar em idade avançada. Entretanto, a partir da iniciativa do burro, encontram o caminho da libertação e da superação. Mas é interessante verificar ainda que o modo de liderança do burro foi eficiente e exemplar. Embora fosse o maior em tamanho, soube fugir à tentação do autoritarismo e, ao descobrir e valorizar o potencial de cada animal, conseguiu formar uma equipe harmônica e bem-sucedida, conforme podemos conferir no fragmento abaixo:

[...] O burro teve de apoiar as patas dianteiras no beiral da janela; o cão saltou em cima das costas do burro; o gato trepou no cão, e o galo, com um largo voo, foi pousar na cabeça do gato. Em seguida, dado o sinal, prorromperam todos juntos em concerto: o burro zurrava com toda a fôrça de seus pulmões; o cão latia furiosamente; o gato miava de causar medo e o galo cocoricava sonoramente. [...]

Ante esse barulho ensurdecedor, os ladrões pularam das cadeiras; julgando que um fantasma vinha entrando e, cegos pelo terror, fugiram em carreira desabalada para a floresta. (ibidem, v.8, p.10)

Talvez não tão conhecido como "Os músicos da cidade de Bremen", o conto "O burrinho", também dos irmãos Grimm, traz o burro como sua personagem principal. Assim como os animais do conto anterior, o burrinho é um aficionado pela música e, mais do que eles, tem uma vocação inata para o exercício dessa arte, pois é capaz de tocar alaúde melhor que o seu mestre, mesmo não tendo dedos. O burrinho, entretanto, não é um representante do povo ou dos trabalhadores. Filho de um rei e uma rainha muito ricos que, durante anos, não puderam ter filhos, ele era tratado como príncipe e tinha todas as regalias que sua nobreza lhe permitia. Por razões ignoradas, o príncipe nascera com aparência de burro, mas tinha a alma de um menino. Certo dia, ele contemplou sua imagem no espelho d'água da fonte do palácio e, assustado e decepcionado com o que vira, resolve sair pelo mundo até chegar a um reino distante. Depois de conquistar a confiança e a simpatia do rei, o burrinho torna-se seu hóspede permanente, até que um dia resolve voltar para sua casa. Inconformado com essa decisão, o rei lhe faz algumas propostas sem que nenhuma seja aceita. Por último, oferece a mão de sua filha em casamento. O burrinho, muito radiante, casa-se com a moça e, surpreendentemente, torna-se um belo príncipe. O casal, então, herda todas as riquezas de seus pais e vivem magnificamente durante muitos anos.

Recurso muito frequente nos contos de fadas, em "O burrinho" alude-se novamente ao fenômeno da metamorfose. Assim como o asno de Apuleio, o burrinho de Grimm tem pensamentos e sentimentos de homem, mantendo ainda, diferente do asno latino, a capacidade de falar e tocar instrumentos. É interessante observar, entretanto, que a metamorfose do burrinho não ocorre como num passe de mágica, como quebra de um encantamento, mas a ideia apresentada é a de que tudo não passava de uma simples pele que recobria o verdadeiro corpo, o que remete à "Pele de asno" de Charles Perrault.

Quanto à suposta metamorfose, na primeira vez em que o burrinho se revela para a noiva em seu aspecto real, observa-se ainda um rápido lance de sobrenaturalidade: "[...] tendo-se certificado de que estava só com a noiva, sacudiu a *pele de burro* que o recobria todo, apresentando-se diante dela como um jovem belíssimo e de sangue real" (ibidem, v. 2, p.179, grifo nosso). Nas demais cenas, porém, há um reforço da imagem da pele de burro como um adereço que poderia ou não ser usado pelo burrinho-príncipe: "Mas assim que amanheceu, ele pulou da cama, *vestiu novamente a pele de burro* e ninguém podia imaginar quem se ocultava dentro dela" (ibidem, v. 2, p.179, grifo nosso). Por fim, tem-se a confirmação de que a pele, além de simples adereço, era tão banal que poderia ser facilmente descartada. Na noite de núpcias, o criado que espiara o casal, descobre a farsa do burrinho e sugere ao rei que a pele seja queimada, para que o príncipe fosse obrigado a apresentar-se a todos em seu verdadeiro aspecto. Na noite seguinte, o próprio rei resolve conferir o fato e acaba seguindo o conselho do criado.

No chão, ao lado da cama, estava largada a horrível pele de burro. O rei apanhou-a, levou-a para fora, e mandou acender um grande fogo e, em seguida, jogou-a no meio das chamas, ficando a olhar até que ela se consumiu toda, reduzindo-se em cinzas. (ibidem, v.2, p.180)

O conto "O burrinho", como vimos, apresenta novamente, como em "Pele de asno", o motivo da pele de burro que serve de máscara e encobre uma beleza ímpar. Esse artifício, no entanto, além de significar um possível diálogo entre os textos de Perrault e Grimm, revela a origem popular dos contos que foram coletados por esses escritores diretamente da tradição oral. Conforme salienta Coelho (1991, p.144), a reiteração dos mesmos motivos e dos mesmos esquemas é um "elemento constitutivo básico dos contos populares". Por outro lado, no plano do conteúdo, podemos pensar que, no mundo ficcional, uma aparência de burro nem sempre confirma uma essência de burro, o que nos faz pensar desde já no Burro Falante de Monteiro Lobato. Como veremos mais adiante, estando já estabelecido no Sítio do Picapau Amarelo, ele se revelará mais sábio e prudente do que o próprio Visconde.

Até aqui, no percurso dessa abordagem, o burro, ora nos foi apresentado como metáfora de uma pena transitória e objeto de escárnio, como em *O asno de ouro* e "Pele de asno", ora como animal manso e fiel, companheiro dos pobres e oprimidos, como no contexto bíblico ou em *Dom Quixote*. Nessa segunda condição, vimos que o burro vive momentos de grande elevação e reconhecimento, como na entrada triunfal em Jerusalém ou no retorno de Sancho Pança à sua aldeia. Sabemos, porém, que, de modo geral, o burro é popularmente reputado como símbolo de ignorância, estultice e teimosia. Em 1837, surge então a obra que pretende ser o suprassumo da glorificação ao asno, reunindo informações literárias, biológicas e socioculturais em enorme quantidade, a fim de desfazer a tradicional imagem negativa e desfavorável do burro. Escrita por J. J. Zeper Demicasa, pseudônimo de José Joaquín Pérez Necochea (1772-1850?), a obra *O asno ilustrado, ou seja, a apologia do asno*[12] consiste em dois grandes poemas produzidos, na verdade, por Manuel Lozano Pérez Ramajo, amigo de Demicasa. Como forma de tornar o leque de informações ainda mais abrangente, o autor

---

12 *El asno ilustrado, ó sea la apología del asno*

acrescenta 172 notas de fim muito extensas, cujo conteúdo é muito mais amplo que o do próprio poema.

Numa estrutura que lembra a da epopeia, o poema *A apologia do asno* possui proposição, invocação e dedicatória. Essa última, entretanto, é apresentada em dose dupla. A primeira é apresentada em prosa, num texto que precede o poema propriamente dito. Vejamos um fragmento:

> Ao vulgo ignorante
>
> A quem melhor que a ti, ó vulgo ignorante de todas as classes, pudera eu dedicar uma obra que trata de mostrar quanto vale o ASNO? Ninguém, ninguém o merecia senão tu; e ao te dedicá-la, cumpro com um dos meus deveres e alivio a minha consciência.
>
> [...]
>
> Leia, leia; e saberás o que é o ASNO, o BURRICO, o BURRO, o JEGUE, o JUMENTO; e, apesar de sua propalada ignorância, tu ficarás estupefato em saber de tantas e tão belas qualidades que adornam este apreciável quadrúpede: qualidades que tu e eu, e ainda os que não se julgam ignorantes, gostaríamos de possuir. (Demicasa, 1837, p.IX)[13]

Após a primeira dedicatória, à qual seguem outros subtópicos, inicia-se o poema, apresentando, nas três primeiras estrofes, os três elementos introdutórios destacados no parágrafo anterior. O primeiro deles é a *proposição*, elaborada tal e qual o modelo dos principais textos épicos. Se Camões diz: "eu canto o peito ilustre lusitano", Demicasa (ibidem, p.1) afirma: "Eu canto o ASNO; e ao dizer ASNO / Ninguém se assuste, pois por asno entendo/ *Quadrúpede animal, bem conhecido*".[14] Em seguida aparece a segunda *dedicatória* que, diferente da anterior, é integrada ao poema:

---

13 *"¿A quién mejor que á tí, ó vulgo ignorante de todas clases, pudiera yo dedicar una obra en que se trata de manifestar cuánto vale el ASNO? Nadie, nadie lo merecía sino tú; y al dedicártela cumplo con uno de mis deberes, y descargo mi conciencia.*
[...]
Lee, lee; y llega á saber lo que es el ASNO, el BORRICO, el BURRO, el POLLINO, el JUMENTO, y te quedarás estupefacto al cercionarte de tantas y tan belas prendas que adornan á este apreciable cuadrúpedo, á pesar de su declamada ignorancia: prendas que tú y yo, y aun los que no se tienen por ignorantes, quisiéramos poseer."

14 *"Yo canto el ASNO; y al nombrar al ASNO / Nadie se asuste, pues por ASNO entiendo / Cuadrúpedo animal bien conocido."*

NAS RAIAS DE UM GÊNERO   **269**

Ao ASNO, pois, doméstico e selvagem,

E a quantos ASNOS que pelo mundo inteiro

Andam em quatro pés, minha voz consagro,

Esta sonora voz do meu instrumento. (ibidem, p.1)[15]

No mesmo molde clássico segue também a *invocação*:

Ouve meus rogos, tu, divino Apolo,

E vós, donzelas de Pierio,

Vinde, correi, voai; e generosas

Sede esta vez comigo; e que o meu canto

De tão digno animal, alce as glórias,

Sem dar nenhum rebusno, até os céus.

Fazei que eu aos homens desengane

De sua falsa opinião, do modo cego

Com que julgam o ASNO, depreciando

O melhor animal que há na terra. (ibidem, p.1-2)[16]

Em todo o poema também predominam os versos decassílabos, com certa regularidade rítmica, entretanto, não há preocupação com a rima. Diferentemente do tom narrativo da epopeia, o poema não apresenta uma sequência definida de enredos e conflitos, mas sim uma tendência descritiva e enumerativa de qualidades e informações diversificadas sobre o asno, junto à narração de episódios isolados e constantes na tradição literária. De qualquer forma, o fato de um autor do século XIX eleger, ainda, aspectos da estética classicista para o seu poema revela as marcas de um tempo que sintetiza diferentes estilos. Segundo Coelho (1991, p.138),

[...] o século XIX representa o apogeu da Era Romântica, quando se dá a confluência/amálgama dos valores herdados da aristocrática Era Clássica e dos

---

15 *"Al ASNO, pues, domestico y salvage, / Y á cuantos ASNOS por el mundo entero / Andan en cuatro pies, mi voz consagro, / Esta sonora voz de mi instrumento."*

16 *"Oye mis ruegos tu, divino Apolo, / Y vosotras, muchachas del Pierio / Venid, corred, volad; y generosas / Sed esta vez conmigo; y que mi acento / De tan digno animal alce las glorias, / Sin dar ningún rebuzno, hasta los cielos. / Haced que yo a los hombres desengañe / De su falsa opinion, del error ciego, / Con que miran al ASNO, depreciando / El mejor animal que hay en el suelo."*

novos valores que o Individualismo romântico/plebeu vinha, lentamente, forjando, desde há muito.

Embora não se trate de uma epopeia propriamente dita, o tom épico da introdução da *Apologia do asno* reforça a grandiosidade que o autor empresta à personagem principal. Após a exposição de seus objetivos e da invocação aos deuses, o autor passa a definir com mais profundidade o que é o asno e esmiúça detalhadamente todas as suas características. Entre os itens fartamente analisados sobre o burro incluem-se: altura, cor, formato do corpo, apuro do olfato e da audição, sexualidade, alimentação, utilidade no transporte e na agricultura, origens, diferença entre as espécies de asno, presença em diferentes países, trejeitos do asno, o leite, o couro, o esterco, a urina, entre outros aspectos. O autor também dá especial destaque ao zurro do asno, sobre o qual inclui outro poema como apêndice, sob o título de "Elogio do rebusno". Especificamente na *Apologia*, conjuntamente à caracterização da personagem, Demicasa destaca os principais apologistas do asno (como Aldrovando, Columela e Covarrubias), sua presença nas diversas culturas e a exploração de sua imagem na filosofia, na religião e na política. Também são fartas as referências bíblicas e literárias, conforme podemos conferir nos dois fragmentos que se seguem:

A JUMENTA de Balaão não deixa dúvida
De que o ASNO teve o privilégio
Do dom da palavra; honra como esta
Somente ao ASNO e à serpente vemos. (Demicasa, 1837, p.50)[17]

O ASNO de Luciano é bem famoso.
Não o é menos o ASNO de Apuleio,
A quem em ouro todo se tornava.
O de Luciano foi mais estupendo.
Em ASNO transformado, mil angústias
Mil trabalhos, mil sustos, sentimentos (ibidem, p.52)[18]

---

17 *"La BURRA de Balan no deja duda / De que ASNO hubo con el privilegio / Del don de la palabra; honor al ASNO / Y á la serpiente solos hechos vemos."*

18 *"El ASNO de Luciano es bien famoso. / No lo es menos el ASNO de Apuleyo, / A quien en oro todo se volvia. / El de Luciano fue mas estupendo. / En ASNO transformado, mil zozobras, / Mil trabajos, mil sustos, sentimientos."*

Não obstante a finalidade que se deduz do próprio título do poema, é possível verificar também que, ao longo da *Apologia do asno,* paira certo tom irônico, satírico e até cômico. Um exemplo disso pode ser a passagem em que o poeta, ao narrar um episódio bíblico, conclui ter sido o asno o responsável pela mudança na forma de governo do povo de Israel. Isso teria acontecido, porque, ao sair à procura de algumas jumentas supostamente perdidas, Saul acaba por encontrar o profeta Samuel que o unge como rei. Na construção da linguagem, também saltam aos olhos os vários neologismos e expressões que o autor cria a partir da palavra "asno": "asnomania", "inasnal", "gosto asnino", "conhecimentos asinários", "lesa-asnalidade", "asnicídio", "asnal propagação", "desasnando", "jumentário", entre outros.

Além de escritor, Demicasa era advogado e homem de militância política e religiosa. Portanto, em sua própria biografia, podemos encontrar fundamentos para o sentido sarcástico e subjacente do poema. Perseguido por Napoleão, foi encarcerado por duas vezes, mas, no mesmo ano em que publica a *Apologia,* foi eleito senador por Navarra e, já no ano seguinte, 1838, foi nomeado bispo de Oviedo. Vale ressaltar também que, segundo informações que o autor presta no Prólogo, boa parte das notas que ele acrescenta à *Apologia* foi escrita na prisão. Outro dado de suma importância para a compreensão do texto são os percalços do próprio contexto. Império econômico e político entre os séculos XVI e XVIII, nas décadas iniciais do século XIX a Espanha vive, entretanto, um momento de decadência e extrema turbulência. Um dos acontecimentos determinantes da crise foi, por exemplo, a ocupação do trono espanhol por José Bonaparte, irmão de Napoleão, o que culminou na explosão de revoltas nacionalistas e separatistas nas colônias espanholas. Assim, a primeira metade do século XIX foi um momento marcado pela fragilidade na administração da metrópole. Nesse sentido, quando Demicasa cognomina a Espanha de "Estado jumentil" ou Madri de "Asnópolis", está realizando verdadeiras metáforas irônicas e satíricas que se explicam pela própria situação política, social e econômica do país.

Ao escrever no Prólogo a justificativa para a produção da *Apologia do asno,* Demicasa destaca a abundância de informações existentes sobre a personagem principal e também argumenta que seria uma forma inteligente de aproveitar o ócio e superar "os desgostos do tempo político" e a "tribulação amarga". A ironia sutil, que subjaz em toda a "epopeia", torna-se evidente, todavia, somente no *epílogo*, quando o autor expõe claramente os problemas locais e contemporâneos e propõe uma inusitada solução. Vejamos:

> Expressados do ASNO exatamente
> Sua vida, seus milagres e seus feitos,
> Suas virtudes, seus dons, suas vantagens;
> E vendo quais são, exclamar posso:
> República feliz seria aquela
> Composta somente de JUMENTOS,
> Com dons e prendas tão preciosas
> As quais eu neste Elogio expostas deixo!

> Sua Majestade ASNAL e a Real família
> Viveriam contentes e em repouso.
> Os Grandes do Estado desfrutariam
> De suma tranquilidade e absoluto sossego.
> Pacífica e contente, a Nobreza
> Seguiria gozando de seus privilégios.
> Sem ambição, sem ira, sem ganância
> Seria divino o Sacro ASNAL Colégio.
> As tropas JUMENTIS sempre fiéis
> Permaneceriam ao BURRAL Governo;
> E o povo BURRICAL sempre submisso
> A outros povos serviria de modelo.

> O Estado, composto de BURRICOS,
> Jamais a guerras se veria exposto.
> As fofocas, os embustes, os imbróglios,
> As tramas, artimanhas, os conflitos,
> A delação, a inveja, a lisonja,
> A ambição, a ganância e nem os ciúmes
> Jamais fariam do ASNAL Estado
> Um Estado infernal o qual vemos.
> Assassinatos, roubos, ASNICÍDIOS,
> Nem outros crimes tais, tão horrendos,

NAS RAIAS DE UM GÊNERO **273**

> Nunca ao Estado JUMENTIL manchariam;
> E a ordem seria sempre seu principal elemento. (ibidem, p.54-5)[19]

A partir da visão política ou filosófica do autor, podemos concluir que a *Apologia do asno* pode ser entendida em diferentes sentidos. Num sentido próprio e imediato, seria, de fato, o elogio do asno, "este apreciável quadrúpede", cuja história se confunde com a história do próprio homem e, como lembra Juan Cascajero (1998, p.4), por muitos séculos, foi o seu "motor animado". Já num sentido metafórico e paralelo, a *Apologia* seria sátira dirigida não aos quadrúpedes, mas aos "asnos de duas patas" de seu tempo que, em posições de comando, teriam feito da Pátria, "um Estado infernal". A obra de J. J. Zeper Demicasa seria, portanto, o retrato mais completo do asno que, construído em linguagem ousada e avançada, também faz uma crítica refinada sobre as condições em que se encontrava a sociedade hispânica nas primeiras décadas do século XIX.

Além dos textos de Grimm e Demicasa, o burro marcará presença em outra importante obra do século XIX. Publicada em 1881 por Carlo Collodi, pseudônimo de Carlo Lorenzini, *As aventuras de Pinóquio* é um dos clássicos mais conhecidos da literatura infanto-juvenil universal. Entretanto, a história editorial dessa obra é diferente das demais. Como se tornou frequente a partir da segunda metade do século XIX, a princípio a história de Pinóquio foi publicada em forma de folhetim no *Giornale dei Bambini* de Ferdinando Martini, sob o título *A estória de um boneco*, possuindo apenas quinze capítulos. Somente em 1883 a obra é publicada em livro, sob o título que a tornou conhecida, sendo composta agora por 36 capítulos.

---

19 *"Expresados del ASNO exactamente / Su vida, sus milagros y sus hechos, / Sus virtudes, sus dones, sus ventajas; / Y viendo cuáles son, exclamar puedo: / ¡República feliz seria aquella / Compuesta solamente de JUMENTOS, / Con dones y con prendas tan preciosas / Cuales yo en este Elogio expuestas dejo!*
Su Magestad ASNAL y Real familia / Vivieron en reposo y en contento. / Los grandes del Estado desfrutáran / Suma tranquilidad, sumo sosiego. / Pacífica y contenta la Nobleza / Seguiria gozando de sus fueros. / Sin ambicion, sin ira, sin codicia / Fuera divino el sacro ASNAL Colegio. / Las tropas POLLINALES siempre fieles / Permanecieran al BURRAL Gobierno; / Y el pueblo BORRICAL siempre sumiso, / A otros pueblos sirviera de modelo.
El Estado, compuesto de BORRICOS, / Jamás a guerras se veria expuesto. / Los chismes, los embustes, los embrollos, / Las tramas, arterías, los enredos, / La delación, la envidia, la lisonja, / La ambicion, la codicia ni los celos / Jamás harian del ASNAL Estado / Un Estado infernal cual otro vemos. / Asesinatos, robos, ASNICIDIOS, / Ni otros crímenes tales, tan horrendos, / Nunca al Estado JUMENTIL mancharan; / Y el órden fuera todo su elemento."

274 LOIDE NASCIMENTO DE SOUZA

Incluída entre as obras mais adaptadas da literatura e conhecida, sobretudo, pela versão cinematográfica de Walt Disney, a história original d'*As aventuras de Pinóquio* ou simplesmente, como aparece em boa parte das traduções, *Pinóquio*, inicia-se com Mestre Cereja, que se surpreende ao encontrar um pedaço de madeira falante. Apavorado, Mestre Cereja resolve presenteá-lo para Mestre Gepeto que o transforma em um boneco. No entanto, já em seus primeiros momentos de existência, o boneco contraria os planos de seu criador e revela a sua rebeldia. Além de desrespeitar sistematicamente o próprio pai, recusando-se inclusive a ir para a escola, Pinóquio também ignora os conselhos do Grilo Falante e de sua fada madrinha. Seguindo nesse compasso, o boneco, embora rebelde, cumpre a sua sina de fantoche e é enganado por várias personagens entre as quais se destaca a Raposa, o Gato e Pavio-de-vela. Passa por inúmeras aventuras e desventuras, até que, na "Terra dos Brinquedos", acaba por transformar-se em burro. Nessa condição, enfrenta dificuldades extremas, é torturado, humilhado e, em vias de ser morto, volta novamente a ser boneco. Depois dessa experiência, Pinóquio resolve, então, praticar o bem e, finalmente, consegue realizar o seu grande sonho: transforma-se em um menino de verdade.

Como podemos verificar já na síntese do enredo, na história de Pinóquio, o burro comparece novamente como sinônimo de experiência degradante. O fato de a "Terra dos Brinquedos" ser povoada por meninos que se recusam a ir para a escola e que, por isso, transformam-se em burros, confirma e reforça a carga semântica do vocábulo que, em sentido figurado e pejorativo, pode estar relacionada a "ignorante, falto de informação, de cultura" (Houaiss, 2001).

Além de configurar-se como um castigo consequente de uma decisão equivocada, a experiência do burro-boneco em Collodi lembra, como vimos, a do burro-pessoa de Apuleio. Em primeiro lugar, assim como a personagem latina, também vive a inesperada e chocante experiência da metamorfose:

> Imaginem, pois, como se sentiu ao perceber que, durante a noite, suas orelhas tinham crescido tanto que pareciam duas vassouras.
>
> [...]
>
> Ele começou a chorar, a gritar, a bater a cabeça nas paredes. Mas, quanto mais se desesperava, mais suas orelhas cresciam; cresciam e se recobriam de pelos, da base até a ponta. (Collodi, 1985, p.176)

Quando Pinóquio descobre que a Terra dos Brinquedos era uma armadilha, procura, revoltado, por Pavio-de-vela, o amigo das farras e brincadeiras, mas percebe que ele também sofre da febre dos burros e ambos se lamentam da sorte:

> E enquanto se lamentavam, viram-se os dois curvados para o chão, andando de quatro, sobre as mãos e os pés. E começaram a correr pelo quarto. E enquanto corriam, seus pés e mãos se transformaram em patas, seus rostos se alongaram em focinhos, suas costas se cobriram de um grosso pelame cinza-claro, manchado de preto.
>
> Mas o momento mais difícil para os dois infelizes, sabem qual foi? Aquele em que sentiram crescer suas caudas. Foi o mais humilhante. Vencidos pela vergonha e pelo sofrimento, começaram a chorar e a lamentar o seu destino.
>
> Antes nunca o tivessem feito. Em vez de lamentos e gemidos, ouviam-se zurros e, zurrando sonoramente, faziam em coro: *j-a, j-a, j-a...* (ibidem, p.182-3)

Transformado em asno, Pinóquio revela um comportamento que se assemelha ao de Lúcio de *O asno de ouro*, visto há alguns parágrafos. Além de manter a consciência de si próprio, assim como ele, seu maior constrangimento era possuir cauda e, em vez de pronunciar palavras, simplesmente zurrar. Justamente por esse motivo, passou, certa vez por um grande apuro, quando, ao apresentar um espetáculo no circo em que trabalhava, reconhece na plateia a sua fada madrinha e tenta chamar por seu nome:

> Mas, ao invés dessas palavras, saiu-lhe da garganta um zurro tão forte e tão prolongado que fez rir todos os espectadores, especialmente todos os meninos que assistiam ao espetáculo.
>
> Foi então que o Diretor, para fazê-lo entender que não é de bom tom zurrar perante o público, deu-lhe, com o cabo do chicote, um golpe no focinho. (ibidem, p.191)

Outra semelhança em relação a Lúcio foram os infortúnios por que Pinóquio passou desde que fora transformado em burro. Como destaca o narrador, "desde o primeiro dia, teve uma vida duríssima de sofrimento e trabalho" (ibidem, p.185), servindo a diferentes senhores. Se um dos maiores temores de Lúcio era ser lançado de um precipício, no caso de Pinóquio esse presságio realmente ocorre. Mas felizmente, ao ser lançado no despenhadeiro, acaba por cair no mar e tem a sua carne devorada por peixes que, no lugar dos ossos, encontram a madeira viva de Pinóquio. Portanto, sob a aparência de asno, jazia o mesmo boneco de sempre, feito de madeira e com alma de menino. E assim como ocorrera com Lúcio, a experiência da metamorfose foi redentora para Pinóquio. Como já vimos, redimido pelo castigo, ele muda completamente o seu comportamento e consegue, de fato, ter não só alma, mas aparência de um menino de verdade.

Conforme vimos, diferente da *Apologia* de Demicasa, a obra de Carlo Collodi representa o burro em sua mais conhecida condição, como animal de trabalho, falto de inteligência e alvo do desprezo social. Além disso, o autor retoma a experiência clássica da metamorfose e, nela, o estado de burro ganha o sentido de penitência temporária e obrigatória para a evolução do caráter.

Com *As aventuras de Pinóquio* de Carlo Collodi, finalizamos nossa análise sobre a presença do burro nas principais obras do circuito europeu de literatura. Verificaremos agora essa mesma presença em algumas crônicas de Machado de Assis e no conto "O burrinho pedrês" de Guimarães Rosa. Tanto um como outro autor são expoentes da literatura brasileira. No último tópico deste capítulo, como já dissemos, estudaremos a mesma personagem em Monteiro Lobato, outro importante de nossas letras. Entretanto, como sabemos, o estudo estará circunscrito ao âmbito da literatura infantil.

Arguto observador da realidade, nas crônicas que publicava em vários jornais, Machado de Assis analisava os diversos acontecimentos, expondo, ao mesmo tempo, sua visão crítica e social. Em sua atenciosa observação da realidade, Machado de Assis destacava os acontecimentos mais simples e corriqueiros, bem como os diversos tipos humanos. Seja como símbolo de um tipo humano ou como animal presente no dia a dia dos cariocas, o burro tem presença marcante nas crônicas do autor. Na crônica que escreve em 15 de agosto de 1876, publicada no jornal *Ilustração Brasileira* e presente na série *História de quinze dias*, o autor, comparando-o com cavalo, faz uma verdadeira apologia do burro:

> Vejam o burro. Que mansidão! Que filantropia! Esse puxa a carroça que nos traz água, faz andar a nora, e muitas vezes o genro, carrega fruta, carvão e hortaliças, – puxa o *bond*, coisas todas úteis e necessárias. No meio de tudo

isso apanha e não se volta contra quem lhe dá. Dizem que é teimoso. Pode ser; algum defeito é natural que tenha um animal de tantos e tão variados méritos. Mas ser teimoso é algum pecado mortal? Além de teimoso, escoiceia alguma vez; mas o coice, que no cavalo é uma perversidade, no burro é um argumento, *ultima ratio.* (Assis, 1994, p.10)

Já em 16 de outubro de 1892, em crônica publicada na *Gazeta de Notícias* e constante em *A semana*, o autor registra a preocupação dos próprios burros com o futuro. Encarregados de puxar o bonde, queriam ter a certeza de que seriam aposentados após a inauguração do bonde elétrico. O burro da direita, mais incrédulo, não acredita em liberdade, mas apenas em mudança de senhor. Diante de tal ceticismo o outro exclama: "– Pela burra de Balaão! exclamou o burro da esquerda. Nenhuma aposentadoria? nenhum prêmio? nenhum sinal de gratificação? Oh! mas onde está a justiça deste mundo?" (ibidem, p.47-8).

Conforme podemos ver, tanto na crônica de 1876 como na de 1892, Machado de Assis retrata o burro como animal de trabalho que vive sob o comando intransigente dos homens. Entretanto, ao contrário de subestimá-lo, o autor o exalta e amplia o seu significado simbólico e social, ao defender que, se no cavalo o coice é uma perversidade, "no burro é um *argumento*" (grifo nosso). Também na crônica que escreve em 8 de abril de 1894, publicada na mesma *Gazeta de Notícias*, o autor reafirma as virtudes do burro e registra uma cena comovente. Abandonado em uma das praças do Rio de Janeiro, estava um burro velho e à beira da morte. Ao ver a cena da agonia, o autor presume que o animal faz, na verdade, um profundo exame de consciência, revisando filosoficamente toda a sua trajetória. A visão da cena dura poucos minutos, mas foram suficientes para provocar no autor várias inquietações:

Não percebi o resto, e fui andando, não menos alvoroçado que pesaroso. Contente da descoberta, não podia furtar-me à tristeza de que um burro tão bom pensador ia morrer. A consideração, porém, de que todos os burros devem ter os mesmos dotes principais, fez-me ver que os que ficavam, não seriam menos exemplares que esse. Por que se não investigará mais profundamente o moral do burro? Da abelha já se escreveu que é superior ao homem, e da formiga também, coletivamente falando, isto é, que as suas instituições políticas são superiores às nossas, mais *racionais*. Por que não sucederá o mesmo ao burro, que é maior? (ibidem, p.163)

O trecho supracitado da crônica de Machado de Assis, como vemos, nos idos do século XIX, reivindica que se dê maior atenção ao burro. De alguma forma, autores como Monteiro Lobato e Guimarães Rosa, já no século XX, contribuem para o preenchimento dessa lacuna. Se o primeiro desses autores, como veremos, inclui o Burro Falante entre as personagens do Sítio, o segundo escreve, por exemplo, o conto "O burrinho pedrês", um dos mais belos da literatura brasileira.

O conto "O burrinho pedrês"[20] é o primeiro de um conjunto de nove contos constantes em *Sagarana* de João Guimarães Rosa. Publicada em 1946 como obra de estreia do autor, *Sagarana* foi escrita em 1937 e, nesse mesmo ano, teve o seu primeiro destaque ao ser submetida ao concurso literário da editora José Olympio. Embora não seja nosso objetivo analisar essa obra em particular ou o conjunto da produção literária do autor, é interessante ressaltar que Guimarães Rosa significa um dos momentos mais elevados da literatura e do modernismo brasileiros. Quando une a realidade nacional em suas peculiaridades regionais a um trabalho estético, original e revolucionário de expressão e linguagem, o autor resolve definitivamente um dos dilemas do modernismo em sua primeira fase. Já em *Sagarana*, vemos a realidade interiorana dos sertões e das fazendas ser representada por uma linguagem que funde poesia e prosa, aprofunda o sentido metafórico e inova o vocabulário e a sintaxe. Por outro lado, o autor amplia curiosamente a dimensão do espaço representado, de modo que tanto esse espaço como as personagens que nele se movimentam são universalizados e passam a representar o mundo e o homem de todos os tempos e lugares.

Em "O burrinho pedrês", outro fator que evidencia o estilo de Guimarães Rosa é a própria estratégia narrativa utilizada pelo autor. Trazendo como pano de fundo a história do transporte de uma boiada numa época de fortes chuvas de verão, o autor destaca ao mesmo tempo a história de

---

20 Embora o burro figure como personagem em outros contos de Guimarães Rosa, como "A volta do marido pródigo", também constante em *Sagarana*, bem como em outras obras da literatura brasileira, dada a necessidade de delimitação, escolhemos somente o conto "O burrinho pedrês". A razão para tal escolha está relacionada ao destaque proporcionado à personagem desde o título e à originalidade de seu perfil estético em toda a narrativa.

um dia na vida do burrinho pedrês. No entanto, a maior parte do espaço narrativo não é ocupada pelo burrinho e seus feitos, mas pela própria movimentação de preparo e condução da boiada. Durante a viagem, verificamos ainda a tensão que se estabelece diante do conflito e ameaça de morte entre as personagens Silvino e Badu e destacam-se as histórias contadas por Raymundão e João Manico. Mas em meio a toda a conversa, intriga e balbúrdia dos vaqueiros, paira soberana, ainda que desprezada, a figura sóbria e perseverante do burrinho pedrês, cuja atuação será responsável pelas surpresas do desfecho da narrativa.

Assim como a personagem de "Os músicos da cidade de Bremen", o burrinho pedrês era idoso e, por essa razão, raramente era utilizado nas atividades da Fazenda da Tampa do Major Saulo. Vejamos a descrição inicial:

> Era um burrinho pedrês, miúdo e resignado, vindo de Passa-Tempo, Conceição do Serro, ou não sei onde no sertão. Chamava-se Sete-de-Ouros, e já fora tão bom, como outro não existiu e nem pode haver igual.
> Agora, porém, estava idoso, muito idoso. Tanto, que nem seria preciso abaixar-lhe a maxila teimosa, para espiar os cantos dos dentes. Era decrépito mesmo a distância: no algodão bruto do pelo – sementinhas escuras em rama rala e encardida; nos olhos remelentos, cor de bismuto, com pálpebras rosadas, quase sempre oclusas, em constante semissono [...]. (Rosa, 1995, p.17)

Entretanto, diferente do que acontecera no conto dos irmãos Grimm, o burrinho Sete-de-Ouros (nome inspirado no jogo de truque e de baralho) não era desprezado e nem maltratado por seu dono, que o tinha por "animal de estimação". O próprio narrador assinala os cuidados que lhe eram dispensados: "De que fosse bem tratado, discordar não havia, pois lhe faltavam carrapichos ou carrapatos, na crina – reta, curta e levantada, como uma escova de dentes" (ibidem, p.19).

Conforme sabemos, o cavalo é a montaria tradicional para o auxílio no transporte do gado bovino. Por causa de um incidente, porém, não havia montarias suficientes na Fazenda da Tampa no dia do transporte da boiada e, por isso, foi necessário recrutar Sete-de-Ouros para o ofício. A partir desse ponto, podemos observar, então, uma polarização de opiniões sobre o burrinho na narrativa. De um lado teremos o narrador e o Major Saulo que destacam e defendem suas qualidades. De outro, teremos os vaqueiros, entre os quais João Manico, o que fora designado para montá-lo, e demais personagens que o subestimam. As empregadas da casa do major, por exemplo, comentam com estranheza a sua decisão de utilizar Sete-de-Ouros na viagem: "– O João Manico vai tocar boiada no burrinho! Imagina só, meu-deus-do-céu, que graça!..." (ibidem, p.25).

Ainda no início da narrativa, a despeito da velhice, o narrador destaca a sabedoria de Sete-de-Ouros como virtude determinante para a sua sobrevivência:

> Velho e sábio: não mostrava sequer sinais de bicheiras; que ele preferia evitar inúteis riscos e o dano de pastar na orilha dos capões, onde vegeta o cafezinho, com outras ervas venenosas, e onde fazem voo, zumbidoras e mui comadres, a mosca do berne, a lucília verde, a varejeira rajada, e mais aquela que usa barriga azul. (ibidem, p.18)

Também o Major Saulo, ao dar a largada para o início da viagem, estimula João Manico, mostrando as qualidades do animal:

> – Ara viva! Está na hora, João Manico meu compadre. Você e o burrinho vão bem, porque são os dois mais velhos e valentes daqui... Convém mais você ir indo atrás, à toa. Deixa para ajudar na hora do embarque... E o Sete-de-Ouros é velho, mas é um burro bom, de gênio... Você não sabe que um burro vale mais do que um cavalo, Manico?... (ibidem, p.30)

Vemos assim que, em sua apologia particular do burro, o Major Saulo louva não só os traços de sua personalidade (valente, bom, de gênio), colocando-o acima da elegância e rapidez do cavalo, mas acentua as vantagens da experiência conquistadas pela maturidade ("Você e o burrinho vão bem, porque são os dois mais velhos"). Nenhum desses argumentos, entretanto, é suficiente para convencer João Manico que o considera inadequado para a tarefa: "– Compadre seô Major, para se viajar o dia inteiro, em marcha de estrada, estou mesmo com o senhor. Mas, para tocar boiada, eh, Deus me livre que eu quero um burrinho assim!... (ibidem, p.31).

Não obstante, como vimos, a resistência de João Manico em relação ao burrinho pedrês, na continuação da viagem e logo após a difícil travessia do córrego da Fome, o Major Saulo volta a instá-lo sobre as condições do animal, ao que ele responde: "– É mesmo, seô Major meu compadre. Esperto ele é, pois faz que aguenta, só para poder contrariar a gente" (ibidem, p.45). Vemos, portanto, na resposta de João Manico, certa concessão, ainda que contrariada, em relação a Sete-de-Ouros. O narrador, por sua vez, do alto de sua onisciência, antecipa, mais uma vez, as habilidades do burrinho que darão ao conto o desfecho apoteótico:

> E certo: Sete-de-Ouros dava para trás, incomovível, desaceitando argumentos e lambadas de piraí. Que, também, burro que se preza não corre desembestado como um qualquer cavalo, a não ser na vez de justa pressa, a serviço do rei ou em caso de sete razões. E já bastante era a firmeza com que se escorava as munhecas, sem bambeio nem falseio – ploque-plofe, desferrado – ganhando sempre a melhor trilha. (ibidem, p.45)

Entretanto, embora tivesse andar firme e ganhasse sempre "a melhor trilha", como aponta o narrador, na chegada ao arraial o burrinho pedrês protagoniza ainda uma nova cena de desprezo e abandono: "Longe dos outros, deixado num extremo, num canto mais escuro e esquerdo do telheiro, Sete-de-Ouros estava. Só e sério" (ibidem, p.60). Além de ser isolado dos outros animais, quando os vaqueiros, depois de embarcar a boiada, resolvem voltar para a fazenda de origem, esquecem propositadamente Sete-de-Ouros no galpão. Diante do fato, contrariando as circunstâncias e confirmando uma vez mais a posição central da personagem no enredo, o narrador faz uma observação sintética, de grande beleza poética e que se enquadraria no início de um conto de fadas: "Era uma vez, era outra vez, no umbigo do mundo, um burrinho pedrês" (ibidem, p.60).

Mesmo isolado e abandonado pela caravana de vaqueiros, seria inevitavelmente no retorno para a Fazenda da Tampa que Sete-de-Ouros comprovaria o seu valor e importância. No arraial ficara ainda Badu, o último dos tropeiros, que, por excesso de bebedeira, não havia percebido a movimentação dos companheiros. Assim, quando chega ao galpão e descobre o sumiço de sua montaria, lamenta enraivecido: "– Que é do meu poldro?! Ô--quê!? Só deixaram para mim este *burro desgraçado*?..." (ibidem, p.61, grifo nosso). Sem outra opção, Badu monta o burrinho, mas ameaça: "Se tu me der um coice, eu te amostro! [...] *burro bobo*" (ibidem, p.61, grifo nosso). Já era noite, entretanto, quando os vaqueiros iniciaram a viagem de retorno e, como agravante, em virtude das constantes chuvas da redondeza, houve um fortíssimo aumento da vazão de água do córrego da Fome. Foi então que, diante do obstáculo da enchente e dos maus agouros do joão-corta-pau, lembraram-se subitamente da sabedoria de Sete-de-Ouros:

> – Vamos deixar chegar o Badu, mais o *burrinho caduco*, que vêm vindo aí na rabeira, minha gente!
> – Isso mesmo, Silvino. Vai ser engraçado...
> – Engraçado?! É mas é muito engano. O burrinho é quem vai resolver: se ele entrar n'água, os cavalos acompanham, e nós podemos seguir sem susto. Burro não se mete em lugar de onde ele não sabe sair!
> – É isso! O que o burrinho fizer a gente também faz. (ibidem, p.73, grifo nosso)

Chegado ao limite da enchente, Sete-de-Ouros examina a atmosfera e, para surpresa de todos, avança resoluto. Com exceção de João Manico (que acredita no aviso do joão-corta-pau) e Juca, a maioria dos cavalos e dos vaqueiros entram na água e acompanham o burrinho. No entanto, o poder avassalador da enchente era maior do que se poderia imaginar. "A inundação. Mil torneiras tinha a Fome [...]" (ibidem, p.75). Tamanha era a quantidade e a velocidade da água que todos os cavalos e quase todos os vaqueiros morrem. Somente o burrinho pedrês e os vaqueiros Badu e Francolim, que nele se refugiam, conseguem atravessar a "grande enchente da Fome" que deixara "oito vaqueiros mortos". Confirma-se, portanto, ainda que ironicamente, a fala de Silvino no fragmento citado no parágrafo anterior: "burro não se mete em lugar de onde *ele* não sabe sair" (grifo nosso). Da mesma forma, a incredulidade da qual foi vítima, bem como os xingamentos a ele dirigidos ("desgraçado", "bobo", "caduco") revestem de ironia a vitória do burrinho. Tal como a cavalgadura de Sancho Pança, a viagem e a travessia mudaram para sempre a sua história.

Em todo o conto, verificamos ainda certa humanização do burrinho pedrês. Trata-se de uma antropomorfização construída, sobretudo, pelo discurso do narrador, mas que encontra respaldo na visão do Major Saulo, proprietário do animal e, até na concepção negativa de João Manico. Inconformado por ter de cavalgar um burrinho velho, a certa altura da viagem de ida, ele comenta: "– [...] eu não carecia de ter vindo. Estou como ovo depois

NAS RAIAS DE UM GÊNERO   283

de dúzia... E o burrinho, também, se ele tivesse morrido transanteontem, não estava fazendo falta a ninguém!" (ibidem, p.46). Logo, se pensarmos que, assim como o burrinho, João Manico é o mais velho do grupo, veremos que em sua própria fala há um nivelamento entre ele e o animal, não somente em questão de idade, mas de utilidade. Já o Major Saulo, em uma das vezes em que debate com João Manico sobre o burrinho pedrês, comenta: "– Escuta uma pergunta séria, meu compadre João Manico: *você acha que burro é burro?* / – Seô Major meu compadre, isso até é que eu não acho, não. Sei que eles são *ladinos* demais..." (ibidem, p.46, grifo nosso). No diálogo entre as duas personagens, como vemos, há um jogo de palavras, que se estabelece por meio da repetição da palavra "burro", e uma caracterização subsequente ("ladinos"), ambos promovem uma elevação do burro, apontando, ao mesmo tempo, para algo que se aproxima de uma essência humana.

As reflexões do narrador, por sua vez, ampliam o sentido da humanização do burrinho, tornando-a mais evidente. Como já vimos, o conto inicia--se com a descrição da personagem principal. Junto a essa caracterização inicial, assistimos à apresentação de todo o histórico do burrinho, seguido de uma rápida menção ao seu dono, o Major Saulo. Após a elaboração do contexto introdutório, o narrador apresenta as primeiras informações sobre a trama propriamente dita, mas o faz de modo reflexivo. Vejamos:

> Mas nada disso vale fala, porque *a estória de um burrinho, como a história de um homem grande, é bem dada no resumo de um só dia de sua vida.* E a existência de Sete-de-Ouros cresceu toda em algumas horas – seis da manhã à meia-noite – nos meados do mês de janeiro de um ano de grandes chuvas, no vale do Rio das Velhas, no centro de Minas Gerais. (ibidem, p.18, grifo nosso)

No fragmento, como vemos, o narrador traz detalhes sobre a localização geográfica e o tempo em que os fatos ocorreram, trazendo ainda um rápido apontamento filosófico sobre a vida. O que é interessante observar, entretanto, é que, ao refletir sobre os mistérios da existência, o narrador situa "um homem grande" e "um burrinho" no mesmo patamar. Parafraseando suas próprias palavras, para o narrador, um só dia, algumas horas ou até um só instante podem ser suficientes para comportar o feito, a realização mais significativa de uma vida inteira. E isso é verdade tanto para um homem como para um burrinho pedrês. No caso de Sete-de-Ouros, bastaram algumas horas do final de um dia chuvoso de um mês de janeiro para que ele, ainda na velhice, depois de trabalhar por longos anos, colocasse em xeque toda a incredulidade e presunção dos vaqueiros.

Outro momento em que o narrador claramente nivela a existência dos homens e dos burros ocorre quando explica e comenta os motivos que levaram Sete-de-Ouros a ser escolhido para a viagem. Ele cometera o equívoco de cruzar a frente da varanda da casa do Major: "O equívoco que decide do destino e ajeita caminho à grandeza dos homens e dos burros" (ibidem, p.23). Portanto, para o narrador, o acaso pode ser determinante para que se reconheça a grandeza tanto de homens como de burros. E, pensando na situação de Badu, o último dos vaqueiros a sair do arraial, é possível até que, no confronto homem *versus* burro, o quadrúpede saia em vantagem, porque "para córrego cheio mais vale *homem muito ébrio*, em cima de *burro mui lúcido*" (ibidem, p.76, grifo nosso).

O conto "O burrinho pedrês" traz, portanto, uma representação simbólica da velhice e seus benefícios e compensações. Por meio da exaltação das qualidades e habilidades de um burrinho velho e decrépito, o autor promove a valorização da experiência como elemento fundamental nas perigosas encruzilhadas e travessias da vida.

Além da prosa de Machado de Assis e Guimarães Rosa, entre vários outros exemplos, destacamos também a presença do burro na poesia de Cecília Meireles e Mario Quintana. Tanto um como outro integra o grupo dos maiores nomes da moderna poesia brasileira e tem os seus textos apreciados também no âmbito da literatura infantil. Em "Os jumentinhos", constante de *Poemas escritos na Índia* (1962), de Cecília Meireles, o burro comparece novamente como animal experimentado no trabalho e integrado a um ambiente social de pobreza que revela, ao mesmo tempo, aspectos singelos da vida cotidiana.

Os jumentinhos

Então, à tarde, vêm os jumentinhos
de movimentos um pouco alquebrados,
cinzentos, brancos – e carregados
com as grandes trouxas dos lavadeiros.

Jumentinhos menores que as trouxas
e que os meninos que os vão tangendo:
o pelo áspero, olho redondo,
jumentinhos-anões, incansáveis,
no ofício que cumprem, dóceis, compreensivos,
por entre pedras, cabanas, ladeiras,
sem o suspiro e a queixa dos homens.

Ó terra pobre, humilde, pensativa,
com os aéreos, versáteis, celestes canteiros
vespertinos de flores de luz e de vento!
As mães contam histórias à sombra dos templos
para meninos tênues, fluidos como nuvens.
E no último reflexo dourado dos jarros
os rostos diurnos vão sendo apagados.

Onde vão descansar os amoráveis jumentinhos,
pequenos, cinzentos, um pouco alquebrados,
que olham para o chão, modestos e calmos,
já sem trouxas às costas, esperando o seu destino?

Como vão dormir estes jumentinhos mansos,
depois dos caminhos, no fim do trabalho?

Que vão sonhar agora estes jumentinhos cinzentos,
de imóveis pestanas brancas, discretos e sossegados,
quando a aldeia estiver quieta, ao clarão da lua,
como um rio sem margens, sem roupas, sem braços...? (Meireles, 1997,
p.294-5)

A poesia contemplativa e reflexiva de Cecília Meireles, como vemos, põe em destaque a passividade e a resignação dos "amoráveis jumentinhos". A reiteração de tais características pode ser observada em uma notável sequência de expressões descritivas como: "incansáveis", "dóceis", "compreensivos", "olham para o chão", "modestos", "calmos", "mansos", "discretos", "sossegados", entre outras. O cenário no qual se localizam os elementos do quadro descrito é marcado, sobretudo, pelo cair da tarde, um momento em que os jumentinhos finalizam sua dura rotina diária de trabalho. Certamente por essa razão, nas três últimas estrofes, o eu-lírico desenvolve uma sequência de indagações sobre as condições de repouso dos jumentinhos ao longo da noite: "Onde vão descansar [...]?", "Como vão dormir [...]?", "Que vão sonhar [...]?". Em sua atitude reflexiva o eu-lírico apenas indaga, mas não oferece respostas e, assim, deixa aberto o caminho para a imaginação do leitor. Em "Antemanhã", constante de *Sapato florido* (1948), de Mario Quintana, encontramos uma resposta, não para a noite, mas para o alvorecer:

Antemanhã

Trotam, trotam, desbarrancando o meu sono, os burrinhos inumeráveis da madrugada.
Carregam laranjas? Carregam repolhos? Carregam abóboras?
Não. Carregam cores. Verdes tenros. Amarelos vivos. Vermelhos, roxos, ocres.
São os burrinhos-pintores. (Quintana, 2007, p.180)

O som produzido pelos "inumeráveis burrinhos da madrugada", como revela o poema, confirma uma vez mais a importância do burro nas mais diversas atividades humanas. Na metáfora de Quintana, entretanto, o seu papel imprescindível não seria o de transportador de cargas como laranjas, repolhos ou abóboras, mas sim o de trazer as cores do dia, cada uma por sua vez. Logo, ao contrário do que mostra a tradição literária que o apresenta como servo do homem, depois de noite incerta, o burro seria o arauto da poesia do amanhecer. Na perspectiva do eu-lírico, ele convocaria, não para o trabalho, mas para a própria contemplação da aurora.

O apanhado geral aqui realizado permitiu-nos constatar a presença recorrente do burro como personagem literária. Animal de estimação ou de trabalho, símbolo da tolice, da subserviência, da prudência ou da humildade, o fato é que o burro pode representar simbolicamente o próprio homem. A utilização da imagem do animal na representação de aspectos da vida humana, bem como as lições que dela podemos extrair, como vimos, por exemplo, no conto de Guimarães Rosa, remete-nos ao território da fábula. Como sabemos, o burro é uma das personagens mais características da fabula esópica. Portanto, depois de verificar, em um percurso diacrônico, a presença e a performance do burro em diversas obras da literatura ocidental, analisaremos, no próximo tópico, o seu perfil ficcional no contexto fabular e, em seguida, sua transposição para o Sítio do Picapau Amarelo de Monteiro Lobato.

O burro na fábula esópica e no "País das fábulas"

A figura do asno nas principais obras da literatura ocidental, como vimos, não é representada de modo a repetir e confirmar um valor tipológico relativamente semelhante. Ora aparece como animal subserviente, desprezível e falto de inteligência, ora como animal sábio, autoconfiante e que servira de cavalgadura para o próprio Cristo. Entretanto, quando abordamos o perfil do asno na literatura, eliminamos propositalmente a fábula para proporcionar-lhe tratamento exclusivo nesse segundo tópico. Vimos, no primeiro capítulo, que segundo Lessing a preferência por animais como personagens da fábula deve-se à constância de seus caracteres. Assim, a raposa representa a astúcia, o lobo representa a prepotência; o leão, a majestade; o cordeiro, a ingenuidade; o burro, a estupidez, e assim sucessivamente. Essas características, porém, não são totalmente absolutas dentro do universo ficcional da fábula, havendo a possibilidade de alguma variação. Isso significa que mesmo a matreirice da raposa e a autoridade do leão podem, em algum momento, ser ameaçadas. O burro, por sua vez, nem sempre é estúpido, mas pode surgir como um animal explorado, sóbrio e consciente de sua condição. Veremos, portanto, nos próximos parágrafos, qual é a representação do asno em diversas fábulas da tradição esópica, considerando autores como Esopo, Fedro e La Fontaine.

Nas fábulas de Esopo

Conforme já vimos no primeiro capítulo, Esopo (VI a.C.) é reconhecido como o criador da fábula. Tendo promovido a popularização do gênero na Grécia, de lá a fábula espalhou-se, consequentemente, pelo mundo ocidental. Para o estudo das fábulas de Esopo que tratam especificamente do burro, utilizaremos a tradução de Neide Smolka, realizada a partir da edição numerada e bilíngue (grego-francês) do helenista Émile Chambry. Em seu trabalho, Smolka traduz, diretamente do grego, as 358 fábulas da coletânea de Chambry, o que nos permite ter uma visão relativamente ampla e mais próxima do estilo original do fabulista mais antigo da tradição esópica. Salientamos, entretanto, que, por necessidade de delimitação, ao abordarmos as fábulas sobre o burro, nos deteremos com mais afinco no simbolismo da personagem que é determinado pela alegoria mecânica da fábula, bem como pelo discurso temático da moral. Tanto a alegoria mecânica de Nøjgaard como o discurso temático de Lima, como vimos no primeiro capítulo, estão relacionados ao plano humano das relações e revelam, ao mesmo tempo, o sentido paralelo da fábula que está intimamente ligado ao contexto social e histórico.

Entre os qualificativos mais frequentemente atribuídos ao asno estão o de animal estúpido, pretensioso, insolente, insensato, tolo etc. Na coletânea de Smolka, há um número considerável de fábulas que revelam as limitações e incapacidades da personagem. A temática da tolice, mesclada à vaidade e à necessidade de autoconhecimento, porém, é uma das mais abordadas e pode ser encontrada, por exemplo, nas seguintes fábulas: "A mula", "O leão e o burro (caçando juntos)", "O burro levando a estátua de um deus", "O burro, o galo e o leão" e "O burro e as cigarras". Para uma melhor compreensão da abordagem, vejamos os textos:

128. A mula

Uma mula, tendo engordado com cevada, começou a pular, gritando para si mesma: "Meu pai é um cavalo rápido na corrida e eu sou exatamente como ele". Então, chegou um dia em que a mula teve necessidade de correr. Terminada a corrida, ela, triste, lembrou-se de repente de seu pai asno.

A fábula mostra que é preciso, mesmo que o tempo leve uma pessoa à glória, que ela não se esqueça de sua própria origem, pois esta vida não é senão incerteza. (*Esopo...*, 1994, p.77)

208. O leão e o burro (caçando juntos)

Um leão e um burro, tendo feito uma aliança entre si, saíram para caçar. Tendo chegado a uma caverna, na qual havia cabras selvagens, o leão parou à entrada para impedir que elas saíssem, e o burro, tendo entrado, pôs-se a saltar no meio delas e a zurrar, para que fugissem. Quando o leão já tinha pegado a maior parte delas, o burro, saindo, perguntou-lhe se não havia combatido com bravura ao levar as cabras para fora. Disse-lhe o leão: "Sabes bem que eu mesmo teria tido medo de ti, se não soubesses que eras um burro".

Assim, os que se vangloriam junto a quem os conhece prestam-se com razão à zombaria. (ibidem, p.120)

266. O burro levando a estátua de um deus

Uma pessoa, tendo colocado uma estátua de um deus sobre um burro, conduziu-o para a cidade. Como todos os passantes se prosternassem diante da estátua, o burro, imaginando que se prosternavam para ele, encheu-se de orgulho e não queria mais andar para a frente. O asneiro, adivinhando o que acontecia, bateu-lhe com o cacete e disse: "Ah! Pobre de cabeça! Nada mais faltaria acontecer que um burro ser adorado pelos homens!".

A fábula mostra que os que se vangloriam com os bens de outrem expõem-se ao riso daqueles que os conhecem. (ibidem, p.147)

269. O burro, o galo e o leão

Certa vez, um galo passava o dia com um burro. Como um leão atacasse o burro, o galo cantou e o leão (dizem, com efeito, que ele tem medo do canto do galo) fugiu. O burro, julgando que o leão fugira por temê-lo, não hesitou em persegui-lo. Quando o perseguia a uma distância que a voz do galo não mais alcançava, o leão voltou-se e o devorou. E o burro, já quase morrendo, dizia: "Infeliz e insensato eu sou, pois, não tendo pais guerreiros, por que razão parti para a guerra?".

A fábula mostra que muitos homens precipitam-se sobre inimigos que propositalmente se mostram fracos e, então, são mortos por eles. (ibidem, p.150)

278. O burro e as cigarras

Um burro tendo ouvido algumas cigarras cantando (maravilhado com sua voz) e invejoso da harmonia que elas tinham, perguntou o que comiam para ter aquela voz. Como elas respondessem "orvalho", o burro ficou esperando pelo orvalho e morreu de fome.

Assim também, os que têm desejos que contrariam sua natureza não só não chegam a satisfazer-se, como também sofrem grandes males. (ibidem, p.154)

No conjunto dessas cinco fábulas, o burro e sua similar mula cometem um erro primário e muito característico dos tolos: querem ser o que não são e nem podem vir a ser. A razão disso parece ser a falta de consciência de si e de sua própria natureza. Na primeira das fábulas (Esopo 128), apenas por ter engordado com cevada, a mula imagina ser semelhante ao cavalo, esquecendo-se de sua origem asnina. As fábulas seguintes (Esopo 208, 266 e 269) revelam um burro tomado pela vanglória, acreditando ser mais importante e feroz do que realmente é. Em "O burro levando a estátua de um deus", experimenta um verdadeiro delírio de grandeza, chegando a ponto de se equiparar ao posto sublime de uma divindade. Na última fábula do conjunto (Esopo 278), como vimos, o burro chega às últimas consequências e é vitimado por suas pretensões. Entretanto, a sua morte foi ocasionada não exatamente por querer realizar um desejo impossível, mas sim pela ingenuidade que lhe é característica. Se em duas das fábulas anteriores o burro foi enganado pelo leão, conhecido por sua maldade e ferocidade, nessa última é enganado pela cigarra, um inseto frágil, que, conforme sabemos, não é tradicionalmente conhecida por sua esperteza ou astúcia.

Mas a grande ambição do burro é mesmo a de ser um leão ou semelhante a ele. Rei dos animais e um dos mais fortes animais da fauna, o leão é o representante da nobreza por excelência. Trazendo o mesmo motivo da pele de leão, vejamos as duas fábulas seguintes que, além de apresentar a mesma personagem, trazem também o mesmo mote: a tentativa de se fazer passar por outro.

267. O burro (travestido de leão) e a raposa

Um burro, coberto com uma pele de leão, andava por todo lado amedrontando os animais irracionais. Então, ao ver uma raposa, tentou assustá-la também. Mas ela (que, com efeito, ouvira casualmente a voz dele) disse ao burro: "Ora, bem sabes que também eu teria medo de ti se não tivesse ouvido o teu zurrar".

Assim, algumas pessoas sem preparo que têm uma aparência muito cheia de pompa revelam não passar de qualquer um quando se traem na sua ânsia de falar. (ibidem, p.148)

279. O burro (julgava ser um leão)

Um burro, coberto com uma pele de leão, passava por leão diante de todos, e afugentava homens e feras. Mas como o vento, ao soprar, lhe tirasse a pele, o burro ficou nu. Então, todos avançaram contra ele e lhe bateram com cacetes e maças.

Sendo pobre e um simples mortal, não imites os grandes, para que não sejas ridicularizado nem corras perigo, pois não devemos nos apropriar do que nos é estranho. (ibidem, p.279)

Tanto em uma como em outra fábula, como vimos, os planos do burro são malogrados. Atrapalhado pelo vento ou pela raposa, ele não consegue levar a termo sua tentativa de viver como leão. Se, no plano simbólico, o leão representa o topo da pirâmide social, o burro representa a base. Ele é, portanto, o mais autêntico representante da plebe. Nesse caso, sua ação no contexto fabular em questão representaria um devaneio da vontade, um esforço no sentido de vivenciar a experiência do poder. O motivo da utilização da pele de outro, porém, é recorrente na literatura de origem oral. Em Perrault e Grimm, ao contrário do asno que usa a pele do leão, vimos que a nobreza, por acidentes do destino, usa a pele do asno e, obrigatoriamente (não por vontade própria), sente na "pele" o sofrimento e a marca da pobreza.

Outra fábula a revelar o fracasso do burro na busca de uma nova identidade é aquela em que ele intenta ter o mesmo carisma e simpatia do cão (Esopo 275). Sua ingenuidade e tolice acabam por conduzi-lo a um novo constrangimento.

275. O burro e o cãozinho ou o cão e seu dono

Um homem tinha um cão-de-malta, com o qual um burro costumava brincar. Se o dono comia fora, sempre trazia alguma coisa para o cão e atirava o alimento quando o cão se aproximava e sacudia a cauda. Mas o burro, invejoso, correu até o dono e, pulando, deu-lhe um coice. Encolerizado, o homem ordenou que o burro fosse levado a pauladas e amarrado à manjedoura.

A fábula mostra que nem todos nascem para tudo. (ibidem, p.153)

Vemos, portanto, que se não pode alcançar o posto de leão, o burro almeja pelo menos usufruir os privilégios do cão, que é o melhor amigo do homem. Considerando-se o alcance simbólico da fábula, podemos dizer que, mesmo acomodado à sua condição, o burro (leia-se escravo) deseja receber alguma atenção especial de seus senhores.

Paralelamente à representação do burro como animal tolo e atormentado por uma constante crise existencial, a tradição fabular também o representa como animal explorado e submetido a uma rotina dura e intensa de trabalho. Entre as fábulas que se enquadram nesse grupo estão: "O cavalo e asno", "O burro selvagem e o burro doméstico", e "O burro e o jardineiro". Vejamos os textos:

141. O cavalo e o asno

Um homem tinha um cavalo e um asno. Enquanto andavam por uma estrada, disse o asno ao cavalo: "Pega uma parte de minha carga, se queres que eu viva". O outro não atendeu, e o asno caiu e morreu de fadiga. O dono, então, colocou tudo sobre o cavalo, mesmo a pele do asno. E o cavalo, gemendo, gritava: "Ai de mim, infeliz! O que me aconteceu, miserável? Com efeito, por não querer carregar um peso leve, eis que levo tudo, até a pele do asno!".

A fábula mostra que se os grandes se aliarem aos pequenos, uns e outros terão sua vida salva. (ibidem, p.83)

264. O burro selvagem e o burro doméstico

Um burro selvagem, como visse um burro doméstico tomando sol, aproximou-se e o felicitou por sua constituição física e pelo proveito que tirava da forragem. Mas depois, ao vê-lo carregando um fardo, tendo atrás o asneiro que lhe batia com um cacete, disse: "Ah! Não mais te felicito, pois vejo que tens coisas em abundância mas não sem grandes males!".

Assim, não é invejável o ganho acompanhado de perigos e sofrimentos. (ibidem, p.147)

273. O burro e o jardineiro

Um burro trabalhava para um jardineiro e, como comia pouco e trabalhava muito, suplicou a Zeus que o libertasse do jardineiro e que fizesse com que ele fosse vendido a outro dono. Zeus atendeu o burro e ordenou que ele fosse vendido a um fabricante de potes. Outra vez, o burro se sentia infeliz, trabalhando mais do que antes, tanto carregando argila como potes. Ora, novamente ele suplicou para mudar de dono e foi vendido a um curtidor, tendo passado então para um dono pior que os primeiros. Ao ver o que fazia, disse suspirando: "Ai de mim, infeliz! Para mim, melhor seria ter permanecido com os meus primeiros donos, pois este, segundo vejo, curtirá também a minha pele".

A fábula mostra que geralmente os serviçais sentem falta de seus primeiros senhores quando experimentam os outros. (*Esopo...*, 1994, p.152)

Nas três fábulas, como vemos, o burro vive um ritmo extenuante de trabalho e é comandado por um dono, seja ele um simples homem, um asneiro, um jardineiro, seja um fabricante de potes, que lhe dispensam um tratamento brutal. Na fábula do cavalo e do asno (Esopo 141), embora a moral destaque a importância da aliança entre grandes e pequenos, também chama a atenção o fato de o dono dos animais ter depositado apenas sobre o asno uma carga tão pesada a ponto de comprometer o limite de suas forças e provocar sua morte. Na fábula seguinte (Esopo 264), o fato de o asno receber boa alimentação e ter bom porte físico, características que chamam a atenção do asno selvagem, pode ser apenas garantia de que desempenhará o trabalho pesado com eficiência. Já na terceira fábula (Esopo 273), embora mal alimentado, o burro é extremamente exigido no trabalho. A própria moral o equipara ao nível do serviçal que se mostra descontente com o tratamento que lhe é dispensado por seus senhores. Podemos afirmar, portanto, que no contexto fabular, assim como a formiga, o burro também se caracteriza pela operosidade. Porém, diferentemente da pró-atividade e independência da formiga, o burro faz o que lhe é ordenado e, em grande parte, sob tortura e contra a sua própria vontade. Seu sofrimento, às vezes, é tão visível que, em "O burro, o corvo e o lobo", provoca a compaixão até mesmo do lobo, uma personagem, como sabemos, que raramente demonstra sentimentos nobres e altruístas:

274. O burro, o corvo e o lobo

Um burro, tendo uma ferida nas costas, pastava em uma campina. Como um corvo pousasse sobre ele e lhe desse uma bicada na ferida, o burro, com a dor zurrava e pulava. O asneiro que estava à distância começou a rir, e um lobo que passava o viu e disse a si mesmo: "Infelizes nós que, mal somos vistos, já somos perseguidos, e os que estão por perto ainda riem!".

A fábula mostra que os homens maus são reconhecidos não só pela própria cara mas também à primeira vista. (ibidem, p.153)

Já em "O burro e as rãs", diferentemente do lobo da fábula supracitada, as rãs ignoram o seu martírio e a moralidade interpreta o seu gemido como expressão de fraqueza:

271. O burro e as rãs

Um burro, carregando uma carga de madeira, atravessava um mangue. Como escorregasse e caísse, sem que pudesse se erguer, pôs-se a gemer e a lamentar-se. As rãs do mangue, ao ouvir seus gemidos, disseram: "Ó amigo, o que farias se passasses aqui tanto tempo como nós, se, caído há pouco, gemes dessa forma?".

Aplicar-se-ia essa fábula a um homem fraco que se lastima das menores desgraças, enquanto nós outros suportamos com facilidade as maiores dores. (ibidem, p.151)

Também a fábula "O burro (comendo paliúro) e a raposa" permite a constatação das privações e necessidades vividas pela personagem, que seria obrigada a consumir apenas o péssimo alimento que lhe é oferecido.

280. O burro (comendo paliúro) e a raposa

Um burro comia a cabeleira picante de paliúros. Uma raposa o viu e lhe disse: "Como, então, com uma língua tão macia e tão mole, mastigas e comes uma comida tão dura?".

A fábula aplica-se àqueles cuja língua profere palavras duras e perigosas. (ibidem, p.154)

Embora apresente, como é de praxe, uma moralidade arbitrária que relaciona "comida tão dura" a "palavras duras e perigosas", à moda de Monteiro Lobato, podemos entrever outra interpretação para a fábula: o burro estaria comendo paliúro não por escolha, mas por falta de opção. Sabemos que, em situações de escassez, desenvolve-se psicologicamente a capacidade de consumir os piores tipos de alimento. Nessa perspectiva, o discurso temático da moral apresentaria, então, outro encaminhamento que poderia ser resumido no seguinte provérbio popular: "Quem tem fome, tudo come". Ou ainda, na seguinte máxima bíblica, registrada em *Provérbios* 27.7: "A alma farta pisa o favo de mel, mas à alma faminta todo amargo é doce". (*A Bíblia Sagrada*, 1969, p.707).

A vida do burro, no entanto, pode ser ainda mais difícil, quando, além de explorado, é inescrupulosamente traído pelo leão ou pela raposa, como podemos conferir nas fábulas seguintes.

207. O leão e o jumento

Um leão e um jumento caçavam feras, o leão usando sua força e o jumento a ligeireza de suas patas. Quando tinham caçado alguns animais, o leão os dividiu e os dispôs em três partes. "A primeira", disse, "eu a pegarei, pois sou o rei; a segunda, pego como sócio em igualdade de condições, e a terceira parte far-te-á um grande mal, se não te decidires a fugir."

É bom em tudo medir segundo sua própria força e não se ligar nem associar-se a alguém mais forte. (ibidem, p.119)

209. O leão, o burro e a raposa

Um leão, um burro e uma raposa, tendo estabelecido uma sociedade entre si, saíram para caçar. Depois de terem apanhado muita caça, o leão ordenou ao burro que a dividisse entre eles. O burro fez três partes iguais e disse ao leão que escolhesse a sua, e este, indignado, caiu sobre o burro e o devorou. Em seguida, ordenou à raposa que fizesse a divisão. A raposa colocou tudo em um só monte, reservando para si mesma alguns restos, e pediu que o leão escolhesse. Como perguntasse o leão quem a ensinara a dividir assim, a raposa respondeu: "A infelicidade do burro".

A fábula mostra que as desgraças do próximo servem de lição aos homens. (ibidem, p.121)

270. O burro, a raposa e o leão

Um burro e uma raposa se associaram e foram para o campo. Como um leão se encontrasse em seu caminho, a raposa, prevendo perigo para eles, aproximou-se do leão e prometeu dar-lhe o burro se ele a deixasse ir em segurança. O leão prometeu que a libertaria, e a raposa levou o burro a cair numa emboscada. O leão, ao ver que o burro não poderia fugir, primeiro pegou a raposa e só depois se voltou para o burro.

Assim, os que preparam armadilhas para seus sócios não percebem que, muitas vezes, eles próprios também vão se perder. (ibidem, p.150)

Conforme ilustram as fábulas (Esopo 207, 209 e 270), para o leão ou para a raposa interessa apenas a mão de obra do burro que acaba não tendo direito algum sobre os dividendos da suposta sociedade. De acordo com Dezotti, Perez e Quinelato (2001), o leão desconhece qualquer senso de justiça e, ao exercer o seu reinado, conta com o oportunismo e a astúcia da raposa. Contudo, não há entre eles qualquer sentimento de consideração ou respeito mútuo e, em razão disso, as relações são tensas e indefinidas. Nesse cenário, como vimos, o burro é logrado e traído em um de seus mais sublimes sonhos, uma vez que, tendo se associado ao mais forte e ao mais sagaz, certamente almejava alcançar autonomia e reconhecimento social, mas, pelo contrário, encontra a morte e a desilusão.

Talvez porque seja constantemente vilipendiado e enganado, em algumas situações, o asno chega a demonstrar certa rebeldia e a apelar para meios escusos, o que também pode ser interpretado como uma tentativa de melhorar suas condições de vida. Em "O comprador de burro", "O burro e o mulo (carregando a mesma carga)" e "O burro e o asneiro", veremos que o burro demonstra resistência e chega ao extremo de colocar a sua própria vida em risco para contrariar as ordens de seu senhor:

263. O comprador de burro

Uma pessoa que estava para comprar um burro pegou um deles para experimentar e, levando-o para junto dos seus próprios asnos, colocou-o perto da manjedoura. Ora, o animal, deixando os demais, ficou ao lado do mais preguiçoso e mais guloso. E, como nada fizesse, o dono colocou-o no cabresto e o devolveu ao proprietário. Como este lhe perguntasse se a experiência que tinha feito era suficiente, o comprador, tomando a palavra, disse: "Quanto a mim, não preciso de mais nenhuma experiência, pois sei que ele tem os mesmos hábitos de quem, entre todos, ele escolheu ficar perto".

A fábula mostra que uma pessoa é julgada tal como aqueles de quem gosta como companheiros. (ibidem, p.146)

272. O burro e o mulo (carregando a mesma carga)

Um burro e um mulo andavam juntos. E, então, o burro, ao ver que as cargas de ambos eram iguais, indignou-se e começou a se lastimar, pensando que o mulo, considerado digno de dupla ração, não carregava nada a mais que ele. Depois de terem andando um pouco, o asneiro, vendo que o burro não conseguia ir adiante, tirou-lhe parte da carga e a pôs no mulo. Quando ainda tinham muito pela frente, ao ver o burro ainda mais esgotado, de novo retirou parte da carga, até que pegou tudo, tirou do burro e pôs no mulo. Então, virando-se para o burro, disse o mulo: "Ó amigo, será que, para ti, não parece que eu mereço, com justiça, uma ração dupla?".

Assim também, quanto a nós, devemos julgar as condições de cada um não pelo começo, mas pelo fim. (ibidem, p.151)

277. O burro e o asneiro

Um burro, conduzido por um asneiro, depois de andar algum tempo deixou o caminho plano e tomou outro escarpado. Como estivesse para cair em um precipício, o asneiro, pegando-o pela cauda, tentava fazê-lo voltar. Mas, como o burro puxasse no sentido oposto, o asneiro o largou e disse: "Vence, pois, embora venças uma péssima vitória".

A fábula aplica-se ao homem briguento. (ibidem, p.154)

Contrariando a marca do trabalho permanente, na primeira das fábulas (Esopo 263), como vimos, o burro prefere a companhia daquele que come mais e trabalha menos. Em seguida (Esopo 272), para se livrar da carga pesada, o burro agirá de modo inconveniente com o seu semelhante, convencendo o dono a transferir para o outro todo o peso que carregava, sob o pretexto de que recebia alimentação em menor quantidade. Por último (Esopo 277), o burro simplesmente radicaliza e, para provar que podia "medir força" com o asneiro, puxa-o em direção a um despenhadeiro sem se importar com as consequências.

Em outras duas fábulas, entretanto, o burro não será bem-sucedido em sua tentativa de livrar-se do trabalho árduo. Em "A cabra e o burro", ludibriado pela cabra, ele finge-se de epilético, mas o dono, interessado em sua força e utilidade, além de alimentá-lo bem, apressa-se em socorrê-lo e pune severamente a cabra. Em "O burro carregando sal", cujo título já revela a sua ocupação, tenta utilizar a mesma estratégia, quando, em vez de sal, carrega esponjas, mas acaba por provocar sua morte. Vejamos:

16. A cabra e o burro

Alguém alimentava uma cabra e um burro. A cabra, com inveja do burro, porque ele era muito bem alimentado, disse-lhe que diminuísse o ritmo de trabalho de ora moer, ora carregar fardos, e o aconselhou a simular que estava epilético e cair em um buraco para descansar. O burro confiou na cabra, caiu e começou a debater-se. O dono chamou o médico e pediu-lhe que socorresse o animal. Ele lhe disse que fizesse uma infusão com o pulmão de uma cabra e o burro ficaria bom. E, tendo sacrificado a cabra, salvaram o burro.

NAS RAIAS DE UM GÊNERO **299**

Assim, quem arquiteta maldades contra outro torna-se o autor de seus próprios males. (ibidem, p.17)

265. O burro carregando sal[21]

Um burro atravessava um rio carregando sal. Como escorregasse e caísse na água, o sal derreteu e tornou-se mais leve. Feliz com isso, quando certa vez passava novamente perto do rio carregando esponjas, acreditou que, se caísse de novo, também aquela carga se tornaria mais leve. Então, escorregou de propósito. Mas aconteceu-lhe que, como as esponjas absorveram a água, ele não pôde mais levantar-se e ali morreu afogado.

Assim também, alguns homens não percebem que se precipitam na desgraça por suas próprias artimanhas. (ibidem, p.147)

Enquanto nas cinco fábulas vistas anteriormente (Esopo 263, 272, 277, 16 e 265) o burro luta abertamente contra a sua própria sina, em "O burro felicitando o cavalo", diante da desgraça vivida por seu comparsa, ele parece conformar-se com sua situação. Vejamos:

268. O burro felicitando o cavalo

Um burro felicitava um cavalo por receber alimento em abundância e ser muito bem tratado, enquanto ele próprio não tinha nem palha suficiente e sofria grandes males. Mas, quando chegou o tempo da guerra, um soldado armado montou no cavalo e o conduziu por toda parte, tendo-o até mesmo lançado no meio dos inimigos, onde o animal foi ferido e morreu. Ao ver isso, o burro mudou de opinião e sentiu pena do cavalo.

A fábula mostra que não se deve invejar os chefes e os ricos, já que são alvo de cobiça e de perigo, e sim amar a pobreza. (ibidem, p.149)

---

21 De acordo com a tabela de Dezotti (2003, p.202), além de Esopo, essa fábula foi também escrita por Bábrio e La Fontaine. Entretanto, o texto é mais conhecido e reproduzido conforme a versão do fabulista francês que, em lugar de um burro apenas, colocou dois: um carregado de sal e o outro de esponjas. Já na paráfrase de Monteiro Lobato, além de apresentar duas personagens, o autor substitui o sal por açúcar.

O conformismo, entretanto, é apenas aparente e os fatos do enredo apontam, na verdade, para a sabedoria e o senso de fraternidade e justiça do burro. Como podemos ver, ao contrário de se sentir revoltado perante o bom tratamento oferecido ao cavalo, preferia felicitá-lo por sua sorte. Por outro lado, foi capaz de rapidamente "mudar de opinião" ao constatar que o ônus de uma vida confortável poderia ser alto demais. Em outras palavras, o cavalo tivera de pagar com a própria vida o preço de todo o conforto que pudera usufruir. Dessa forma, à margem do que diz a moralidade da fábula, para o burro fica evidente que, na transitoriedade da vida, nada é permanente: nem a fortuna e nem a miséria, nem os sucessos e nem os fracassos. Logo, estaria, então, aberto o caminho para que ele continuasse lutando pela melhoria de suas condições de existência.

Em "Os burros falando a Zeus", o burro avança um pouco mais em sua busca particular e revela capacidade de mobilização social, elegendo ainda representantes que possam expor as suas reivindicações. Dessa vez, ao contrário de confiar apenas em suas estratégias individuais ou dar ouvidos a conselhos suspeitos como o da cabra, o burro parte para o tudo ou nada e, por meio de seus emissários, prefere pedir a suprema ajuda de Zeus, o rei dos deuses do Olimpo:

262. Os burros falando a zeus

Um dia, alguns burros, por sempre carregarem fardos e sofrerem de fadiga, enviaram emissários a Zeus, pedindo um fim aos seus sofrimentos. E este, querendo mostrar-lhes que isso era impossível, disse que eles se livrariam de sua infelicidade quando, urinando, conseguissem formar um rio. E até hoje os burros, tomando como verdadeiro o que ele dissera, sempre que encontram urina de burro urinam também no mesmo lugar.

A fábula mostra que o que está destinado a cada um é imutável. (ibidem, p.146).

A partir da fábula citada (Esopo 262), podemos considerar que a constante disposição para testar novos meios de resolver seus problemas e dilemas mostra que o burro tem uma profunda consciência de si mesmo e da contínua exploração de que padece. Entretanto, se os seus infortúnios são permanentes, em igual medida é o seu otimismo. Contrariando a indiferença de Zeus e a inexorabilidade proposta pelo epimítio, o burro continua tentando "formar um rio". Tudo isso porque, além de persistente, o burro é sábio e surpreendentemente astuto, como podemos conferir nas três fábulas seguintes que finalizam a abordagem do repertório de Esopo a respeito da personagem.

228. O lobo e o burro

Um lobo, tornando-se chefe dos demais lobos, estabeleceu leis dispondo que aquilo que cada um caçasse seria dividido igualmente entre todos, para que não se vissem os restantes na penúria e comendo uns aos outros. Mas um burro se aproximou e, sacudindo a crina, disse: "É uma bela ideia vinda do coração de um lobo, mas por que tu escondeste na tua cova tua caça de ontem? Traze-a e coloca-a no meio de todos". E o lobo, ficando confuso, aboliu as leis.

Aos que parecem estabelecer leis segundo a justiça mas não acatam eles próprios ao que estabelecem e decretam. (ibidem, p.130)

276. O burro e o cão viajando juntos

Um burro e um cão viajavam pelo caminho. Como encontrassem no chão uma carta lacrada, o burro pegou-a, rompeu o lacre e a leu, expondo o conteúdo de forma a ser entendido pelo cão. A carta, disse ele, era sobre forragem, pastagem, cevada e palha. Ora, o cão, aborrecido, indispôs-se com a exposição do assunto pelo burro. E então disse àquele: "Vai mais embaixo, caríssimo, e procura se ela não trata também de carnes e ossos". E o burro percorreu tudo o que estava escrito e nada encontrou sobre o que o cão queria. Assim, novamente falou o cão: "Joga-a ao chão, já que no que encontraste, amigo, nada tem valor". (ibidem, p.153)

281. O burro (fingindo-se de coxo)

Um burro, pastando em um campo, fingiu-se de coxo ao ver um lobo avançar contra ele. Como o lobo se aproximasse dele e perguntasse a causa de ele ser coxo, disse que, atravessando uma paliçada, pisara sobre um espinho. Pediu-

-lhe, então, que primeiro lhe tirasse o espinho e, depois, poderia comê-lo sem se machucar. O lobo persuadiu-se e, enquanto levantava a pata do burro e voltava toda a sua atenção para o casco, o burro, com uma patada na boca do lobo, fez saltarem todos os seus dentes. E este, passando mal, disse: "Mas eu sofro merecidamente, pois, tendo aprendido com meu pai o trabalho de açougueiro, por que quis eu próprio tentar a medicina?".

Assim também, entre os homens, os que fazem algo que não sabem naturalmente caem em desgraça. (ibidem, p.155)

Vemos, portanto, que o burro, além de lutar por si mesmo, tem um senso de justiça tão acurado que é capaz de enfrentar o lobo para combater a sua hipocrisia. Assim, ao ser desmascarado perante todos pela ousadia do burro, o lobo desiste de sua equidade simulada e abole as leis que decretara (Esopo 228). Na fábula seguinte (Esopo 276), embora o enredo destaque as preferências opostas entre cão e burro, vale ressaltar que o conteúdo da carta encontrada só é conhecido porque o burro foi capaz de lê-la ou no mínimo simular sua leitura. Considerando que o burro é um representante dos pobres e oprimidos, a hipótese de que ele seja alfabetizado é digna de nota e põe em destaque as suas potencialidades e habilidades. Ampliando ainda mais o perfil ficcional do burro, vimos também que ele é capaz de ser tão astuto como a raposa (Esopo 281). Ameaçado pelo lobo, ele se finge de coxo e arma-lhe uma cilada magistral, derrotando-o pela segunda vez.

Nas fábulas de Fedro

Se em Esopo, o burro é apresentado majoritariamente como alvo da exploração alheia e, em paralelo, como alguém capaz de reagir criticamente e de sonhar com outras possibilidades na cadeia de relações sociais, em Fedro ele apresentará uma faceta ainda mais crítica, astuta e até vingativa. Como sabemos, Fedro (I d.C.) é o primeiro, senão o principal, dos continuadores romanos da tradição esópica. Ex-escravo e alforriado por Augusto, era também um crítico perspicaz das desigualdades sociais e, por meio de suas fábulas, fez críticas veladas a Sejano, ministro de Tibério, o sucessor de Augusto. Em consequência disso, foi exilado e teve os seus bens confiscados. Para Fedro, portanto, a fábula era um instrumento de combate utilizado na

NAS RAIAS DE UM GÊNERO   303

censura aos desmandos do poder e era, ao mesmo tempo, expressão particular do seu pensamento. Vejamos o que ele mesmo afirma na introdução ao seu terceiro livro de fábulas:

> Agora ensinarei abreviadamente por que foi inventado o gênero das fábulas.
> A escravidão exposta, porque não ousava dizer o que queria, levou os seus sentimentos próprios para as fábulas e iludiu a denúncia com gracejos fingidos. Ora pelo caminho daquele Esopo eu fiz o caminho e pensei mais coisas do que ele deixara, escolhendo algumas para as aplicar à minha desgraça. (Firmino, 1943, p.40)

Vemos assim que, na visão de Fedro, a fábula era o meio de expressão dos que viviam em regime de escravidão. Por essa perspectiva, poderíamos também encontrar explicações para o fato de que, em suas fábulas, o burro, representante dos oprimidos, tem mais voz e o seu discurso é altamente expressivo e contundente. Vejamos o primeiro texto:

XV – O burro a um velho pastor[22]
O pobre muda de amo, mas não de condição

Na mudança de governo muitas vezes os pobres nada mudam além do nome do seu senhor. Esta pequena fabulazinha indica ser isto verdadeiro.

Um velho tímido apascentava um burrinho num prado. Aquele, assustado com o clamor inesperado dos inimigos, aconselhava o burro a fugir, para que não pudessem ser apanhados. Mas este tranquilamente respondeu: – *Pergunto. Porventura julgas que o vencedor me há-de pôr duas albardas?* O velho disse que

---

22 As fábulas de Fedro são todas versificadas em senários jâmbicos, um tipo de verso formado pela combinação de seis pés (partes do verso), cada um deles constituído por uma sílaba longa e outra breve. (Ver Portella, 1979). Nessa tradução, entretanto, o tradutor optou por organizá-las em prosa, mantendo mesmo assim o estilo sintético do fabulista romano. Também salientamos que, embora o próprio Fedro tenha reescrito muitas das fábulas de Esopo, ao analisarmos o burro no contexto de sua obra, destacamos apenas as fábulas que não fazem parte do acervo de Esopo ou que, pelo menos, não constam na coletânea de Esopo organizada por Chambry e traduzida por Neide Smolka. Embora as fábulas retomadas por Fedro ou demais fabulistas possam trazer novos sentidos, optamos por essa estratégia de seleção, dada a necessidade de delimitação do campo de análise.

não. – *Portanto, que me importa a quem sirva, contanto que traga a minha albarda?* (ibidem, "Livro I", p.21)

Como podemos conferir, na fábula supracitada a fala do burro tem o efeito de uma breve gnome: *"que me importa a quem sirva, contanto que traga a minha albarda?"*. Ainda que demonstre certo conformismo diante da realidade, a personagem se impõe pela segurança do discurso. Diante de um velho amedrontado por inimigos, o burro se fortalece e, dando mostras de uma clara consciência de sua condição, destila toda a sua ironia. Portanto, no confronto de "velho tímido" *versus* burro ousado, o burro sai vencedor e, na concepção de Nøjgaard, se estabelece como a personagem mais forte por ser a *última optante*. Em outras palavras, o burro é mais forte porque faz a última escolha que se manifesta por meio da *réplica final*.

Se em "O burro a um velho pastor", o burro ousa desafiar a ordem de seu próprio dono, questionando-a e desobedecendo-a, em "O leão velho, o javali, o touro e o burro", ele cometerá, talvez, o maior ato de rebeldia de sua história, ao vingar-se de seu principal opressor.

XXI – O leão velho, o javali, o touro e o burro
O infeliz até para os mais cobardes serve de escárneo.

Todo aquele que perdeu a antiga dignidade é objeto de zombaria até para os cobardes, na sua grave queda.

Como um leão abatido pelos anos e abandonado pelas forças jazesse, exalando o último alento, um javali veio para ele com os dentes fulminantes e vingou com uma dentada uma antiga ofensa. Em seguida o touro varou o corpo inimigo com os chifres infestos. O burro, quando viu que o animal feroz sofria impunemente, quebrou-lhe a cabeça aos coices. Então aquele leão, expirando, disse: – *Sofri indignamente que os animais fortes me insultassem; mas porque sou obrigado a suportar-te, ó desonra da natureza, certamente me parece morrer duas vezes.* (ibidem, "Livro I", p.23-4)

O promítio da fábula, como vemos, classifica o burro como "cobarde" e o leão, ainda que em seus últimos momentos de vida, atribui-lhe o cognome de "desonra da natureza" na *réplica final*, numa última tentativa de manter-se como o mais forte. Contudo, os fatos podem ser vistos por outro viés. Embora o leão insista em depreciá-lo e o promítio reforce o seu ponto de vista, o fato é que o burro, entre outros animais temidos e ferozes como o javali e o touro, foi o responsável por dar o golpe de misericórdia no leão velho e ofegante. Conforme sabemos e já vimos em algumas fábulas de Esopo, o leão se compraz em enganar o burro e em desrespeitá-lo de todas as maneiras. Portanto, assim como ocorrera com o velho pastor, o burro aguarda o momento de fragilidade do leão velho para dar-lhe a devolutiva ou, em outro sentido, fazer-lhe um último favor.

Em seu propósito de buscar a sua própria justiça, o burro pode chegar, às vezes, ao extremo de se autoprejudicar ou provocar um resultado diferente do esperado. De fato, tendo a sua trajetória marcada pelo trabalho pesado ou por qualidades como mansidão, fidelidade, tolerância e, ainda, pela sabedoria adquirida por meio da experiência, em certas situações chega a cometer alguns excessos ao se deixar dominar por sentimentos torpes e sinistros, como o egoísmo e a vingança gratuita. Vejamos:

XXIX – O burro escarnecedor do javali
Uma palavra de zombaria custa muitas vezes caro.

Enquanto os loucos muitas vezes procuram um breve riso, atingem os outros com uma grave afronta e atraem sobre si um grave perigo.

Como um burrinho fosse ao encontro dum javali, disse: – *Eu te saúdo, ó irmão.* Aquele, indignado, repudia a cortesia e pergunta-lhe porque é que mente assim. O burro, mostrando-lhe o pé, responde: – *Se tu dizes que eu não sou semelhante a ti, certamente esta pata é semelhante ao teu focinho.* Como o javali quisesse fazer um ataque honroso, conteve a sua ira e disse: – *A vingança seria bastante fácil para mim, mas não quero sujar-me com sangue desprezível.* (ibidem, "Livro I", p.28)

XVIII – O burro e o boi

Um burrinho e um boi puxavam um carro ligados ao mesmo jugo. Enquanto o boi se esforça mais fortemente, partiu um chifre. O burro impassível com a grave fatalidade do companheiro não lhe presta nenhum auxílio. Logo que o boi foi prostrado com a excessiva carga, o boieiro carregou sobre o burro a carne do boi morto. O orelhudo desfalece acabrunhado com mil chagas e expirou caído no meio do caminho. Então as aves que vieram ter com a nova presa disseram: *Se te tivesses tornando afável para com o boi que te suplica auxílio, não nos alimentarias com a tua morte prematura.* (ibidem, "Novas fábulas", p.104)

Em "O burro escarnecedor do javali", como vimos, o burro se arrisca ao provocar indevidamente o javali. Num primeiro momento, dirige-se ao javali, chamando-o de "irmão", mesmo sabendo da impossibilidade de um relacionamento fraternal entre os dois. Ao ver a reação negativa do seu oponente, insiste ainda mais na provocação desnecessária: "– *Se tu dizes que eu não sou semelhante a ti, certamente esta pata é semelhante ao teu focinho*". O que nos chama a atenção, todavia, é a total ausência de motivos e explicações imediatas para a atitude do burro, que parece apenas se deleitar com a brincadeira perigosa. Trata-se do insulto pelo insulto, sem maiores motivações. Esse comportamento pueril, entretanto, não é característico do burro e parece ser apenas uma forma terapêutica de alívio em sua rotina permanente de frustrações e penúrias.

Se, em "O burro escarnecedor do javali", o burro provoca estranheza por sua forma de agir, em "O burro e o boi" seu comportamento será ainda mais inesperado. Parecendo lembrar-se do que vivera em "O cavalo e o asno" de Esopo, o burro reproduz o mesmo comportamento egoísta do cavalo que, naquela ocasião, provocara a sua morte. Porém, não é ao cavalo que o burro devolverá a deslealdade da qual fora vítima, mas sim ao boi que, aparentemente, não lhe dera motivos para tanto. Podemos dizer, então, que, na ânsia de mudar a sua história, nessa fábula o burro comete um desatino que lhe traz uma consequência grave e fatal: a perda de sua própria vida. A punição que recebera, portanto, foi exemplar e maior que a do cavalo: ao ter de carregar o peso de um boi, o burro acaba por morrer prematuramente e sua carne é consumida pelas aves.

A diversidade observada no perfil do burro, conforme verificamos nas quatro fábulas anteriores, leva-nos a constatar mais uma vez que os caracteres, embora sejam constantes, podem ser também relativos e, no caso específico do burro, aproxima-o ainda mais da alma humana que, conforme analisa Rosenfeld (2009) é "inefável" e insondável e torna-se mais compreensível pelo cunho definido ou definitivo da personagem de ficção.

Na obra de Fedro, entretanto, também veremos o burro em sua imagem mais típica e tradicional que o apresenta como animal útil ao homem, vítima de maus-tratos e humilhações e, ao mesmo tempo, conformado com suas limitações e impossibilidades, como podemos conferir nas três fábulas seguintes.

VII – Os dois machos e os ladrões
Os ricos teem mais que temer.

Dois machos iam carregados com bagagens. Um levava cestos com dinheiro; o outro, sacos abarrotados de muita cevada. Aquele, rico com a carga, está sobranceiro com a cabeça levantada, e sacode com o pescoço um guiso sonoro. O companheiro segue-o com passo tranquilo e sossegado. De súbito os ladrões veem duma emboscada e, no meio do assalto, ferem com um ferro o macho, roubam as moedas e desprezam a vil cevada; como, pois, o macho, roubado, chorasse as suas desgraças, o outro diz: – *Na verdade folgo que eu tivesse sido desprezado, porque nada perdi e não fui maltratado com ferida.*

Com este argumento está segura a pobreza dos homens; as grandes riquezas estão expostas ao perigo. (ibidem, "Livro II", p.36)

I – O burro e os galos (sacerdotes de Cibele)
*Infelicíssimo é o que, sendo desgraçado em vida ainda o é mais
depois de morto.*

O que nasceu infeliz não só passa uma vida triste, mas até depois da morte o persegue a dura miséria do destino.

Os galos, sacerdotes de Cibele, costumavam levar para os peditórios um burro que trazia as cargas. Como este tivesse sido morto com o trabalho e com as cargas, tirada a pele, fizeram para si tambores. Interrogados depois por um certo homem sobre o que tinham feito ao seu jumento Delício, falaram deste modo: *Julgava que ele depois da morte havia de estar seguro, mas eis que outras pancadas são dadas ao morto.* (ibidem, "Livro IV", p.57-8)

XII – O burro a uma lira
Dá Deus as nozes a quem não tem dentes.

Um burro viu uma lira que jazia num prado. Aproximou-se e experimentou as cordas com a unha. Tocadas as cordas, soaram. *Linda coisa, mas, por Hércules,*

308 LOIDE NASCIMENTO DE SOUZA

correu mal para mim – disse o burro – *porque sou desconhecedor da arte. Se alguém mais hábil a tivesse encontrado, teria deleitado os ouvidos com os cantos divinos.*

Deste modo os talentos muitas vezes perdem-se por infelicidade. (ibidem, "Apêndice", p.87)

Na primeira fábula do conjunto, como vimos, ocorre a utilização da palavra "macho" em lugar de "burro". Não há dúvidas, entretanto, de que se trata do quadrúpede híbrido,[23] uma vez que na Roma do século I a.C., o tempo de Fedro, ele era o principal carregador de cargas. A fábula o representa exatamente nessa função de transportar os diversos produtos, desde os mais preciosos, como o dinheiro, até os mais comuns, como a cevada. O elemento moral do texto, entretanto, reside no fato de que o burro que carrega o dinheiro sente-se vaidoso pela preciosidade de sua carga. Vemos aqui, portanto, um rápido reflexo da tão proclamada tolice do burro que, nessa fábula, inadvertidamente imagina poder atrair para si as glórias do objeto transportado como ocorrera em "O burro levando a estátua". Os delírios de grandeza do burro, entretanto, são sempre efêmeros. Nesse caso específico, sua breve fantasia foi interrompida pelo ataque repentino de ladrões que o espancam e levam a sua carga. Já o burro da cevada, que viajava "tranquilo e sossegado", sente-se recompensado por transportar um produto de pouco valor. A fábula, portanto, composta de promítio e epimítio, exalta os valores da pobreza e convoca o burro a acomodar-se aos limites de sua classe.

Nas outras fábulas, "O burro e os galos (sacerdotes de Cibele)" e "O burro a uma lira", vemos o burro como imagem do sofrimento e da limitação. Na primeira fábula, embora receba o nome próprio de Delício, o que raramente acontece, o excesso de cargas e trabalho levam o burro à morte. É interessante observar, no entanto, que os próprios galos transfiguram o seu sofrimento, quando aproveitam a sua pele para fazer tambores que, coincidentemente, também levam pancadas para emitir sons. Daí a razão para que o promítio antecipe a conclusão com o seguinte pensamento metafórico: "[o infeliz] até depois da morte o persegue a dura miséria do destino". Em "O burro a uma lira", diferentemente do burrinho de Grimm que sabia

---

23 Na tradução constante em Dezotti (2003), a fábula recebe o título "Os dois burros e os ladrões". Em La Fontaine, esta é a quarta fábula de seu Livro I e recebe o título "Os dois mulos" ou "As duas mulas".

tocar alaúde, o burro de Fedro se sente incapaz de tocar uma lira e se classifica como "desconhecedor da arte".

Na perspectiva das fábulas vistas no parágrafo anterior, o burro seria apenas um sofredor e um sobrevivente desprovido de talento, sendo ainda incapaz de apreciar a música. Entretanto, a despeito da qualificação negativa que sempre recebera, uma das maiores virtudes do burro é a sabedoria. E, como ele mesmo afirma na crônica publicada em 16 de outubro de 1892, na *Gazeta de Notícias*, por Machado de Assis, a filosofia é o seu ponto forte:

> A nossa raça é essencialmente filosófica. Ao homem que anda sobre dois pés, e provavelmente à águia, que voa alto, cabe a ciência da astronomia. Nós nunca seremos astrônomos. Mas a filosofia é nossa. Todas as tentativas humanas a este respeito são perfeitas quimeras. (Assis, 1994, p.47)

Ainda que em Machado de Assis as palavras do burro possam estar carregadas de ironia, as fábulas, como já vimos em Esopo, mostram que o burro também pode ser sábio e capaz de agir com prudência. Vejamos, então, as seguintes fábulas de Fedro:

VI – A mosca e a mula
As gabarolices são dignas de riso.

> Uma mosca pousou no temão e, censurando a mula, diz: – *Quão vagarosa és! Não queres andar mais depressa? Tem cautela não te pique eu o pescoço com o ferrão*. Aquela respondeu: – *Não me movo com as tuas palavras, mas temo aquele que, sentado no assento da frente, governa o meu jugo com flexível chicote, e me refreia a boca com espumantes freios. Por isso, deixa a tua frívola insolência. Eu sei onde se deve parar e quando se deve correr.*
>
> Por esta fábula pode certamente ser escarnecido aquele que sem valor faz vãs ameaças. (Firmino, 1943, "Livro III", p.43-4)

IV – O homem e o burro
Feliz o que escarmenta em cabeça alheia.

> Como um certo homem tivesse imolado um varrão ao divino Hércules, ao qual devia uma promessa pela sua saúde, ordenou que as sobras da cevada se

deitassem ao burro. Aquele burro, rejeitando estas, falou assim: *Com muito gosto apeteceria aquela comida, se não tivesse sido morto aquele que se nutriu com ela.*

Aterrado com a reflexão desta fábula, evitei sempre o lucro perigoso. Mas diz-se: *Os que roubaram riquezas continuam latentes. – Eia, vamos! Enumeremos os que, sendo presos, pereceram. Encontrar-se-á maior número de castigados. A temeridade é um bem para poucos, e é um mal para muitos.* (ibidem, "Livro V", p.78)

XX – O cavalo e o burro

Um burro pedia a um cavalo uma pequena porção de cevada. Respondeu: *Se me fosse permitido dar-ta-ia pela minha dignidade. Mas, quando chegarmos aos costumados estábulos, dar-te-ei como presente um saco cheio de farinha.*

O burrinho em resposta a este diz: *Tu que negas uma coisa tão pequena, o que julgarei eu que tu hás-de fazer a mais?* (ibidem, "Novas fábulas", p.104-5)

Conforme podemos verificar, nas três fábulas citadas em bloco, o burro expressa a sua sabedoria e bom senso por meio do discurso. Na concepção de Nøjgaard, ele também se estabelece como o mais forte porque, ao ser último a replicar, vence o debate. Em "A mosca e a mula", o burro enfrenta a provocação gratuita da mosca de forma objetiva e inteligente. Questionado pela mosca por sua vagareza e diante das ameaças do inseto, vimos que o burro aponta para o cocheiro e apela para a sua consciência: *"Eu sei onde se deve parar e quando se deve correr"*. Em "O homem e o burro", ele mostra a sua ética ao se recusar a comer os restos de comida do varrão imolado e, nisso, é fortemente apoiado pelo narrador que, ao final do texto, acrescenta a sua reflexão. Por meio de sua atitude e de suas palavras, o burro traz uma advertência aos que obtêm lucro a partir do fracasso alheio e assim, no seu confronto com o próprio homem, firma as bases para que se consolide o aspecto moral dessa fábula. Por último, em "O cavalo e o burro", percebe rapidamente a avareza do cavalo que lhe recusa uma "pequena porção de cevada" no presente, mas lhe promete um saco de farinha para o futuro. E diante da estratégia egoísta, o burro também dá o seu recado: *"Tu que negas uma coisa tão pequena, o que julgarei eu que tu hás-de fazer a mais?"*.

Nas fábulas de Fedro, portanto, o burro mostra a sua superioridade pelo domínio do discurso e pela expressão do seu pensamento. De modo geral, no contexto de Esopo e Fedro, há uma diversificação no perfil ficcional do burro, o que o transforma em uma personagem relativamente complexa. Ainda que um grupo de textos o revele como alvo de maus-tratos e de exploração, tolo e até insolente, há também diversas fábulas que o desenham como cauteloso, sábio e até astuto.

Segundo Nøjgaard, o caráter arbitrário das qualidades do animal é uma necessidade estrutural da fábula. Entretanto, o autor é livre para variar os caracteres e imprimir à personagem outras características, operando, assim, um ligeiro desvio da norma.

> Evidentemente, [...] o autor é *livre* para atribuir a uma determinada personagem o caráter que preferir, como se ele estivesse produzindo uma história natural. Normalmente, ele não exerce sua liberdade sobre os fatos materiais [...], mas sobre as *ações* que executam as personagens.
>
> [...] Em torno da mesma ação, pode-se descobrir qualidades diferentes, de sorte que a personagem caracterizada em diversas fábulas por uma mesma ação pode apresentar um valor "tipológico" variado. (Nøjgaard, 1964, p.312-3)[24]

No caso do burro, por exemplo, sua capacidade de entregar-se ao trabalho pode determinar a configuração de características diversas e até opostas. Portanto, em sua ação de trabalhar, o burro pode apresentar-se como tolo (Esopo 208), explorado (Esopo 273), presunçoso (Esopo 266), determinado ("A mosca e a mula", de Fedro), egoísta ("O burro e o boi", de Fedro) etc.

Em seu estudo sobre a imagem do burro em várias fontes escritas e orais, Juan Cascajero (1998) defende que sua representação pode ser mais bem entendida se analisada sob um "ângulo dialético". Assim, no gênero fabular, o burro representaria o povo em seus extratos mais pobres e oprimidos, mas, consciente de sua condição, deseja mudar a sua realidade. Vejamos as conclusões do autor:

> Claro representante, na fábula, dos grupos sociais mais explorados e oprimidos, representação esta que é também consoante, em grande parte, com a

---

24 *"Evidemment [...] l'auteur est libre d'attribuer à un personnage donné le caractère qu'il plaît, comme il l'était en face de l'histoire naturelle. Normalement il n'exerce pas sa liberté sur les faits matériels [...], mais sur les actions qu'exécutent les personnages.*
[...] D'abord la même action peut recouvrir des forces différentes, de sorte que le personnage caractérisé, dans plusieurs fables, par une même action, prend une valeur 'typologique' variée."

forma como esses mesmos grupos se concebem, o burro se mostra consciente e insatisfeito com suas miseráveis condições de existência e, por isso, se lamenta e se queixa delas. E, ainda, sabedor dos riscos que sua atitude comporta, esquivo e rebelde, democrata, inclusive, protesta e luta para mudá-las. Naturalmente, não se define a si mesmo como nécio ou torpe. Ao menos, não mais que a outros animais/grupos sociais. Não é o explorado e, por isso mesmo, o nécio. É o explorado que sabe que o é, que quer deixar de sê-lo e, consequentemente, não quer já ser rotulado de tolo ou incapaz. (Cascajero, 1998, p.35-6)[25]

É curioso observar, entretanto, que mesmo nas literaturas de origem popular e oral, como é o caso da fábula, o burro, como representante do povo, é, muitas vezes, subestimado e qualificado de modo pejorativo. Para Cascajero, entretanto, a ingerência do pensamento dominante pode ocorrer também nas produções populares. Por outro lado, ao sujeitar o burro, as classes populares também sublimariam ocultamente a sua própria necessidade de dominação, ao mesmo tempo que se sentem paradoxalmente representadas por ele.

Parece, desde logo, inquestionável que o grau de desqualificação do explorado, é proporcional sempre ao grau de exploração a que está submetido. E essa proposta tão taxante vale, segundo nos parece, tanto para os animais como para as pessoas. [...] Insulta-se o explorado para justificar, pois, o fato mesmo da exploração, do maltrato [...]. E não se deve esquecer, nesse momento, que *o burro foi o escravo do pobre na mesma medida que o escravo foi o burro do rico.* Daí que [...], também nos restos orais populares, encontram-se presentes unidades desqualificatórias sobre o burro. Daí, também, a atitude um tanto ambivalente em relação ao burro desses mesmos relatos populares. Porque, por uma parte, tinham necessidade de justificar-legitimar sua relação de domínio e crueldade com o asno pelo que deviam adjetivá-lo convenientemente [...]. Mas, por outra

---

25 *"Claro representante el burro, en la fábula, de los grupos sociales más explotados y oprimidos, en gran medida, también, según éstos se conciben a sí mismos, si muestra consciente e insatisfecho con sus miserables condiciones de existencia, se lamenta e se queja de ellas, y, aún sabedor de los riesgos que su actitud comporta, esquivo y rebelde, demócrata, incluso, protesta y lucha por cambiarlas. Naturalmente, no se dibuja a sí mismo como necio ni torpe. Al menos, no más que a los otros animales/grupos sociales. No es el explotado y, por eso mismo, el necio. Es el explotado que sabe que lo es, que quiere dejar de serlo y, en consecuencia, no quiere ser tildado ya de necio o incapaz."*

parte, os criadores e propagadores desses relatos [e fábulas] se sabiam representados, no gênero, pelo burro e não podiam caracterizá-lo de tal modo que suas inquietudes e aspirações se vissem impedidas definitivamente, o que explicaria as novas tonalidades positivas do asno presentes no gênero. (ibidem, p.37-8)[26]

Nas fábulas de La Fontaine

A mesma representação ambivalente em relação ao burro, como destaca Cascajero no subtópico anterior, pode ser observada nas fábulas de La Fontaine (1621-1695).[27] Súdito de Luís XIV, o Rei Sol, La Fontaine chegara a ser um dos poetas oficiais do Palácio de Versalhes. Entretanto, por criticar veladamente a hipocrisia da corte, foi perseguido por Colbert, um dos ministros de Luís XIV. Sua produção, no entanto, não é interrompida porque recebia a proteção de mulheres nobres e poderosas como Madame de la Sablière, Madame de Sevigné, entre outras.

Embora existam outros fabulistas na tradição esópica, essa última abordagem sobre La Fontaine é pertinente, não só pelo caráter diferenciado que se imprimiu à fábula, mas, acima de tudo, por se tratar da principal referência de Monteiro Lobato na reescritura das fábulas. É exatamente de um de seus textos que Monteiro Lobato resgatará o burro para transformá-lo em Burro Falante no Sítio do Picapau Amarelo.

A primeira das fábulas de La Fontaine a apresentar o burro como personagem é "O moleiro, seu filho e o asno". Vejamos:

---

26 *"Parece, desde luego, incuestionable que el grado de descalificación del explotado es proporcional, siempre, al grado de explotación misma a que está sometido. Y esta propuesta, tan tajante, vale, según nos parece, tanto para los animales como para las gentes. [...] Se insulta al explotado, pues, para justificar y legitimar el hecho mismo de la explotación, del maltrato [...]. Y no conviene olvidar, en este momento, que el burro fue el esclavo del pobre en la misma medida que el esclavo fue el burro del rico. De ahí que, [...] también en los restos orales populares, estén presentes unidades descalificatorias hacia el asno. De ahí, también, la actitud un tanto ambivalente hacia el burro de estos mismos relatos populares. Porque, por una parte, estaban sometidos a la necesidad de justificar-legitimar su relación de dominio y crueldad con el asno por lo que debían adjetivarlo convenientemente [...]. Pero, por otra parte, los creadores y propagadores de esos relatos se sabían representados, en el género, por el burro y no podían caracterizarlo de tal modo que sus inquietudes y aspiraciones se vieran impedidas definitivamente, lo que explicaría las nuevas tonalidades positivas del asno presentes en el género."*

27 Assim como fizemos na abordagem de Fedro, em La Fontaine abordaremos somente as fábulas sobre o burro que não fazem parte do acervo de Esopo.

O moleiro, seu filho e o asno

A invenção das Artes é um direito de primogenitura,
Nós devemos o Apólogo à antiga Grécia.
Mas nesse campo não se pode concluir a colheita
De modo que os sucessores não tenham nada a colher.
O disfarce é ainda um lugar cheio de terras desertas.
Todos os dias os nossos Autores fazem lá novas descobertas.
Eu quero te contar um episódio frequentemente recontado;
Outrora a Racan, Malherbe o contou.
Estes dois rivais de Horácio, herdeiros de sua Lira,
Discípulos de Apolo, nosso Mestre, por melhor dizer,
Encontram-se, um dia, a sós e sem testemunhas
(Assim compartilhavam seus pensamentos e inquietações),
Racan começa assim: Diga-me, eu te peço,
Tu que deves saber as coisas da vida,
Que por todos os seus degraus já terás passado,
E nada deve escapar a ti em sua avançada idade,
Que devo fazer? Faz tempo que penso sobre isso.
Tu conheces os meus valores, meu talento, minha origem.
Devo eu na Província estabelecer minha morada,
Conseguir emprego no Exército, ou mesmo uma ocupação na Corte?
Tudo no mundo é uma mistura de tristezas e encantos.
A guerra tem seus atrativos, o Himeneu tem seus temores.
Se eu seguisse minha vontade, saberia onde ficar;
Mas eu tenho os meus, a corte, o povo para contentar.
Malherbe diz imediatamente: Contentar todo mundo!
Escuta esta história antes que eu responda.

Eu li em algum lugar que um Moleiro e seu filho,
Um velho, o outro criança, não dos mais pequenos,
Mas rapaz de 15 anos, se eu tenho boa memória,
Iam vender seu burro, certo dia de feira.
Para que ficasse mais descansado e tivesse um melhor valor,
Eles amarram os pés do burro e o suspendem;
Em seguida o homem e seu filho o carregam como a um lustre.

Pobres pessoas, estúpidas, gente ignorante e grosseira.
O primeiro que os vê dá uma enorme gargalhada.
Qual farsa, disse, vão eles representar?
O mais burro dos três não é o que se pode pensar.
O Moleiro, a estas palavras, percebe sua ignorância;
Então coloca seu animal no chão e o faz galopar.
O Burro, que preferia viajar do outro jeito,
Lamenta-se em seu dialeto. O Moleiro não se importa.
Monta seu filho sobre o burro e segue. De repente
Passam três bons Mercadores e a cena os desagrada.
O mais velho deles fala para o rapaz em tom alto:
Olha aí! Oh! Desça, rapaz, para que as pessoas não digam
Que você traz um Criado de cabelos brancos.
Era você que devia seguir a pé e o velho, montar.
– Senhores, disse o Moleiro, eu vou contentá-los.
O menino então desce e o velho monta no burro,
Quando passam três meninas e uma delas diz: É uma grande vergonha
Fazer capengar assim o jovem filho,
Enquanto esse bobo, como um Bispo sentado,
Vai folgado sobre o Burro e pensa que é bem sábio.
– Não é mais, diz o Moleiro, de Folga a minha idade:
Vá embora, menina, e acredita em mim.
Depois de muitos insultos, ditos um depois do outro,
O homem acredita estar errado, e põe seu filho na garupa.
Ao fim de trinta passos, um terceiro grupo
Encontra ainda o que dizer. Um diz: Eles são loucos,
O Jumento não vai aguentar; vai morrer com um peso desses.
Que é isso! Carregar assim este pobre burrico!
Será que não têm piedade de seu velho animal?
Na feira, sem dúvida, eles vão vender sua pele.
– Por Jove, diz o Moleiro, é bem louco da cabeça
Quem pretende contentar todo mundo e seu pai.
Tentemos, todavia, porque de qualquer maneira
Nós chegaremos ao fim. Descem os dois.
O Burro, descansado, caminha só diante deles.
Certo indivíduo os encontra e diz: É a moda

316 LOIDE NASCIMENTO DE SOUZA

Que o Burro ande à vontade, e o Moleiro se sacrifique?

É o Asno ou o senhor que é feito para se cansar?

Aconselho essa gente a se enquadrar.

Eles usam os seus sapatos, e conservam seu Burro.

Nicolas faz o contrário, pois, quando vai ver Jeanne,

Monta em seu animal; e a canção o diz.

Belo trio de Jumentos! O Moleiro replica:

Eu sou Burro, é verdade, eu concordo, eu reconheço;

Mas, de agora em diante, que me censure, ou me elogie;

Que se diga alguma coisa ou que não se diga nada;

Eu vou fazer o que der na minha cabeça. Está decidido, e bem decidido.

Quanto a ti, que siga Marte, ou o Amor, ou o Príncipe;

Que vá, venha, corra; ou fique na Província;

Casamento, Mosteiro, Emprego, Governo:

As pessoas falarão, nunca duvide disso. (La Fontaine, "Livro III", "Fábula 1" apud Gibbs, 2002-2008, s.p.)[28]

---

28 Como não encontramos, para esta fábula, a tradução de Milton e Eugênio Amado utilizada nas demais citações de La Fontaine, fizemos então a tradução livre do texto original que é aqui reproduzido para efeito de conferência: *"Le Meunier, son Fils, et l'Ane / L'invention des Arts étant un droit d'aînesse, / Nous devons l'Apologue à l'ancienne Grèce. / Mais ce champ ne se peut tellement moissonner / Que les derniers venus n'y trouvent à glaner. / La feinte est un pays plein de terres désertes. / Tous les jours nos Auteurs y font des découvertes. / Je t'en veux dire un trait assez bien inventé ; / Autrefois à Racan Malherbe l'a conté. / Ces deux rivaux d'Horace, héritiers de sa Lyre, / Disciples d'Apollon, nos Maîtres, pour mieux dire, / Se rencontrant un jour tout seuls et sans témoins / (Comme ils se confiaient leurs pensers et leurs soins) / Racan commence ainsi: Dites-moi, je vous prie, / Vous qui devez savoir les choses de la vie, / Qui par tous ses degrés avez déjà passé, / Et que rien ne doit fuir en cet âge avancé, / A quoi me résoudrai-je ? Il est temps que j'y pense. / Vous connaissez mon bien, mon talent, ma naissance. / Dois-je dans la Province établir mon séjour, / Prendre emploi dans l'Armée, ou bien charge à la Cour ? / Tout au monde est mêlé d'amertume et de charmes. / La guerre a ses douceurs, l'Hymen a ses alarmes. / Si je suivais mon goût, je saurais où buter; / Mais j'ai les miens, la cour, le peuple à contenter. / Malherbe là-dessus: Contenter tout le monde ! / Ecoutez ce récit avant que je réponde. / J'ai lu dans quelque endroit qu'un Meunier et son fils, / L'un vieillard, l'autre enfant, non pas des plus petits, / Mais garçon de quinze ans, si j'ai bonne mémoire, / Allaient vendre leur Ane, un certain jour de foire. / Afin qu'il fût plus frais et de meilleur débit, / On lui lia les pieds, on vous le suspendit; / Puis cet homme et son fils le portent comme un lustre. / Pauvres gens, idiots, couple ignorant et rustre. / Le premier qui les vit de rire s'éclata. / Quelle farce, dit-il, vont jouer ces gens-là ? / Le plus âne des trois n'est pas celui qu'on pense. / Le Meunier à ces mots connaît son ignorance ; / Il met sur pieds sa bête, et la fait détaler. / L'Ane, qui goûtait fort l'autre façon d'aller, / Se plaint en son patois. Le Meunier n'en a cure. / Il fait monter son fils, il suit, et d'aventure / Passent trois*

Mais que a presença do asno, nessa fábula de La Fontaine, salta-nos aos olhos a estética singular que o autor utiliza na construção do texto, sobretudo abrindo mão da concisão esopo-fedriana. Além de produzir textos de grande extensão, comparando-se com os anteriores, o autor chega a inserir a fábula em outros episódios. Em "O moleiro, seu filho e o asno", a fábula propriamente dita, como vimos, faz parte de um diálogo de cunho filosófico que ocorre entre Racan e Malherbe. De qualquer forma, o conjunto narrativo é preparado para dar destaque ao texto fabular e é a ele que o leitor dedicará maior atenção. O episódio exterior, por sua vez, pode funcionar como um aprofundamento do discurso temático da moral que, conforme analisa Lima (1984), põe em foco o plano real das relações humanas.

À parte a poesia de La Fontaine, interessa-nos verificar a presença do asno na fábula destacada. Numa verificação de forma mais imediata, em "O moleiro, seu filho e o asno" o burro aparece como animal de montaria de pessoas pobres e comuns. Entretanto, é pertinente atentar para a profissão de uma das personagens principais da fábula: o moleiro. Como sabemos, o moleiro é sempre o dono de moinho ou a pessoa que nele trabalha. O moinho, por sua vez, é um engenho composto por duas mós, pedras grandes e circulares, postas uma sobre a outra, que, ao serem movidas, realizam a

---

bons Marchands. Cet objet leur déplut. / Le plus vieux au garçon s'écria tant qu'il put: / Oh là ! oh ! descendez, que l'on ne vous le dise, / Jeune homme, qui menez Laquais à barbe grise. / C'était à vous de suivre, au vieillard de monter. / — Messieurs, dit le Meunier, il vous faut contenter. / L'enfant met pied à terre, et puis le vieillard monte, / Quand trois filles passant, l'une dit: C'est grand'honte / Qu'il faille voir ainsi clocher ce jeune fils, / Tandis que ce nigaud, comme un Evêque assis, / Fait le veau sur son Ane, et pense être bien sage. / — Il n'est, dit le Meunier, plus de Veaux à mon âge: / Passez votre chemin, la fille, et m'en croyez. / Après maints quolibets coup sur coup renvoyés, / L'homme crut avoir tort, et mit son fils en croupe. / Au bout de trente pas, une troisième troupe / Trouve encore à gloser. L'un dit: Ces gens sont fous, / Le Baudet n'en peut plus ; il mourra sous leurs coups. / Hé quoi ! charger ainsi cette pauvre bourrique ! / N'ont-ils point de pitié de leur vieux domestique? / Sans doute qu'à la Foire ils vont vendre sa peau. / — Parbleu, dit le Meunier, est bien fou du cerveau / Qui prétend contenter tout le monde et son père. / Essayons toutefois, si par quelque manière / Nous en viendrons à bout. Ils descendent tous deux. / L'Ane, se prélassant, marche seul devant eux. / Un quidam les rencontre, et dit: Est-ce la mode / Que Baudet aille à l'aise, et Meunier s'incommode ? / Qui de l'âne ou du maître est fais pour se lasser ? / Je conseille à ces gens de le faire enchâsser. / Ils usent leurs souliers, et conservent leur Ane. / Nicolas au rebours, car, quand il va voir Jeanne, / Il monte sur sa bête ; et la chanson le dit. / Beau trio de Baudets ! Le Meunier repartit: / Je suis Ane, il est vrai, j'en conviens, je l'avoue; / Mais que dorénavant on me blâme, on me loue; / Qu'on dise quelque chose ou qu'on ne dise rien; / J'en veux faire à ma tête. Il le fit, et fit bien. / Quant à vous, suivez Mars, ou l'Amour, ou le Prince; / Allez, venez, courez ; demeurez en Province; / Prenez femme, Abbaye, Emploi, Gouvernement: / Les gens en parleront, n'en doutez nullement".

moagem de cereais. Em sua forma mais primitiva, esse tipo de engenho era movido pela força de animais como o burro. Podemos supor, então, que se o moleiro decidira vender o seu burro na feira, tomando ainda alguns cuidados para que o animal parecesse "mais descansado", é muito provável que ele já não era mais útil ao exercício de sua atividade, como ocorrera com o burro de Grimm. Desse modo, na fábula em questão, o burro seria também representado em sua imagem mais conhecida, a saber, o animal utilizado constantemente no trabalho pesado. De qualquer forma, paralelo a essa imagem de exploração, a fábula também apresenta o burro como animal precioso e de estimação, que pode suscitar certa afeição por parte das pessoas. Vimos, por exemplo, que, entre os maledicentes que importunavam o velho moleiro, houve quem partisse em defesa do burro: "O Jumento não vai aguentar; vai morrer com um peso desses. / Que é isso! Carregar assim este pobre burrico! / Será que não têm piedade de seu velho animal?". O moleiro, por sua vez, também o via como animal de valor, tanto que pretendia vendê-lo a bom preço na feira.

Vimos que, na fábula citada anteriormente, o burro tem uma função passiva, servindo apenas como objeto dos interesses e conjecturas alheias. Em "O burro e o cão" ele terá um papel ativo e, assim como ocorrera em "O burro e o boi" de Fedro, apresentará um comportamento pouco frequente em seu perfil. Vejamos a fábula:

O burro e o cão

Dar ao próximo ajuda é lei da natureza.
Disso o burro zombou, entretanto, uma vez,
E não sei como o fez,
Pois é boa criatura, com certeza.
Ia pelo interior, seguido por um cão,
em marcha lenta, sem se preocupar.
Acompanhava os dois o seu comum patrão.
Este dormiu; e o burro, então, pôs-se a pastar.
Achava-se num prado
de relva muito a seu agrado.
Faltavam cardos, mas resignou-se a esse fato:
é preciso não ser sempre muito exigente;

NAS RAIAS DE UM GÊNERO **319**

e é raro que por falta de tal prato
se retarde um banquete indefinidamente.
Nosso burrico soube, enfim,
privar-se, dessa vez. O cão, de fome louco,
lhe diz: – "Amigo, baixa essa carga um pouco.
Do teu cesto de pão tirarei meu sustento".
Nem resposta; silêncio. O arcádico rocim
temia que, perdendo um só momento,
perdesse uma dentada.
Longo tempo ficou sem querer ouvir nada.
Por fim, responde: – "Amigo, eu te aconselho: aguarda
que nosso amo desperte; ao acordar,
ele sem falta te há de dar
a ração habitual.
Tem paciência. Teu ágape não tarda".
Nesse momento, um lobo sai da mata
e se aproxima; é outro esfomeado animal.
O burro chama logo o cão em seu socorro.
Sem se mover, retruca-lhe o cachorro:

– "Querido amigo, eu te aconselho: trata
de pôr-te a salvo, até nosso amo despertar.
Isso não tarda. Vai, foge depressa, então!
Se o lobo te agredir, quebra-lhe o maxilar.
Tens ferradura nova e, se me crês,
deixá-lo-ás arrasado de uma vez".
Durante esse belíssimo sermão,
Vem Mestre Lobo e faz do burro e seu jantar.
Concluo que é míster o próximo ajudar. (La Fontaine, 1989, "Livro VIII",
"Fábula 17", p.129-31)

Embora objetive melhorar a sua vida e persista nessa busca, demonstra-
ções extremas de egoísmo por parte do burro, como ocorrem na fábula citada, não são características de sua índole. Vimos que até mesmo o narrador se
surpreende com o fato e inclui o seguinte comentário no promítio: "Dar ao
próximo ajuda é lei da natureza. / Disso o burro zombou, entretanto, uma

vez, / E não sei como o fez, / Pois é boa criatura, com certeza". Tendo o cão como companheiro de viagem, em dado momento os animais precisam alimentar-se. Mas, como podemos ver, só o burro consegue fazer isso por encontrar relva à sua disposição e pouco se importa com a situação do cão. Se quisesse, facilmente poderia ajudá-lo, apenas oferecendo-lhe o conteúdo de sua carga. O egoísmo do burro, porém, é severamente punido e, mais uma vez, ele paga com a vida o preço da sua intransigência. Quando se recusa a ser solidário com o cão, fica à mercê do lobo, seu arquirrival. Portanto, para o burro, é necessário associar-se àqueles que lhe são próximos se quiser prosseguir em sua jornada de busca pela superação de seus sofrimentos.

Em "O Leão, o Símio e os dois Burros", o burro é apresentado como exemplo negativo de amor-próprio ou vanglória. Mas tudo isso ocorre sob o ponto de vista suspeito do macaco que, como sabemos, além de ser astuto, pode ser malandro e trapaceiro. Preparando-se para ser um bom monarca, o leão queria receber conselhos para ser bem-sucedido. Chama, então, o bacharel e professor macaco que o aconselha a evitar o amor-próprio, "pai de mil defeitos e de vícios". Como o leão pedisse "exemplos claros", o macaco conta então a história de dois burros que se autoelogiavam. Vejamos o fragmento:

> Outro dia encontrei dois burros numa estrada,
> que mutuamente estavam a incensar-se.
> Dizia um deles a seu camarada:
> – "Senhor, não achas muito tolo e injusto
> o homem, esse animal perfeito? Nosso augusto
> nome profana, ao acoimar de burros
> os ignaros, os broncos e imbecis.
> De uma palavra abusa ainda e diz
> que nossos risos e expressões são zurros.
> Muito engraçado é ver
> a pretensão humana de exceler
> sobre nós! Não! A ti cabe falar;
> devem seus oradores silenciar,
> pois zurram, eles, sim; mas deixemos tal casta.
> Tu me compreendes, eu te compreendo e isto basta.
> E quanto às maravilhas de teu canto

divino, que as orelhas fere tanto,
Filomela, em tal arte, é aprendiz, nada mais;
és cantor sem rival!" O outro, logo depois:
– "Senhor, admiro em ti qualidades iguais!"
Não contentes de assim se esfregarem, os dois
burricos vão para a cidade
um ao outro exaltar; cada qual crê fazer
coisa excelsa ao louvar o seu confrade,
para que em seu favor venha a honra a reverter. (ibidem, "Livro XI", "Fábula 5", p.289-290)

Já vimos que o burro é símbolo de povo e o leão é símbolo de poder e majestade. Também sabemos que, em sua forma de governo, o leão abusa de seu poder e despreza o burro, transformando-o em motivo de chacota e alvo de traições. Para o macaco, portanto, como vimos no fragmento supracitado, nada é mais conveniente do que dar "lições" ao seu rei, utilizando o burro como exemplo do que não deve ser copiado. Com isso, alcançaria dois objetivos altamente positivos para si mesmo: escapar do impulso sanguinário do leão e ainda conquistar sua simpatia ao reforçar o seu pouco apreço pelo burro. Mas, do ponto de vista do burro, o amor-próprio é o que ele pode ter de mais precioso. A valorização de seus semelhantes e de si mesmo é a mola propulsora das suas lutas, sendo ainda condição fundamental para a sua sobrevivência.

Outra fábula trazida a lume por Jean de La Fontaine e que traz o burro como uma de suas personagens centrais é "Os animais enfermos da peste". De origem indiana, conforme pesquisa de Dezotti (2003), a fábula apresenta o burro como alvo de um complô coletivo que tinha por finalidade defender os interesses do leão e de outros animais poderosos. Em nosso trabalho, essa fábula ganha também importância porque é justamente dela que Lobato resgatará o burro, adotando-o como personagem do Sítio. Vejamos a fábula:

Os animais enfermos da peste

Um mal que semeia o terror,
um mal que o céu, em seu furor,

inventou pra punir os pecados da terra:
a Peste (o nome dela eu quase não dizia),
capaz de recobrir o Aqueronte num dia,
aos animais declarou guerra.
Os que não pereceram, perderam vigor,
vivendo em mórbido langor.
Nem mesmo de buscar o seu próprio sustento
sentiam o menor alento.
Raposas e lobos, parados,
não se animavam a caçar.
Onde os pombos enamorados?
Foram amar noutro lugar.
Devido à melancólica situação,
tomou a palavra o leão:
– "Nossos pecados, nossos vícios,
são responsáveis por tudo isto.
Para aplacar a cólera dos céus, insisto
que serão necessários alguns sacrifícios,
ou pelo menos um: que morra o mais culpado,
pois a História nos tem mostrado
que assim deve ser feito. Nada de indulgência:
examinemos a consciência.
Eu, por exemplo, acuso-me de ser mesquinho:
devorei muito carneirinho
que nunca me fizera ofensa.
Antes fosse isso só... Já provei o sabor
do pastor!
Sou pecador, eu sei, mas isto não dispensa
cada qual de acusar-se, a fim de que julguemos
quem tem a maior culpa, para, desta sorte,
saber quem merece a morte."
– "Bondoso rei, não sacrificaremos" –
disse a raposa – "alguém tão nobre e gentil!
Devorar um carneiro, animal imbecil,
será pecado? Ó, não! Antes, presente régio,
um verdadeiro privilégio.

Quanto ao pastor, fizestes bem,
pois para nós, os animais,
tais indivíduos são mui prejudiciais.
Agistes, pois, como convém."
Aplausos coroaram o sábio discurso.
Vieram em seguida um urso,
Um tigre e outras terríveis feras assassinas;
porém, seus crimes e chacinas,
suas ações infames, seus atos malvados,
não eram tidos nem como veniais pecados...
Por fim, chegou a vez do burro, que falou:
– "Passando um dia junto ao prado
de um mosteiro, o demônio a fome me aumentou.
Senti-me deveras tentado.
E como resistir, naquela circunstância?
Quando eu vi, eu já havia dado uma bocada..."
– "Oh, que pecado!" – grita a assembleia indignada.
Um lobo falastrão recrimina a arrogância,
a estupidez daquele maldito animal,
um sarnento, de quem provinha todo mal.
Seu pecadilho foi julgado imperdoável.
Comer erva sagrada! Crime abominável!
Que morra esse ser detestável!
O veredito foi de aceitação geral.

Segundo o teu estado, rico ou miserável,
Branco ou preto serás perante o tribunal. (ibidem, "Livro VII", Fábula 1",
p.23-26)

Diferentemente, portanto, das fábulas de La Fontaine destacadas anteriormente, nas quais o burro é apresentado como cavalgadura, egoísta ou vaidoso, em "Os animais enfermos da peste" o burro aparece em um de seus papéis mais conhecidos: ingênuo, vítima de injustiça e violência. Conforme vimos, diante da peste que assolava o seu reino, o leão apressa-se em articular uma "solução" que sacrifique o mais fraco, que, nessa fábula, é representado pelo burro. Ainda que o problema não fosse resolvido, pelo menos estaria eliminado o burro (leia-se o povo), um "maldito animal", "sarnento", "ser detestável". Por ingenuidade, o burro não percebe a trama e se autocondena por cometer um erro insignificante: comer a relva de um mosteiro. Era tudo o que a hipócrita plateia precisava para transformá-lo em "bode expiatório", livrando-se, portanto, de um incômodo inocente.

Entre as fábulas de La Fontaine sobre o burro, diferencia-se ainda das de Esopo e Fedro a fábula "Os dois cães e o burro morto". No enredo, entretanto, a personagem é totalmente desprovida de ação porque, como antecipa o título, trata-se de um "burro morto" que é objeto da disputa de dois cães glutões. Para eles, "– Pouco importa o animal que possa ser [...]. É coisa de comer". Para o nosso contexto, entretanto, merece destaque o promítio da fábula que põe em foco a convivência de vícios e virtudes na mesma pessoa. Vejamos:

> As virtudes deviam-se irmanar,
> tal como irmãos os vícios são:
> quando um destes domina o nosso coração,
> vêm em fila os demais, sem qualquer a faltar.
> Falo dos que, não tendo inclinações opostas,
> abrigo podem ter no mesmo lar.
> As virtudes, raro é vê-las dispostas
> todas num homem só, com realce iminente,
> dando-se as mãos, sem dispersão;
> um, valente, é impulsivo; outro é frio, se prudente. (ibidem, "Livro VIII", "Fábula 25", p.151)

De fato, como pudemos observar nesse rastreamento da presença do burro na fábula esópica a partir do destaque de textos de importantes fabulistas dessa tradição, vimos que o burro apresenta uma notável diversificação de seus traços. Como destaca o promítio de La Fontaine, as virtudes raramente se irmanam. No mesmo burro, portanto, vimos que coexistem "inclinações opostas". Ora é paciente e tolerante, ora é egoísta e presunçoso. Ora é trabalhador, ora é preguiçoso. Na maioria das vezes, é explorado, mas há momentos em que ele devolve a exploração na mesma medida. No entanto, esse "valor tipológico" relativamente variado, para usar a expressão de Nøjgaard, também é fruto do ponto de vista a partir do qual se

NAS RAIAS DE UM GÊNERO **325**

constrói a fábula. Representante das classes mais pobres e desfavorecidas, segundo Cascajero (1998), como vimos, a imagem do burro varia entre dominadores e dominados e, ainda, dentro do reduto particular de cada classe. De qualquer forma, paradoxalmente, há constância em seu caráter. Ele é definitivamente o pobre explorado que, consciente de sua situação e aparentemente conformado, utiliza-se de todos os meios para mudar as suas condições de vida.

No País das Fábulas de Monteiro Lobato

Em Monteiro Lobato, o burro passa a fazer parte das aventuras a partir da viagem da turma do Sítio ao País das Fábulas, um episódio registrado em "Pena de papagaio" de *Reinações de Narizinho*. Como vimos no segundo capítulo, na estratégia ficcional de Lobato, esse país é um lugar de transformação e de renovação da fábula e tudo acontece sob a conivência ou colaboração de dois dos maiores fabulistas da tradição, Esopo e La Fontaine. Utilizando o pó de pirlimpimpim de Peninha, as crianças do Sítio chegam ao País das Fábulas e lá assistem pessoalmente a diversas fábulas entre as quais se encontra "Os animais e a peste".

Conforme já vimos neste mesmo capítulo, na fábula "Os animais enfermos da peste" de La Fontaine, o leão e demais colaboradores de sua corte imputam propositalmente ao burro a culpa por todo mal ocorrido na terra e, por isso, o condenam à morte. Na versão lobatiana presente em "Pena de papagaio", penúltimo capítulo das *Reinações de Narizinho*, as crianças do Sítio em visita pelo País das Fábulas, conforme vimos rapidamente no segundo capítulo, assistem a essa mesma fábula em companhia de Peninha. Se em La Fontaine o suposto erro do burro era insignificante, em Lobato (especialmente nessa versão) ele sequer existe. O burro afirma que nem coices dá, porque sofre de uma inchação nos pés. Sem motivos mínimos para condená-lo, a raposa resolve agir por suposição: "[...] Quer dizer que se não tivesse os pés inchados andaria pelo mundo a distribuir coices como quem distribui cocadas. Morra o miserável burro coiceiro!" (p.145). No País das Fábulas, entretanto, os fatos não se encerram no momento da condenação. Depois da sentença, segue-se a cena da execução do culpado. Embalado pelo grito de seus súditos comandados pela raposa, o leão ordena que o tigre-carrasco mate o burro na presença de todos. Vejamos:

— "Miserável burro de carroça!" — berrou. "É por tua causa, então, que o meu reino está levando a breca? Pois te condeno a ser imediatamente estraçalhado pelo carrasco da côrte. Vamos, tigre, cumpre a sentença do teu rei!..."

Os olhos do tigre-carrasco brilharam. Estraçalhar animais era o seu grande prazer. Lambeu os beiços e armou o bote para lançar-se contra o trêmulo burro. (p.145)

A sentença do leão, porém, não pode ser cumprida porque um dos integrantes da caravana do Sítio, que assistia a tudo ocultamente, impediu a ação do tigre no momento do bote:

> Mas ficou no bote. Uma enorme pedra lhe caiu do teto da caverna bem no alto – *plaf!* Grande berreiro! Correria! Desmaios das damas. Quem é? Quem foi? Fôra obra do Peninha.
> — Bravos! — exclamaram os meninos. Isso é que se chama boa pontaria.
> — Fujamos enquanto é tempo – gritou Peninha. O leão já nos farejou aqui e está lambendo os beiços. (p.145)

A partir do momento de sua salvação no País das Fábulas e antes que seja de lá retirado, o burro viverá em ritmo de fuga e servirá de montaria para Peninha e a turma do Sítio. Ameaçados pelo leão, eles fogem sem rumo e acabam por se perder. Peninha, no entanto, encontra o burro e esse encontro será fundamental para o bom desenlace dos acontecimentos: "Na corrida Peninha cruzou com o burro, que também *ia fugindo*, e pulou-lhe no lombo" (p.145, grifo nosso).

Separados de Peninha, os viajantes do Sítio, Pedrinho, Narizinho e Emília, vão parar no país dos macacos e passam por grandes apuros. Entretanto, é o mesmo Peninha que salvara o burro quem comparece novamente para libertá-los: "E era mesmo. A pena de papagaio vinha flutuando em cima do burro *em disparada*" (p.147, grifo nosso). Depois de soltar os prisioneiros, Peninha afirma: "– Agora é montar no burro e tocar no galope!" (p.147). Estando todos montados, a turma voltou para onde estavam os fabulistas, a fim de se despedirem e voltarem para o Sítio: "O animal *saiu no galope e em menos de meia hora* os levou para onde estavam os fabulistas" (p.147, grifo nosso). É interessante observar, como destacamos por meio de grifos, que, após o salvamento ocorrido na fábula, o narrador insiste em acrescentar indicadores de velocidade no movimento do burro. Considerando-se que estava ainda no País das Fábulas, correndo o risco de ser capturado pelo leão, isso seria natural. Sabemos, porém, que o burro é um animal de marcha curta e lenta e é pouco afeito a corridas. Portanto, além de poder ser eventualmente uma subjetividade do narrador, a velocidade acelerada do burro pode ser um impulso advindo de seus traumas e do seu desejo de fuga. Como a lebre da fábula de Esopo, ele corria para salvar a própria vida.

Ao retornar para junto dos fabulistas, a turma do Sítio, sem descer do burro, conversa rapidamente com eles, despede-se e volta para o Sítio. Curiosamente, La Fontaine não reclama a propriedade do burro e transforma-se em cúmplice dos picapauenses na transferência do animal. Tudo acontece, portanto, com a permissão e a complacência do fabulista, que ainda se deleita ao ver a última cena de sua personagem fabular que partia em segurança: "Quando o burro desapareceu numa nuvem de pó, lá bem longe, o fabulista suspirou: / – Felicidade, teu nome é juventude!..." (p.147).

Fizemos, neste tópico, um apanhado geral da presença do burro na fábula esópica. Considerando-se que o acervo fabular é vasto e que há um grande número de fabulistas, escolhemos, entre todos, três nomes decisivos para o começo e o fortalecimento da tradição fabular: Esopo, conhecido popularmente como o pai da fábula; Fedro, o iniciador da tradição em Roma; e La Fontaine, o maior divulgador da fábula no Ocidente. Sabendo ainda que os textos fabulares são constantemente retomados e que o campo de análise exigia certa restrição, verificamos em Fedro e La Fontaine somente os textos que não constavam da coleção de Esopo, organizada por Émile Chambry. Por fim, chegamos ao País das Fábulas, um mundo maravilhoso criado por Monteiro Lobato e no qual as fábulas se modificam. Daí a possibilidade de salvar o burro das garras do leão e levá-lo para o Sítio. No próximo tópico, veremos, então, a nova identidade do burro no Sítio do Picapau Amarelo.

O burro falante no *Sítio do Picapau Amarelo*

Recepção e integração

Desde que o burro fora salvo das garras do leão e do tigre nos episódios de "Os animais e a peste", sua permanência no País das Fábulas tornara-se inviável. A qualquer momento seria fatalmente recapturado pelo leão. Assim, conforme vimos no tópico anterior, ele aproveita a ocasião da visita dos picapauenses e integra-se ao grupo na viagem de volta para o Sítio do Picapau Amarelo. No novo ambiente, todavia, o burro não será considerado um visitante temporário, mas fixará residência e será reconhecido como um dos mais ilustres habitantes do Sítio de Dona Benta. A partir de então, sabendo-se que foi retirado de uma autêntica fábula esópica, ele será também uma propriedade legítima do gênero, cuja presença será permanente tanto no Sítio como nas aventuras vividas pelas personagens que lá habitam.

Depois dos acontecimentos de "Pena de papagaio" constantes em *Reinações de Narizinho* (1931) como já destacamos, o capítulo "Pó de pirlimpimpim", o último das *Reinações*, narra, entre outras coisas, a chegada e a integração do burro no Sítio do Picapau Amarelo. Quando resolvem viajar para o Mundo das Maravilhas sob o comando de Peninha, a turma realiza o feito sem o conhecimento de Dona Benta ou de Tia Nastácia. Como toda arte imaginativa de criança, para ser bem vivida, a aventura precisava ser realizada à revelia dos adultos. Embora estivessem acostumadas com a ousadia da turma, no dia da aventura as duas senhoras estranham a demora do retorno: "O relógio bateu seis horas. / – Tão tarde já, Nastácia! Estou com mêdo que lhes tenha acontecido qualquer coisa..." (p.148). Felizmente, o problema se resolve minutos depois, quando Tia Nastácia identifica na estrada a aproximação dos cavaleiros montados no burro.

> – São eles, sinhá. Vêm tudo encarapitado num burro. Credo! Até parece bruxaria...
>
> O burro vinha na galopada e breve parou no terreiro com sua penca de gente no lombo. Peninha montava no meio, trazendo o visconde na mão; Narizinho montava à garupa, com a Emília no bolso; Pedrinho ocupava a frente.
>
> Pularam do animal e dirigiram-se para a varanda. (p.148)

A chegada do burro ao Sítio, como vemos, ocorre de forma discreta. Apesar do espanto inicial de Tia Nastácia, logo depois que os viajantes descem do burro, as atenções se voltam para outros assuntos, como as peripécias da viagem ou o fenômeno de Peninha, o menino invisível. Entretanto, natural ou propositalmente, em meio a toda conversa, o burro volta a atrair a atenção de todos com um relincho. E, então, diante da curiosidade de Dona Benta, Pedrinho começa a desvendar a identidade do animal:

Nisto o burro relinchou no terreiro. Todos voltaram o rosto. Dona Benta perguntou de quem era o animal.

– De ninguém – respondeu o menino. É nosso. Salvamo-lo das unhas do tigre e agora está tão amigo que vem morar conosco para sempre.

– É bom de marcha?

– Mais que isso, vovó. É um burro falante... (p.149)

Conforme podemos verificar, a princípio e aparentemente o burro não tinha nada de especial e não se diferenciava de outros burros. Dona Benta, por exemplo, só queria saber de sua capacidade de marcha. A informação de que era capaz de falar, entretanto, causa espanto e estranhamento principalmente a Tia Nastácia, que vivia no restrito mundo da cozinha:

Os olhos da negra, já tão arregalados, arregalaram-se ainda mais e sua bôca abriu, abriu, abriu de caber dentro uma laranja. Burro falante! Era demais...

– Será possível, sinhá? Mecê acredita?...

– Tudo é possível, Nastácia. Se papagaio fala, por que não há de falar um burro? (p.149)

Tia Nastácia não será a única, porém, a se espantar diante de tal maravilha. A habilidade de fala do burro será motivo de assombro em diversas outras ocasiões no Sítio ou fora dele. De fato, como vimos no primeiro tópico deste capítulo, a existência de burros que falam é um dos fenômenos mais raros da literatura. Em Luciano, Apuleio ou Collodi, as personagens mantiveram o raciocínio e o senso humano, mas não falavam. Eram, portanto, burros pensantes, mas não falantes. Mesmo os burros de Machado de Assis que se comunicavam entre si, usavam uma linguagem muito particular, compreensível apenas ao cronista-narrador:

[...] aproveitei a ocasião e murmurei baixinho entre os dois burros:

– *Houyhnhnms!*

Foi um choque elétrico. Ambos deram um estremeção, levantaram as patas e perguntaram-me cheios de entusiasmo:

– Que homem és tu, que sabes a nossa língua? (Assis, 1994, p.47)

A primeira jumenta que foi capaz de utilizar a linguagem humana para se comunicar, como vimos, foi a do episódio de Balaão. Depois disso, voltamos a localizar o fato nos textos de Grimm. Mas o ambiente literário em que o burro aparece corriqueiramente como falante natural, capaz de se comunicar não somente com os seus semelhantes, mas com os seres humanos será mesmo o da fábula. Assim, ao transferir-se para o Sítio, o burro, como personagem característica do gênero, manterá a capacidade de fala de um modo muito próximo ao do reduto fabular. Por essa razão, Pedrinho precisa explicar a peculiaridade a Dona Benta:

> – Mas êle não fala como papagaio, vovó – explicou Pedrinho. Papagaio só repete o que a gente diz. Êste burro pensa para falar. Se a senhora ouvisse o discurso dêle na assembléia dos animais pesteados, havia de ficar bôba de espanto.
> – Nesse caso, precisamos recebê-lo com toda a consideração. Nastácia, leve-lhe umas espigas de milho bem bonitas e água bem fresca. (p.149)

Vemos, portanto, que somente após ser informada sobre a procedência do burro, Dona Benta terá preocupações com a qualidade de sua recepção: "– Nesse caso, precisamos recebê-lo com toda a consideração". A partir de então, o burro será tratado com toda a atenção merecida, uma vez que se tratava de uma personagem da fábula clássica. Tia Nastácia, entretanto, resistia à ideia de encarar com naturalidade a convivência com um burro falante e, por isso, Dona Benta a adverte: "– Não seja boba! Êle tem cara de pessoa muito séria" (p.149). Para todos os efeitos, ela evita a aproximação com o animal no momento de lhe servir alimento. O burro, como tivesse consciência do inusitado da situação, age com cautela e começa a conquistar o espaço, mostrando a educação e a compreensão que lhe é peculiar:

> O burro compreendeu o mêdo muito natural da negra. Foi-se chegando devagarinho e comeu o milho e bebeu a água tão gostosa. Mas como fôsse de muita educação, lembeu discretamente os beiços e:
> – Muito obrigado, tia. Deus lhe pague – murmurou com tôda clareza.
> – Acuda, sinhá! – berrou a pobre preta. Fala mesmo, o canhoto! – e botou-se para a cozinha, fazendo mais de vinte sinais-da-cruz. (p.150)

O acontecimento, conforme registra o trecho citado, de fato era digno do susto de Tia Nastácia, já que era a primeira vez (a primeira de muitas) que o burro falava no Sítio do Picapau Amarelo. Aos poucos, começa a se desenhar o novo perfil do burro que deixará de ser a personagem explorada e sofredora das antigas fábulas para se transformar em um sábio nobre e respeitável, que em hora oportuna dará os seus conselhos a quem os solicitar. Ele também será útil, como veremos, nas diversas incursões por outros espaços realizadas pelos habitantes do Sítio e receberá o epíteto provisório de Burro Falante.

Mas a integração total do Burro Falante ao Sítio do Picapau Amarelo se dará, sobretudo, com a gradativa aproximação de Tia Nastácia. Embora tivesse a admiração das crianças, o Burro precisava da segurança e do apoio de um adulto, pois, em toda a sua vida, como vimos, vivera sob a tutela de diversos senhores: o asneiro, o jardineiro, o moleiro, o fabricante de potes, o curtidor, entre outros. No entanto, ao aproximar-se de Tia Nastácia, a relação entre ambos não era mais de senhor e escravo ou de patrão e empregado, mas sim, de duas personagens que, simbolicamente, tinham a mesma origem social. Em virtude dessa identificação mútua, a relação era de uma extrema amizade, fomentada, muito provavelmente, pelos vários assuntos e experiências em comum, presentes no histórico de vida de cada um deles:

> Não durou muito aquela situação. Tia Nastácia foi perdendo o mêdo que tinha ao burro e acabou grande amiga dêle. Era quem o tratava, quem lhe dava milho e água e ainda quem lhe passava a raspadeira tôdas as semanas. Enquanto isso, conversavam. Tinham prosas tão compridas que a boneca chegou a dizer, piscando os olhinhos de retrós:
> – Isto ainda acaba em casamento!... (p.150)

Entre o Burro Falante e Tia Nastácia, portanto, diferentemente do que ocorrera tanto na literatura geral como no plano específico da fábula, a relação já não era mais vertical, como em "O burro e o jardineiro" (Esopo 273), mas tinha a horizontalidade de duas personagens que conversavam de igual para igual. O afeto entre ambos, vale frisar, era semelhante ao que existia entre Sancho Pança e o ruço, conforme vimos na primeira parte deste capítulo. É certo que no Sítio do Picapau Amarelo, como veremos, o Burro ganha novo *status* e realiza o sonho maior de melhorar as suas condições de existência. Já Tia Nastácia permanece sempre a mesma e não muda de posição na cadeia social. De qualquer forma, a permanência da amizade e da consideração entre ambos mostra que o Burro não se esquece de suas origens.

Estando plenamente adaptado ao novo ambiente do Sítio, o Burro Falante viverá com os seus habitantes, como já dissemos, as mais diversas aventuras. Ao saber da viagem realizada por Pedrinho, Narizinho e Emília ao País das Fábulas, Dona Benta sente-se atraída pela ideia de lá voltar com as crianças, a fim de conhecer pessoalmente o francês La Fontaine, seu fabulista preferido. A nova experiência de fato acontece e as personagens, agora em companhia de Dona Benta, viajam todas no lombo do Burro: a avó no meio, Narizinho na garupa com Emília no bolso, Pedrinho na frente e o Visconde amarrado na crina. Tia Nastácia ficara em casa e não sabia da viagem. Mas, ao usar o pó de pirlimpimpim, Pedrinho erra a medida e a turma vai parar em outro país: a terra das *Mil e uma noites*. Como agravante, o Burro para justamente aos pés do pássaro Roca. Pedrinho, pensando que os pés fossem árvores, amarra o animal no tronco e resolve vasculhar o ambiente. Enquanto isso, o pássaro Roca desperta e, assustado pelo grito de Dona Benta, levanta voo, levando o Burro pelos ares pendurado no cabresto. Ao ver a tragédia, Dona Benta se desespera: "– Que pena! – exclamou Dona Benta compungida. Um burro tão boa pessoa, tão bem falante!... Tia Nastácia vai ficar inconsolável..." (p.152).

Quanto ao modo como Dona Benta trata o Burro, notemos que, já por duas vezes, usou a palavra "pessoa". Na primeira diz: "Êle tem cara de pessoa muito séria". E na segunda: "Um burro tão boa pessoa, tão bem falante!...". Conforme sabemos, a expressão "pessoa" sempre diz respeito a seres humanos. Logo, quando usa a mesma expressão para referir-se ao Burro, adaptando a expressão de Lima (1984), podemos dizer que Dona Benta produz um efeito de sentido *humanização*. Trata-se, portanto, de um flagrante de antropomorfização que mantém a personagem conectada ao universo característico da fábula, no qual os animais sempre representam um determinado comportamento humano.

Conforme já relatamos, o Burro Falante havia sido levado pelas garras do pássaro Roca que habitava a terra das *Mil e uma noites*. A solução encontrada por Pedrinho para salvá-lo foi procurar o Barão de Munchausen que, com sua espingarda de pederneira poderia cortar com um tiro o cabresto que o ligava ao pássaro. De fato, quando a ave se aproxima, o Barão acerta o cabresto e o Burro Falante cai no oceano. Como não sabia nadar, foi necessário que, tanto Pedrinho como o próprio Barão, entrassem no mar para salvá-lo. Vejamos:

NAS RAIAS DE UM GÊNERO **333**

Assim fizeram os salvadores. Um agarrou o burro pelo rabo e o outro pela orelha, e o vieram puxando para terra. Estava salvo o precioso burro falante, único exemplar conhecido, mas em que estado!... Ou por mêdo ou por ter passado tanto tempo no mar quase enforcado pelo cabresto, ou por ter bebido água demais, o caso era que nem falar podia. Apenas suspirava uns suspiros de cortar o coração de todos. (p.156)

Depois de tirarem o Burro da água, o grupo de viajantes apressa-se em oferecer-lhe os primeiros socorros, a fim de que pudesse recuperar-se o mais rápido possível. Dona Benta sugere que lhe deem água potável, mas Emília oferece-lhe água do mar e a iniciativa dá certo: o enjoo provocado pela água salgada faz que ele vomite toda a água que bebera e a melhora é imediata. Ainda preocupada com o seu estado, Dona Benta se aproxima para examiná-lo:

– Está melhorzinho? – veio perguntar dona Benta, passando-lhe a mão pela cara.

– Um pouco melhor, obrigado! – foi a resposta do delicadíssimo burro, que ainda por cima lhe agradeceu com os olhos muito brancos, ansiados pelas agonias da morte. (p.156)

Vemos, portanto, que o fato de ter sido retirado do País das Fábulas não exime o Burro de viver fortes emoções. No entanto, embora tenha passado pelo susto e pelas "agonias da morte", o risco foi compensado pelo sabor do prazer e da novidade. Além do mais, se em La Fontaine ele era odiado por todos, o "miserável burro", "sarnento" e "ser detestável", em Monteiro Lobato ele será "o precioso burro falante", "o delicadíssimo burro" e viverá ainda rodeado de mimos e paparicos. É por isso que, enquanto seus companheiros de viagem continuam a aventura indo para o castelo de Munchausen, da praia mesmo onde estava e sem que fosse visto pelos viajantes, o Burro volta sozinho para o Sítio como quem volta para casa. Quando a turma retorna e Dona Benta, constrangida, tenta esconder o que fizera de Tia Nastácia, a cozinheira diz: "– Não diga, sinhá – resmungou. Já sei tudo. O burro veio na frente e me contou a história inteirinha, tintim por tintim..." (p.160). Portanto, o Sítio do Picapau Amarelo era agora, de fato, a verdadeira morada do Burro Falante que, pela primeira vez, viveria em família, sendo amado e admirado por todos que o rodeavam.

Uma nova identidade: o burro-fábula

Em *Viagem ao céu* (1932), a nova identidade do Burro Falante no novo ambiente do Sítio ganha contornos mais claros e definidos. Em primeiro lugar, tornam-se evidentes a sua sabedoria e inteligência, a mesma que, a despeito de tudo, já revelara em "O lobo e o burro" de Esopo ou "O homem e o burro" de Fedro e também pode ser observada em "O burrinho pedrês" de Guimarães Rosa. No Sítio, entretanto, ele se revela, ainda, conhecedor da ciência e da língua, o que muito impressiona os picapauenses. Como estavam no mês de abril, época das férias-de-lagarto, as personagens resolveram aproveitar o tempo, observando e explorando o universo. Diante disso, o Burro terá, então, oportunidade de expor o seu conhecimento sobre o assunto.

Mas, em *Viagem ao céu*, os fatos não se limitam a observações, conversas e discussões. Comparável ao que ocorrera em "Pó de pirlimpimpim" de *Reinações de Narizinho*, nessa obra o burro viverá uma das experiências mais extraordinárias de sua existência. Se lá ficara suspenso pelos pés do pássaro Roca, aqui acabará perdido no universo e preso à cauda de um cometa. Empolgados com as explicações de Dona Benta e as brincadeiras com o telescópio, as crianças do Sítio resolvem realizar uma viagem ao céu que, segundo o narrador, era "a maior idéia que jamais houve no mundo" (p.20). Para tanto, resolvem levar, como coadjuvantes, Tia Nastácia e o Burro Falante. Sobre este último, a decisão de levá-lo é de Narizinho:

> – Não está mal pensado – disse Pedrinho. – E o Burro Falante? Vai ou fica?
> – Vai – decidiu Narizinho. – Vamos ter muita necessidade dêle na Lua. E se lá vive o cavalo de São Jorge, pode muito bem viver um burro. (p.20)

Como, de certa forma, previu Narizinho, o primeiro lugar a que chegam na viagem ao céu é a Lua. Em uma rápida incursão para o reconhecimento do espaço, Pedrinho, juntamente com o Burro Falante, realiza algumas discussões sobre a Terra, a Lua e o sistema solar. É nesse momento, portanto, que ele surpreende Pedrinho ao mostrar que é profundo conhecedor de astronomia: "Pedrinho admirou-se da ciência do burro. Não havia lido astronomia nenhuma e estava mais afiado que ele, que era um Flammarionzinho..."[29] (p.22). Mas, enquanto discutem, Tia Nastácia percebe a aproximação do dragão de São Jorge e avisa Pedrinho que, incrédulo, duvida dessa possibilidade. Não tardou muito, porém, para que o dragão aparecesse e, por muito pouco, o monstro não consegue devorar o Burro. Para desespero de todos, quando o dragão apareceu, ele ficou "paralisado pelo terror, não se mexia do lugar" (p.24). Assim, para evitar a tragédia, Emília precisou aplicar-lhe uma pitada de pó de pirlimpimpim que fez que o animal desaparecesse pelos ares.

Depois do confronto com o dragão, a turma do Sítio perdeu o contato com o Burro Falante. Algum tempo depois, foram conferenciar com São Jorge sobre a necessidade de encontrá-lo e o que poderiam fazer.

[...] Mas o Burro Falante precisava ser salvo.

– Êsse, sim – concordou Emília. – Temos de virar de cabo a rabo os mundos celestes até descobri-lo, porque Dona Benta ficará furiosa se o deixarmos enroscado nalguma cauda de cometa. Sabe, São Jorge, que êle é *o único burro falante que existe na Terra?*

– Burros falantes de dois pés – respondeu o santo – conheci numerosos em minha vida terrena, mas de quatro jamais ouvi falar de algum. Mas se êsse precioso burro estiver enganchado num rabo de cometa, como vão fazer para alcançar êsse cometa? (p.34, grifo nosso)

Vemos, portanto, que embora fosse um dos moradores mais recentes do Sítio do Picapau Amarelo, o Burro já era considerado uma de suas figuras mais imprescindíveis. As expressões "temos de virar de cabo a rabo os mundos celestes até descobri-lo" e "o único burro falante que existe na Terra" utilizadas por Emília confirmam a sua importância real e valor sentimental que se atribui a ele no núcleo de Dona Benta. Essa valorização pode ser tão intensa que o "percentual" de preferência pode até mesmo ultrapassar o do

---

29 A expressão é derivada de Nicolas Camille Flammarion (1842-1925), mais conhecido por Camille (ou Camilo) Flammarion, um astrônomo francês que, além de publicar obras científicas para um público restrito, escreveu livros de cunho popular sobre o assunto. Em *Viagem ao céu*, também encontramos informações sobre o cientista: "Êsse Flammarion foi um sábio francês que escreveu livros lindos e explicativos" (p.18).

336 LOIDE NASCIMENTO DE SOUZA

Visconde. Um exemplo disso ocorre na mesma ocasião em que conversam com São Jorge sobre o sumiço do Burro. Também o Visconde, transformado em Dr. Livingstone, havia desaparecido. Entretanto, a turma concluiu que nessa nova personalidade ele perdera o encanto, estava "sério demais". Por essa razão, desistem temporariamente de procurá-lo e resolvem deixá-lo como satélite da Lua.

Se em algum momento, no entanto, as personagens do Sítio desistem de procurar o Visconde no espaço sideral, com referência ao Burro isso jamais acontece. Conforme destacamos, para São Jorge seria muito difícil recuperá-lo se estivesse em algum cometa. Emília, então, sugere que a solução seria "cavalgar" um cometa mais rápido que o do Burro Falante. São Jorge, por sua vez, faz nova objeção dizendo que a mudança de rota de um cometa poderia atrapalhar a "harmonia universal". De qualquer forma, as personagens resistem às ideias e conselhos do santo e insistem na procura:

> – Admito a hipótese – respondeu Pedrinho com a importância dum Bonaparte diante das pirâmides – mas acha então que devemos perder o nosso Burro Falante? A tal "harmonia universal" que me perdoe. Entre ela e o nosso burro, não tenho o direito de escolher.
> – Ela que se fomente! – interveio Emília. (p.34)

Assim, perante a obstinação da turma, São Jorge aconselha apenas que eles tenham prudência, mas ainda ouve essas últimas palavras de Emília: "– Senhor capadócio, para nós esse burro vale mais que todas as harmonias do mundo e se o universo ficar atrapalhado, pior para ele. Havemos de pegar o burro, haja o que houver" (p.35).

Conforme resolveram, Pedrinho, Narizinho e Emília deixam Tia Nastácia em companhia de São Jorge e, de fato, escolhem um cometa de pequenas proporções para "cavalgar" e saem à procura do Burro Falante. No percurso, entretanto, Pedrinho cai do cometa que, por sua vez, logo após o incidente, também se choca com um cometa maior. Com o choque, a menina e a boneca desmaiam e, quando acordam, deparam com o Burro pendurado na cauda de um cometa. "O animal permanecia imóvel, de cauda pendida. Com certeza estava naquela posição já de muito tempo, à espera de que a menina acordasse – e de tanto esperar dormiu também. Sim. O Burro Falante estava dormindo" (p.48). O encontro do Burro, portanto, como po-

NAS RAIAS DE UM GÊNERO **337**

demos ver, ocorreu por acaso e a felicidade de Narizinho foi dupla: "Parece que estamos salvas e com o Burro Falante aqui às nossas ordens" (p.48). Para adiantar o andamento da viagem, as personagens resolvem acordá-lo. Vejamos:

> – Vou acordá-lo – disse Emília, e fazendo "Hu!" acordou-o. O aspecto tristonho do burro mudou para um ar de riso – um ar só, porque os burros não sabem rir, não podem nem sorrir, os coitados. O Burro Falante fêz um ar de riso e falou na sua voz antiga de bicho do tempo dos animais falantes.
> – Bofé! Até que enfim apareceram. Eu já estava cansado de esperar, e de tanto esperar dormi. Onde ficou o dragão? [...]. (p.48)

As informações acrescentadas pelo narrador no trecho supracitado ("voz antiga", "tempo dos animais falantes") deixam transparecer a origem fabular do Burro e, de alguma forma, apresentam-no como o mesmo animal da fábula esópica: aquele que sempre carregou cargas pesadas, o ingênuo, explorado, sonhador e, às vezes, egoísta ou astuto. No entanto, a transposição para o Sítio opera uma transformação em sua "personalidade ficcional", fazendo sobressair alguns aspectos que, embora existentes, ficavam ocultos, dadas as suas condições de vida e de tratamento. Portanto, em *Viagem ao céu*, a partir desse ponto da narrativa, a nova imagem do Burro começa a se tornar mais precisa e evidente. Informado sobre a ausência e a distância do dragão de São Jorge, ele quer saber sobre o paradeiro de Tia Nastácia e Pedrinho.

> – E a Senhora Anastácia? (êle era a única pessoa no mundo que dizia "Senhora Anastácia", em vez de "tia Nastácia", como os outros. Nunca houve burro mais bem educado nem mais respeitador da gramática. Falava como se escreve, com a maior perfeição, sem um errinho. E falava num português já fora da moda, com expressões que ninguém usa mais, como aquêle "Bofé!").
> [...]
> – E o Senhor Pedro Encerrabodes? (O burro nunca disse Pedrinho; era sempre Encerrabodes.) (p.48)

Conforme salienta o narrador, vemos que o Burro utiliza uma linguagem refinada e formal, mantendo ainda expressões em desuso ou "fora de moda". Esse aspecto, entretanto, ao mesmo tempo que o coloca em conexão com a antiguidade da fábula clássica, também ajuda, paradoxalmente, a evidenciar o seu enobrecimento na obra de Lobato ("Nunca houve burro mais bem educado nem mais respeitador da gramática") e a sua elevação a um patamar social que é oposto ao que apresentava na antiga fábula. Se nela, como vimos, ele era quase sempre o tolo desfavorecido, em Lobato, a perfeição e o apuro de sua linguagem (mas sem afetação) darão a ele a gravidade de um velho sábio. Quando é informado sobre o que ocorre com Pedrinho, reage da seguinte forma:

> – Oh, isso é muito grave! – murmurou em seguida, franzindo a testa e erguendo as orelhas. – O Senhor Pedro Encerrabodes sempre foi o nosso guia. Sem o seu adjutório (êle não dizia ajutório) não sei como nos avirmos nestas terras desconhecidas. Estou aqui há horas (ou há séculos, não posso saber). Já galopei milhares de *toesas* por êsses luminosos campos infinitos, sem encontrar sequer uma pequena *touça* de capim. (p.48)

Ou ainda quando Emília lhe oferece estrelinhas recém-nascidas para matar a fome:

> – Não creio, Senhora Marquesa, que meu estômago aceite de bom grado semelhante iguaria. Antes continuar jejuando do que contrariar as leis da natureza com a ingestão dum alimento que nem eu nem meus antepassados jamais provamos. (p.48)

Em meio a toda mudança e valorização de seu caráter, prevalece, portanto, a fidelidade do Burro às suas origens. Ao se recusar a "contrariar as leis da natureza", mencionando os costumes dos seus "antepassados", ele mostra que não se esquece de sua identidade asnina. Por outro lado, no plano da metalinguagem, também podemos compreender que, embora passe a integrar o ambiente imaginário da obra infantil de Monteiro Lobato, o Burro não deixa de ser um elemento da fábula. Mesmo transformado, ele é o próprio representante permanente da fábula esópica no Sítio do Picapau Amarelo. Esse aspecto, aliás, é frequentemente reforçado nas situações em que o Burro é apresentado a algum estranho. Quando, por exemplo, Emília encontra um determinado anjinho na Via Láctea, diz: "E aquele senhor de quatro pés é o único burro falante que existe lá na Terra. Nós o salvamos das garras dum leão terrível numa das nossas aventuras do pirlimpimpim, e o levamos para o sítio" (p.49).

Dos que fazem parte da turma do Sítio, Emília é a defensora mais fervorosa do Burro Falante. Veremos mais adiante que, assim como enfrentara São Jorge para defender a sua procura pelo universo, será capaz de travar duras discussões em defesa de sua honra. Estando ainda em plena viagem aos céus, ela também será a responsável por encontrar um nome adequado para o Burro. Depois da cavalgada nos cometas, a turma resolve ir ao planeta Saturno, mas antes de tomar a decisão preferem consultá-lo. É que, a essas alturas, todos já estavam convencidos de seu bom senso e de sua sabedoria acima da média. Por essa razão, o narrador de *Viagem ao céu* faz uma pequena pausa na narração dos acontecimentos para relatar como se dera o registro do novo nome do Burro Falante:

> A gravidade daquele Burro já vinha de muito tempo impressionando a boneca, de modo que ao ouvi-lo responder tão "sentenciosamente" (falar sentenciosamente quer dizer falar como aquêle animal falava), Emília bateu na testa e disse:
>
> – *Heureca!* Achei um nome para o Burro Falante: Conselheiro!... Tudo o que êle diz parece um conselho de velho – e é sempre um conselho muito bom. Viva o Conselheiro!...
>
> E a partir daquele momento o Burro Falante passou a chamar-se Conselheiro. (p.57)[30]

O nome Conselheiro, de fato, é pertinente à natureza do Burro e pode funcionar ainda como título de honra e reconhecimento que eleva a posição da personagem. Como já vimos nas fábulas e na literatura geral, em meio

---

30 A partir desse episódio, o burro passará a ser chamado tanto por Burro Falante como por Conselheiro. É interessante observar também que a expressão "Burro Falante" nem sempre é escrita com letra maiúscula. Vejamos alguns exemplos. Em *Viagem ao céu*: "O Burro Falante respondeu com toda gramática" (p.48); ou "E aquêle senhor de quatro pés é o único burro falante que existe lá na Terra"(p.49). E em *Memórias de Emília*: "Abandonaram o anjinho, o burro falante e as árvores [...]" (p.111). Conforme podemos verificar, em geral, a explicação para a diferença se dá pelo contexto ou ainda pela ênfase ou sentido que se quer dar ao termo na narração. Registrada com letra maiúscula, a expressão desempenha o papel distintivo de nome próprio. Com letra minúscula, funciona apenas como qualificativo.

à variação relativa de seu caráter, o burro sempre foi capaz de ser sábio. Em "O burrinho pedrês", por exemplo, os vaqueiros do Major Saulo preferiram esperar a chegada do burrinho para saber se deveriam atravessar a enchente: ("O burrinho é quem vai resolver. [...] O que o burrinho fizer a gente também faz"). No contexto da obra de Monteiro Lobato, entretanto, a atribuição desse nome ao Burro pode ter outro significado, o que, certamente, amplia e diversifica a sua dimensão simbólica. Sabemos que o Burro de Lobato é natural do País das Fábulas. Também sabemos que a fábula traz, quase sempre, como conclusão, uma "sentença moral" que é figurada por uma narração breve e simples. Portanto, quando o narrador afirma que o Burro fala "sentenciosamente", estaria se referindo à natureza fabular da personagem. A posição do narrador é ainda confirmada por Emília que, entre outras coisas diz: "Tudo o que ele diz parece um *conselho de velho* – e é sempre um conselho muito bom" (grifo nosso). Assim, considerando-se a antiguidade da fábula e a sua característica marcadamente didática, podemos afirmar que Monteiro Lobato plasma a figura do Burro à figura da fábula. Nessa perspectiva, o Conselheiro é a própria fábula ambulante do Sítio. Adaptando a expressão de Bakhtin, ele seria a *arcaica* renovada, o representante mais eminente da fábula repaginada de Monteiro Lobato que, todavia, mantém fidelidade às suas próprias regras e origens.

Além de estar relacionado às qualidades do Burro e à sua identidade fabular, o nome Conselheiro também pode significar título honorífico ou remeter à função exercida por ele no Sítio do Picapau Amarelo. No primeiro caso, como sabemos, o termo diz respeito a uma titulação oferecida a certas pessoas por serviços prestados. No segundo caso, indicaria a participação em um determinado conselho ou corpo executivo. Vale frisar que os membros de um conselho têm poder e autoridade para tomar decisões. Portanto, nesse sentido (sem desconsiderar o sentido de "aconselhamento" como quer Emília), poderíamos imaginar a hipótese de que o Sítio tinha um conselho do qual o Burro Falante fazia parte. De qualquer forma, tanto em um caso com em outro, levando-se em conta o histórico de marginalização da personagem, trata-se de uma promoção, de um nome-título que consolida a ascensão social do Burro e ainda valoriza uma de suas características essenciais.

Na sequência das aventuras de *Viagem ao céu*, o Burro Falante, agora também o Conselheiro, aprova a decisão da turma de ir ao planeta Saturno. Chegando lá, conhecem vários saturninos e vivem a experiência de brincar

NAS RAIAS DE UM GÊNERO   341

e patinar nos anéis do planeta. Somente o Burro Falante não participa da brincadeira. Vejamos as razões:

> O burro sentiu uma vontade imensa de aceitar o convite. Nunca havia brincado em tôda a sua vida e a ocasião era ótima. Não havia por perto "gente grande" para "reparar". Mesmo assim se conteve. Êle era o Conselheiro, um personagem austero e grave. Precisava respeitar o título — e continuou imóvel onde estava, com as orelhas ainda mais murchas e o olhar ainda mais triste. Jamais brincara em criança — e também não brincaria naquele momento. Seu destino era passar a vida inteira sem regalar-se com as delícias do brincar. E o Conselheiro deu um suspiro arrancado do fundo do coração. (p.59)

Vemos, portanto, que o narrador confirma a atribuição do nome Conselheiro como um título especial, uma insígnia que funcionaria como homenagem e atributo de dignidade ao Burro. Outro dado importante a ser observado no fragmento citado é a própria austeridade do animal: "Jamais brincara em criança — e também não brincaria naquele momento". Essa postura severa consigo mesmo, como destaca o narrador, seria fruto das exigências de sua posição e de seu título. Por outro lado, sendo o Burro Falante a imagem metafórica da fábula, poderíamos considerar que sua atitude rigorosa corresponderia ao rigor da própria forma da fábula que, segundo Lima, conforme já vimos, reúne em si os aspectos figurativo, temático e metalinguístico. Portanto, se o Burro personifica a fábula, aplicando os termos de Lima, podemos dizer que ele é *figurativo* por ser personagem, *temático* porque dá conselhos e é *metalinguístico*, uma vez que, por sua origem e por seu próprio modo de ser, representa a fábula. A partir dessa simbologia específica do Burro, podemos dizer também que, para Monteiro Lobato, o exercício de criação e atualização de textos fabulares se realiza somente a partir do que as leis da fábula permitem, podendo, entretanto, unir norma e valor estético, como ocorre em sua obra *Fábulas*. Segundo Regina Zilberman (1984), norma e valor estético, embora sendo oponentes, supõem-se como referência:

> Norma e valor estético são conceitos que se excluem, mas, ao mesmo tempo, supõem-se mutuamente: pois o valor existe para uma norma e perante ela. É esta última que garante a sistematicidade do texto, a coesão dos elementos,

a harmonia do todo entre o que tem de peculiar e de convencional. Novidade completa, ou absoluta repetição inexistem; mas o valor e a norma apontam para um destes polos. (Zilberman, 1984, p.68)

A imagem do Burro como metáfora da fábula confirma-se ainda mais uma vez em *Viagem ao céu*. Cansados do passeio em Saturno, a turma do Sítio resolve voltar para a Terra. Antes disso, voltam à Lua para buscar Tia Nastácia que estava na cratera de São Jorge. Perguntada sobre o dragão, a cozinheira relata o medo que passara e o pânico de ser devorada. E quando Narizinho afirma que o dragão não come gente, Tia Nastácia insiste:

[...] É boa!... Pois não ia comendo o burro?
— Mas burro não é gente, Nastácia. Há muita diferença.
— Diferença? Qual é a diferença entre gente e aquêle burro que fala e diz cada coisa tão certa que eu até me benzo com as duas mãos? (p.60)

Na fala de tia Nastácia, podemos destacar dois importantes aspectos da fábula. Quando diz: "Qual é a diferença entre gente e aquêle burro", põe em destaque o caráter antropomórfico dos animais na fábula, o que permite dar ao Burro o *status* de pessoa. Já, quando afirma: "aquêle burro que fala e diz cada coisa tão certa" reforça o posto do Burro como agente da fábula na obra infantil de Lobato. A expressão "cada coisa tão certa" seria, então, a própria sentença moral como fator importante na construção do perfil do burro-fábula. Em *Viagem ao céu* definem-se, portanto, os novos contornos do Burro no Sítio. Além de sua elevação na pirâmide social, o autor constrói a sua nova imagem como símbolo e metáfora da fábula.

Interagindo com outras personagens

Em *Memórias de Emília* (1936), a boneca narra, entre vários outros acontecimentos, a chegada do Almirante Brown acompanhado de um grande número de crianças inglesas. Eles queriam conhecer a turma do Sítio e certo anjinho que Emília teria trazido do céu. Entretanto, a figura a causar maior assombro ao Almirante foi o Burro Falante. Quando passeava com Dona Benta para conhecer as dependências do Sítio, o visitante ouve, de repente, um zurro discreto. Vejamos a sequência dos fatos:

NAS RAIAS DE UM GÊNERO   **343**

– "Quem é? – quis saber o Almirante."

– "É o Conselheiro, o nosso burro falante – explicou Dona Benta. – Nêle é que os meninos foram para o céu."

O Almirante Brown sorriu, pensando lá consigo: – "Pobre velha! Visivelmente está caduca." Mas quando foi apresentado ao burro falante e êste murmurou, na sua voz grave de burro da fábula: – "Tenho muita honra em conhecer Vossa Senhoria" – o Almirante quase caiu para trás. Teve de segurar-se no rabo que o burro lhe estendeu.

– "É espantoso, minha senhora! Está aqui um fenômeno que se eu contar ao Rei Eduardo, êle julgará que é caduquice minha. Um burro falante! Isto positivamente me deixa com as idéias atrapalhadas..." (p.110)

Vemos, portanto, que a incredulidade quanto à capacidade de fala do burro não foi somente de Tia Nastácia, como vimos na primeira subdivisão deste tópico. Também o Almirante sofre grande impacto ao testemunhar o fenômeno. Podemos dizer, então, que, pelo menos nesse contexto, o Burro Falante surge como o habitante mais espetacular do Sítio. É preciso considerar, no entanto, que a habilidade de falar não seria a única razão do estranhamento. Também Emília precisou tomar uma pílula falante para começar a falar. Desse modo, a explicação para tamanho espanto por parte do Almirante estaria também no fato de que o burro é a materialização da fábula no Sítio do Picapau Amarelo, algo raro na literatura. Dona Benta, diante do desconcerto do visitante perante o Burro Falante, dá mais explicações:

– "Foi o que me sucedeu no comêço, Almirante. Fiquei também atrapalhada, sem saber o que pensar. Depois fui me acostumando. Hoje acho tão natural que êste burro fale, como acho natural que uma laranjeira produza laranjas. Tôdas as tardes chego até aqui para dois dedos de prosa. Além de falante, o nosso Conselheiro é um puro filósofo."

– "De que escola?"

– "Um filósofo estóico. Costumo ler-lhe trechos das 'Meditações' de Marco Aurélio. Os comentários que êle faz mereciam ser escritos e publicados." (p.110)

Na explicação de Dona Benta, como vemos acima, dois aspectos que se relacionam com a fábula podem ser destacados. O primeiro deles seria a naturalidade do falar por parte dos animais, como ocorre nos textos fabulares: "acho tão natural que êste burro fale, como acho natural que uma laranjeira produza laranjas". Com efeito, no universo da fábula o diálogo entre os animais também é interpretado como algo que não causa espanto ou surpresa. Logo, se o burro é a própria fábula, é natural que ele fale. Esse aspecto é ainda reforçado pelo fato de que, no gênero fabular, os animais são "máscaras" de seres humanos. O segundo aspecto seria a "profissão" do burro: "um filósofo estoico". Como vimos na fábula "Aparição" de Lessing, reproduzida no primeiro capítulo, "a fábula é tarefa do filósofo". Nesse sentido, podemos dizer, então, que o burro é a voz da fábula no Sítio e isso se confirma, também, pelo fato de que ele seja um filósofo estoico,[31] isto é, que prima pela rigidez dos princípios.

Ainda durante a conversa de Dona Benta com o Almirante, aparecem as mais de cem crianças da caravana inglesa acompanhadas de Peter Pan. Todas elas querem conhecer o Burro:

> – "O burro que fala! O burro que fala! – gritavam tôdas. – Vamos conversar com o burro que fala!..."
> Chegaram. Em tôrno do excelente animal formou-se uma roda enorme. To-dos falavam ao mesmo tempo, perguntando mil coisas ao pobre Conselheiro, que se via tonto para atender a tantos clientes. (p.110)

Portanto, a despeito de sua discrição, o Burro Falante, como vimos, era uma atração pública no Sítio do Picapau Amarelo. É por isso que ao ser questionada pelo Almirante Brown se já havia refletido sobre o mistério de um Burro que "contradiz tudo quanto a ciência estabeleceu a respeito da fala e da inteligência dos animais" (p.110), Dona Benta responde: "– 'Refleti, sim. Eu sei o que tenho em casa, Senhor Almirante'" (p.110).

A imagem e a odisseia do Burro desde a fábula esópica até a sua transposição para o Sítio são tão intrigantes e marcantes que, ao encerrar as suas *Memórias*, Emília faz questão de sintetizar a história da personagem:

---

31 De acordo com o *Dicionário eletrônico Houaiss* (2001), o estoicismo é uma "doutrina fundada por Zenão de Cício (335-264a.C.), e desenvolvida por várias gerações de filósofos, que se caracteriza por uma ética em que a imperturbalidade, a extirpação das paixões e a aceitação resignada do destino, são as marcas fundamentais do homem sábio, o único apto a experimentar a verdadeira felicidade [...]". O termo também pode significar "rigidez de princípios morais" ou "resignação diante do sofrimento, da adversidade, do infortúnio".

O burro falante está bem velho, coitado. É do tempo de La Fontaine, aquele homem que passeava no País das Fábulas, tomando nota do que ouvia aos animais, para escrever livros. Está tão velho e filosófico que só Dona Benta o compreende bem. Conversa altas filosofias. (p.139)

Essa afinidade do burro com a filosofia, como vimos, já fora registrada por Machado de Assis (1994, p.47) em suas crônicas, quando o próprio burro afirma: "A nossa raça é essencialmente filosófica". Monteiro Lobato, vale ressaltar, era profundo admirador do escritor carioca e expoente maior da literatura brasileira. Em carta escrita a Rangel em 15 de julho de 1905, o autor faz a seguinte afirmação: "Estilos, estilos... Eu só conheço uma centena na literatura universal e entre nós só um, o do Machadão" (Lobato, 1948, t.1, p.101). Cerca de 35 anos depois, já em sua idade madura, dizia não se interessar mais pelas leituras da juventude, porém, Machado de Assis ainda o encantava: "Machado de Assis no *Braz Cubas* ainda não me desaponta" (ibidem, t.2, p.336, carta de 17/9/1941). Portanto, quando em seu processo de criação literária, Monteiro Lobato molda o Burro como um animal apreciador da filosofia, estaria também expressando sutilmente as influências que recebera da produção machadiana. Ou, quem sabe, estaria até mesmo respondendo a uma reivindicação que o escritor do Cosme Velho deixara numa das crônicas de 1894, como já vimos: "Por que se não investigará mais profundamente o moral do burro?".

Se nas *Memórias de Emília* o Burro Falante conhece o Almirante Brown e um grande número de crianças, em *O picapau amarelo* (1939) seu raio de amizades será muito maior. Ocorre que, por iniciativa do Pequeno Polegar, todas as personagens dos contos clássicos do Mundo das Maravilhas resolveram mudar-se para o Sítio do Picapau Amarelo. Cada um trouxe a sua casa e, por isso, Dona Benta precisou adquirir mais terras para acomodar tamanha população. Dom Quixote, entretanto, não trouxera casa e procurava uma hospedaria para pernoitar. Como não houvesse hospedarias no Sítio ou nas proximidades, o Cavaleiro da Triste Figura pediu para ser hospedado em casa de Dona Benta. Ela atende o seu pedido com a condição de que não fosse "para ficar a vida inteira" (p.19).

Com a chegada de Dom Quixote e Sancho Pança ao Sítio, o Burro Falante teve, então, o privilégio de conhecer de perto Rocinante e o ruço, as duas cavalgaduras mais famosas da literatura ocidental. A fama do Burro não era menor, entretanto, os três jamais estiveram juntos no mesmo tempo e no mesmo espaço. Assim que os visitantes foram apresentados pelo Visconde, Conselheiro, tratando-os de Vossa Senhoria, revela que já os conhece de fama e que admira a "extrema fidelidade" dos animais. Depois disso, notando a aparência sofrida dos dois, o Conselheiro os convida para que permaneçam no seu pasto e desfrutem do melhor capim. Enquanto pastam, os animais trocam experiências sobre a difícil vida de cavalgadura. Todavia, enquanto ruço e Rocinante falam da vida de privações, escassez de alimento e do grande peso que carregam, o Burro fala da boa vida que leva no Sítio. Enquanto Rocinante vive sob o peso de sete arrobas e ruço carrega um amo gordo e cheio de cargas, ele carrega no máximo três arrobas.

> — Pois eu aqui levo uma vida bem melhor – disse o Conselheiro. – Todos são meus amigos e todos muito leves. Emília pesa no máximo, uns cinco quilos; o Senhor Visconde não pesa mais de meio. Pedrinho eu calculo em 30; e Narizinho, em outro tanto. De modo que já perdi a memória do que é carregar no lombo mais que 3 arrôbas. (p.20)

Vemos que o Burro está de tal forma integrado ao Sítio, que já não se lembra mais de sua antiga vida de transportador de cargas, sofrimento e falta de alimento. Portanto, o diálogo com Rocinante e ruço suscita comparações e faz que o Burro constate a diferença. Embora a comparação expressa não chegue a tanto, vale a pena ressaltar que seus escassos momentos de alegria e bem-estar, seja na literatura geral, seja no reduto da fábula, até então eram temporários. Mas, no Sítio, encontra a dignidade desejada e permanente, conforme reivindicara Demicasa em sua *Apologia do asno*. Embora continue sendo cavalgadura, porque tem força e resistência para isso, carrega em seu lombo apenas amigos que pesam muito pouco.

A presença de Dom Quixote no Sítio, porém, fará que o Burro reviva experiências do passado não só ouvindo ruço e Rocinante, mas sentindo na pele as pontas da espora do cavaleiro da Mancha. Assim como muitas outras personagens, a Quimera também estava no Sítio. Mas quando Dom Quixote vê o monstro, imagina que está diante do "infame Freston, transformado em bicho de três cabeças" (p.30). Por isso, pede que Sancho Pança traga imediatamente Rocinante e toda a sua armadura, porque pretendia travar um combate com o suposto Freston encantado. Diante da pressão, Sancho se confunde e acaba por selar o Conselheiro:

O escudeiro saiu correndo em busca do Rocinante, mas com a atrapalhação errou e selou o Conselheiro, trazendo-o pelas rédeas ao amo furioso. Sempre de olhos fitos no monstro, D. Quixote não deu pelo engano – montou no Conselheiro. E enfiando o escudo, e enristando a lança, partiu veloz ao encontro do inimigo. (p.30)

Dado o erro de Sancho Pança, como vimos, o Conselheiro, depois de muito tempo, voltar a ter novamente um dia de burro, mas não deixou de impor a sua vontade. Pouco adepto da violência, empacou a dez passos da Quimera e, por isso, o cavaleiro não conseguia alcançá-la com a ponta da lança. Irritado, ele espora o Burro que continua inerte. Só então Dom Quixote percebe que não está montado em seu Rocinante, mas sim no Conselheiro e põe-se a esbravejar contra os seus inimigos imaginários. Em meio aos delírios, acaba por referir-se ao Burro de forma pejorativa, o que provoca a ira de Emília. Vejamos:

– Infame mágico! – exclamou. – Acaba de fazer-me vítima de mais uma das suas infernais maquinações: transformou o meu valente corcel de mil batalhas num miserável burro de carroça...
– Isso também não! – gritou Emília furiosa. – Dobre a língua. O Conselheiro nunca foi burro de carroça, nem aqui nem na casa de seu sogro. Fique sabendo que é o primeiro burro no mundo – falante e sábio. Não admito que o tratem desse modo, ouviu, seu Latoeiro? (p.30)

Podemos notar no confronto que, assim como fizera em sua obra original vista no primeiro tópico deste capítulo, estando no Sítio, Dom Quixote, apesar de tudo, continua a acreditar que burro não é um animal digno de ser sua montaria. Emília, por sua vez, continua na defensoria do Burro, sendo capaz de enfrentar qualquer inimigo, ou até malucos como Dom Quixote, para defender sua honra.

A importância do Burro no Sítio do Picapau Amarelo e a confiança nele depositada chegou a tal ponto que foi eleito como o "administrador": o líder substituto de Dona Benta que administrava o Sítio em sua ausência. Em "Os músicos da cidade de Bremen" dos irmãos Grimm, vimos que ele já havia demonstrado essa surpreendente capacidade de liderança. No Sítio, tivera de exercer o posto de cuidador e administrador por diversas vezes.

Assim ocorrera em *O minotauro* (1939), quando partem à procura de Tia Nastácia; em *A reforma da natureza* (1941), quando Dona Benta e Tia Nastácia são convocadas para participar da Conferência de Paz na Europa; e na aventura do tamanho em *A chave do tamanho* (1942).

Em *O picapau amarelo*, quando Dona Benta viaja em um cruzeiro pelo Mar dos Piratas, o Burro será o responsável por cuidar do Sítio e administrá-lo. Em conversa com Quindim, ele afirma: "– Pois foi o que aconteceu – dizia o burro. – Dona Benta partiu com os meninos e deixou-me na administração do sítio. Minha responsabilidade é grande. Há plantações a fazer, caminhos a consertar, mil coisas..." (p.51). E quando o Capitão Gancho, um hóspede indesejado, tenta aproveitar sua ausência para roubar o sítio, o Burro usa argumentos claros e contundentes de modo a despistá-lo e a impedir que realize o seu plano maléfico. Ao final, ele também ajudará Pedrinho no plano de expulsar definitivamente Gancho e seus piratas do Sítio. Quando, na fuga, um deles passa por perto, o Conselheiro dá "uma desajeitadíssima parelha de coices – a única que o Burro Falante deu em tôda a sua honrada vida" (p.71). Essa última observação do narrador, como vemos, confirma a índole pacífica do Burro e o refinamento que ele revela (ou adquire), quando passa a ser um dos moradores do Sítio de Dona Benta.

Além de cuidar do Sítio e despistar o Capitão Gancho, na mesma ocasião em que Dona Benta fizera o cruzeiro no navio "Beija-Flor das Ondas", o Burro teve de recepcionar um grupo de crianças leitoras das *Reinações de Narizinho*. Antes de sair, Dona Benta deixara recomendações para que a porteira do Sítio não fosse aberta a ninguém. Entretanto, a criançada tanto insistiu, que o Burro acabou permitindo a entrada: "– Pois entrem, mas não me estraguem nada. O responsável por tudo sou eu" (p.61). Embora lamentassem a ausência de parte dos habitantes do Sítio, as crianças entram e aproveitam para realizar várias brincadeiras. Brincam de "sítio", passeiam montadas no Quindim, mexem com o Marquês de Rabicó, vão ao pomar etc. Acompanhado de Quindim, o Burro Falante observa toda a movimentação e, lembrando de sua difícil infância, também se diverte discretamente:

> Quindim e o Burro Falante sorriam, enlevados na cena.
>
> – Gosto de ver estes quadros – disse o Conselheiro. – Gosto de ver as crianças na plena alegria da liberdade, porque fui muito infeliz em criança – nunca brinquei... (p.62)

As crianças que visitaram o Sítio na ocasião da viagem de Dona Benta, como vimos, eram leitoras das obras de Monteiro Lobato. Quanto a isso, vale ressaltar, portanto, que eram crianças reais, como Maria de Lourdes, Joyce, Rodrigo Lobato, Hilda Vilela, entre várias outras, que, nessa aventura, ganharam *status* de personagem. Duas delas, Hilda e Rodrigo, travam um divertido diálogo com o Burro Falante:

> Enquanto isso, a Hilda Vilela conversava com o Burro Falante.
> – Por que está assim tão tristonha, menina? – perguntou-lhe o Conselheiro.
> – É que sempre quis vir aqui sozinha, e afinal vim aqui num bando. Não gosto de bandos. Mas deixe estar que hei de aparecer eu só, agora que já aprendi o caminho.
> Um pequeninote veio se chegando.
> – Quem é esse xerêta? – perguntou o Burro.
> – Não conhece? Pois é o célebre "boneco americano", o Rodrigo. Quer ver? E chamando o pequeninote:
> –Venha, Rodrigo, venha fazer "bonequinho americano" para o Conselheiro ver.
> O pelotinho de gente aproximou-se, parou diante do Burro e, enterrando a cabeça nos ombros, imitou um tal "boneco americano" que só êle sabia o que era. O Conselheiro achou tanta graça que não conteve um zurro de gôsto, tão bem zurrado que o Rodrigo, num susto, caiu sentadinho no chão. (p.63)

Vemos, portanto, que embora não tenha tido o privilégio de brincar na infância, o Conselheiro gostava de observar brincadeiras infantis. Apesar de sua gravidade e do cuidado com os excessos (na viagem ao céu, recusara--se a brincar de deslizar nos anéis de Saturno), ele sabia interagir com crianças e era capaz de prestar atenção aos comportamentos e peculiaridades de cada uma delas. Portanto, se considerarmos que, nas obras de Lobato, o Burro, além de ser oriundo da fábula, transforma-se em personificação do gênero, podemos dizer que o autor representa por meio da ficção a afinidade da fábula com a criança ou, mais propriamente, com a literatura infantil. Nessa perspectiva, o modo de relacionamento do Burro com as crianças exemplifica a relação possível entre fábula e literatura infantil. Seja por seu histórico de sofrimento e opressão, seja por seu próprio modo de ser, vimos que o Burro não brincara na infância, mas sabia valorizar os brinquedos infantis. De certa forma, assim também é a fábula: se não pode abrir mão da austeridade de sua moral, pode, entretanto, tornar-se mais agradável por meio do enriquecimento da narrativa e da relativização da sentença moral, conforme preconizou o próprio Lobato.

Em *A chave do tamanho*, temos ainda outro exemplo da importância do Burro. Conforme sabemos, na tentativa de acabar com a Guerra, Emília se engana e acaba por apertar a chave do tamanho. Por essa razão, todas as criaturas do mundo ficaram minúsculas e vivem estranhas aventuras. Ao final, Emília faz um plebiscito para saber se deveria ocorrer a volta ou a permanência do tamanho. O voto do Burro Falante, na ocasião, fora decisivo para a resolução do problema, uma vez que, a contragosto de Emília, votara a favor da volta do tamanho normal. "O Conselheiro explicou que não podia conformar-se com a idéia duma senhora tão distinta como Dona Benta ficar tôda a vida naquela situaçãozinha de inseto descascado. A gratidão mandava-o votar pela volta do Tamanho" (p.85).

Ainda na experiência do tamanho, quando o mundo se tornara caótico dada a redução drástica do tamanho de seus moradores, encontramos uma informação curiosa a respeito do Burro Falante. Conforme vimos no célebre passeio ao País das Fábulas, o Burro fora salvo da morte ao ser retirado de uma fábula de La Fontaine e, desde então, passou a viver com Dona Benta e sua turma no Sítio do Picapau Amarelo. Em *A chave do tamanho*, entretanto, o narrador afirma que o animal pertencera ao Coronel Teodorico que, no momento, por estar muito pequeno, cabia na palma da mão do Visconde. Vejamos:

> O Burro Falante havia pertencido ao Coronel, em cuja fazenda nascera. Ao ver o seu antigo patrão reduzido às proporções dum gafanhoto, sacudiu a cabeça filosoficamente. Aquêle homenzarrão de outrora, que o cavalgara tantas vêzes, e lhe metera as esporas e o chicote, estava reduzido a uma coisinha sôbre a mão dum milho! (p.58)

Aparentemente, os fatos relatados são um equívoco do narrador. Como já informara o próprio narrador e outras vezes as crianças do Sítio, o Burro é um animal de outros tempos, o tempo antigo da fábula e o tempo de La Fontaine. Quando chega ao Sítio, causa assombro por ter a habilidade da fala, algo que nunca fora testemunhado pelos picapauenses. O Coronel

Teodorico, amigo e compadre de Dona Benta, de fato, não é personagem da fábula nem pertence ao seu tempo. Também não há informações de que tenha vivido no País das Fábulas. Poderíamos concluir, então, que, no discurso do narrador, há uma contradição. De qualquer forma, sabemos que, no espaço imaginário da ficção, tudo é possível. Assim, considerando-se que, a não ser por suas poucas revelações, a infância do Burro é desconhecida, existe a estranha possibilidade de que tenha pertencido ao Coronel Teodorico.

No contato com outras personagens, vimos, então, que o Burro aprimora a sua personalidade. Ao mesmo tempo que se firma como líder no espaço do Sítio, revela-se elemento de atração pública, amigo e ídolo de crianças do mundo todo.

No espaço do ouvinte em *Fábulas*

Em *Fábulas* as personagens rememoram episódios protagonizados pelo Burro em outras obras. Veremos também, como é de praxe e mais de uma vez, que Emília discordará da conclusão moral da fábula para defender a personagem. Isto só é possível porque no modelo de fábula criado por Monteiro Lobato há o espaço do ouvinte no qual a turma do Sítio expõe a sua opinião e discute sobre vários outros assuntos.

A primeira edição da obra *Fábulas* (sem o nome de Narizinho), como já vimos no segundo capítulo, é de 1922. Por essa data, é impossível considerar que as personagens incluiriam em seus comentários experiências vividas, por exemplo, em "Pena de papagaio" (1930). No entanto, é preciso não perder de vista que o espaço do ouvinte será incluído na organização textual somente em 1943, na 8ª edição de *Fábulas*. Assim, é natural e lógico que as personagens relembrem aventuras de *Reinações de Narizinho* (1931) ou *O picapau amarelo* (1939) no momento em que expressam suas opiniões sobre o burro como personagem de algumas fábulas.

Entre as fábulas de Lobato que trazem o burro como personagem, estão: "O velho, o menino e a mulinha", "Burrice", "O burro juiz", "O burro na pele de leão", "Os animais e a peste", "Os dois burrinhos", "Os dois ladrões", "O cavalo e o burro", "O burro sábio" e "Tolice de asno". Quase todas provêm do acervo europeu de La Fontaine, mas são parafraseadas em linguagem renovada e comentadas pela turma do Sítio que ouve a narração de Dona Benta. Não será em todas elas, porém, que a personagem da fábula será relacionada ao Burro Falante. Aliás, a personagem da fábula, de fato, não é o Burro do Sítio que, embora tenha nascido no País das Fábulas, como vimos, foi resgatado de lá. Portanto, o Burro Falante será lembrado apenas após a narração da fábula, necessariamente no espaço do ouvinte.

A fábula "O burro juiz" é a primeira na qual o Burro Falante será lembrado no comentário dos ouvintes. Em disputa com o sabiá, a gralha queria provar que sua voz era mais bonita. Como as outras aves ignorassem tamanha pretensão, a gralha resolveu convocar um juiz que pudesse decidir quem cantava melhor. Para o posto de juiz escolheu o burro por ter orelhas grandes e supostamente ouvir melhor. Ao final das duas apresentações, para surpresa de todos, o burro deu sentença favorável à gralha. Vejamos os comentários:

> — Estou compreendendo – disse Narizinho. A gralha escolheu para juiz o burro justamente porque o burro não entende nada de música – apesar das orelhas que tem. Essa gralha era espertíssima...
> — Pois se escolhesse o nosso Burro Falante – disse Emília – quem levava na cabeça era ela. Impossível que o Conselheiro não desse sentença a favor do sabiá! Já notei isso. Sempre que um passarinho canta num galho, êle espicha as orelhas e fica a ouvir, com um sorriso nos lábios... (p.19)

Na síntese da primeira parte da fábula de Monteiro Lobato, vemos que o burro continua a ser a mesma personagem das fábulas de Esopo, Fedro ou La Fontaine, conforme vimos no tópico anterior. Também aqui a personagem é ridicularizada por sua pouca inteligência e falta de talento. Assim como em "O burro e uma lira" de Fedro, a personagem nada entende de música e dá sentença favorável à gralha, um pássaro que tradicionalmente não é conhecido por sua capacidade de cantar. Na segunda parte, que traz os comentários, vemos que Narizinho reforça esse aspecto: "burro não entende nada de música". Emília, entretanto, encarrega-se de mostrar que o "burro juiz" não é o Burro Falante, o qual, segundo ela, sabe apreciar o canto dos pássaros. O conjunto dessa fábula lobatiana, portanto, destaca as peculiaridades do Burro Falante, mostrando indiretamente que, no ambiente do Sítio, o animal fora capaz de desenvolver algumas habilidades e potencialidades ocultas.

Se em "O burro juiz", Emília deixa clara a diferença entre o burro da fábula e o Burro do Sítio, em "Tolice de asno", o seu empenho nesse sentido não será semelhante. Pelo contrário, ela até levanta a hipótese de que se trate da mesma personagem. As duas personagens a interagir na fábula são o burro e o asno.[32] Este último, inflado de pedantismo e orgulho, exaltava os seus próprios dotes e exigia que o burro mostrasse alguma reação. Um macaco que assistia à cena critica a atitude do asno e admira o silêncio resignado do burro. Diante disso, o burro abana as orelhas e responde com um verso de Bocage: "*Um tolo só em silêncio é que se pode sofrer...*" (p.53). É justamente essa demonstração de cultura e refinamento que faz que Emília suponha ser esse o Burro Falante: "– Aposto que esse burro era o nosso Conselheiro – disse Emília e o asno não podia ser outro senão o Coronel Teodorico" (p.53). Sabemos, porém, que, mesmo na fábula tradicional, o burro apresenta uma relativa diversificação de suas qualidades, podendo apresentar-se como sábio ou tolo, bom ou mau. Nesse sentido, podemos dizer que, em relação ao burro, Monteiro Lobato preserva em suas fábulas a mesma variação de caracteres das antigas fábulas de Esopo. O padrão único, conforme vimos, e que ao mesmo tempo engloba as várias características, seria a classe social representada pelo burro: o pobre explorado que pode ser conformado com o seu destino ou desejar ardentemente uma mudança para melhor.

Outra fábula reescrita por Lobato, presente nas coleções de Esopo e La Fontaine, e que também focaliza aspectos negativos do burro é "O burro na pele do leão". Dessa vez, no entanto, Emília reage fortemente e faz uma verdadeira apologia da personagem. O enredo conta a história de um burro que, frustrado com o que era, decide tornar-se um leão. Para isso, encontra uma pele de leão, veste o adereço e passa a caminhar como se fosse o rei dos animais. No entanto, fora pilhado pelo seu dono e duramente punido ao tentar enganá-lo com um falso urro. Vejamos os comentários:

– Bravos! – gritou Pedrinho batendo palmas. Está aí uma fábula que acho muito pitoresca. Gostei.

---

32 No início deste capítulo, vimos que, cientificamente, existe diferença entre burro e asno. O primeiro é híbrido e o segundo tem sangue puro. Diferentemente do que por tradição ocorre na literatura, como vimos, Monteiro Lobato indiretamente aponta a diferença entre os animais, ao estabelecer um confronto entre os dois na mesma fábula.

– Pois eu não gostei – berrou Emília – porque trata com desprêzo um animal tão inteligente e bom como o burro. Por que é que êsse fabulista fala em "estúpida criatura?" e por que chama o pobre burro de "animalejo?" Animalejo é a avó dele...

– Emília! – repreendeu Dona Benta. Mais respeito com a avó dos outros.

– É que não suporto essa mania de insultar um ente tão sensato e precioso como é o burro. Quando um homem quer xingar outro, diz: "Burro! Você é um burro!" e no entanto há outros burros que são verdadeiros Sócrates de filosofia, como o Conselheiro. Quando um homem quiser xingar outro, o que deve dizer é uma coisa só: "Você é um homem, sabe? Um grandíssimo homem!". Mas chamar de burro é, para mim, o maior dos elogios. É o mesmo que dizer: "Você é um Sócrates! Você é um grandíssimo Sócrates..." (p.27)

A reação de Emília, como vemos, é eloquente e agressiva. Fazendo a defesa incondicional do burro, atinge a tradição da fábula (quando se refere a um suposto fabulista) e critica "a mania de insultar um ente tão sensato e precioso como é o burro". A voz de Emília, entretanto, traz ressonâncias da voz de Monteiro Lobato, o seu criador. É muito provável que, ao construir a defesa do burro no discurso de Emília, Lobato tenha buscado referências na *Apologia do asno* de Zeper Demicasa, obra vista no primeiro tópico deste capítulo. Vimos que Emília se mostra indignada com o uso do nome "burro" para xingamentos e insultos. O mesmo questionamento, entretanto, já poderia ser encontrado na *Apologia*, uma obra do século XIX:

> E será que os homens ainda
> Fazem mofa e escárnio do JUMENTO!
> "És um ASNO!" por injúria dizem;
> "És um BURRO!" dizem por desprezo;
> "És uma MULA" para zombar clamam;
> "És um BURRICO" dizem do que é nécio.
> Pois diga-me alguém, que significa
> Aquela exclamação: "Que grande JUMENTO!"
>
> Querem com ela assinalar, por acaso,
> Grandes virtudes ou sublime engenho?
> Ou bem pintar o ignorante

A estupidez, os vícios e os defeitos?
Ignoram porventura que o ser ASNO
É honra, é virtude, sendo o ASNO bom? (Demicasa, 1837, p.8-9)[33]

Vemos, assim, que o comentário de Emília traz até mesmo o tom interrogativo encontrado na *Apologia*. O diálogo com outras obras e linguagens, no entanto, é uma constante em Monteiro Lobato, haja vista, por exemplo, a referência explícita a Shakespeare nos comentários de "O velho, a menina e a mulinha".

Mas a valorização especial do Burro Falante na obra de Monteiro Lobato, além de representar simbolicamente uma releitura da fábula, pode ter ainda outra significação. Como sabemos, o burro representa o povo. Mais especificamente, representa o pobre explorado e trabalhador, que, muitas vezes, não tem os seus direitos respeitados. Também a cultura e o conhecimento produzido pelo povo, muitas vezes, são relegados a segundo plano. Contudo, um dos pilares do movimento modernista, que definitivamente emancipa a produção literária no país, foi justamente a valorização do povo, seus saberes e sua cultura, como forma de garantia da originalidade. Na tarefa de questionar e destruir a cultura consagrada e importada, como analisa Sodré (1964, p.526), o movimento (deflagrado, como sabemos, pela Semana de 1922) teve como marca o "sentido nacional", "o seu aprofundamento no Brasil, a sua ânsia em traduzir o peculiar, o vivo, o característico". Vale frisar, no entanto, que as condições históricas e as transformações da sociedade brasileira também favoreciam a articulação do movimento:

No Brasil começava a existir povo, com o sentido moderno, e só o povo podia conceder vigência às manifestações de qualquer natureza que pretendessem refletir a fisionomia coletiva e nacional. Entrávamos na fase em que só é nacional o que é popular — fase de que andávamos até então distanciados, e êsse distanciamento profundamente ungindo qualquer tentativa de expressão. (ibidem, p.531)

---

33 *"¡Y será que los hombres todavía / Hagan mofa y escarnio del JUMENTO! / "Eres un ASNO" por injuria dicen: / "Eres un BURRO" dicen por desprecio: / "Es un POLLINO", por burlarse claman: / "Es un BORRICO" dicen del que es necio. / Pues dígame cualquiera, qué denota / Aquella exclamación: "¡Que gran JUMENTO!" / ¿Quieren con ella señalar acaso / Grandes virtudes ó sublime ingenio? / ¿O pintarnos mas bien del ignorante / La estupidez, los vicios, los defectos? / ¿Ignoran por ventura que el ser ASNO / Es honor, es virtud, siendo ASNO bueno?"*

Portanto, podemos compreender que, quando Monteiro Lobato coloca o Burro no centro das atenções no ambiente do Sítio, destacando positivamente sua maneira de ser e sua sabedoria, está manifestando também uma atitude modernista de agregação de valor à cultura do povo. É por isso que, como vimos, Emília diz: "e no entanto há outros burros que são verdadeiros Sócrates de filosofia, como o Conselheiro". Mas a valorização do burro é também a valorização da fábula. Quanto a isso, o comentário de Dona Benta em "O corvo e o pavão" arremata e sintetiza o pensamento, promovendo indiretamente uma aproximação entre "burro", "povo" e "fábula": Quem inventou a fábula foi o povo e os escritores as foram aperfeiçoando. *A sabedoria que há nas fábulas é a mesma sabedoria do povo*, adquirida à fôrça de experiências" (p.31, grifo nosso). Assim, considerando-se a afinidade de Monteiro Lobato com as novas ideias surgidas no início do século XX, podemos entender a transposição do Burro para o Sítio do Picapau Amarelo como uma manobra modernista que produz um duplo efeito: o reconhecimento da importância do povo por meio da releitura da personagem; e, simbólica e antropofagicamente, a construção de uma visão particular da fábula que, de certa forma, aparece personificada na imagem do Burro.

Além das fábulas já referidas, há ainda aquelas em que as personagens relembram experiências vividas ao lado do Burro ou por ele protagonizadas. É o caso, por exemplo, de "Os dois viajantes na macacolândia". Embora o burro não figure como personagem do enredo, ele será rapidamente lembrado nos comentários dos ouvintes por um acontecimento do passado. A fábula conta a história de dois viajantes perdidos que vão parar no reino dos macacos. Interrogado pelo rei, o primeiro viajante, que era diplomata, elogia o monarca, a corte e os seus súditos e, por isso, foi solto e nomeado para cavaleiro. O segundo era neurastênico e só sabia dizer a verdade. Portanto, ao ser interrogado, disse que o reino era simplesmente uma macacalha. Por esse motivo, foi condenado ao açoite e ficou paralisado por uma semana. Nos comentários, Pedrinho fala dos perigos de se dizer a verdade de qualquer maneira e relembra a ocasião, registrada em *O picapau amarelo*, na qual Emília enfrentou Dom Quixote para defender o Burro:

> É o que ainda acaba acontecendo para Emília. Vai dizendo as verdades mais duras na cara de tôda gente e um dia estrepa-se. *Lembra-se*, vovó, do que ela disse para D. Quixote, naquela vez que o herói montou no Conselheiro por engano

e ao perceber isso pôs-se a insultar o nosso burro? E se D. Quixote a espetasse com a lança? (p.22, grifo nosso)

A fábula mais importante, porém, no que se refere à memória dos acontecimentos que envolveram o Burro Falante é "Os animais e a peste". Divulgada no Ocidente pelo francês La Fontaine, conforme já vimos, a fábula é a mais comentada pelas personagens de Monteiro Lobato no conjunto de sua obra infantil. Essa constante referência ocorre, como sabemos, porque, segundo o arranjo ficcional de Lobato, trata-se da fábula que abrigara o Burro Falante. Vejamos o texto:

Os animais e a peste

Em certo ano terrível de peste entre os animais, o leão apreensivo, consultou um mono de barbas brancas.

— Esta peste é um castigo do céu – respondeu o mono, e o remédio é aplacarmos a cólera divina sacrificando aos deuses um de nós.

— Qual? – perguntou o leão.

— O mais carregado de crimes.

O leão fechou os olhos, concentrou-se e, depois duma pausa, disse aos súditos reunidos em redor:

— Amigos! É fora de dúvida que quem deve sacrificar-se sou eu. Cometi grandes crimes, matei centenas de veados, devorei inúmeras ovelhas e até vários pastôres. Ofereço-me, pois, para o sacrifício necessário ao bem comum.

A rapôsa adiantou-se e disse:

— Acho conveniente ouvir a confissão das outras feras. Porque, para mim, nada do que Vossa Majestade alegou constitui crime. Matar veados – desprezíveis criaturas; devorar ovelhas - mesquinho bicho de nenhuma importância; trucidar pastôres – raça vil, merecedora de extermínio! Nada disso é crime. São coisas até que muito honram o nosso virtuosíssimo rei leão.

Grandes aplausos abafaram as últimas palavras da bajuladora – e o leão foi pôsto de lado como impróprio para o sacrifício.

Apresentou-se em seguida o tigre e repete-se a cena. Acusa-se ele de mil crimes, mas a rapôsa prova que também o tigre era um anjo de inocência.

E o mesmo aconteceu com tôdas as outras feras.

Nisto chega a vez do burro. Adianta-se o pobre animal e diz:

– A consciência só me acusa de haver comido uma fôlha de couve na horta do senhor vigário.

Os animais entreolhavam-se. Era muito sério aquilo: A rapôsa toma a palavra.

– Eis, amigos, o grande criminoso! Tão horrível o que êle nos conta, que é inútil prosseguirmos na investigação. A vítima a sacrificar-se aos deuses não pode ser outra, porque não pode haver crime maior do que furtar a sacratíssima couve do senhor vigário.

Tôda a bicharia concordou e o triste burro foi unanimemente eleito para o sacrifício.

Aos poderosos tudo se desculpa; aos miseráveis nada se perdoa.

– Viva! Viva!... Esta é a fábula do Burro Falante – e Pedrinho *recordou* todos os incidentes daquele dia lá no País das Fábulas. Essa história estava se desenvolvendo, e no instante em que as feras iam matar o pobre burro, o Peninha derrubou do alto do morro uma enorme pedra sôbre as fuças do leão.

– Salvamos o Conselheiro – disse Emília – mas o fabulista pegou um segundo burro para poder completar a fábula. Pobre segundo burro!... – e Emília suspirou.

– Esta fábula me parece muito boa, vovó – opinou Narizinho.

– E é, minha filha. Retrata as injustiças da justiça humana. A tal injustiça humana é implacável contra os fracos e pequeninos – mas não é capaz de pôr as mãos num grande, num poderoso.

– Falta um Peninha que dê com pedras do tamanho do Corcovado no focinho do leão da injustiça... (p.32, grifo nosso)

A reprodução integral do texto da fábula, como vemos, propicia uma rápida comparação entre a fábula de La Fontaine e a fábula de Monteiro. Enquanto o primeiro escreve em verso e utiliza uma linguagem clássica, o segundo utiliza a prosa em uma linguagem fluida e corrente. Além disso, acrescenta um segundo espaço narrativo no qual insere o comentário dos ouvintes. Quanto ao conteúdo, as diferenças entre os textos quase inexistem e limitam-se principalmente ao tipo de alimento ingerido pelo burro: em La Fontaine, ele pasta no prado de um mosteiro e, em Lobato, come a couve da horta de um vigário.

Diferenças e semelhanças à parte, interessa-nos, sobretudo, a reação dos ouvintes na fábula de Lobato. Vemos que Pedrinho, recordando os acontecimentos de "Pena de papagaio", relaciona imediatamente a fábula com a história do Burro Falante: "Esta é a história do Burro Falante". O comentário mais curioso, entretanto, virá de Emília, porque indiretamente reflete o pensamento de Lobato sobre a fábula. Já sabemos, e vimos por diversas vezes, que o Burro foi retirado da fábula no momento em que os fatos ocorriam em pleno País das Fábulas. Encerrados os fatos nesse ponto, porém, não teríamos mais a fábula "Os animais e a peste", uma vez que uma de suas principais personagens já não fazia parte de seu contexto. Emília, entretanto, apresenta a solução para o impasse: "o fabulista pegou um segundo burro para poder completar a fábula". Como vemos, essa estratégia permite que tanto a fábula como a sua conclusão moral possam ser mantidas e disponibilizadas aos pequenos leitores. De fato, ao reescrever e atualizar as fábulas, Monteiro Lobato não pretendia destruir gênero, mas renová-lo a partir de suas próprias possibilidades. Ainda que modificando o enredo ou questionando a moral, o autor procurava se enquadrar no limite das regras do gênero, chegando mesmo a debater e reforçar metalinguisticamente alguns de seus aspectos, conforme vimos no primeiro capítulo.

As fábulas comentadas neste último subtópico revelam e salientam a importância do Burro Falante no Sítio do Picapau Amarelo. Aliás, como vimos, tanto o Burro como a sua história são constantemente lembrados pelas personagens. Todavia, o que é mais importante observar é que, pelo valor atribuído ao Burro, tem-se a medida do valor atribuído à fábula em Lobato. Além de fazer parte do projeto de Lobato para o começo de sua literatura infantil, ela encontra-se disseminada por várias obras de sua coleção num autêntico *efeito fábula*, como vimos no segundo capítulo. No caso específico do Burro, o *efeito fábula* pode ser considerado sob vários aspectos. Primeiro, pela própria procedência da personagem que é frequentemente retomada ao longo das histórias. Em segundo lugar, o *efeito* se estabelece exatamente no trânsito da personagem que, tendo saído da fábula, passa a ter presença permanente no Sítio. Por último, o *efeito fábula* pode ser reconhecido no modo de ser da personagem, construído e revelado gradativamente pelo narrador. Aos poucos, como vimos, a personagem vai sendo transformada na própria metáfora da fábula.

Depois de estudar a fábula e sua presença na obra infantil de Lobato nos dois primeiros capítulos, neste terceiro e último, tivemos, então, um retrato relativamente completo do burro como personagem da fábula e sua inserção nas obras do autor. Como forma de ampliar o retrato, iniciamos o capítulo abordando a trajetória do burro na literatura ocidental. Vimos que, assim como a fábula, é uma das personagens mais antigas da literatura, cujos convívio com seres humanos e utilidade ao homem têm os primeiros registros nas Escrituras Sagradas. Passando por diversas obras, constatamos a frequência das metamorfoses e a quase constante imagem negativa que se faz da personagem, o que acaba por motivar a *Apologia do asno*. Finalizamos a abordagem analisando a personagem em obras da literatura brasileira, mais especificamente dos escritores Machado de Assis e Guimarães Rosa.

Tendo analisado o burro na literatura ocidental, partimos para o estudo de seu perfil ficcional na fábula esópica. Para isso, destacamos as fábulas dos fabulistas que praticamente consolidaram a tradição do gênero: Esopo, Fedro e La Fontaine. Vimos que, embora haja um grande número de textos que o desenham como tolo e injustiçado, o burro também pode figurar como animal astuto, sábio e até maldoso. Portanto, a constância dos caracteres, como é corrente na fábula, tem certa relatividade e, no caso do burro, se estabelece muito mais na sua representatividade social. Por fim, chegamos a Monteiro Lobato e, na análise do perfil do Burro Falante no Sítio do Picapau Amarelo, pudemos estabelecer conexões com a fábula esópica e com aspectos presentes na literatura ocidental. Tendo sido resgatado da morte numa fábula de La Fontaine, a personagem vai para o Sítio e lá assume um comportamento padronizado: passa a ser o Conselheiro, um cidadão picapauense austero e sábio que, entretanto, sabe relacionar-se com as crianças e é invariavelmente bondoso, honesto e delicado. Se na fábula esópica a personalidade do Burro não era totalmente definida, em Lobato, portanto, ela tem a unicidade normalmente requerida pela fábula. Isso não quer dizer, entretanto, que o autor tenha negligenciado a renovação do gênero, mas, pelo contrário, inova ao transformar a personagem em representante simbólico da fábula: uma fábula repaginada, à moda de Monteiro Lobato.

Conclusão

No desenvolvimento de nossa abordagem dos estudos críticos sobre a fábula, vimos que ela tem uma natureza discursiva e, por isso, pode ser infiltrada nos mais diferentes contextos e situações enunciativas. Sua simplicidade original também propiciou e impulsionou o conhecimento intuitivo do gênero e o estabelecimento de suas regras. Firmadas as bases, a fábula adaptou-se a culturas e espaços variados e passou a fazer parte não só dos textos literários, mas da comunicação diária e da fala cotidiana.

Monteiro Lobato, ainda que não fosse um especialista da fábula, sabia explorar sua versatilidade. Fazia isso com frequência, por exemplo, em suas muitas correspondências. Na carta que escreve a Rangel em 1919, quando pede ao seu amigo que avalie as fábulas que escrevera, o autor afirma: "A mim me parecem boas e bem ajustadas ao fim – mas a coruja sempre acha lindos os filhotes" (Lobato, 1948, t.2, p.193, carta escrita em 13/4/1919). A expressão "a coruja sempre acha lindo os filhotes" tanto sintetiza a fábula "A coruja e a águia" como também facilita a exposição e compreensão do discurso epistolar. Poucas orações produziriam um significado tão exato como as poucas palavras que condensam o sentido de uma fábula inteira.

Se em 1919, o autor se utiliza da fábula para falar de sua própria obra, dois anos mais tarde, em 1921, fará uso do mesmo recurso para elogiar a produção literária de Rangel, seu fiel amigo. Ao comentar e explicar a baixa aceitação de um de seus romances, Lobato se utiliza da fábula "O galo e a pérola" de La Fontaine:

> Aquilo é formidável; e se o público não se apressa, é que a "quantidade" sempre desprezou a "qualidade". Para tudo ha uma fabula. O galo encontrou

uma perola. "Antes fosse um grão de milho", disse e passou. Você deu perola ao galo. Eu dou milho. Eis a razão do meu sucesso. Mas eu dou milho, meu caro Rangel, por uma razão muito simples: incapacidade de dar perolas... (ibidem, t.2, p.234, carta escrita em 30/6/1921)

Conforme vemos, Lobato usa na carta os elementos da fábula e estabelece a correspondência pérola >obra de Rangel e galo>público, o que sintetiza o seu ponto de vista e a mensagem que quer transmitir. Ainda para citar mais um exemplo, em 1925, o autor fará uso do mesmo expediente para criticar a Academia Brasileira de Letras. Vejamos: "A Academia é bonita de longe, como as montanhas. Azulinha. De perto... que intrigalhada, meu Deus! Que pavões! Quanta gralha com pena de pavão, lá dentro!..." (ibidem, t.2, p.282, carta escrita em 8/11/1925).

Os exemplos citados nos parágrafos anteriores revelam a concepção de Lobato sobre a fábula e servem como um demonstrativo do que ele realiza em suas obras infantis. É interessante destacar que, em todos os casos citados, o autor recorreu à condensação do discurso figurativo (a história), confirmando ser esta uma das formas mais recorrentes de manifestação do *efeito fábula*. Uma das afirmações do autor também revela a modernidade e o pioneirismo de seu ponto de vista em relação ao gênero: "Para tudo há uma fabula". Portanto, diferentemente de João Köpke e outros escritores do entresséculo, que restringiam a presença da fábula ao espaço do livro, escrita em linguagem classicizante e elevada, Lobato, já em 1921, entendia ser a fábula um gênero de alta popularidade que poderia ser utilizada nas situações orais ou não da vida cotidiana.

É justamente a partir desse ponto de vista discursivo, como vimos, que Monteiro Lobato escreve suas fábulas. No início, antes mesmo de publicar a primeira obra sobre o gênero, observa que seus filhos recontam as fábulas que ouvem para os colegas. Mais tarde, após algumas edições e revisões da obra *Fábulas*, o autor acaba por imprimir ao texto a marca da oralidade e do diálogo que não deixa de ser um elemento característico da própria fábula.

Mas o recurso à natureza oral da fábula se explica também pela necessidade de adaptação ao contexto nacional. Conforme vimos, e segundo destaca o próprio Monteiro Lobato, a fábula chegou ao Brasil por meio do acervo europeu e suas afinidades com o contexto tropical eram mínimas. Assim, quando escreve suas fábulas e as vai revisando ao longo dos anos,

NAS RAIAS DE UM GÊNERO **363**

quer imprimir nelas a simplicidade discursiva da fala cotidiana. Aproveita, para isso, o artifício do narrador e roda de ouvintes que interagem e discutem o caso narrado e o consequente ensinamento. Esses mesmos ouvintes, incluindo o narrador, também colocam a fábula em julgamento e procuram aproximá-la de seu contexto.

Além de valorizar a simplicidade e a discursividade da fábula, Lobato procura incluir nos enredos fabulares aspectos da flora e da fauna nacional, somados a uma intensa preocupação com a atualização da linguagem. Nesse sentido, seu comportamento reflete justamente a condição do escritor latino-americano que, conforme analisa Silviano Santiago (2000, p.23), vive "entre o amor e o respeito pelo já escrito, e a necessidade de produzir um novo texto que afronte o primeiro e muitas vezes o negue". É assim que, ao mesmo tempo que considera "O lobo e o cordeiro" de La Fontaine como uma obra-prima, diferente do fabulista francês, prefere a prosa para o texto fabular e propõe, na fala de Emília, outro desfecho para a história.

Essa visão crítica da literatura estrangeira ou europeia, a que nos referimos, denuncia claramente a tendência modernista de Monteiro Lobato. Também na fábula e na exploração de seus elementos característicos, essa tendência se manifesta de forma intensa e marcante. Assim, a cada momento específico de nossos estudos, saltavam aos olhos os mais variados traços da modernidade em Lobato. Torna-se evidente que, embora destoando de alguns aspectos preconizados pelo grupo modernista de 1922, o autor tinha um sério compromisso com a renovação instaurada pelo movimento e do qual ele mesmo pode ser considerado um dos principais agentes. O esforço por uma linguagem atualizada e o firme combate à importação e à reprodução especular do acervo europeu estão refletidos, por exemplo, nos comentários das fábulas e outras histórias, bem como na proposta subversiva de o País das Fábulas.

Para os nossos objetivos, o que é mais importante salientar, porém, é que a afinidade de Monteiro Lobato com as ideias modernistas e sua visão sobre a fábula, como vimos e aqui destacamos, tornou o desenvolvimento deste trabalho altamente instigante. De uma ideia esboçada em 1916, o autor acaba por instaurar a onipresença da fábula no conjunto de sua obra. Para tanto, recorre à reprodução, ampliação ou condensação de textos fabulares; em certos momentos chega a fabulizar elementos não fabulísticos, como é caso da história da figueira e a pedra; valoriza personagens animais como representantes totêmicos dos povos primitivos, entre os quais se destacam o macaco e o jabuti, como ocorre em *Histórias de Tia Nastácia*; e, finalmente, o autor torna a fábula onipresente pela adoção do burro e sua transformação em Burro Falante, o Conselheiro.

No caso das *Histórias de Tia Nastácia*, embora a maioria não seja propriamente fábula, praticamente todos os textos destacados possuem um fundamento moral e trazem personagens animais, como é típico da fábula. Quanto ao Burro Falante, verificamos que o autor faz justiça social à personagem que, na fábula clássica, além de apresentar certa variação em sua identidade, era, na maioria dos casos, vítima do trabalho pesado e incluído entre os incautos e desprovidos de inteligência. Mais interessante, no entanto, foi verificar que, se a princípio, a personagem poderia ser considerada apenas como representante da fábula, como de fato é, aos poucos, o narrador também a transforma em uma verdadeira fábula ambulante, pelo seu modo de ser e falar.

No que se refere exclusivamente à obra *Fábulas*, além do seu aspecto renovador do qual já tratamos em trabalho anterior, chamou-nos a atenção o desenvolvimento de uma metalinguagem da fábula embutida não somente no discurso de Dona Benta, mas também no das crianças-ouvintes e até Emília. Nesse sentido, podemos entender que, para o autor, a simplicidade da fábula permite que até a criança manipule o gênero e tenha domínio sobre os elementos que a compõem. Ainda na mesma obra, verificamos que sua estrutura proporciona um tratamento antropofágico ao texto fabular, haja vista o fato de Monteiro Lobato ser um dos pioneiros da revolução modernista, como destacamos não só nesta conclusão, mas no desenvolvimento do trabalho. A partir dessa visão, vislumbramos a sessão de fábulas como um banquete, cujo cardápio poderia ser aceito ou rejeitado pelos ouvintes.

Conforme sabemos, a literatura infantil, tanto a europeia como a brasileira, recorreu, em seus primórdios, aos textos clássicos, entre os quais se incluem a fábula, e aos contos de fadas. Analisando o contexto burguês de surgimento daquela literatura, Regina Zilberman (1987, p.44) conclui:

> Dentro deste panorama é que emerge a literatura infantil, contribuindo para a preparação da elite cultural, através da reutilização do material literário oriundo de duas fontes distintas e contrapostas: a adaptação dos clássicos e dos contos de fadas de proveniência folclórica.

Monteiro Lobato, quando põe em prática o seu modelo de literatura infantil, também não foge a essa regra: em seu primeiro projeto, como vimos, dada à ausência de textos, o autor recorre à fábula. No entanto, o que importa observar em sua estratégia, não é a recorrência ao aproveitamento usual da fábula, mas sim o modo original e criativo como o autor reaproveita e trabalha com o gênero em sua obra. Até mesmo nas paráfrases, o autor inova quando insere os comentários ou de repente instala a paródia, quando forja um La Fontaine que é capaz de espantar o lobo com uma bengalada em "O lobo e o cordeiro". Outro dado importante é que Lobato não apenas apresenta textos e personagens já existentes, como fizeram vários antecessores, mas os integra ao mundo fabuloso e imaginário do Sítio do Picapau Amarelo, que só ele foi capaz de criar.

Assim, a partir dos mais importantes e tradicionais estudos sobre a fábula, estudamos a presença do gênero, em suas várias manifestações, na obra infantil de Monteiro Lobato. Não há dúvidas de que o exemplo ousado de Monteiro Lobato na exploração da fábula e suas propriedades influenciou escritores das gerações seguintes. Tal como ele, Millôr Fernandes, José Paulo Paes, Henrique Pongetti, Ceccon Claudius, Luis Fernando Veríssimo, entre outros, dão continuidade e aprofundamento à visão subversiva do gênero. Portanto, se Monteiro Lobato inaugura a literatura infantil brasileira, ele também é responsável por instaurar no Brasil uma nova visão da fábula tradicional.

REFERÊNCIAS BIBLIOGRÁFICAS

A BÍBLIA viva. 4.ed. São Paulo: Mundo Cristão, 1988.

A BÍBLIA sagrada. Tradução João Ferreira de Almeida. Edição revista e corrigida. Brasília: Sociedade Bíblica do Brasil, 1969.

ABREU, T. C. S. Entre guerras, ciências e reformas: Emília consertando a natureza. In: LAJOLO, M.; CECCANTINI, J. L. (Orgs.). *Monteiro Lobato livro a livro*: obra infantil. São Paulo; Editora Unesp: Imprensa Oficial do Estado de São Paulo, 2008. p.439-51.

ADRADOS, F. R. *Historia de la fabula greco-latina (I)*: introducción y de los orígenes a la edad helenística. Madrid: Editorial de la Universidad Complutense, 1979.

ANDRADE, M. de. *Macunaíma*: o herói sem nenhum caráter. 33.ed. Belo Horizonte/Rio de Janeiro: Livraria Garnier, 2004.

ANDRADE, O. de. *Obras completas:* do pau-brasil à antropofagia e às utopias. Rio de Janeiro: Civilização Brasileira, 1972.

ANTONELLI, L. *Fábulas de Lobato:* a teoria e a prática de um gênero. Araraquara, 2003. 126 f. Dissertação (Mestrado em Estudos Literários) — Instituto de Letras, Ciências Sociais e Educação, Universidade Estadual Paulista.

APULEIO, L. *O asno de ouro.* Tradução Ruth Guimarães. Rio de Janeiro: Ediouro, 1960.

ARISTÓTELES. *Retórica.* Tradução Manoel Alexandre Júnior et al. Lisboa: Imprensa Nacional-Casa da Moeda, 2005.

ASSIS, M. de. A semana. In: *Obra completa de Machado de Assis.* Rio de Janeiro: Nova Aguilar,1994. v. 3. Disponível em: <http://machado.mec.gov.br/index>. Acesso em: 11 abr. 2010.

———. História de quinze dias. In: *Obra completa de Machado de Assis.* Rio de Janeiro: Nova Aguilar,1994. v. 3. Disponível em: <http://machado.mec.gov.br/index>. Acesso em: 11 abr. 2010.

AUERBACH, E. *Mimesis:* a representação da realidade na literatura ocidental. 5.ed. São Paulo: Perspectiva, 2004.

AZEVEDO, C. L. de; CAMARGOS, M.; SACCHETTA, V. *Monteiro Lobato*: furacão na Botocúndia. 3.ed. São Paulo: Senac, 2001.

BAKHTIN, M. *A cultura popular na Idade Média e no Renascimento*: o contexto de François Rabelais. Tradução Yara Frateschi Vieira. São Paulo; Brasília: Editora UnB; HUCITEC, 1987.

_____. *Problemas da poética de Dostoiévski*. Tradução Paulo B. Rio de Janeiro: Forense-Universitária, 1981.

BARRETO, L. *Marginália*. Belém: Unama, 2006.

BARTHES, R. A retórica antiga. In: COHEN, J. et al. *Pesquisas de retórica*. Tradução Leda Pinto Mafra Iruzun. Petrópolis: Vozes, 1975. p.147-232.

BLACKBURN, S. *Dicionário Oxford de filosofia*. Tradução Desidério Murcho et al. Rio de Janeiro: Jorge Zahar, 1997.

BOSI, A. *História concisa da literatura brasileira*. 3.ed., São Paulo: Cultrix, 1986.

BRUNEL, P. *Dicionário de mitos literários*. Tradução Carlos Sussekind et al. 4.ed. Rio de Janeiro: José Olympio, 2005.

CABRERO, M. del C. La sabiduría del burro: Lucio o el asno de Luciano de Samósata. *Estudios griegos e indo europeos*. Bahía Blanca, ARG, n.16, p.165-79, 2006. Disponível em: <http://www.ucm.es/BUCM/revistas/fll/11319070/articulos/CFCG0606110165A.PDF>. Acesso em: 30 mai. 2009.

CAMURATI, M. *La fábula en hispanoamérica*. 1.ed. México: Universidad Nacional Autónoma de México, 1978.

CANDIDO, A. Direitos humanos e literatura. In: *Direitos humanos e literatura*: comissão de justiça e paz. São Paulo: Brasiliense, 1989. p.107-26.

_____. *Literatura e sociedade*. São Paulo: Brasiliense, 1976.

CAPPARELLI, S.; SCHMALTZ, M. *50 fábulas da China fabulosa*. Tradução Sérgio Capparelli e Márcia Schmaltz. 3.ed. Porto Alegre: L&PM, 2009.

CARDOSO, Z. de A. *A literatura latina*. Porto Alegre: Mercado Aberto, 1989.

CARLSON, G. I. Fables invite perception. *Bestia*. v.5, 1993. Disponível em: <http://www.creighton.edu/aesop/intro/definition/index.php>. Acesso em: 10 fev. 2011.

CARVALHO, B. V. de. *A literatura infantil*: visão histórica e crítica. 2.ed. São Paulo: Edart, 1982.

CASCAJERO, J. Apología del asno: fuentes escritas y fuentes orales tras la simbología del asno en la antigüedad. *Gérion*. Servicio de publicaciones, Universidad Complutense, Madrid, n.16, p.11-38, 1998. Disponível em: <http://revistas.ucm.es/ghi/02130181/articulos/GERI9898110011A.PDF>. Acesso em: 29 mai. 2009.

CASCUDO, L. da C. *Dicionário do folclore brasileiro*. 5.ed. Belo Horizonte: Itatiaia, 1984.

_____. *Mitos brasileiros*. Rio de Janeiro: Ministério da Educação e Cultura (DAC/FNA), 1976. (Cadernos de folclore).

CAVALHEIRO, E. *Monteiro Lobato*: vida e obra. 2.ed. rev. e aum. São Paulo: Companhia Editora Nacional, 1956. 2.t.

CEIA, C. "Bucolismo". In: *E-dicionário de termos literários*. Coord. de Carlos Ceia. Disponível em: <http://www.fcsh.unl.pt/edtl>. Acesso em: 22 jan. 2010.

CERVANTES, M. de. *Dom Quixote de la Mancha*. Tradução Conde de Azevedo; Visconde de Castilho. Edição eBooksBrasil, 2005. Disponível em: <http://www.4shared.com/file/49316148/b5c2ea9f/MIGUEL_DE_CERVANTES_DOM_QUIX.html>. Acesso em: 7 dez. 2009.

CHAMPLIN, R. N. *Enciclopédia de bíblia, teologia e filosofia*. 7.ed. São Paulo: Hagnos, 2004. 6.v.

CHIARELLI, T. *Um jeca nos vernissages*: Monteiro Lobato e o desejo de uma arte nacional no Brasil. São Paulo: Edusp, 1995.

COELHO, N. N. *Panorama histórico da literatura infantil/juvenil*: das origens indo-européias ao Brasil contemporâneo. 4.ed. revista. São Paulo: Ática, 1991.

COLLODI, C. *Pinóquio*. Tradução Edith Negraes. São Paulo: Hemus, 1985.

CONTOS e lendas dos irmãos Grimm. Tradução Íside M. Bonini. São Paulo: Edigraf, 1963. 8 v. (Coleção completa).

COTRIM, G. *História e consciência do mundo*. 2.ed. São Paulo: Saraiva, 1995.

D'ARDENE. *Recueil de fables nouvelles, précédées d'un discours sur ce genre de poesie*. Paris: N. Lottin & J. H. Butard, 1747. Disponível em: <http://books.google.com/books>. Acesso em: 20 out. 2008.

DEMICASA, J. J. Z. *El asno ilustrado, ó sea la apologia del asno*: con notas y elogio del rebuzno por apéndice, por un asnologo, aprendiz de poeta. Madrid: Imprenta Nacional, 1837. Disponível em: <http://books.google.com/books>. Acesso em: 14 fev. 2009.

DEZOTTI, M. C. C. (Org.). *A tradição da fábula*: de Esopo a La Fontaine. Brasília; São Paulo: Editora Universidade de Brasília; Imprensa Oficial do Estado de São Paulo, 2003.

_____; PEREZ, L. H.; QUINELATO, E. O leão, o lobo e a raposa na fábula grega. *Anais do XIV Cellip*. Curitiba, 2001, p.1293-7 (em CD).

_____. *A fábula esópica anônima*: uma contribuição ao estudo dos "atos de fábula". Araraquara, 1988. 225 f. Dissertação (Mestrado em Letras) — Instituto de Letras, Ciências Sociais e Educação, Universidade Estadual Paulista.

DU MÉRIL, É. *Poésies inédites du moyen âge précédées d'une histoire de la fable ésopique*. Paris: Franck, 1854. Disponível em: <http://books.google.com/books>. Acesso em: 14 out. 2008.

EGOSCOZÁBAL, C. Los animales del *Yambo de las mujeres* de Simónides. *Estudios Clásicos*. Órgano de la Sociedad Española de Estudios Clásicos. Madrid, t. 45, n.123, p.7-26, 2003.

ENCICLOPÉDIA Luso-brasileira de Cultura. Lisboa: Verbo, 1971. v.2 e 12.

ENCICLOPEDIA vniversal ilvstrada : evropeo-americana. Madrid: Espasa- Calpe, 1924. t.19.

ESOPO: fábulas completas. Tradução direta do grego Neide Cupertino de Castro Smolka. São Paulo: Moderna, 1994.

FILIPOUSKI, A. M. R. Monteiro Lobato e a literatura infantil brasileira contemporânea. In: ZILBERMAN, R. (Org.). *Atualidade de Monteiro Lobato*: uma revisão crítica. Porto Alegre: Mercado Aberto, 1983. p.102-10.

FIRMINO, N. *Fábulas de Fedro*: ilustradas. versão portuguesa. Lisboa; Rio de Janeiro: Académica de D. Felipa; Livraria H. Antunes, 1943.

GIBBS, L. *Aesopica:* Aesop's fables in English, Latin & Greek. 2002-2008. Disponível em: <http://mythfolklore.net/aesopica/perry/index.htm>. Acesso em: 31 jan. 2010.

GIRARDIN, S.-M. *La Fontaine et les fabulistes*. Paris: M. L. Frères, 1867. 2 t. Disponível em: <http://books.google.com/books>. Acesso em: 14 out. 2008.

GÓES, L. P. *Fábula brasileira ou fábula saborosa*: sábia, divertida, prudente, criativa. São Paulo: Paulinas, 2005. (Coleção cultura popular: universo plural).

GOMES, P. E. S. A personagem cinematográfica. In: CANDIDO, A. et al. *A personagem de ficção*. 11. ed. São Paulo Perspectiva, 2009.

GRANTHAM, M. R. *O discurso fabular e sua repetição através dos tempos*: na reiteração do mesmo, a presença do diferente. Porto Alegre, 1996. 233 f. Dissertação (Mestrado em Estudos da Linguagem) — Universidade Federal do Rio Grande do Sul.

GUIMARÃES, R. O homem de Madaura. In: APULEIO, L. *O asno de ouro*. Tradução Ruth Guimarães. Rio de Janeiro: Ediouro, 1960.

HOUAISS, A. *Dicionário eletrônico Houaiss da língua portuguesa*. Rio de Janeiro: Objetiva, 2001.

INSTITUTO HENRIQUE KÖPKE. *Fábulas*: para uso das classes de língua materna. 5.ed. Rio de Janeiro: Francisco Alves, 1911.

KAISER, W. *Análise e interpretação da obra literária*. 6.ed. port. tot. rev. Coimbra: Arménio Amado, 1976. (Coleção STVDIVM).

KLEVELAND, A. K. Augusto Monterroso y la fábula en la literatura contemporánea. *América Latina Hoy*, Ediciones Universidad de Salamanca, Salamanca, n. 30, p.119-55, 2002. Disponível em: <http://campus.usal.es/~iberoame/americalatinahoy/ALH-PDF-TIFF/ALHvol30/ALHvol30kleveland.pdf>. Acesso em: 29 mai. 2009.

LA FONTAINE, J. de. *Fábulas de La Fontaine*. Tradução Milton Amado e Eugênio Amado, Belo Horizonte: Itatiaia, 1989. 2 v.

_____. *Fábulas de La Fontaine*. São Paulo: Edigraf, 1957. t.1.

LAJOLO, M. Negros e negras em Monteiro Lobato. In: LOPES, E. M. T.; GOUVÊA, M. C. S. de (Org.). *Lendo e escrevendo Lobato*. Belo Horizonte: Autêntica, 1999. p.65-82.

_____; ZILBERMAN, R. *Literatura infantil brasileira*: história e histórias. 5.ed. São Paulo: Ática, 1991.

_____. A modernidade em Monteiro Lobato. In: ZILBERMAN, R. (Org.). *Atualidade de Monteiro Lobato:* uma revisão crítica. Porto Alegre: Mercado Aberto, 1983. p.41-9.

LANDERS, V. B. *De Jeca a Macunaíma*: Monteiro Lobato e o modernismo. Rio de Janeiro: Civilização Brasileira, 1988.

LESSING, G. E. *Fables et dissertations sur la nature de la fable*. Tradução D'Antelmy, Paris: Vincent; Paris: Pankouke, 1764. Disponível em: <http://books.google.com/books>. Acesso em: 5 nov. 2008.

LEVRAULT, L. *La fable*: évolution du genre. Paris: Paul Delaplane, 1905.

LIMA, A. D. Prefácio. In: DEZOTTI, M. C. C. (Org.). *A tradição da fábula*: de Esopo a La Fontaine. Brasília; São Paulo: Editora Universidade de Brasília; Imprensa Oficial do Estado de São Paulo, 2003. p.11-5.

_____. A forma da fábula: estudo de semântica discursiva. *Significação*. Revista Brasileira de Semiótica, São Paulo, n.4, p.60-9, 1984.

LOBATO, M. *Reinações de Narizinho*. 4.ed. São Paulo: Brasiliense, 1973. v.1. (Obras Completas – Série a).

_____. *Caçadas de Pedrinho*. 4.ed. São Paulo: Brasiliense, 1973. v.2. (Obras Completas – Série a).

_____. *Memórias de Emília*. 4.ed. São Paulo: Brasiliense, 1973. v.2. (Obras Completas – Série a).

_____. *O picapau amarelo*. 4.ed. São Paulo: Brasiliense, 1973. v.3. (Obras Completas – Série a).

_____. *Fábulas*. 4.ed. São Paulo: Brasiliense, 1973. v.4. (Obras Completas – Série a).

_____. *Histórias de Tia Nastácia*. 4.ed. São Paulo: Brasiliense, 1973. v.4. (Obras Completas – Série a).

_____. *Viagem ao céu*. 4.ed. São Paulo: Brasiliense, 1973. v.6. (Obras Completas - Série a).

_____. *Aventuras de Hans Staden*. 2.ed. São Paulo: Brasiliense, 1973. v.1. (Obras Completas – Série b).

_____. *O minotauro*. 2.ed. São Paulo: Brasiliense, 1973. v.2. (Obras Completas – Série b).

_____. *A reforma da natureza*. 2.ed. São Paulo: Brasiliense, 1973. v.3. (Obras Completas – Série b).

_____. *A chave do tamanho*. 2.ed. São Paulo: Brasiliense, 1973. v.3. (Obras Completas – Série b).

_____. *Os doze trabalhos de Hércules*. 2. ed. São Paulo: Brasiliense, 1973. v.4. (Obras Completas – Série b).

_____. *História do mundo para as crianças*. 2.ed. São Paulo: Brasiliense, 1973. v.5. (Obras Completas – Série b).

_____. *História das invenções*. 2.ed. São Paulo: Brasiliense, 1973. v.6. (Obras Completas – Série b).

_____. *Serões de Dona Benta*. 2.ed. São Paulo: Brasiliense, 1973. v.6. (Obras Completas – Série b).

_____. *A onda verde*.14.ed. São Paulo: Brasiliense, 1972. v.3. (Obras Completas de Monteiro Lobato – 1ª série).

_____. *A barca de Gleyre*. 2.ed. São Paulo: Brasiliense, 1948. 2.t. (Obras Completas de Monteiro Lobato, 2.v.).

_____. *Fabulas*. Desenhos de Voltolino. Obra aprovada pela Directoria da Instrucção Publica dos Estados de São Paulo, Paraná e Ceará. 3. ed. São Paulo: Cia. Graphico-Editora Monteiro Lobato, 1925. (Biblioteca Monteiro Lobato).

_____. *Fabulas*. Desenhos de Voltolino. Obra aprovada pela Directoria da Instrucção Publica dos Estados de São Paulo, Paraná e Ceará. 2. ed. São Paulo: Monteiro Lobato & Cia. Editores. (Cedae, Unicamp).

_____. *Fabulas de Narizinho*. Desenhos de Voltolino. São Paulo: Monteiro Lobato & Cia. Editores, 1921. (Biblioteca Monteiro Lobato)

LOPES, G. Fábulas *(1921) de Monteiro Lobato:* um percurso fabuloso. Assis, 2006. 279 f. Dissertação (Mestrado em Letras) — Faculdade de Ciências e Letras, Universidade Estadual Paulista.

LOPES, S. G. B. C. *Bio*. 5.ed. São Paulo: Saraiva, 1996.

MARTINS, M. R. *Lobato edita Lobato:* história das edições dos contos lobatianos. Campinas, 2003. 418 f. Tese (Doutorado em Letras) — Instituto de Estudos da Linguagem, Universidade Estadual de Campinas.

MEIRELES, C. *Poesia Completa*. Rio de Janeiro: Nova Fronteira, 1997. 4 v.

MORA, J. F. *Dicionário de filosofia*. Tradução Roberto Leal Ferreira; Álvaro Cabral. 4.ed. São Paulo: Martins Fontes, 2001.

NECOCHEA, J. J. P. Disponível em: <http://www.euskomedia.org/aunamendi/124057> Acesso em: 14 fev. 2009.

NOÇÕES Geraes de Literatura. Rio de Janeiro: Francisco Alves, 1929. (Coleção FTD).

NØJGAARD, M. *La fable antique:* la fable grecque avant Phèdre. København: Nyt Nordisk Forlag. Arnold Busck, 1964. t.1.

NUNES, B. Antropofagia ao alcance de todos. In: ANDRADE, O. de. *Obras completas*: do pau-brasil à antropofagia e às utopias. Rio de Janeiro: Civilização Brasileira, 1972.

PALLOTTA, M. G. P. *Criando através da atualização*: fábulas de Monteiro Lobato. Bauru, 1996. 187 f. Dissertação (Mestrado em Comunicação e Poéticas Visuais) — Faculdade de Arquitetura, Artes e Comunicação, Universidade Estadual Paulista.

PANIZZOLO, C. *João Köpke e a escola republicana:* criador de leituras, escritor da modernidade. São Paulo, 2006. 358 p. Tese (Doutorado em Educação) — Programa de Estudos Pós-Graduados em Educação: História, Política, Sociedade, Pontífice Universidade Católica. Disponível em: <www.cipedya.com/web/FileDownload.aspx?IDFile=160253>. Acesso em: 30 nov. 2009.

PERRAULT, C. *Contos e fábulas*. Tradução e posfácio Mário Laranjeira. São Paulo: Iluminuras, 2007.

PERRONE, C. A. *Do mito à fábula*: releituras de Lobato. São Paulo, São Paulo, 2002. 197 f. Dissertação (Mestrado) — Faculdade de Filosofia, Letras e Ciências Humanas, Universidade de São Paulo.

PERRY, B. E. *Aesopica*: a series of texts relating to Aesop or ascribed to him or closely connected with the literary tradition that bears his name. Collected and critically edited, in part translated from Oriental languages, with a commentary and historical essay. Urbana and Chicago: University of Illinois Press, 2007. Volume I: Greek and Latin Texts.

_____. Fable. *Studium Generale*. v.12, p.17-37, 1959. Reprinted in Carnes, Proverbia.

_____. The origin of the epimythium. Transactions and Proceedings of the American Philological Association, The Johns Hopkins University Press. v.71. p.391-419, 1940. Disponível em: <http://links.jstor.org/sici?sici=0065-9711%281940%2971%3C391%3ATOOTE%3E2.0.CO%3B2-S>. Acesso em: 10 mar. 2008.

PLATÃO. *A república:* [ou sobre a justiça, diálogo político]. Tradução Anna Lia Amaral de Almeida Prado. São Paulo: Martins Fontes, 2006.

_____. *Fédon*. Tradução Jaime Bruna. 3.ed. São Paulo: Cultrix, 1962.

PORTELLA, O. *A fábula*. 1979. 91 f. Trabalho de pesquisa apresentado à COPERT conforme resolução n. 14/76-CEP, Departamento de Linguística, Letras Clássicas e Vernáculas, Universidade Federal do Paraná, Curitiba, 1979.

QUINTANA, M. *Poesia completa*. Rio de Janeiro: Nova Fronteira, 2007. Volume único (Coleção Nova Aguilar).

REIS, C.; LOPES, A. C. M. *Dicionário de teoria da narrativa*. São Paulo: Ática, 1988.

ROSA, J. G. O burrinho pedrês. In: _____. *Sagarana*. Rio de Janeiro; Barcelona: Record; Altaya, 1995. p.15-79.

ROSENFELD, A. Literatura e personagem. In: CANDIDO, A. et al. *A personagem de ficção*. 11.ed. São Paulo: Perspectiva, 2009.

SALTEN, F. *Bambi*: a life in the Woods. New York: Pocket Books, 1998. Disponível em: <http://www.amazon.com/Bambi-Life-Woods-Felix-Salten/dp/067166607X#reader_067166607X>. Acesso em: 23 dez. 2009.

SANT'ANNA, A. R. *Paródia, paráfrase & cia.* 7.ed. São Paulo: Ática, 2002.

SANTIAGO, S. *Uma literatura nos trópicos*: ensaios sobre dependência cultural. 2.ed. Rio de Janeiro: Rocco, 2000.

SANTOS, I. dos. *Homens, raposas e uvas*. Blumenau: Edifurb, 2003.

SCHÜLER, D. *Literatura grega*. Porto Alegre: Mercado Aberto, 1985.

SILVA, A. P. dos S. *Amoras sem espinhos*: a recepção de Fábulas (1922), de Monteiro Lobato, por crianças do Ensino Fundamental. Maringá, 2008. 272 f. Dissertação (Mestrado em Letras) — Programa de Pós-graduação em Letras, Universidade Estadual de Maringá.

SILVA, D. da. Quando um burro fala. *JB Online*. Rio de Janeiro, 13 set. 2004. Coluna Língua Viva. Disponível em: <http://jbonline.terra.com.br/jb/papel/colunas/lingua/2004/09/12/jorcollin20040912001.html>. Acesso em: 30 jan. 2010.

SILVA, R. A. Histórias de Tia Nastácia: serões sobre o folclore brasileiro. In: LAJOLO, M.; CECCANTINI, J. L. (Orgs.). *Monteiro Lobato livro a livro*: obra infantil. São Paulo: Editora Unesp: Imprensa Oficial do Estado de São Paulo, 2008. p.373-88.

SODRÉ, N. W. *História da literatura brasileira:* seus fundamentos econômicos. 4.ed. Rio de Janeiro: Civilização Brasileira, 1964.

SOUZA, L. N. de. Monteiro Lobato e o processo de reescritura das fábulas. In: LAJOLO, M.; CECCANTINI, J. L. (Orgs.). *Monteiro Lobato livro a livro*: obra infantil. São Paulo: Editora Unesp; Imprensa Oficial do Estado de São Paulo, 2008. p.103-19.

_____. *O processo estético de reescritura das fábulas por Monteiro Lobato.* Assis, 2004. 259 f. Dissertação (Mestrado em Letras) — Faculdade de Ciências e Letras, Universidade Estadual Paulista.

_____. *Renovação das fábulas por Monteiro Lobato.* Maringá, 1998. 97 f. Trabalho de Conclusão de Curso (Especialização) — Departamento de Ciências Humanas, Letras e Artes, Universidade Estadual de Maringá.

SOUZA NETTO, F. B. de. Do sagrado ao lúdico: a festa do asno. *Trans/Form/Ação,* São Paulo, v.21-22, p.21-6, 1998/1999. Disponível em: <http://www.scielo.br/pdf/trans/v21-22n1/v22n1a03.pdf>. Acesso em: 7 dez. 2009.

STEFANI, G. *Yautí na canoa do tempo*: um estudo de fábulas do jabuti na tradição tupi. Recife: Fundaj; Massangana, 2000.

SWEETSER, M.-O. La Fontaine et Ésope: une discrète déclaration. *Le Fablier,* Paris, n.1, p.15-22, 1989.

TODOROV, T. *As estruturas narrativas.* Tradução Leyla Perrone-Moisés. 4.ed. São Paulo: Perspectiva, 2006.

_____. *Os gêneros do discurso.* Tradução Elisa Angotti Kossovitch. São Paulo: Martins Fontes, 1980.

TOMACHEVSKI, B. Temática. In: EIKHENBAUM, B. M. et al. *Teoria da literatura:* formalistas russos. Tradução Ana Mariza Ribeiro et al. Porto Alegre: Globo, 1973. p.169-204.

VASCONCELOS, Z. M. C. de. *O universo ideológico da obra infantil de Monteiro Lobato.* São Paulo: Traço Editora, 1982.

VIEIRA, A. S.. Peter Pan lido por Dona Benta. In: LAJOLO, M.; CECCANTINI, J. L. (Orgs.). *Monteiro Lobato livro a livro*: obra infantil. São Paulo: Editora Unesp; Imprensa Oficial do Estado de São Paulo, 2008. p.171-83.

ZILBERMAN, R.; LAJOLO, M. *Um Brasil para crianças*: para conhecer a literatura infantil brasileira: histórias, autores e textos. 4.ed. São Paulo: Global, 1993.

_____. *A literatura infantil na escola.* 6.ed. São Paulo: Global, 1987.

_____; MAGALHÃES, L. C.. *Literatura infantil:* autoritarismo e emancipação. 2.ed. São Paulo: Ática, 1984.

_____. (Org.). *Atualidade de Monteiro Lobato:* uma revisão crítica. Porto Alegre: Mercado Aberto, 1983.

SOBRE O LIVRO

Formato: 16 x 23 cm
Mancha: 27,5 x 49,0 paicas
Tipologia: Horley Old Style 11/15
Papel: Off-set 75 g/m² (miolo)
Cartão Supremo 250 g/m² (capa)
1ª edição: 2013

EQUIPE DE REALIZAÇÃO

Coordenação Geral
Marcos Keith Takahashi

Impressão e Acabamento:

psi 7

Printing Solutions & Internet 7 S.A